民法
〈物権・担保物権〉

Wセミナー／司法書士講座 編

早稲田経営出版
TAC PUBLISHING Group

本書は，2022年（令和４年）７月１日時点での情報に基づき，2023年（令和５年）４月１日までに施行が確定している法改正に対応しています。

本書刊行後に明らかになった法改正につきましては，毎年４月１日時点での法改正情報としてまとめ，TAC出版書籍販売サイト「サイバーブックストア」(https://bookstore.tac-school.co.jp/) の早稲田経営出版・司法書士「法改正情報」コーナーにて公開いたしますので，適宜ご参照ください。

【本書の主な改正ポイント】

・　令和３年法律第24号（民法物権編，所有者不明土地等の問題に対応をするための改正）

はしがき

司法書士試験は，合格率４％程度と，数ある国家試験の中でも最難関の資格のひとつに位置づけられています。また出題科目も多く，学習すべき範囲が膨大であることも司法書士試験の特徴のひとつです。このため，学習がうまく進まなかったり，途中で挫折してしまう方がいらっしゃることも事実です。

では，合格を勝ち取るために必要な勉強法とはどのようなものでしょうか。

Ｗセミナーでは，長年にわたり司法書士受験生の受験指導を行い，多くの合格者を輩出してきました。その経験から，合格へ向けた効率的なカリキュラムを開発し，さまざまなノウハウを蓄積してまいりました。そしてこの度，その経験とノウハウのすべてを注ぎ込み，合格のためのテキストの新たな基準をうちたてました。それが，本シリーズ「司法書士　スタンダード合格テキスト」です。

本シリーズは，司法書士試験の膨大な試験範囲を，科目ごとに11冊にまとめました。また，法律を初めて学習する方には使い勝手のよい安心感を，中・上級者にとってはより理解を深めるための満足感を感じていただけるような工夫を随所に施しており，受験生の皆さまの強い味方になることでしょう。

「民法」は，司法書士試験において最重要の科目です。これに続く不動産登記法や民事訴訟法なども，民法の理解が大前提です。そのため，本書では，民法をしっかり理解していただくように，条文や重要な判例を数多く掲げ，これらを分かりやすく解説しています。また，過去の本試験で出題された論点については，該当箇所にその出題年次を掲げていますので，司法書士試験における各論点の重要度が一目で分かる形となっています。

司法書士を志した皆さまが，本シリーズを存分に活用して学習を深めていただき，司法書士試験合格を勝ち取られることを願ってやみません。

2022年８月

Ｗセミナー／司法書士講座
講師・教材開発スタッフ一同

本シリーズの特長と使い方

・**特長１　法律論点を視覚的に理解できる！**

ケーススタディが豊富に設けられ，具体例が示されているので，法律論点を具体的・視覚的に理解でき，知識の定着を促します。

・**特長２　学習に必要な情報が満載！**

重要条文はもれなく掲載されており，その都度，六法にあたる手間を省くことができます。また，本試験の出題履歴も表示されており，重要箇所の把握に大いに役立ちます。

・**特長３　学習しやすいレイアウト！**

行間や余白が広いため書き込みがしやすく，情報をこのテキスト一冊に集約できます。また，細かな項目分けがなされているため飽きずにスラスラ読み進むことができます。

Topics　←方向感！

何を学習するのか，どこが重要かを明らかにすることで，学習の目的や方向性を明確にすることができます。

ケーススタディ　←臨場感！

具体的な事例や図を用いることによって，複雑な権利関係や法律論点を分かりやすく解説しています。質問形式で始まるため，まるで講義を受けているかのような臨場感を味わいながら読み進めることができます。

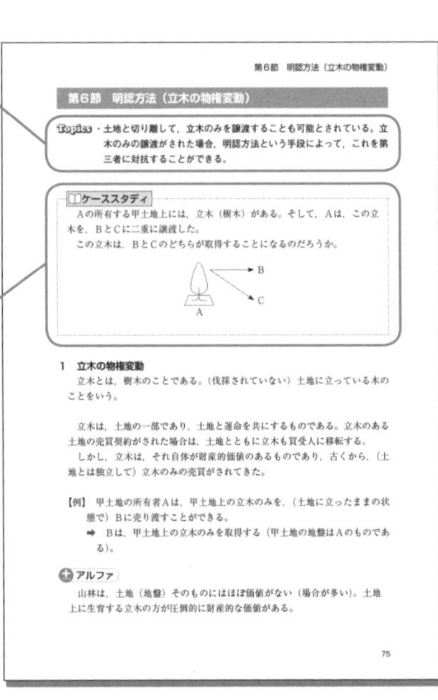

第６節　明認方法（立木の物権変動）

第６節　明認方法（立木の物権変動）

Topics ・土地と切り離して，立木のみを譲渡することも可能とされている。立木のみの譲渡がされた場合，明認方法という手段によって，これを第三者に対抗することができる。

ケーススタディ

Ａの所有する甲土地上には，立木（樹木）がある。そして，Ａは，この立木を，ＢとＣに二重に譲渡した。

この立木は，ＢとＣのどちらが取得することになるのだろうか。

１　立木の物権変動

立木とは，樹木のことである。（伐採されていない）土地に立っている木のことをいう。

立木は，土地の一部であり，土地と運命を共にするものである。立木のある土地の売買契約がされた場合は，土地とともに立木も買受人に移転する。

しかし，立木は，それ自体が財産的価値のあるものであり，古くから，（土地とは独立して）立木のみの売買がされてきた。

【例】甲土地の所有者Ａは，甲土地上の立木のみを，（土地に立ったままの状態で）Ｂに売り渡すことができる。

➡　Ｂは，甲土地上の立木のみを取得する（甲土地の地盤はＡのものである）。

アルファ

山林は，土地（地盤）そのものにはほぼ価値がない（場合が多い）。土地上に生育する立木の方が圧倒的に財産的な価値がある。

75

第2節　物権の意義，客体，種類

していているという事実状態がある場合に，これを1つの権利として認めたものである。

少し乱暴にいえば，ある物を“所持”していれば，その物を所持する権原があるか否かを問わず，その物について占有権を取得する。

（占有権の取得）
第180条　占有権は，自己のためにする意思をもって物を所持することによって取得する。

【例】　Aの所有する腕時計をBが盗んで，Bが腕時計を現に所持している。これは，本来あってはならないことであるが，今現在，Bが腕時計を所持しているという状態である。

➡　Bは，自己のためにする意思をもって（オレのものとして），腕時計を所持している。

つまり，Bは，その腕時計について占有権を取得した。

重要！
腕時計を所持するための正当な権原（所有権等）がなくても，現に所持しているという事実状態があれば，占有権を取得する。
➡　所有者から「返せ」と請求されたら，もちろん，返す必要があるが。

理由　上記のBについて，「占有権」などという権利を与える必要はなさそうに思えるが，現に占有しているという事実状態は，それはそれで保護に値するといえる。

アルファ
「本権」は，物の支配を適法なものとする権原である。

13

重要条文　←効率化！

法律を学習する上で条文をチェックすることは欠かせませんが，本書では重要条文が引用されているので，六法を引く手間を省くことができます。

重要　←明確化！

学習するうえで必ずマスターしておきたい箇所を，「重要」として表示しているため，学習のメリハリをつけることができます。また，復習の際に重要ポイントを確実に確認するのにも効果的です。

第6節　抵当不動産の第三取得者等との関係

1,000万円）。そして，この後に，BがAから甲土地の所有権を取得した。

抵当権の消滅請求をしたいと考えたBは，甲土地を自ら評価して，800万円という値段をつけた。そして，抵当権者Xに対し，「甲土地を800万円と評価して，抵当権の消滅請求をします」と通知をする。

➡　抵当権者Xが，この800万円という金額を妥当だと思ったら，これを承諾する。そして，BがXに対して800万円を払い渡したときは，Xの抵当権は消滅する。

アルファ
仮に，抵当権の消滅請求を受けたXが，「800万円なんてとんでもない。甲土地は1,500万円の価値はあるはずだ」と思ったら，Bの請求から2か月以内に抵当権を実行し，甲土地の競売を申し立てる必要がある。

アルファ
第三取得者から提示された金額が妥当なものであれば，抵当権者はその妥当な額についての弁済が受けられるので，特段の不利益を受けない。

仮に，第三取得者から提示された金額が不当に安い場合は，それを承諾しないで競売を申し立て，そこから弁済を受けることができるので，不当な不利益を受けるとはいえない。

つまり，抵当権者に適正な金員の取得を確保させつつ，抵当不動産の第三取得者に抵当権を消滅させる権能を与えて，両者の利害の調和を図ろうとする制度といえる。

2　抵当権消滅請求をすることができる者

抵当不動産の第三取得者が抵当権消滅請求をすることができる（民§379）。この“第三取得者”とは，抵当不動産の所有権を取得した者に限られる。

➡　地上権，永小作権，賃借権を取得した者は，抵当権消滅請求をすることができない。　R2-13　H19-14　H15-16

重要！
その第三取得者が抵当不動産の所有権を取得した原因は，有償によるものか，無償によるものかを問わない。　H11-11
➡　抵当不動産を贈与によって取得した者も，抵当権消滅請求をすることができる。

315

プラスアルファ　←満足感！

適宜，プラスアルファとして，補足的な知識や応用的な内容が盛り込まれているため，中・上級者の方が読んでも満足する構成となっています。

過去問表記　←リアル感！

過去に本試験で出題された論点には，出題履歴を表示しました。試験対策が必要な箇所を把握することができ，過去問にあたる際にも威力を発揮します。「R2-13」は，令和2年度本試験択一式試験（午前の部）の第13問で出題されたことを示しています。

目次 

はしがき …… (iii)
本シリーズの特長と使い方 …… (iv)
凡　例 …… (ix)

第1編　物　権

第1章　物権総論 …… 2
　第1節　序 …… 2
　第2節　物権の意義，客体，種類 …… 5
　第3節　物権の効力 …… 14
　第4節　物権変動総説 …… 25
　第5節　不動産の物権変動 …… 39
　第6節　明認方法（立木の物権変動） …… 75
　第7節　動産物権変動 …… 80
　第8節　物権の消滅 …… 86
第2章　占有権 …… 92
　第1節　占有権の意義 …… 92
　第2節　占有権の取得 …… 106
　第3節　占有権の効力 …… 114
　第4節　即時取得 …… 123
　第5節　占有の訴え（占有訴権） …… 133
　第6節　占有権の消滅 …… 142
　第7節　準占有 …… 145
第3章　所有権 …… 146
　第1節　所有権の限界 …… 146
　第2節　所有権の取得 …… 159
　第3節　共　有 …… 170
　第4節　所有者不明土地（建物）管理命令 …… 201
　第5節　管理不全土地（建物）管理命令 …… 207
　第6節　建物の区分所有 …… 213
第4章　地上権 …… 221
第5章　永小作権 …… 232

第6章　地役権 …… 235

第2編　担保物権

第1章　担保物権総論 …… 248
第2章　抵当権 …… 258
第1節　総　説 …… 258
第2節　抵当権の設定 …… 263
第3節　抵当権の効力 …… 273
第4節　抵当権の侵害 …… 293
第5節　抵当権の処分 …… 301
第6節　抵当不動産の第三取得者等との関係 …… 311
第7節　抵当権の実行 …… 327
第8節　法定地上権，一括競売 …… 334
第9節　共同抵当 …… 353
第10節　抵当権の消滅 …… 369
第3章　根抵当権 …… 374
第1節　性質，設定 …… 374
第2節　根抵当権の変更 …… 388
第3節　元本確定前の根抵当権に関する法律関係 …… 397
第4節　共有根抵当権 …… 425
第5節　共同根抵当権 …… 428
第6節　元本の確定 …… 435
第7節　根抵当権の消滅 …… 450
第4章　質　権 …… 452
第1節　総　説 …… 452
第2節　動産質 …… 461
第3節　不動産質 …… 466
第4節　権利質 …… 471
第5章　留置権 …… 481
第6章　先取特権 …… 497
第1節　総　説 …… 497
第2節　一般の先取特権 …… 501
第3節　動産の先取特権 …… 508
第4節　不動産の先取特権 …… 522

第7章　その他の担保 …… 529
第1節　譲渡担保 …… 529
第2節　所有権留保 …… 540
第3節　代理受領 …… 541

用語索引 …… 544
判例先例索引 …… 550

凡　例

1．法令の表記・略称

民→　民法（民§450Ⅰ②→　民法第450条第１項第２号）

不登→　不動産登記法

借地借家→　借地借家法

民訴→　民事訴訟法

民執→　民事執行法

区分所有→　建物の区分所有等に関する法律

仮担→　仮登記担保契約に関する法律

立木→　立木に関する法律

利息→　利息制限法

戸籍→　戸籍法

家事→　家事事件手続法

車両→　道路運送車両法

遺失→　遺失物法

麻薬→　麻薬及び向精神薬取締法

2．判例・先例等の表記

最判昭46.11.30→　昭和46年11月30日最高裁判所判決

大判大7.4.19→　大正７年４月19日大審院判決

大阪高決昭41.5.9→　昭和41年５月９日大阪高等裁判所決定

大阪地判昭27.9.27→　昭和27年９月27日大阪地方裁判所判決

先例昭26.6.27－1332→　昭和26年６月27日第1332号先例

第 1 編

物　権

第１章
物権総論

第1節　序

Topics
・本書は，財産法のうち，物権を扱う。
・まずは，物権と債権の違いを，しっかり理解すること。

1　財産法と家族法、そして物権と債権

「スタンダード合格テキスト　１民法〈総則・債権〉」の冒頭で記したとおり，民法は，市民の生活関係を一般的に規律する法律である。

市民の生活関係とは，大きく分けて，財産(不動産や動産，金銭，債権など)の取得，移転，消滅などに関する**財産関係**と，婚姻，夫婦，親子，扶養，相続などに関する**家族関係**があり，民法はこの両者を規定している。

財産関係について規定している部分は**財産法**，家族関係について規定している部分は**家族法**あるいは**身分法**と呼ばれている。

そして，財産法は，さらに**物権**と**債権**に分類することができる。

2　債権とは

債権とは，**人に対する権利**（人に対する請求権）である。

【例】　ＡストアとＢは，Ａストアの商品であるクリームパンをＢに100円で売る契約をした。
　この契約が成立すると，ＡストアはＢに対して「100円払ってくれ」と請求することができ，ＢはＡストアに対して「クリームパンを引き渡してくれ」と請求することができる。

このように，相手方に対して「払ってくれ」，「引き渡してくれ」と請求する権利，これが債権である。

➡　ＡストアはＢに対して100円の支払いの債権を有し，ＢはＡストアに対してパンの引渡しの債権を有する。

重要!

とにかく，債権は，人に対する権利である。
➡　この点は，何度強調しても強調しすぎることはない。

3　物権とは

物権とは，**物に対する権利**（物に対する直接的，排他的な支配権）である。

【例】　Aストアと B は，Aストアの商品であるクリームパンを B に100円で売る契約をした。
　この契約が成立すると，クリームパンは，**Bのもの**となる。

法律的にいうと，Bは，クリームパンについて所有権を取得する。
➡　これは，誰かに何かを請求する権利というわけではない。クリームパンという**物に対して**所有権という権利を取得する。

Bは，クリームパンの所有者なのだから，誰にことわることもなく，自由にそのクリームパンを食べることができる。また，「やっぱりいらない」と思えば，潰したり捨てることもできる（褒められたことではないが）。

このように，人に対して何かを請求するという性質ではなく，物に対する権利，これが物権である。

重要!

とにかく，物権は，物に対する権利である。
➡　この点は，何度強調しても強調しすぎることはない。

このように，財産上の権利は，特定の人に対して何かを請求することができる権利（債権）と，物に対する権利（物権）に分けることができる。

プラスアルファ

Aストアと B の間で，Aストアの商品であるクリームパンを B に100円で売る契約が成立した場合，

①　Aストアと B の間で，「100円払ってくれ」，「パンを引き渡してくれ」という債権が発生する。
②　Bはクリームパンの所有権（物権）を取得する（Aストアが有して

いたクリームパンに対する所有権がＢに移転する)。

という効果が発生する。

「スタンダード合格テキスト　１民法〈総則・債権〉」では，財産法のうち，「債権」について学習した。

そして，本書では，財産法のうち，「物権」について学習する。

第2節　物権の意義，客体，種類

Topics
- **物権の直接性，排他性という性質をしっかり押さえること。**
- **一物一権主義，物権法定主義といった原理原則の話で堅苦しいが，重要。一読してよく分からない場合は，本書を読み進めた後に，もう一度戻ってきて読み返していただきたい。**

1　物権の意義

物権とは，**物を直接的，かつ排他的に支配する権利**である。

(1)　「直接的に」とは

物権の直接性とは，物権を有する者は，他人の行為の介在を必要とすることなく，直接に物を支配することができることをいう。

【例】　クリームパンの所有者は，誰にことわることもなく（誰の助けを借りることなく），そのクリームパンを自由に食べることができる。

【例】　土地の所有者は，そこに家を建てて住んだり（使用），誰かに貸して賃料を得たり（収益），また売ってお金にかえる（処分）こともできる（民§206）。

(2)　「排他的に」とは

物権の排他性とは，物権を有する者は，他者を排除して，独占的に物を支配することができることをいう。

つまり，**1個の物にある物権が成立したときは，それと同じ内容の物権は（基本的に）成立し得ない**こととなる。

【例】　Aが建物について所有権を有している場合，その建物について，Bの所有権が成立することはない。

＋アルファ

債権は，特定の人に対して一定の行為を請求することのできる権利に過ぎないので，内容的には両立し得ない複数の債権が併存することもあり得る。

【例】　歌手のAは，プロモーターのB会社との間で，9月10日の午後6時から埼玉県さいたま市のホールでコンサートを行う契約をし，またC会社との間で，同日の同時刻に神奈川県横浜市のホールでコンサートを行う契約をした（いわゆるダブルブッキング）。

➡　B会社もC会社も，Aに対し，9月10日の午後6時からコンサートをやってくれという債権を有する（現実的には無理だが，債権自体は成立する）。

2　物権の客体

(1)　物権の客体

物権の客体は，**「物」**である。

そして，「物」とは，有体物をいう（民§85)。

➡　固体，液体，気体のような有形的存在を意味する。

プラス アルファ

物権の客体は基本的には「物」であるが，「権利」である場合もある。

【例】　地上権を目的とした抵当権。債権を目的とした質権。

①　特定性

物権は，物を直接的，排他的に支配する権利であるので，**その対象たる物が特定されていなければならない。**

➡　目的である物が特定されていなかったら，それを支配することは無理。

【例】　Aは，B酒店から，K社製のビール1ダースを買う契約をした。この場合，AはB酒店に対して，ビール1ダースを引き渡してくれという債権を取得するが，どの1ダースかが特定されなければ，ビールに対する所有権（物権）を取得することはできない。

➡　この後に，どの1ダースかが特定された時に（倉庫内の右端に置いてある1ダースと特定された時に），Aは，そのビールに対する所有権を取得する。

②　独立性と単一性

物権の客体である物は，原則として1個の独立したものであることを要する（独立性）。

➡　物の一部や，構成部分のみを目的として物権は成立しない。

【例】　建物の2階にトイレを増築した場合，その増築部分のみを目的として抵当権を設定することはできない。

また，複数の物（集合物）の上に，原則として1個の物権は成立しない（単一性）。

【例】 サッカーボール10個に対して，1個の所有権は成立しない。ボール1個1個に対してそれぞれ所有権が成立する。

③ 現存性

対象である物が現存していなければ，物権は成立しない。

➡ 存在しないものを支配することはできない。

【例】 来年に建物を建築することが決まっていても，今の時点では何もないので，（来年建築されるべき）建物について所有権は成立しない。

➡ 翌年に建物が建築された時に，建物に対する所有権が成立する。

(2) 一物一権主義

① 意　義

一物一権主義とは，「1個の物の上には，1個の物権しか成立しない」という原則である。また，「1個の物権の客体は，1個の独立した物でなければならない」という意味でもある。

理由　物権は，排他的な支配権であるので，同一の物を目的として，同一内容の物権が複数存在することはできない。

➡ 例外はある。

プラスアルファ

「1個の物権の客体は，1個の独立した物でなければならない」ということは，以下の2つを意味する。

㋐ 1個の物の一部を目的として，1個の物権が成立することはない（独立性）。

㋑ 複数の物の上に（複数の物をまとめて），1個の物権は成立しない（単一性）。

②　独立性に関する例外

㋐　**1筆の土地の一部の譲渡**

土地は，人為的に区切られて，それぞれ1個の不動産（1筆の土地）として所有権が成立する。そのため，物権の独立性の原則からいえば，1筆の土地の一部（たとえば甲土地の西側の半分）をAに譲渡して，その部分のみを目的としてAの所有権を成立させるということには問題がある。

H8-4　しかし，判例は，1筆の土地の一部の譲渡を認め，その部分について所有権が移転することを認めた（最判昭30.6.24）。

H8-4　また，1筆の土地の一部を時効取得することも可能である（大判大13.10.7）。

㋑　1筆の土地の一部を目的とした地役権

地役権については第6章で解説するが，1筆の土地の一部を目的（承役地）として，地役権を設定することができる。

㋒　建物の区分所有

建物の区分所有とは，分かりやすくいえば，マンションのことである。

マンションは，外観上は1個の大きな建物であるが，その中はしっかりと区切られていて，それぞれが独立して住居等として使用することができるものである。

そのため，マンション内の各住居について，それぞれ所有権が成立するものとされている（区分§1）。

㋓　立　木

立木は，本来は土地の一部であり，土地の処分に従うものである（立木のみを譲渡することはできないはずである）。

しかし，立木法に基づいて登記をした立木は，独立した不動産とみなされ（立木§2Ⅰ），土地と分離して，立木のみを譲渡し，また抵当権の目的とすることができる（同Ⅱ）。

→　立木法に基づく登記をしていない立木の譲渡については，第6節で解説する。

㋔　未分離の果実，稲立毛

立木法による登記をしていない立木と同じように考えることができる。

③　単一性に関する例外

㋐　集合動産に対する譲渡担保

複数の物の上に1個の物権は成立しないのが原則であるが，動産の集合体を1個の“集合物”として，譲渡担保権を設定することが認められている。

➡　構成部分の変動する集合動産であっても，その種類，所在場所および量的範囲を指定するなどの方法により目的物の範囲が特定できる場合には，1個の集合物として譲渡担保の目的となる（最判昭54.2.15）。

理由　商品1個1個は値段も安く，担保の目的とすることには適さないが，たとえば“A倉庫内の商品（チョコレート菓子）全部”というように一まとめにすれば，かなりの額となり，担保の目的とすることに適するようになる。

➡　企業としても，融資を受けやすくなる。

㋑　工場財団等の各種財団

3　物権の種類

(1)　物権法定主義

（物権の創設）

第175条　物権は，この法律その他の法律に定めるもののほか，創設することができない。

①　意　義

物権は，民法その他の法律によって定められたもののみが認められる。一般人が勝手に物権を作ることはできない。これを**物権法定主義**という。

理由　物権は，物を直接的，排他的に支配することができる権利であり，その権利を世間の人々に対して主張することができるものであるので，勝手に物権を創設されたら世間の人は困る。

また，物権は，世間の人々に対して主張することができる権利であるという性質上，公示が要求される。

➡　不動産に関する物権は，**登記**（国の管理するコンピュータに権利の内容や権利者を記録する）により公示される。

仮に，当事者が勝手に物権を創設できるとしたら，その内容を適切に(かつ迅速に)公示することは困難であり，公示制度がうまく機能しなくなる。

② 物権法定主義の内容

物権法定主義は，以下の２つの意味を有する。

- 民法その他の法律で定められている以外の種類の物権を作ることはできない。
- 民法その他の法律で定められた物権について，法の規定と異なった内容を与えることはできない。

③ 慣習法上の物権について

法律には規定されていないが，慣習法上認められてきた物権的な権利の扱いが問題となる。

判例においては，流水利用権（大判明42.1.21），温泉専用権（大判昭15.9.18），譲渡担保権（大判大3.11.2）などが認められている。

(2) 民法上の物権の種類

民法では，物権として10種類の権利が認められている。

これらは，いくつかの観点から，分類することができる。まず，図を掲げる。

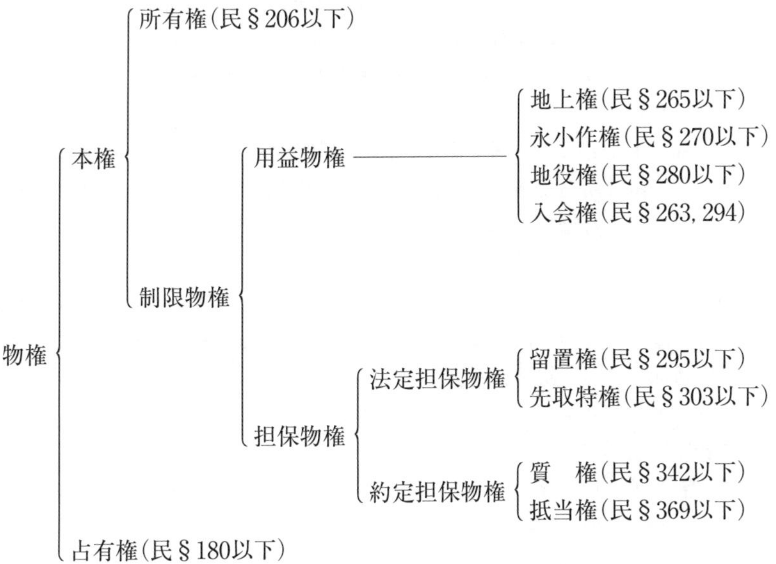

最初の分類が，**「本権」**と**「占有権」**である。
しかし，これがちょっと分かりにくい。

そのため，この説明を後にまわして，次の**「所有権」**と**「制限物権」**から見ていく。

①　所有権と制限物権

物権の中心は，何といっても**「所有権」**である。

所有権は，物を全面的に支配することのできる権利である。

具体的には，物を**使用**することができ，物から**収益**をあげる（他人に貸して賃料を得る）ことができ，物を**処分**する（あげたり売ったりする）ことができる。

【例】　所有権に関しては，皆さんもすぐにイメージできると思う。
　パソコンを所有する人は，そのパソコンを自由に使うことができ，自由に人に貸すことができ，また，自由に人に売ることができる。要は，そのパソコンについて(法令の制限内ではあるが)何をしてもよい。
➡　所有権は，（基本的に）**万能な権利**である。

一方，「制限物権」とは，**権利の内容が制限された物権**である。

上記のとおり，所有権は，使用，収益，処分というすべての権能を有するが，このうちの一部の権能しか有しない物権がある。

もう少し詳しく説明すると，他人の物について使用・収益する権能のみを有する**「用益物権」**と，他人の物について処分（というか物の交換価値を支配する）権能のみを有する**「担保物権」**がある。

１つ例をあげると，用益物権の１つに，「地上権」という権利がある。これは，一定の目的のために，他人の所有する土地を使用することができる物権である（民§265）。

> （地上権の内容）
> **第265条**　地上権者は，他人の土地において工作物又は竹木を所有するため，その土地を使用する権利を有する。

【例】　甲土地はＡが所有しているが，Ｘは，Ａから，甲土地について地上権を設定してもらった（Ｘは甲土地について地上権を取得した）。

Ｘは，甲土地の上に建物を建てて，そこに住むことができる。

プラス アルファ

上記の事例のように，**制限物権は，誰かが所有権を持っていることを前提として，所有者から制限物権を設定してもらうという関係**である。

所有権は万能な権利であり，排他的に使用，収益，処分できるはずだが，ＡはＸのために甲土地に地上権を設定したので，Ａは，Ｘによる甲土地の利用を妨げることはできない。

➡　このように，制限物権は，所有権を制限する権利でもある。

②　本権と占有権

物権の最初の分類が，「本権」と「占有権」であるが，「本権」というのは，実は大した意味はない。「占有権」が特殊な物権であり，占有権以外の物権をまとめて「本権」と呼んでいる。

では，「占有権」とはどんな権利か。

占有権とは，（適法な権原があるか否かを問わず）ある物を占有（≒所持）

していているという事実状態がある場合に，これを1つの権利として認めたものである。

少し乱暴にいえば，**ある物を“所持”していれば，その物を所持する権原があるか否かを問わず，その物について占有権を取得する。**

（占有権の取得）
第180条　占有権は，自己のためにする意思をもって物を所持することによって取得する。

【例】　Aの所有する腕時計をBが盗んで，Bが腕時計を現に所持している。これは，本来あってはならないことであるが，今現在，Bが腕時計を所持しているという状態である。
➡　Bは，自己のためにする意思をもって（オレのものとして），腕時計を所持している。

つまり，Bは，その腕時計について占有権を取得した。

重要！

腕時計を所持するための正当な権原（所有権等）がなくても，現に所持しているという事実状態があれば，占有権を取得する。
➡　所有者から「返せ」と請求されたら，もちろん，返す必要があるが。

理由　上記のBについて，「占有権」などという権利を与える必要はなさそうに思えるが，現に占有しているという事実状態は，それはそれで保護に値するといえる。

プラスアルファ

「本権」は，物の支配を適法なものとする権原である。

第3節　物権の効力

Topics
- 物権相互間の優先的効力関係，物権と債権の優先的効力関係を理解すること。
- 物権的請求権は大変に重要。請求権の内容，法的な性質（費用負担等）をしっかり押さえること。

1　物権の一般的な効力

民法上，物権として10種類の権利が認められており，それぞれ，独自の効力が定められている。他方，各種物権に共通する一般的な効力というものがある。

物権の一般的な効力としては，**物権の優先的効力**と**物権的請求権**があげられる。

プラス アルファ

この他に，**追及効**も物権の一般的効力に含める見解もある。

2　物権の優先的効力

物権は，排他性のある権利である。そのため，物権が成立すると，これと競合する権利を排除し，その権利に優先することになる。これを，物権の優先的効力という。

物権の優先的効力は，“物権相互間の”優先的効力と，“債権に対する”優先的効力に分けることができる。

1　物権相互間の優先的効力

同一の物について，内容の衝突する複数の物権が併存することはできない。そのため，同一の物について，内容の衝突する複数の物権が設定された場合には，先に設定された物権が優先し，その内容を排他的に実現することができる。

【例】　甲土地の所有者であるAは，Bのために，甲土地に地上権を設定した。
　➡　Bは，（一定の目的の範囲内で）甲土地を排他的に使用することができる。

この場合，Aは，さらに，甲土地にCのために地上権を設定することはできない（はずである）。しかし，Aが，甲土地にCのためにも地上権を設定してしまった場合，先に地上権を取得したBが優先し，Cは地上権を取得しない。

重要!

内容の衝突する複数の物権が設定された場合には，“先に設定された”物権が優先すると説明したが，実は，これは思いっきり修正されている。

実際は，“先に対抗要件を備えた”物権が優先するとされている（民§177，178）。

→　対抗要件については，第４節以降で解説する。

プラスアルファ

内容が衝突しないものであれば，同一の物について複数の物権が併存することもあり得る。

【例】　Aの所有する甲土地について，Bの地上権とCの抵当権が併存することができる。

➡　地上権は甲土地を使用する物権であり，抵当権は甲土地の交換価値を支配する物権である。直接的に内容が衝突するものではない。

2　債権に対する優先的効力

同一の物について，物権と債権が競合する場合には，（どちらが先に成立したかを問わず）物権が債権に優先する。

【例】　Aの所有する甲土地について，AB間で賃貸借契約がされ，現在はBが甲土地を利用している（登記はしていないものとする）。その後，Aは，甲土地をCに売り渡す契約をした。

➡　Bは，Aに対して賃借権という債権を有する者。Cは，甲土地について所有権という物権を取得した者。

この場合，甲土地について所有権という物権を取得したCが優先し，Bは，賃借権をCに主張することができない。

➡　Cは，Bに対し，甲土地を明け渡せと請求することができる。

➡　「売買は賃貸借を破る」と表現される。

＋アルファ

ただし，不動産の賃借権については，登記をすることにより対抗力を取得し，これに後れて成立した物権に優先する（民§605，不動産賃借権の物権化）。

3　物権的請求権

1　意　義

物権は，物に対する直接的，排他的な支配権である。そのため，その支配が他人に侵害されたり，あるいは侵害されるおそれがあるときは，それを回復（排除）し，または予防することを請求することができる。これが**物権的請求権**である。

具体的には，物権の目的物が誰かに奪われたような場合に，その返還を請求することができる**物権的返還請求権**，占有侵害以外の方法によって物権の実現が妨げられている場合に，その除去を請求することができる**物権的妨害排除請求権**，物権が侵害されるおそれがある場合に，その予防措置をとるように請求することができる**物権的妨害予防請求権**がある。

2　物権的請求権が認められる根拠

実は，民法上，物権的請求権に関する規定はない。しかし，学説，判例ともに，物権的請求権を認めることについて異論はない。

その根拠には，以下のようなものがある。

① 民法の起草者は，物権的請求権を当然の権利と考えていた（物権的請求権が認められない場合にのみ，これを否定する規定を置いた）。

② 物権の内容が侵害された場合（物を奪われたような場合）に，自力救済（力ずくで奪い返す）は認められていないので，その回復を図るための救済手段が認められるべきである。

③ 仮の権利ともいうべき占有権について，民法上，占有訴権（占有の侵害の回復を請求するような請求権）が認められているのだから（民§197～），本権たる物権においては，当然に物権的請求権が認められるべきである。

➡ 民法202条では，占有の訴えに関連して，「本権の訴え」という言葉がつかわれている。つまり，本権に関する物権的請求権が存在することを前提としている。

3　物権的請求権の法的性質

物権的請求権は，“請求権”というだけあって，物権そのものではない。

➡　物権とは独立した権利である。

しかし，物権があってこその権利であるから，物権と切り離して，物権的請求権だけを譲渡することはできない。

また，**物権と独立して，物権的請求権が時効によって消滅することもない**(大判大5.6.23)。 H26-7 H元-5

4　3つの請求権

(1)　物権的返還請求権

ケーススタディ

Aが所有しているノートパソコンを，BがAから騙し取った場合，Aは，Bに対して，そのノートパソコンを返してくれと請求することができるか。

① 意　義

物権的返還請求権とは，物権の目的物が誰かに奪われたような場合に，その**物の返還を請求することができる権利**である。

【例】 ケーススタディの事例では，Aは，Bに対し，ノートパソコンを返してくれと請求することができる。

② 要　件

物権を有する者（物権者）が，物権の目的物の占有を失っていることが要件である。

なお，占有を失った原因を問わないので，物を誰かに奪われた場合の他，騙し取られた場合，遺失した場合も，物権的返還請求権を行使することができる。

プラスアルファ

後述する「占有回収の訴え」は，占有を“奪われた”場合にのみ提起することができる（民§200 I）。

・「抵当権」のように，物の占有を伴わない物権については，物権的返還請求権は認められない。

③　請求権者

物権的返還請求権を行使することができるのは，物の占有を喪失した物権者である。

H29-7

・　物が数人の共有である場合は，各共有者は，単独で，物権的返還請求権を行使することができる。

・　物権者に対する債権者は，物権者に代位して，物権的返還請求権を行使することができる（最判昭29.9.24）。

④　相手方

法律上正当な理由なく，物を占有することによって物権者の占有を妨げている者である（最判昭35.6.17）。

・　**現に物を占有している者**が相手方となるのであり，たとえば，物の占有を奪った者が，その物を他人に譲渡したような場合は，譲受人が相手方となる。

【例】　Aの所有するノートパソコンを，Bが，Aから奪い取った。そして，Bは，このノートパソコンをCに贈与し，引き渡した（即時取得については考慮しない）。

➡　現にノートパソコンを占有しているのはCであるから，Aは，Cに対し，物権的返還請求権を行使（ノートパソコンを返してくれと請求）することになる。

➡　“返してくれ”という請求だから，現在ノートパソコンを占有（所持）していないBに対して請求しても意味がない。

H29-7

・　物の占有を奪った者が，その物を第三者に貸しているような場合（間接占有している場合）は，間接占有者（賃貸人や寄託者など）に対して物権的返還請求権を行使することができ，また直接占有者（賃借人や受寄者など）に対して物権的返還請求権を行使することもできる（最判昭36.2.28，大判大10.6.22）。

プラス アルファ

物を第三者に譲渡した場合と，貸した場合を区別すること。

→「間接占有」や「直接占有」の意味については，「占有」の章で解説する。

・　相手方は，物権者の占有を侵害していることについて**故意や過失があることを要しない。**
　➡　物権者の占有を侵害しているという事実状態があれば，その者に対して物権的返還請求権を行使することができる。

理由　物権的請求権は，物に対する支配が侵されている場合（物権の円満な行使が妨げられている場合）に，それを回復するための制度である。**相手方の責任を追及する制度ではない**ので，相手方の故意や過失は問題とならない。

【例】　台風による猛烈な風で，Aの所有する土地の立木が倒れ，Bの所有する土地に入ってしまった。
　➡　Aは，Bに対し，物権的返還請求権を行使することができる。

プラス アルファ

Bの視点から見ると，自分の土地にAの木が倒れてきたので（自分の土地の円満な支配が妨げられているので），Aに対し，「木を除去せよ」という物権的妨害排除請求権を行使することができる。

⑵　物権的妨害排除請求権

ケーススタディ

Aが所有している土地に，Bが自転車を放置している。Aにとっては邪魔であるし，困る。Aは，Bに対して，自転車の撤去を請求することができるだろうか。

①　意　義

物権的妨害排除請求権とは，**占有侵害以外の形で，物権内容の実現が妨げられている場合**に，その妨害の排除を請求することができる権利である。

【例】　ケーススタディの事例では，Aの所有する土地にBの自転車が勝手に置かれているので，Aとしては，その土地を完全な形で利用することができない（物権内容の実現が妨げられている）。したがって，物権的妨害排除請求権の行使として，Bに対して「自転車を撤去してくれ」と請求することができる。

② 要　件

物権を有する者（物権者）が，目的物の占有侵害以外の形で，物権内容の実現を妨げられていることが要件である。

➡ 占有が侵害されている場合は，(1)の物権的返還請求権となる。

③ 請求権者

現に物権内容の実現が妨げられている物権者である。

・ 物が数人の共有である場合は，各共有者は，単独で，物権的妨害排除請求権を行使することができる。

H24-8 ・ 占有侵害の話ではないので，場合によっては，抵当権者も物権的妨害排除請求をすることができる。

R3-7
H11-16
H11-16 ・ 土地を目的とした賃借権者で，対抗要件を備えている者は，その土地の上に不法に建物を建てている者に対して，賃借権に基づいて当該建物の収去を請求することができる（民§605の４）。

➡ 賃借権は債権であって物権ではないが（民§601），対抗力を備えた不動産賃借権については，物権と同じような扱いがされる（不動産賃借権の物権化）。

④ 相手方

法律上正当な理由なく，現に物権内容の実現を妨げている者である。

重要！

ポイントは，"現に"物権内容の実現を妨げている者ということ。

かつては物権内容の実現を妨げていたが，今は関係ない人は，（原則として）物権的妨害排除請求権の相手方ではない。

➡ 物権者としては，妨害を除去してほしいのだから，今現在その妨害とは関係ない人に請求しても意味がない。

H18-11 【例】 Ａの所有する土地に，Ｂが勝手に（無権原で）建物を建てた。そして，Ｂは，その建物をＣに譲渡した。

この場合，Ａは，現在の建物の所有者であるＣに対し，建物の収去（および土地の明渡し）を請求すべきである（最判昭35.6.17）。

➡ Ｂは，現在，その建物の所有者ではないので，建物について管理・

処分権能がなく，Bに対して建物の収去等を請求することはできない。

プラスアルファ

不法に建てられた建物の収去請求（および土地の明渡請求）については，建物の譲渡と登記名義の移転等に関連して，いくつかの判例がある。少し紛らわしいが，本試験でも出題されているので，判例を掲げる。

㋐　Aの所有する土地に，Bが無権原で建物を建てた。そして，Bは，Cとの合意の上で，当該建物について“Cの”名義で登記をした。 H30-7 H26-7 H18-11

➡　Aは，建物の実際の所有者であるBに対して収去請求（土地明渡請求）をすべきである。

➡　Cは，確かに登記上は所有者として記録されているが，実際には建物を所有していないので（建物を収去する権能を有しないので），Cは建物収去の義務を負わない（最判昭47.12.7）。

㋑　Aの所有する土地に，Bが無権原で建物を建てた。そして，建物についてBの名義とする登記がされた。その後，Bは，建物をCに譲渡したが，登記の名義はCに移さなかった（登記上はBの名義のまま）。 R3-7 H29-8 H24-8 H18-11 H14-8

➡　Bは，Aに対して，建物の所有権の喪失を理由として，建物収去（土地明渡）の義務を免れることはできない（最判平6.2.8）。

これは少し説明が必要である。

一見すると，建物の所有権はCに移転しているので，Cのみが建物収去請求の相手方となりそうな感じがする。しかし，Bは，自分の意思で自分の名義とする登記をしており，また，Cに建物を譲渡した後もCに登記名義を移さずに，自分の名義のままとしている。

仮にこのような場合に，“Cのみが建物収去請求の相手方であり，Bに対して請求できない”ということになると，Bは，第三者に建物を売ったこととして「自分はもう関係ないよ」とシラを切って逃げることが可能であり，また，土地の所有者は，現在の建物の所有者を探し出さなくてはならないという（不当な）手間がかかってしまう，という不都合が生ずる。

判例も，「登記を自己名義にしておきながら自らの所有権の喪失を主張し，その建物の収去義務を否定することは，信義にもとり，公平の見地に照らして許されないものといわなければならない。」と述べている。

H元-5

・　相手方は，物権内容の実現を妨害していることについての**故意や過失があることを要しない。**

➡　物権内容の実現を妨害している事実状態があれば，その者に対して物権的妨害排除請求権を行使することができる。

理由　物権的請求権は，物に対する支配が侵されている場合(物権の円満な行使が妨げられている場合）に，それを回復するための制度である。相手方の責任を追及する制度ではないので，相手方の故意や過失は問題とならない。

(3)　物権的妨害予防請求権

ケーススタディ

Aは甲土地を所有しているが，隣地（乙土地）の地盤が弱くなって，乙土地上の立木が甲土地に倒れそうになっている。この場合，Aは，乙土地の所有者であるBに対し，木の倒壊を防止するための工事をするように請求することができるだろうか。

①　意　義

物権的妨害予防請求権とは，**現実には物権侵害の状態は生じていないが，そのおそれがある場合**に，それを予防することを請求することができる権利である。

【例】　ケーススタディの事例では，Aは，Bに対し，木の倒壊を防ぐための工事等を請求することができる。

②　要　件

物権を妨害するおそれがあることである。現に妨害が生じていることは必要ない。

③　請求権者

物権を妨害されるおそれがある物権者である。

④　相手方

法律上正当な理由なく，物権内容の実現を妨害するおそれのある者である。

5　物権的請求権の内容（特に費用負担について）

上記4で，物権的請求権には3つの種類があると解説したが，では，実際に，どういった請求をすることになるのだろうか。

ケーススタディ

Aの所有する甲土地と，Bの所有する乙土地が，隣り合っている。なお，甲土地の方が，ちょっと高い位置にある。

ある日，台風がやってきて，甲土地のブロック塀が崩れて，乙土地に落ちてしまった。

AはBに対し，どういった請求をすることができるか。また，BはAに対し，どういった請求をすることができるか。

物権的請求権の内容としては，いくつかの考え方があるが，代表的なものは，①**行為請求権説**（判例の立場），②**受忍請求権説**，③**行為請求権修正説**の3つである。 H18-9 H11-17 H3-7

以下，各説を紹介しつつ，ケーススタディの事例においてどういった請求をすることができるのかを検討する。

①　行為請求権説

物権的請求権は，相手方に対して，（侵害の除去等の）**積極的な行為を請求することができる権利**である，という説である（大判昭5.10.31，同昭12.11.19）。

➡　**その費用も，相手方が負担すべきことになる。**

【例】　ケーススタディの事例で，Aは，Bに対し，ブロックの返還を請求することができる。この場合，返還のための費用は，Bが負担すべきことになる。

一方，Bは，Aに対し，ブロックの除去を請求することができる。この場合，除去のための費用は，Aが負担すべきことになる。

プラスアルファ

行為請求権説に対しては，㋐ケーススタディの事例のように，AとBの双方とも物権的請求権を行使できる場合には，先に請求をした方が費用負担を免れるという“早い者勝ち”の結果となってしまう，㋑ケーススタディの事例のBのように，自分は何もしていないのに（台風のせいで落ちてきただけなのに）費用と手間をかけてブロックをAに返還しなければならないというのは酷である，という批判がある。

②　受忍請求権説

物権的請求権は，物権者がする回復行為について，相手方に受忍すべきことを請求することができる権利である，という説である。

➡　その費用は，回復者，つまり物権者が負担すべきことになる。

【例】　ケーススタディの事例で，Aは，Bに対し，「お宅の土地に落ちたブロックを回収させてもらうので，それを認めてくれ」と請求することができる。この場合は，回収のための費用は，Aが負担すべきことになる。

一方，Bは，Aに対し，「うちの庭に落ちたブロックをお宅に返すので，それを認めてくれ」と請求することができる。この場合は，ブロックを返すための費用は，Bが負担すべきことになる。

プラスアルファ

物権的請求権は，沿革的には，相手方に対して（侵害の除去等の）行為を請求する権利であったので，受忍請求権説はこれに反する，という批判がある。

③　行為請求権修正説

基本的には行為請求権説と同じであるが，物権的返還請求権の場合で，相手方がその意思に基づいて占有を取得したのではないときは，例外的に，回復者（物権者）は，自らが取り戻すことについて受忍を請求することができるにすぎない，という説である。

➡　この場合の回復のための費用は，回復者，つまり物権者が負担すべきことになる。

【例】　ケーススタディの事例では，Aの所有するブロックがBの土地に落ちている（Bがブロックを占有している）状態である。そして，Bがブロックの占有を取得したのは，台風という不可抗力が原因である（Bの意思で，ブロックの占有を奪ったわけではない）。

このような場合に，AがBに対して物権的請求権を行使するときは，ブロックを取り戻すことについて受忍を請求することになる。

第4節　物権変動総説

Topics
- 「物権変動」は，司法書士試験の物権編において最重要といっていい論点。条文はわずか数個しかないが，論点は数限りない。
- まずは，物権変動の意義，効力の発生，公示の原則，公信の原則をしっかり理解すること。重要。

1　物権変動とは

物権変動とは，**物権が発生したり，物権に変更が生じたり，物権が消滅すること**をいう。

人物（権利の主体）の視点から見ると，物権を取得したり，物権の内容が変わったり，物権を失うことをいう。

➡　民法では，これらを**「物権の得喪及び変更」**と表現している（民§177）。

物権変動は，日々，いたる所で生じている。

【例】　Aが，建物を新築したら，Aはその建物について所有権を取得する（物権の取得）。

また，Bが所有している自動車をCが買ったら，Cはその自動車について所有権を取得する（反対に，Bは，その自動車についての所有権を失う）。

そして，Dが所有する建物について，火災によって焼失してしまったら，その建物についての所有権は消滅する（物権の喪失）。

2　物権変動の種類

上記のとおり，物権変動には，物権の取得（発生），物権の変更，物権の喪失（消滅）がある。これらの物権変動の種類を，少し詳しく見ていく。

(1)　物権の取得（発生）

物権の取得の内容は，いくつかに分類することができるが，大きく分けると，**「承継取得」**と**「原始取得」**がある。

プラスアルファ

承継取得は，「移転的承継」と「設定的承継」に分けることができる。そして，移転的承継も，**「特定承継」**と**「一般承継（包括承継）」**に分けることができる。

➡　これらの用語をそのまま覚える必要はない。

① 承継取得

前の権利者（前主）から，その物権を承継することをいう。

【例】 Aが所有している自動車を，Bが買った。

➡ Bは，自動車の所有権を，Aから承継した。

【例】 土地や建物や株式や現金を所有しているAが死亡し，Bが相続人となった。

➡ Bは，Aの有していたすべての権利を，Aから承継した。

② 原始取得

（前の権利者から権利を承継するという性質ではなく）真新しい物権を取得することをいう。

【例】 Aは，自分が所有している土地の上に，建物を新築した。

➡ Aは，その建物について（真新しい）所有権を取得した。

➡ その建物について，今まで一度も所有権が成立したことはなかった（新築されたばかりだから）。Aが原始的に（最初に）所有権を取得した。

【例】 Cが所有している土地について，Dが時効取得した。

➡ Dは，その土地について（真新しい）所有権を取得した。

プラスアルファ

これは，一見すると少し不思議である。「その土地は前はCが所有していたのではないか。Dは，Cから所有権を承継取得したのではないか？」

確かに，事実上は承継取得のようなものだが，時効取得については，法律上は，原始取得（真新しい何の汚れもない所有権を取得する）とされている。

➡ Cが，かつて，その土地を目的として第三者のために抵当権等を設定していたとしても，その抵当権等は消滅し，Dは何の汚れ（負担）もない真新しい所有権を取得する。

・ 時効取得のほか，動産の即時取得（民§192），無主物先占（民§239），遺失物拾得（民§240），埋蔵物発見（民§241），添付（民§242～）も原始取得である。

(2) 物権の変更

物権の変更とは，物権の内容が（物権の同一性を失わない範囲で）変わることをいう。

【例】 Ａは建物を所有しているが，子供が成長してちょっと手狭になったので，増築工事をした（床面積が広がった)。

【例】 Ｂの所有する土地を目的として，Ｘのために地上権が設定されている。当初は地上権の存続期間は20年と定められていたが，Ｘ・Ｂ間の契約により，存続期間が30年とされた。

(3) 物権の喪失（消滅）

物権の喪失（消滅）は，２つに分けることができる。

① 絶対的喪失（消滅）

物権が完全になくなってしまうことをいう。

たとえば，物権の目的である**物が滅失すれば**，物がないのだから，**当然に物権は絶対的に消滅する**。

【例】 Ａは建物を所有していたが，火災により全焼してしまった。

➡ 所有権の目的たる建物がなくなったので，今まであった建物に対する所有権は当然に消滅した。

・ その他，物権の放棄や混同（民§179)，消滅時効（民§166）等によって物権は消滅する。

② 相対的喪失（消滅）

物権自体は消滅しないが，物権が権利者の手元から離れてしまう（物権の帰属主体が変わる）ことをいう。

【例】 Ａは自動車を所有していたが，これをＢに売った。

➡ 自動車に対する所有権が，ＡからＢに移った（Ａは所有権を失った)。

3　物権変動が生ずる原因

物権の取得，変更，喪失といった物権変動が生ずる原因は，大きく分けて2つある。①**法律行為（意思表示）に基づく場合**と，②**法律行為（意思表示）に基づかない場合**である。

⑴　法律行為（意思表示）に基づく場合

法律行為の中でも，**「契約」**が典型である。

Aの所有するパソコンをBに売れば，Bがパソコンの所有権を取得する（Aは所有権を喪失する）。

また，Cの所有する土地を目的として，Xのために抵当権を設定する契約をすれば，Xは土地について抵当権という物権を取得する。

一方，「単独行為」によっても物権変動は生ずる。

Aが，「自分の所有する建物をBに遺贈する」という遺言を残して死亡すれば，Bは建物の所有権を取得する。

⑵　法律行為（意思表示）に基づかない場合

いろいろある。**相続**，**時効取得**，遺失物拾得などである。

【例】　土地や建物を所有するAが死亡した。そして，Bが相続人となった。
➡　Bは，Aの相続財産（土地や建物等）について所有権を取得する。
➡　死亡という事実によって，物権変動が生ずる。

4　物権変動の効力発生の要件と、その時期

ケーススタディ

Aは，新宿区高田馬場一丁目○番△の土地（甲土地という）を所有している。

令和4年11月1日，AとBは，甲土地をBに金3,000万円で売り渡す契約をした。そして，翌日にBはAに対して代金の全額を支払い，その次の日に甲土地がBに引き渡された。

Bは，いつ，甲土地の所有権を取得するのだろうか。

(1)　物権変動の効力の発生

> （物権の設定及び移転）
> **第176条**　物権の設定及び移転は，当事者の意思表示のみによって，その効力を生ずる。

物権変動は，**当事者の意思表示のみによって**，効力を生ずる。つまり，ケーススタディの事例では，売買契約（売る・買うという意思表示の合致）によって，甲土地の所有権はＡからＢに移転する。

このように，意思表示のみによって物権変動が生ずると考える立場を，**意思主義**という。

プラスアルファ

一方，意思表示だけでは物権変動の効力は生ぜず，登記や引渡しといった一定の形式が必要であると考える立場を，**形式主義**という。

我が国の民法では，意思主義を採用しており，形式主義を採用していない。

プラスアルファ

物権行為の独自性の問題

上記のとおり，物権変動は，当事者の意思表示のみで効力を生ずる。

では，意思表示だけで物権変動の効力を生ずるとして，売買等の契約の意思表示（債権行為）だけで物権変動の効力が生ずるのか，それとも，売買等の契約のほか，“所有権を移転させる”という意思表示（物権行為）も必要なのか，という点（物権行為の独自性）が問題となる。

判例は，物権行為の独自性を否定し，債権行為（売買等の契約）があれば，当然に物権行為もあったものとして，所有権は当然に買主に移転するとしている（大判大2.10.25）。

プラスアルファ

また，債権行為（売買等の契約）が無効であったり，取り消された場合，物権変動（所有権の移転）も当然に無効となるのか，という論点もある（有因・無因の問題）。

(2)　物権変動の効力発生の時期（所有権が移転する時期）

物権変動は，意思表示のみによって効力を生ずるが，その物権変動が効力を生ずる時期はいつであろうか。

➡　意思主義を定めた民法176条は，物権変動の時期については規定していない。

H4-10

判例は，（原則として）**売買等の契約がされた時に**，所有権は買主に移転するとしている（大判大2.10.25）。

【例】　ケーススタディの事例では，ＡＢ間で甲土地の売買契約が成立した令和４年11月１日に，甲土地の所有権はＢに移転する。

➡　（原則として）代金が支払われた時や，土地の引渡しがされた時ではない。

ただし，当事者間で，所有権の移転の時期について特約を結ぶことは否定されず，この場合には，特約によって定められた時に所有権が移転する（最判昭38.5.31）。

【例】　令和４年11月１日，ＡとＢは，Ａの所有する甲土地をＢに売り渡す契約をした。この契約においては，「Ｂが売買代金を完済した時に所有権が移転する」という特約が付されている。そして，同月10日，Ｂは代金の全額をＡに支払った。

➡　特約に従って，代金が完済された令和４年11月10日に甲土地の所有権はＢに移転する。

プラス アルファ

実務上，不動産の売買などは，「代金支払いの時に所有権が移転する」という特約がされることが多い。

5　物権変動の公示の必要性

(1)　意　義

物権は，排他性を有する権利である。その物について，他者を排して，独占的に支配することができる。

➡　Ａが甲土地を所有している場合，Ａは，甲土地を独占的に使用することができる。見知らぬＢが甲土地を使っている場合には，これを排除することができるし（妨害排除請求），また，ＡのほかＣも甲土地を所有しているということはあり得ない。

このように，**物権は強力な権利であり，ある物について誰がどのような物権を持っているのかということは，世間の人にとっても利害の関係がある**といえる。

> **事例**
> 甲土地はＡが所有しているが，Ｂは，Ａから貸してもらっている。そして，Ｂが甲土地を耕して，家庭菜園を営んでいた。
> ある日，Ｃが甲土地の横を通りかかり，この土地を気に入ってしまった。そして，農作業をしていたＢを所有者と思い込み，Ｂに対し，「この土地を売ってくれ」と申し込んだ。Ｂは，本当なら「私は借りているだけなので，この土地を売る権限はありません」と答えるべきだが，チャンスと思い，「分かりました。2,000万円で売ります」と応じてしまった。そして，この日のうちにＢとＣの間で売買契約が成立し，甲土地がＣに引き渡された。
> 後日，甲土地を見ず知らずの人物（Ｃ）が使用していることを知ったＡは，Ｃに対し，「甲土地は私が所有している。確かにＢに貸しているが，あなたには貸していない。出ていきなさい」と請求した。
> Ｃは，絶句して固まってしまった。

・　この場合，「Ａが甲土地の所有者なので，Ｃは所有権を取得できない」ということになると，**取引の安全が害される**（契約をしたのに権利を取得できない）。

・　一方，「Ｃは売買契約をして代金も支払ったのだから，甲土地の所有権を取得できる」ということになると，Ａはたまったものではない（静的な安全が害される）。

➡　いずれにせよ，ＡかＣのどちらかが，大変な損害を受けることになる（もちろん，ＢがＣに代金を返して謝罪をすれば，大きな損害とはならないが，Ｂは逃亡している可能性が高い）。

なので，このようなトラブルを回避するためにも，**ある物について誰が物権を持っているのか（だれが所有者なのか）ということを，公示しておく必要性**が出てくる。

➡　公示とは，公に示すことである。つまり，世間の人に分かるようにしておくことである。

【例】　上記の事例で，“甲土地の所有者はＡである”ということがきちんと公示されていれば（世間の人が分かるようになっていれば），Ｃは，「あれっ，いま甲土地を耕しているのはＢだけど，本当の所有者はＡなんだ。だから，Ａと売買契約をすればいいんだ」ということが分かる。

重要！

取引の安全を図るために，物権（変動）についての公示は，ものすごく重要である。

プラスアルファ

債権については，特に公示する必要性はない。

債権は，**特定の人に対して**請求することができる権利であるので，他の人には関係なく，わざわざ公示して世間の人に知らしめる必要はない。

➡　ＡがＢに対して100万円の借金をしているということを，世間に知らしめる必要はない（どちらかというと，知られたくない）。

では，実際に，物権変動についてどのような形の公示が要求されているのか。

また，公示がされた場合（逆に公示がされなかった場合）には，どういった効果（どういった不利益）が生ずるのだろうか。

(2)　要求される公示の形

要求されている公示の形は，不動産と動産で異なる。

不動産についての公示方法は**登記**であり，**動産**についての公示方法は**引渡し**である。

①　登　記

「登記」は，一般の方にとって，あまり耳慣れないものであると思う。実際，世間一般の方が登記に触れるのは，マイホームを購入する際と親が死亡した場合の相続くらいであろう。

（不動産）登記とは，簡単にいうと，**国の管理するコンピュータに不動産に関する物権変動を記録すること**である。

【例】 甲野太郎は，新宿区千人町一丁目２番３の土地（甲土地という）を所有している。そして，平成30年10月１日，甲野太郎と乙川一郎は甲土地の売買契約をし，所有権が乙川一郎に移転した。また，乙川一郎は，甲土地の購入資金とするため，新東京銀行から1,000万円を借り入れ，甲土地を目的として，新東京銀行のために抵当権を設定した。

➡ この場合，甲土地について，①甲野太郎から乙川一郎への所有権の移転と，②新東京銀行のための抵当権の設定という２つの物権変動が生じた。そのため，この２つの物権変動について，登記をする。

➡ 具体的には，司法書士が当事者を代理して，法務局（いわゆる登記所）に登記を申請する。

そして，登記簿（国の管理するコンピュータ）に以下のように記録される（一部省略）。

<table>
<tr><td colspan="4">表　題　部（土地の表示）</td><td>調製</td><td>【略】</td><td>不動産番号</td><td>999888444</td></tr>
<tr><td>地図番号</td><td>【略】</td><td colspan="2">筆界特定</td><td colspan="4">余白</td></tr>
<tr><td>所　　在</td><td colspan="5">新宿区千人町一丁目</td><td colspan="2">余白</td></tr>
<tr><td>①　地　番</td><td colspan="2">②　地　目</td><td colspan="2">③　地積　㎡</td><td colspan="3">原因及びその日付［登記の日付］</td></tr>
<tr><td>２番３</td><td colspan="2">宅地</td><td colspan="2">130 68</td><td colspan="3">【略】</td></tr>
</table>

権　利　部（甲　区）（所有権に関する事項）			
順位番号	登記の目的	受付年月日・受付番号	権利者その他の事項
1	所有権移転	平成24年11月２日 第11520号	原因　平成24年11月２日売買 所有者　（住所省略） 　甲野太郎
2	所有権移転	平成30年10月１日 第10000号	原因　平成30年10月１日売買 所有者　（住所省略） 　乙川一郎

権　利　部（乙　区）（所有権以外の権利に関する事項）			
順位番号	登記の目的	受付年月日・受付番号	権利者その他の事項
1	抵当権設定	平成30年10月１日 第10001号	原因　平成30年10月１日金銭消費貸借同日設定 債権額　金1,000万円 債務者　（住所省略） 乙川一郎 抵当権者　（住所省略） 株式会社新東京銀行

この登記の記録をみれば，甲土地は，現在，乙川一郎が所有していて，株式会社新東京銀行の抵当権が設定されている（抵当権という負担がついている），ということが**一目で分かる**。

プラスアルファ

登記の記録は公開されており，**誰でも見ることができる**。インターネットを通じて自宅のパソコンで見ることもできる。

② 引渡し

動産について要求される公示方法は，引渡しである。

引渡しは，特に説明するまでもないが，**占有の移転**である。Ａの所有するパソコンをＢに売った場合には，ＡがＢにパソコンを手渡せばよい。

ただし，この公示方法としての“引渡し”については，現に手渡す形の「現実の引渡し」（民§182Ⅰ）だけでなく，簡易の引渡し（同Ⅱ），指図による占有移転（民§184），占有改定（民§183）という形もある。

→ 引渡しについての詳しい解説は，第７節２参照。

(3) 公示がされた場合（公示がされなかった場合）の効果

この論点は，ものすごく重要である。詳しくは後で解説するが，まず，大枠をしっかり掴んでいただきたい。

ケーススタディ

Ａは，甲土地を所有している。そして，ＡとＢは，甲土地をＢに売り渡す契約をした。ＢはＡに代金を支払い，ＡはＢに対して甲土地を引き渡した。ただ，Ｂは，不動産を買った場合，登記という公示方法があることを知らなかったので，登記をしなかった。

その後，登記の名義がＢに移っていないことに気付いたＡは，まだ自分が甲土地を所有しているとウソをついて，甲土地をＣに売り渡す契約をした。Ｃは，登記という公示方法を知っていたので，甲土地について，ＡからＣに所有権が移転した旨の登記を完了した。

そして，Ｃは，甲土地を現に占有しているＢに対し，「自分が甲土地の所有者だから，明け渡してくれ」と請求した。

Ｂは，Ｃに対して甲土地を明け渡さなければならないのだろうか。

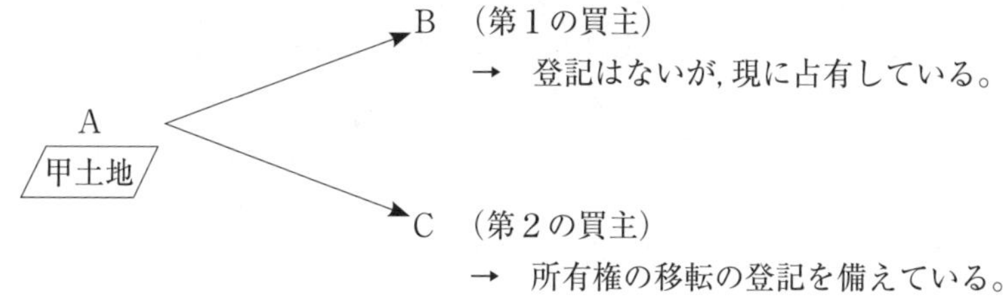

（不動産に関する物権の変動の対抗要件）

第177条　不動産に関する物権の得喪及び変更は，不動産登記法その他の登記に関する法律の定めるところに従いその登記をしなければ，第三者に対抗することができない。

不動産に関する物権変動は，**登記をしなければ，第三者に対抗することができない**とされている。

つまり，登記をしなければ，物権変動があったこと（自分が所有権を取得したこと）を，第三者に主張することができない。

【例】　ケーススタディの事例では，Ｂは，Ａとの間で売買契約を締結し，代金を支払い，甲土地の引渡しを受けているが，登記だけは備えていない。

一方，Ｃは，Ｂより後に甲土地を買う契約をしているが，きちんと所有権を取得した旨の登記を備えている。

➡　この場合，登記をしていないＢは，自分が甲土地の所有権を取得したことをＣに主張することができない。一方，Ｃは，登記を備えているので，自分が甲土地の所有権を取得したことをＢに主張することができる。

ということで，**Ｂは，甲土地をＣに明け渡す必要がある。**

重要!

登記という公示を備えることは，ものすごく重要である。

➡　不動産に関する物権変動があったら，直ちに登記をすること。お金を払っても，引渡しを受けても，安心できない。とにかく登記である（一部の例外はあるが）。

プラスアルファ

物権変動は，意思表示だけで効力を生ずる。つまり，ＡＢ間で売買契約をした時点で，甲土地の所有権はＢに移転しているはずである。

ということは，Ａは所有権を喪失しているはずだから，ＡがＣに売ることはできないのではないかという疑問を生ずる。

しかし，これは可能なのである。詳しくは第５節**1**２で解説する。

・　動産についても，同様の規定が置かれている。

> （動産に関する物権の譲渡の対抗要件）
> **第178条**　動産に関する物権の譲渡は，その動産の引渡しがなければ，第三者に対抗することができない。

動産の譲渡がされた場合には，その動産について**引渡しがなければ，これを第三者に対抗することができない**とされている。

⑷　公示の原則，公信の原則

①　公示の原則

上記のとおり，不動産に関する物権変動は，登記という公示を備えなければ，第三者に対抗することができない。動産に関する譲渡は，引渡しという公示がなければ，第三者に対抗することができない。

このように，**公示がなければ，その物権変動の存在を第三者に主張することができない**という原則を，**公示の原則**という。

➡　第三者の立場で見ると，公示がされていない物権変動は無視してよいということになる。

②　公信の原則

公信の原則とは，公示を信頼して取引をした者は，その公示がたとえ真実の権利関係に合致していなくても，法律上保護される，という原則である。

“公示が真実の権利関係に合致していない”とは，嘘の登記がされているような場合である。

➡　もちろん，登記官（と呼ばれる公務員）が登記を実行するに当たっては，嘘の登記がされないように，いろいろな審査をする（詳しくは不動産登記法で学習する）。しかし，所有者から権利証などの書類を盗んで登記官を信用させ，嘘の登記がされてしまうこともあり得る。

そして，こういった間違った登記を信頼して取引をした者がいる場合，その者は保護される，というのが公信の原則である。

➡　公示を信頼した者は保護されるべきであるという原則

我が国においては，**不動産に関する物権変動（登記）については，公信の原則は採用されていない。**

【例】　Aは，甲土地を所有している（甲土地について，Aを所有者とする登記がされている）。そして，Aの息子Bは，自分がAから甲土地を買ったと嘘をついて，AからBへの所有権の移転の登記を申請した。

➡　Bは，Aの書斎から，登記に必要な書類を盗んで登記を申請した。登記官は，必要書類が揃っていたので，AからBへの所有権の移転の登記を実行した（甲土地についてBの名義となった）。

一方，Cは，以前から甲土地を買いたいと思っていた。そして，登記の記録を見たら，「所有者　B」と記録されていたので，Bが甲土地の所有者であると信じ，Bとの間で甲土地の売買契約を締結した。

不動産の物権変動について公信の原則が採用されていれば（登記に公信力があれば），Bを所有者とする登記を信頼したCは保護される。つまり，Cは甲土地の所有権を取得する（＝Aは甲土地の所有権を失う）。

➡　動的安全（取引の安全）が図られる。

しかし，我が国においては，登記に公信力は認められていないので，虚偽の登記を信頼したCは保護されない。つまり，**Cは甲土地の所有権を取得することができない**（Aが甲土地の所有者のまま）。

➡　静的安全が保たれる。

＋アルファ

H9-10　ただし，不動産に関する物権変動についても，民法94条２項が類推適用されるような場面では，公信の原則を認めたのと同様の結果となる場面もある。

・　これに対し，**動産**の物権変動に関しては，（制限的ではあるが）公信の原則が採用されている（**即時取得**，民§192）。

【例】　Aが所有しているパソコンを，Bが預かっていた。そして，B宅を訪れたCは，そのパソコンを見て気に入り，Bのものだと（過失なく）信じて，Bに「売ってくれ」と頼んだ。Bは，「いいよ」とこれに応じ，売買契約をした。そして，Bはそのパソコンを C に引き渡した。

➡　Bはパソコンの真実の所有者ではないが，そのパソコンを占有して真実の所有者らしい外観を備えている。そして，Cは，その外観を信頼して（Bが所有者であると信じて）取引をした。この場合は，Cの信頼が保護され，**Cはパソコンの所有権を取得する**（Aはパソコンの所有権を失う）。

理由　不動産は大変に高価な財産である。土地ならば軽く数千万円することもある。簡単に，真実の所有者が権利を失うとすることは適当でない（公信の原則を認めるのは適切でないといえる）。

一方，動産は，不動産に比べれば価格が低いのが通常であり，また，動産は日常頻繁に取引がされる。つまり，**動産は，不動産に比べて，取引の安全を重視する必要性がある。**

第5節　不動産の物権変動

Topics
- 司法書士は，不動産の物権変動について（当事者を代理して）登記を申請して，報酬をいただく立場である。つまり，不動産の物権変動は，司法書士の業務に直結する論点である。
- 試験においても，各種の物権変動における登記の要否や，第三者の範囲は，超頻出。
- 同じ論点が何度も出題されるので，何度も繰り返し読んでいただきたい。

1　不動産の物権変動と第三者

1　不動産物権変動の効力発生と、対抗要件（前節の復習）

まず，物権変動の効力発生を定めた民法176条。

> （物権の設定及び移転）
> **第176条**　物権の設定及び移転は，当事者の意思表示のみによって，その効力を生ずる。

そして，不動産の物権変動に関する対抗要件を定めた民法177条。

> （不動産に関する物権の変動の対抗要件）
> **第177条**　不動産に関する物権の得喪及び変更は，不動産登記法その他の登記に関する法律の定めるところに従いその登記をしなければ，第三者に対抗することができない。

つまり，**不動産に関する物権変動は，当事者の意思表示のみによって効力を生ずるが，登記をしなければ第三者に対抗することができない**とされている。

<基準例>　甲土地は，Aが所有している。そして，AとBは，甲土地をBに売り渡す契約をした。Bは代金を支払い，甲土地はBに引き渡された。しかし，Bが所有権を取得した旨の登記はしなかった。
　その後，Aは，（Bに売ったはずの）甲土地をCに売り渡す契約をした（二重譲渡）。そして，AからCに甲土地の所有権が移転した旨の登記を完了した。

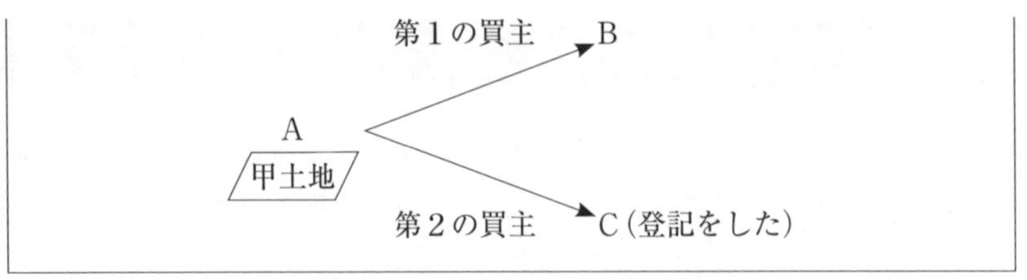

⑴　「対抗することができない」の意味

民法177条の「対抗することができない」の意味は，不動産に関する物権変動があったことについて，**第三者に積極的に主張することができない**，ということである。

【例】　上記の＜基準例＞では，Ｂは登記をしていないから，「自分が甲土地の所有権を取得した」ということを，Ｃに対し，積極的に主張することができない。

　一方，Ｃは，登記を備えているので，Ｂに対し，自分が甲土地の所有権を取得したことを積極的に主張できる。つまり，甲土地の所有権を確定的に取得する。

⑵　両者ともに登記を備えていない場合

上記の＜基準例＞において，仮に，Ｃも登記をしていなかったものとする。この場合は，Ｂ，Ｃともに，相手方に対して所有権の取得を対抗することができない。

➡　早く登記をした方が勝ちである。

⑶　第三者の側から物権変動の効力を認めることの可否

登記をしていない場合は，第三者に対して積極的に物権変動を主張することができないだけであり，第三者の側から，物権変動を認めることは構わない。

⑷　第三者ではなく、当事者との関係

民法177条は，不動産に関する物権変動は，登記をしないと“第三者に”対抗することができないと規定している。売買等の**契約の当事者（契約の相手方）**に対しては，**登記をしなくても物権変動を主張することができる**（最判昭42.10.31）。

【例】 AとBは，Aの所有する甲土地をBに売り渡す契約をした。この場合，Bは，登記をしなくても，自分が甲土地の所有権を取得したことをAに主張することができる。

➡ 当たり前である。

2 民法177条の「対抗」の意義（民法176条との関係）に関する学説

不動産に関する物権変動は，登記をしなければ第三者に対抗することができないとされているが（民§177），ここで，1つ，疑問が浮かんでくる。

疑問 前記の<基準例>において，Aは，甲土地をBに売り渡しているので，その時点でAは甲土地の所有権を失っているはずである。

➡ 物権変動は，意思表示（契約）のみによって効力が生じているはず（民§176）。

そのため，この後に，Aは，甲土地をCに売ることはできないのではないか？

➡ Cに売って，Cの名義とする登記がされても，それは無効ではないか？

当然の疑問である。

そして，これは，民法176条と177条の関係をどのように理解すべきか，という問題といえる。

この説明については，いろいろな学説が乱立している。主要なものをいくつか掲げる。 H19-8

(1) 不完全物権変動説

物権変動は，意思表示のみによって効力を生じているが，登記をしない限り不完全なものであり，登記を備えることによって完全なものとなる，と考える説。

➡ 登記をしないうちは完全な物権変動とはいえないので，売主Aは，完全な無権利者というわけではなく，Cに甲土地を譲渡することも可能である。

(2) 否認権説

物権変動は，意思表示のみによって効力を生じているが，第三者は，登記のない物権変動を否認することができる，と考える説。

【例】　＜基準例＞においては，最初にＡＢ間で甲土地の売買契約がされたことによって，甲土地の所有権はＢに移転しているが，登記をしていないので，第三者Ｃは，この物権変動（Ｂが甲土地の所有権を取得したこと）を否認することができる。

(3)　法定証拠説

登記は，（物権の取得等について）裁判で争いになった場合に，裁判所が物権変動の有無や先後を認定するための法定証拠である，と考える説。

【例】　＜基準例＞において，ＢとＣは，甲土地の所有権の帰属について，裁判で争うこととなった。この場合，Ｃが，「自分は登記を備えている」という証拠を提出すると，裁判官はこの証拠に拘束され，Ｃが先に甲土地を買い受けたものとして事実認定をしなければならない。

➡　Ｃが裁判で勝つことになる。

(4)　公信力説

物権変動は，意思表示のみによって完全に効力を生じているが，売主に残っている登記を信頼して第三者が取引をした場合には，その信頼が保護される，と考える説。

【例】　＜基準例＞においては，最初にＡＢ間で甲土地の売買契約がされた時点で，甲土地の所有権は完全にＢに移転している（Ａは完全に無権利者となっている）。

しかし，Ｂは，所有権を取得した旨の登記をしていないので，甲土地については，まだＡが所有者として登記がされている状態である。

そして，Ｃが，甲土地の登記の記録を見て，“Ａが所有者である”と信じて，Ａから甲土地を買い受けた場合，Ｃの信頼が保護され，Ｃは甲土地の所有権を取得できることになる。

＊　この説は，不動産の物権変動についても公信の原則を認めるものであるが，現在の民法においては，動産の物権変動については公信の原則を認める規定が置かれているが（民§192），不動産の物権変動については同様の規定は置かれていない。つまり，民法の規定に思いっきり反しているという批判がある。

⑸　法定制度説

（少し乱暴にいえば）確かに民法176条と177条はうまく整合性がとれないが，法でそのように規定されているのだから仕方がない，と考える説。

重要！

以上のとおり，学説はいろいろとあるが（上記のほかにもいくつかある），いずれにせよ，不動産に関する物権変動は，意思主義を採りつつも，取引の安全を図るために，第三者に対抗するためには登記という公示が要求されているということをしっかりと押さえていただきたい。

3　民法177条に関する論点

民法177条は，不動産に関する物権変動は登記をしなければ第三者に対抗することができないと規定しているが，ここで論点となるのは，大きく２つある。

① すべての物権変動について，登記をしないと第三者に対抗することができないのか。

➡　**登記が必要となる物権変動とは何か。**

② 世間のすべての人に対して，登記をしないと対抗することができないのか。

➡　**第三者の範囲。**

これから，長々とこの２の論点を解説する（大変に重要である）。

4　第三者に対抗するために登記が必要となる物権変動

物権変動の原因はいろいろあるが，そのすべてについて，第三者に対抗するために登記が必要となるのかが問題となる。

➡　裏から見ると，登記をしなくても第三者に対抗することができる物権変動はないのか。

判例は，（大原則として）**すべての物権変動について登記が必要である**，という立場を採っている（無制限説，大判明41.12.15）。

➡　物権変動の原因には，意思表示によるものと，意思表示によらないものがあるが，いずれの場合でも，第三者に対抗するためには登記が必要であるとされている。

＋アルファ

意思表示による物権変動→　売買，贈与，抵当権設定などの契約。遺言のような単独行為。契約の取消しや解除。

意思表示によらない物権変動→　相続，時効取得など。

当事者間の契約に基づく物権変動については，第三者に対抗するために登記が必要であることは問題ないが，それ以外の場合において，若干，問題となることがある。

以下，具体的に検討する。

➡　試験において頻出の論点である。

(1)　取消しと登記

不動産の売買契約がされたが，その意思表示について瑕疵があったため，売買契約が取り消されたものとする。そうすると，売買ははじめから無効であったことになり（民§121），不動産は買主に移転していなかったことになる。

この場合，第三者が登場していなければ問題ないが，たとえば，買主が，第三者に不動産を転売していた場合，**売主は，売買が無効であったこと（不動産の所有権が買主に移転していなかったこと）について，その第三者に対抗することができるであろうか。**

これについては，①取消し前に第三者が登場した場合と，②取消し後に第三者が登場した場合を分けて考える必要がある。

①　取消し前の第三者との関係

ケーススタディ

ＡとＢは，Ａの所有する甲土地をＢに売り渡す契約をし，ＡからＢに所有権が移転した旨の登記をした。そして，Ｂは甲土地をＣに転売し，ＢからＣに所有権が移転した旨の登記をした。

その後，Ａは，ＡＢ間の甲土地の売買について，Ｂの強迫を理由として取り消した。

Ａは，Ｃに対し，甲土地の所有権が自分に復帰したことを対抗することができるか。

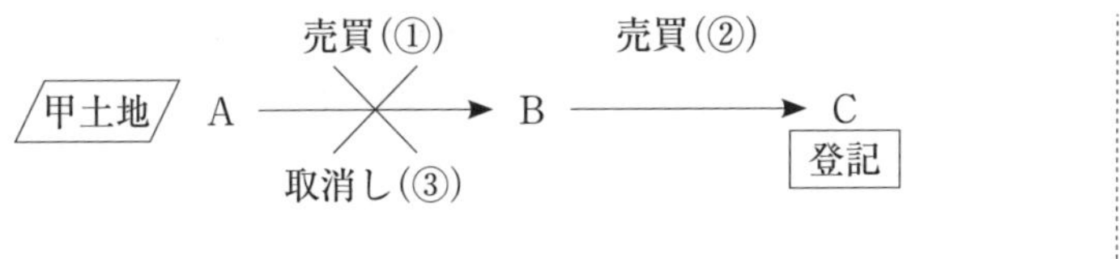

㋐　取消しの原因が，**強迫，制限行為能力者の行為**，の場合

Aは，登記なくして，甲土地の所有権が移転していなかったことをCに対抗することができる（大判昭4.2.20）。 R4-7 R2-7 H27-7 H10-14 H8-9

➡　Cは，甲土地の所有権を取得することができない。

理由　取消しによって，AB間の売買はさかのぼって無効となる。つまり，Cは，無権利者であるBから甲土地を買ったことになり，Cは権利を取得することができない。

【例】　未成年者Aは，法定代理人の同意を得ないで，自分の所有する甲土地をBに売り渡し，Bは甲土地をCに転売した。なお，AからB，BからCに所有権が移転した旨の登記がされている。

その後，Aの法定代理人Xは，AB間の甲土地の売買契約を取り消した。

➡　Aは，甲土地の所有権を，Cに対抗することができる。

㋑　取消しの原因が，**錯誤または詐欺**の場合

錯誤または詐欺による取消しについては，**善意でかつ無過失の第三者に対抗することができない**（民§95Ⅳ，96Ⅲ）。 R2-7 H10-14

【例】　Aの所有する甲土地を，Bに売り渡す契約がされた。そして，Bは，Cに対して甲土地を転売した（登記もされた）。その後，Aは，AB間の売買について，Bの詐欺を理由として取り消した。

➡　Cが，詐欺の事実について善意であり（詐欺があったなんて知らなかった），かつ過失がなかった場合には，Aは，甲土地の所有権が移転していなかったことをもってCに対抗することができない。つまり，Cは，甲土地を取得することができる。

理由　錯誤や詐欺の場合には，善意・無過失の第三者を保護するため，その者に対抗することができないという規定が置かれている（民§95Ⅳ，96Ⅲ）。

➡　強迫や，制限行為能力者の行為の場合には，表意者（売主）を保護する必要性が強いため，第三者保護の規定は置かれていない。

②　取消し後の第三者との関係

ケーススタディ

AとBは，Aの所有する甲土地をBに売り渡す契約をし，AからBに所有権が移転した旨の登記をした。その後，Aは，この売買契約につき，Bの強迫を理由として取り消した。しかし，登記はAに戻していなかった。

その後，Bは，（まだ登記が自分の名義となっているのをいいことに）甲土地をCに売却し，BからCに所有権が移転した旨の登記をした。

Aは，Cに対し，甲土地の所有権が自分に復帰したことを対抗することができるか。

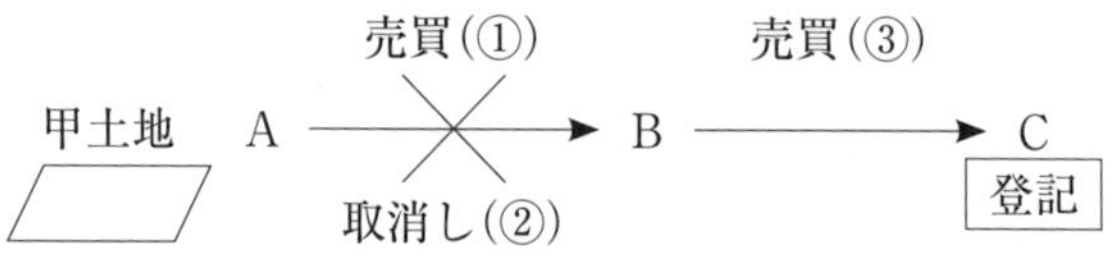

H29-8
H27-7
H17-8
H8-9
H4-15

取消し後に登場した第三者との関係は，**民法177条の対抗の関係**となる（大判昭17.9.30）。

【例】　ケーススタディの事例では，Aは，甲土地の所有権が復帰した旨の登記をしていないので，Cに対抗することができない。

➡　Cは，甲土地の所有権を取得する。

理由　取消しによって，初めから甲土地の所有権はBに移転しなかったことになるが（遡及的無効），考え方によっては，いったんAからBに所有権が移転し，取消しによってBからAに所有権が復帰した，と見ることもできる（**復帰的物権変動**）。

そう考えると，①（取消しにより）BからAに所有権が復帰した，②（売買により）BからCに所有権が移転した，という二重譲渡に類似した関係となる。

➡　Bを起点として，AとCに所有権が移転した関係。

そのため，二重譲渡がされた場合と同様に，登記が対抗要件と考えることができる。

＊　Aは，売買契約を取り消したのだから，すぐに登記の名義をAに戻すべきであるといえる。しかし，それを怠ったのだから，所有権の復帰を第三者に対抗できないとしても，不当ではない。

プラスアルファ

学説においては，取消し後の第三者との関係について，民法94条2項を類推適用すべきであるという説も有力である。

(2)　解除と登記

不動産の売買契約がされたが，買主が代金を支払わないため，売主が売買契約を解除したものとする（民§541）。そうすると，売買の効果は遡及的に消滅し（直接効果説），不動産の所有権は遡及的に売主に復帰する。

この場合，買主が当該不動産を第三者に転売していたようなときは，売主は，所有権の移転の遡及的な消滅をもって第三者に対抗することができるであろうか。

➡　上記(1)の「取消しと登記」と同じような話である。

①　解除前の第三者との関係

ケーススタディ

AとBは，Aの所有する甲土地をBに売り渡す契約をし，AからBに所有権が移転した旨の登記をした。そして，Bは甲土地をCに転売し，BからCに所有権が移転した旨の登記をした。

しかし，結局，BはAに対して売買代金を支払わなかったので，Aは，Bとの間の売買契約を解除した。

Aは，Cに対し，甲土地の所有権が自分に復帰したことを対抗することができるか。

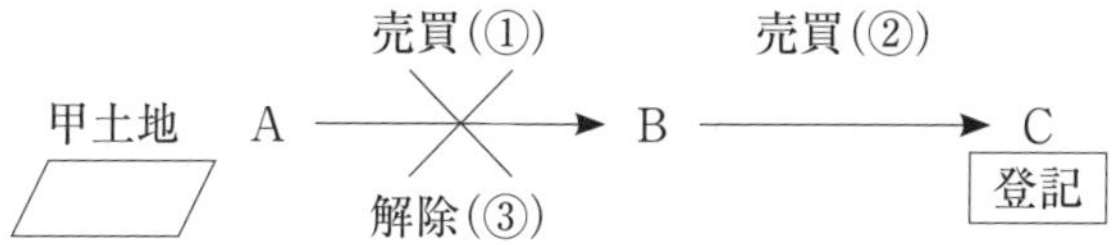

解除前の第三者との関係については，民法に規定がある。

（解除の効果）
第545条　当事者の一方がその解除権を行使したときは，各当事者は，その相手方を原状に復させる義務を負う。ただし，第三者の権利を害することはできない。

H22-7
H17-8
解除の遡及効（不動産が遡及的に売主に復帰したこと）をもって，**第三者の権利を害することができない。**

【例】　ケーススタディの事例では，Aは，解除の遡及効をもって，Cの権利を害することができない。
➡　Cは，甲土地の所有権を取得する。

重要！

H31-8
H27-7
H10-14
H8-9
民法545条1項ただし書の「第三者」として保護されるためには，登記を備えていることを要する（大判大10.5.17，最判昭33.6.14）。

【例】　仮に，ケーススタディの事例で，Cが登記を備えていなかったら，第三者として保護されない。

②　解除後の第三者との関係

ケーススタディ

AとBは，Aの所有する甲土地をBに売り渡す契約をし，AからBに所有権が移転した旨の登記をした。しかし，Bが代金を支払わなかったので，Aは，売買契約を解除した。なお，Aは，登記を自分の名義に戻さなかった。

その後，Bは，（まだ登記が自分の名義となっているのをいいことに）甲土地をCに売却し，BからCに所有権が移転した旨の登記をした。

Aは，Cに対し，甲土地の所有権が自分に復帰したことを対抗することができるか。

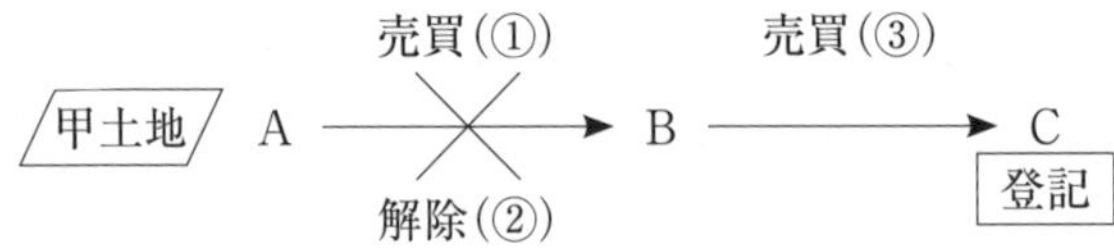

解除後に登場した第三者との関係は，**民法177条の対抗の関係**となる（大判昭14.7.7，最判昭35.11.29）。 R4-7 H27-7 H10-14 H7-16 H4-15

【例】 ケーススタディの事例では，Ａは，甲土地の所有権が復帰した旨の登記をしていないので，Ｃに対抗することができない。

➡ Ｃは，甲土地の所有権を取得する。

理由 ①（解除により）ＢからＡに所有権が復帰した，②（売買により）ＢからＣに所有権が移転した，という二重譲渡に類似した関係といえる。

(3) 取得時効と登記

Ａが所有している甲土地について，Ｂが，自分のものだと思って20年間（あるいは10年間）占有を継続すると，Ｂは甲土地の所有権を取得する（民§162）。いわゆる時効取得である。

この場合，Ｂが甲土地を時効取得したことについて，Ａ（つまり当事者）に対抗するために，登記が必要となるのか。

また，Ａが甲土地をＣに売却した場合，Ｂが甲土地を時効取得したことについてＣ（つまり第三者）に対抗するために，登記が必要となるのか。

このような点が問題となる。

まず，判例の基本的な立場を概観する。

・「当事者」に対しては，登記なくして時効取得を対抗することができる。

・「第三者」に対しては，登記をしなければ時効取得を対抗することができない。

➡ この意味では，“物権変動一般”の話と同じである。

ただし，時効取得の場合は，誰が当事者かという点において，問題となる場合がある。

①（もっとも純粋な形の）当事者との関係について

Ａの所有している甲土地について，Ｂが所有の意思をもって占有を開始し，時効取得した場合，Ｂは，登記をしていなくても，甲土地を時効取得したことをもってＡに対抗することができる（大判大7.3.2）。

➡ ＡとＢは物権変動の当事者の関係であるので，民法177条の関係（登記による対抗の関係）ではない。

② 時効完成前に原権利者から権利を取得した者との関係

ケーススタディ

Aの所有する甲土地について，Bが，所有の意思をもって占有を開始した。その後，Bの取得時効が完成する前に，Aは，甲土地をCに売り渡し，その登記を完了した。そして，Bの取得時効が完成した。

Bは，甲土地を時効取得したことを，Cに対抗することができるだろうか。

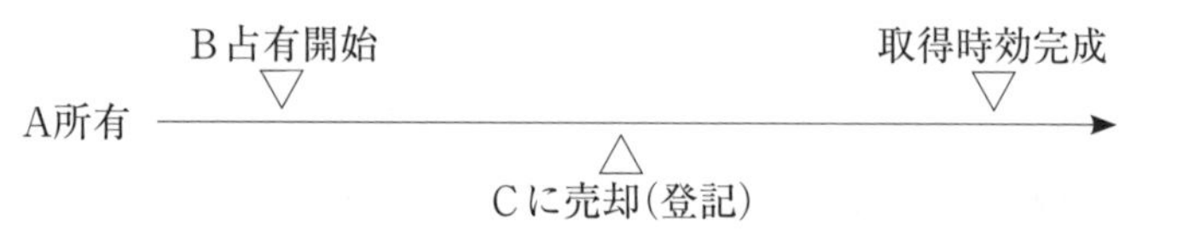

R4-7 H18-10 H8-4 H7-16 H6-9

取得時効が**完成する前に**，原権利者から権利を取得した者（承継人）がいる場合，時効取得者と承継人は**当事者の関係**であり，時効取得者は，登記なくして時効取得を承継人に対抗することができる（最判昭41.11.22）。

【例】 ケーススタディの事例では，Cは，Bの取得時効が完成する前に，原権利者Aから甲土地を買い受けている。そして，その後にBの取得時効が完成した。

➡ BとCは当事者の関係であり，Bは（登記なくして）甲土地を時効取得したことをCに対抗することができる。

理由 Cは，Bの取得時効完成の時に所有者であったのだから，第三者ではなく当事者というべき。

アルファ

H26-8 H4-15

取得時効の完成前に原権利者から権利を取得していた場合は，その登記の時期は問題とならない。

➡ 取得時効が完成した後に承継人のために登記がされた場合でも，時効取得者は，承継人に対し，時効取得を対抗することができる（最判昭42.7.21）。

【例】 ㈠Aの所有する甲土地についてBが占有を開始した。㈡AがCに対し甲土地を売り渡す契約をした。㈢Bの取得時効が完成した。㈣AからＣに所有権が移転した旨の登記がされた。

➡　Ｂは，Ｃに対し，甲土地の時効取得を対抗することができる。

③　時効完成後に原権利者から権利を取得した者との関係

ケーススタディ

Ａの所有する甲土地について，Ｂが，所有の意思をもって占有を開始した。そして，取得時効が完成した（しかし，登記はしていなかった）。その後，Ａは，甲土地をＣに売り渡し，その登記を完了した。

Ｂは，甲土地を時効取得したことを，Ｃに対抗することができるだろうか。

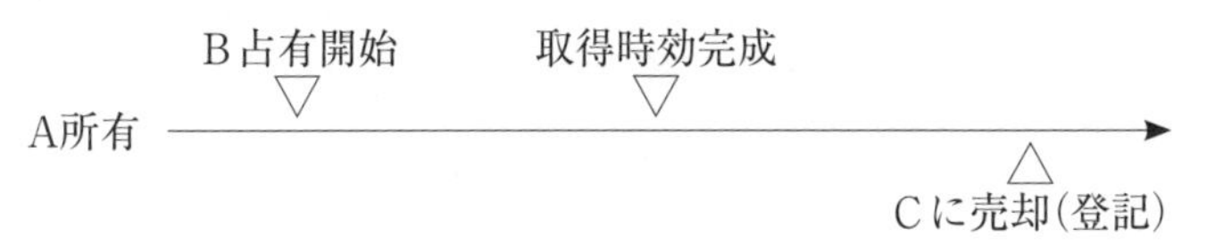

取得時効が**完成した後に**，原権利者から権利を取得した者（承継人）がいる場合，時効取得者と承継人は**民法177条の対抗の関係**であり，時効取得者は，登記をしなければ承継人に対抗することができない（最判昭33.8.28）。 H18-10 H6-9 H2-2

【例】　ケーススタディの事例では，Ｂは甲土地を時効取得したが，その登記をしていなかった。その後，Ｃは，原権利者Ａから甲土地の所有権を取得し，登記を備えた。

➡　Ｂは，甲土地の所有権を取得した旨の登記をしていないので，Ｃに対抗することができない（Ｃが甲土地の所有権を確定的に取得する）。

理由　時効取得者と，時効完成後の承継人との関係は，原権利者を起点とした二重譲渡の関係と類似している。

➡　ケーススタディの事例では，ＡからＢ，ＡからＣに二重譲渡がされた場合と同じように考えることができる。

Ｂは，甲土地を時効取得したので，その登記をすることができたはずだが，それを怠ったといえる。なので，（Ｃの登記により）所有権を失うのはやむを得ない。

㋐　再度の時効取得

H29-8
H26-8
H18-10
H6-9

ケーススタディの事例で，Bが，Cの登記後にさらに時効取得に必要な期間の占有を継続したときは，Bは甲土地を時効取得することができる（最判昭36.7.20）。

➡　Cが所有権を取得した旨の登記がされた時を起算点として，新たな取得時効が進行する。

㋑　起算点について

上記のとおり，時効取得者と承継人の関係については，承継人がいつ原権利者から権利を取得したのか（取得時効の完成前か，完成後か）によって，結論がまるで異なる。そのため，両者にとって，取得時効が完成したのはいつか，つまり時効期間の起算点はいつなのか，ということが最大の関心事であるといえる。

H26-8

これについて判例は，時効期間の起算点は占有開始の時であり，**時効取得者はこの起算点を任意に動かす（早めたり遅らせたりする）ことはできない**，とした（最判昭35.7.27）。

⑷　相続と登記（概説）

人が死亡すると，相続が開始する（民§882）。つまり，被相続人（死んだ人）が有していた一切の権利義務が，相続人に承継される（民§896）。

➡　土地，建物，車，株式，現金等の財産のほか，借金等の債務も相続人に当然に承継される。

プラス アルファ

誰が相続人になるのかは，相続編において詳しく解説するが，たとえば，旦那さんが死亡し，奥さんと子供２人がいる場合には，この３人が相続人となる。

相続が開始し，土地や建物といった不動産が相続人に承継された場合，相続人が当該不動産を取得したことについて，登記をしなければ第三者に対抗することができないのかが問題となる。

この「相続と登記」に関しては，論点がたくさんある。以下，事例ごとに解説する。

⑸　共同相続と登記

ケーススタディ

甲土地を所有していたＡが死亡した。相続人は，子のＢとＣである。つまり，甲土地は，ＢとＣがそれぞれ持分２分の１の割合で取得したが，Ｃは，勝手に「自分が単独で甲土地を相続した」旨の登記（ＡからＣへの所有権の移転の登記）をしてしまった。そして，Ｃは，甲土地をＤに売り渡し，その登記をした。

Ｂは，「甲土地の持分２分の１を取得した」ことをＤに対抗することができるだろうか。

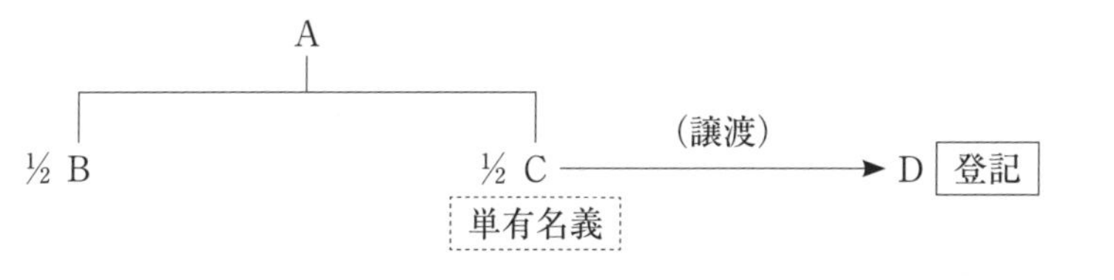

結論　Ｂは，登記をしていなくても，**自分の相続分（持分２分の１）について，Ｄに対抗することができる**（最判昭38.2.22）。 R4-7 H14-6 H9-10 H4-14

➡　Ｄは，甲土地の持分２分の１を取得することはできるが，本来のＢの持分２分の１については，取得できない。

➡　つまり，甲土地は，ＢとＤの共有となる。

重要！

（法定）相続による権利の取得も，物権変動の１つであるが，登記なくして第三者に対抗することができるとされている。

理由　Ｃは，**自己の相続分（２分の１）を超える部分については無権利者**であり，また，登記に公信力は認められていないからである。

➡　登記に公信力はないので，Ｄが，Ｃ名義の登記を信頼して（Ｃが甲土地の単独所有者だと信じて）取引をしたとしても，甲土地の全部を取得できない。

⑹　相続放棄と登記

相続の放棄とは，相続人となるべき者が，相続することを拒絶することをいう。

【例】 死んだ父親が借金まみれだった場合，相続人は，その借金を引き継ぐことになる。しかし，それは困ると思ったら，相続の放棄をすればよい。

➡ 相続の放棄をした者は，はじめから相続人ではなかったことになる（民§939)。

この相続の放棄に関しても，第三者との関係が問題となることがある。

ケーススタディ

甲土地を所有していたAが死亡した。相続人は，子のBとCであったが，Bは，この相続を放棄した。つまり，Aの相続人はCのみとなった。

しかし，間違って，BとCが甲土地を共同で相続した旨の登記（各持分2分の1）がされ，Bの持分についてXの差押えの登記がされた。

Cは，自分が単独で甲土地を相続したこと（差押えの登記も無効であること）をXに対抗することができるだろうか。

R2-7
H25-7
H17-8
H6-18
H4-14

結論 Cは，（単独で相続した旨の）登記をしていなくても，**自分が単独で甲土地を相続したこと（差押えの登記も無効であること）を，Xに対抗することができる**（最判昭42.1.20)。

➡ Cは，差押えという負担の付いていない甲土地を取得する。

理由 相続の放棄の効果は絶対的であり，なんぴとに対しても登記なくして対抗することができる。

(7) 遺産分割と登記

遺産分割とは，共同相続人が共有する相続財産を，各相続人に具体的に分配することをいう。

【例】 Aは，甲土地と乙建物と自動車を所有していた。そしてAが死亡し，妻B，長男C，二男Dが相続した。

➡ 遺産分割をしなければ，甲土地，乙建物および自動車は，BCD3人の共有ということになる。けっこう不便である。

その後，BCDは遺産分割協議をし，甲土地はBのもの，乙建物はCのもの，自動車はDのものとすることが合意された。

➡ 甲土地はBの単独所有となり，乙建物はCの単独所有となり，自動車はDの単独所有となる。それぞれの財産について，各自が好きなように使える。

この遺産分割に関しても，第三者との関係が問題となることがある。

ケーススタディ

甲土地を所有していたＡが死亡した。相続人は，子のＢとＣである。そして，ＢとＣは遺産分割協議をして，甲土地はＢが単独で取得する旨が合意された。しかし，Ｂは，自分が単独で甲土地を相続した旨の登記をしなかった（まだ登記はＡ名義）。

その後，登記がまだＡ名義になっているのを知ったＣは，勝手に，甲土地について自分が単独で相続した旨の登記をし，Ｄに売り渡した。そして，Ｄの名義とする登記がされた。

Ｂは，甲土地を単独で取得したことについて，Ｄに対抗することができるだろうか。

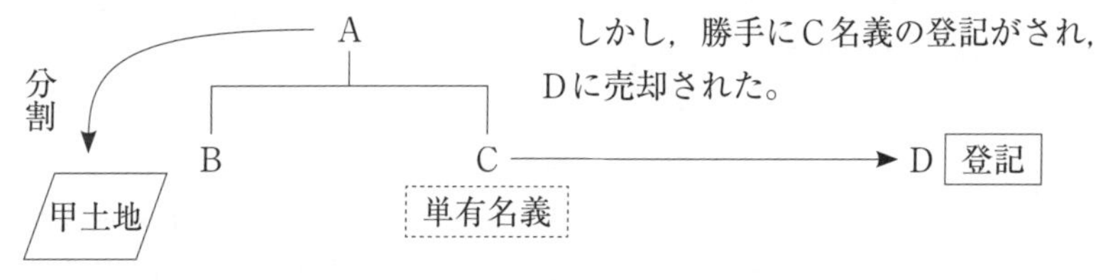

結論　相続財産中の不動産につき，遺産分割により（法定相続分を超える）権利を取得した者は，その旨の登記をしなければ，**遺産分割後に権利を取得した第三者に対し，法定相続分を超える権利の取得を対抗することができない**（民§899の２Ⅰ）。 H25-7 H17-8 H13-6 H6-18 H4-14

ケーススタディの事例に当てはめてみる。

・　Ａの相続人は子のＢＣであるので，法定相続分は，各２分の１である（民§900④）。
・　ＢＣ間で遺産分割協議がされ，Ｂが甲土地を単独で取得することとなった（甲土地について，Ｂは法定相続分を超える権利を取得した）。
・　しかし，Ｂは，その旨の登記をしていなかった。
・　その後，Ｃは，勝手に，自分が単独で甲土地を相続した旨の登記をし，Ｄに売り渡した。そして，Ｄの名義とする登記がされた。

まず，Bは，甲土地について自分の法定相続分（持分２分の１）については，登記なくしてDに対抗することができる（上記(5)参照）。

しかし，法定相続分を超える部分（遺産分割により新たに取得することとなった持分２分の１）については，登記をしていないので，第三者Dに対抗することができない。

➡ つまり，Bは，甲土地の持分２分の１についてはDに対抗できるが，残りの持分２分の１についてはDに対抗することができない（甲土地はBとDの共有となる）。

理由　遺産分割は遡及効を有するので（民§909。詳しくは相続編で解説する），相続開始の瞬間からBが単独で甲土地を取得したことになるが，第三者との関係では，いったん甲土地をBとCが共同で相続し，遺産分割によってCの持分がBに移転した（遺産分割により新たな物権変動が生じた）のと実質的に異ならない。そのため，二重譲渡と同様の関係となり，民法177条により処理すべきである。

また，遺産分割は，相続の放棄とは異なり，相続が開始して数年たってから行われる場合も少なくないので，第三者が利害関係を有するに至ることも少なくなく，第三者の保護も図る必要がある。

プラスアルファ

この規定は，遺産分割がされた後に登場した第三者との関係の話である。

H13-6　遺産分割がされる前に登場した第三者との関係については，民法909条ただし書により処理される（詳しくは相続編で解説する）。

(8) 遺言による相続分の指定と登記

相続人が数人いる場合，各相続人の相続分（権利義務を承継する割合）は，法によって定まっている（法定相続分，民§900）。

しかし，被相続人は，遺言によって，各相続人の相続分を定めることができる（遺言による相続分の指定，民§902）。

【例】 Aの相続人が妻のB，子のC・Dである場合，法定相続分は，Bが４分の２，C・Dは各４分の１である。しかし，Aは，遺言で，「B・C・Dの相続分は，各３分の１とする。」という指定をすることができる。

そして，この遺言による相続分の指定についても，第三者との関係が問題となることがある。

ケーススタディ

甲土地を所有していたＡが死亡した。相続人は，子のＢとＣである。法定相続分は各２分の１であるので，甲土地について，ＢとＣが各２分の１の割合で相続した旨の登記がされた。ところが，後にＡの遺言書が発見され，「Ｂの相続分は４分の３，Ｃの相続分は４分の１」と指定されていた。

しかし，Ｃは，甲土地について自分の持分が２分の１と登記されているのを利用して，持分２分の１をＤに売り渡し，その登記をしてしまった。

Ｂは，甲土地について持分４分の３を取得したことを，Ｄに対抗することができるだろうか。

本来は

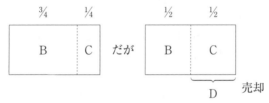

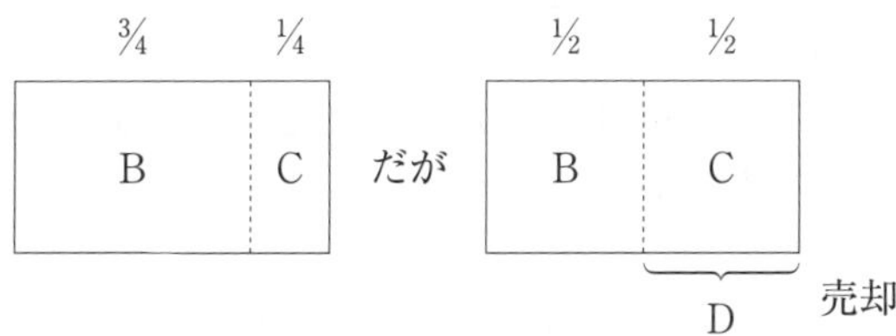

Ｂは，自分が甲土地の持分４分の３を取得したこと（Ｄは持分４分の１しか取得できないこと）を，Ｄに対抗できるか。

結論　Ｂは，甲土地について，法定相続分（２分の１）を超える部分については，Ｄに対抗することができない（民§899の２Ⅰ）。

理由　遺言による相続分の指定も，意思表示による物権変動と同じように考えることができる。そのため，法定相続分を超える権利の取得は，登記をしなければ第三者に対抗することができないとされた。

・「相続させる」旨の遺言により不動産を取得した者も，法定相続分を超える部分については，登記をしなければ第三者に対抗することができない（民§899の２Ⅰ）。

(9)　生前贈与と登記

ケーススタディ

AとBは，Aの所有する甲土地をBに贈与する契約をした。しかし，Bは，その登記をしなかった。

その後，Aが死亡し，Cが相続人となった。Cは，甲土地がBに贈与されていたことを知らずに，（自分が相続したと思った）甲土地をDに売り渡し，その登記をした。

Bは，甲土地の贈与を受けたことを，Dに対抗することができるだろうか。

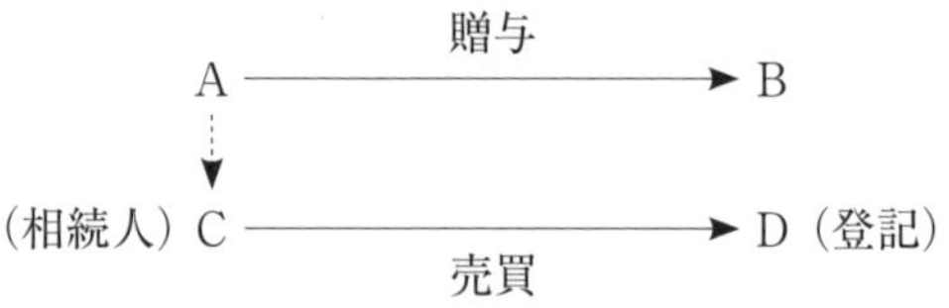

H25-7
H13-6
H4-14

結論　Bは，甲土地の贈与を受けたことを，**Dに対抗することができない**（最判昭33.10.14）。

理由　この事例は，甲土地についてBとDに二重譲渡がされた関係といえる。つまり，**民法177条の対抗の関係**となり，登記がなければ対抗することができない。

➡　相続人（C）は，被相続人（A）の一切の権利義務を包括的に承継するので（民§896），法律上は同一人（A≒C）のように考えることができる。つまり，AからB，（Aの相続人）CからDに二重譲渡がされた関係といえる。

プラスアルファ

Aが甲土地をBに贈与したが，その登記をする前にAが死亡し，Cが相続人となった場合，BがCに対して甲土地の贈与を受けたことを主張するためには，登記を要しない。

➡　相続人Cは，被相続人Aと同一の地位にあると考えることができるので（A≒C），BとCは**当事者（贈与者と受贈者）の関係**であり，民法177条の第三者の関係ではない。

(10)　特定遺贈と登記

遺贈とは，遺言によって，自分の財産を他人に与えることである（民§

964)。

Aが，「自分の所有する甲土地をBに遺贈する」という遺言をした場合，Aが死亡したときは，甲土地はBに承継される。

➡ 遺贈を受ける人（受遺者）は，遺言者の相続人でもいいし，相続人以外の第三者でも構わない。

プラス アルファ

遺贈には，特定遺贈と包括遺贈という２つの種類がある。

特定遺贈は，遺言者の財産のうち，特定の財産を遺贈することである。包括遺贈は，具体的に特定された財産ではなく，「遺言者の財産の全部」や「遺言者の財産の３分の１」といったように，包括的に財産を遺贈することである。

特定遺贈による財産の承継は，「遺贈する」という遺言者の意思表示に基づく権利の承継（物権変動）である。

したがって，不動産が特定遺贈された場合には，**民法177条の適用があり，**受遺者は，遺贈を受けた旨の登記をしなければ，第三者に対抗することができない（最判昭39.3.6）。 H25-7 H6-18 H2-2

5　民法177条の「第三者」の範囲

(1)　はじめに

民法177条を再掲する。

> **（不動産に関する物権の変動の対抗要件）**
> **第177条**　不動産に関する物権の得喪及び変更は，不動産登記法その他の登記に関する法律の定めるところに従いその登記をしなければ，第三者に対抗することができない。

不動産に関する物権変動は，登記をしなければ，第三者に対抗することができないとされているが，この**“第三者”とは，誰を指すのだろうか**（第三者の範囲）。

➡ 当事者以外のすべての者をいうのか（**無制限説**），一定の範囲に限定された者をいうのか（**制限説**）。

ケーススタディ

Bは，Aから甲建物を買い受け，そこに住み始めた。しかし，まだ甲建物についてBの名義とする登記をしていなかった。

その後，近所に住むCがやってきて，「あなたを甲建物の所有者と認めない」と言ってきた。

Bは，甲建物の所有権を取得したことについて，Cに対抗することができないのだろうか。

結論　そんなことはない。

そもそも，Cは，甲建物について何の（法律上の）利害関係をもっていない。「自分（C）も甲建物を買った」というのなら，Bと所有権の帰属を争う意味があるが，Cはただのご近所さんである。

だから，Cは「登記をしなければ対抗できない第三者」には該当せず，Bは無視していればよい。

(2) 「第三者」の一般的な基準（大判明41.12.15：制限説）

> 判旨
> 民法177条の「第三者」とは，**当事者もしくはその包括承継人以外の者**で，不動産に関する物権の得喪および変更の**登記の欠缺を主張するについて正当な利益を有する者**をいう。

第三者とは，世間のすべての人をいうのではなく，**一定の制限が加えられている。**

まず，上記判旨のうち，「当事者もしくは包括承継人以外の者」という点は問題ない。

・　当事者について

H20-9　Aの所有する甲土地をBに売り渡した場合，BがAに対して甲土地の所有権を取得したことを主張するために，**登記は必要ない**。当たり前である。

・　包括承継人（一般承継人）について

H31-8
H6-9　Aの所有する甲土地をBに売り渡す契約がされた。その後，Aが死亡し，Cが相続人となった。この場合，BがCに対して甲土地の所有権を取得したことを主張するために，**登記は必要ない**。

➡　被相続人（A）と相続人（C）は，法律上同一の地位にあるといえる（A≒C)。つまり，BとCは当事者と同様の関係である。

続いて，「不動産に関する物権の得喪および変更の登記の欠缺を主張するについて正当な利益を有する者」の部分が難しい。

用語説明

「欠缺（けんけつ)」→　欠けていること。不存在。

つまり，第三者とは，不動産の物権変動に関して「あなた登記してないでしょ！」と主張することについて正当な利益を有する者をいう。

重要！

裏を返すと，登記の欠缺を主張するについて正当な利益を有しない者に対しては，登記がなくても物権変動を対抗することができる。

そして，今度は，「登記の欠缺を主張するについて正当な利益を有する者」とはどういった者をいうのかが問題となるが，一般的には，**同一の不動産について両立し得ない物権を取得した者など**が該当する。

以下，具体的に検討する。

(3)　民法177条の「第三者」に該当する者

①　同一の不動産を譲り受けた者

二重譲渡がされたような場合である。

【例】　Aは，甲土地をBとCに売り渡した（二重譲渡)。この場合，BとCは互いに「第三者」の関係に該当し，登記をしなければ他方に対抗することができない。

【例】　Aの所有する甲土地を目的として，Xが抵当権の設定を受けた。その後，Aは，甲土地をBに売り渡した。

➡　Bは「第三者」に該当し，Xは，抵当権の設定の登記をしなければ，Bに抵当権を対抗することができない。

・　売買等の契約の取消しがされた後に買主から権利を取得した者，売買等の契約が解除された後に買主から権利を取得した者，取得時効が完成した後に原権利者から権利を取得した者，遺産分割後に権利を取得した者等についても，「第三者」に該当する。

・　被相続人が不動産を贈与したが，その後に死亡し，相続人が同一の不動産を第三者に譲渡した場合，各譲受人は，互いに「第三者」に該当する。

R2-10 H28-7 H25-9 H24-7 H16-11

②　共有持分の譲渡がされた場合における，他の共有者（最判昭46.6.18）

【例】　甲土地は，A，Bの２人が共有している。そして，Aは，自分の有する持分をXに売り渡した。

➡　Bは「第三者」に該当し，Xは，持分を取得した旨の登記をしなければ，Bに対して甲土地の持分の取得を対抗することができない。

理由　これは，少々違和感を覚える。甲土地のA持分がXに売り渡されただけであり，Bには関係なさそうである（XとBが持分権を争っているわけではない）。しかし，各共有者にとって，他の共有者が誰であるかを確知することは重要なので，他の共有者（B）は，Xに対して登記の欠缺を主張する正当な利益を有するといえる。

③　賃借人

H20-9 H8-9

賃貸中の不動産の所有権を取得した者は，所有権を取得した旨の登記をしなければ，賃貸人としての地位を賃借人に対抗することができない（民§605の２Ⅲ）。

【例】　Aの所有する甲土地をBが賃借し，建物を建てて住んでいた（Bは賃借権について対抗要件を備えている）。その後，Aは，甲土地の所有権をCに売り渡した。

➡　Bは「第三者」に該当し，Cは，所有権の移転の登記をしなければ，賃貸人であることをBに対抗することができない（賃料を請求できない）。

④　差押債権者（最判昭31.4.24），仮差押債権者（最判昭38.3.28） R4-7 H4-15 H2-2

【例】　Aの所有する甲土地をBが買い受けたが，まだ登記をしていなかった。その後，Aに対して債権を有するXが，甲土地を差し押さえた。

➡　Xは「第三者」に該当し，Bは，登記がなければ，（差押えという負担のない）甲土地を取得したことをXに対抗することができない。

⑷　民法177条の「第三者」に該当しない者

①　**無権利者およびその承継人**（最判昭34.2.12） R3-8 H26-7 H7-16 H2-2

まったく権利を持っていない者（無権利者）に対しては，権利者は，登記なくして権利を対抗することができる。

【例】　Aの所有する甲土地をBが買い受けたが，まだ登記をしていなかった。その後，Cは，登記に必要な書類を偽造し，甲土地について勝手にAからCに所有権が移転した旨の登記をしてしまった。

➡　Cは「第三者」に該当せず，Bは，登記をしていなくても，Cに甲土地の所有権の取得を対抗することができる。

②　**不法行為者**（大判大10.12.10）

【例】　Aの所有する甲建物をBが買い受けたが，まだ登記をしていなかった。その後，Cが，甲建物を放火した。

➡　Cは「第三者」に該当せず，Bは，登記をしていなくても，Cに対して損害賠償の請求をすることができる。

理由　不法行為者は保護するに値しないし，また，Cは，甲建物について取引関係に入っている者ではないので，民法177条が予定している場合には該当しない。

③　**不法占拠者**（最判昭25.12.19） H20-9 H16-11 H14-6 H2-2

【例】　Aの所有する甲土地をBが買い受けたが，まだ登記をしていなかった。その後，Cが，甲土地を不法占拠した。

➡　Cは「第三者」に該当せず，Bは，登記をしていなくても，Cに対して甲土地の明渡しを請求することができる。

R2-7
H7-16
H2-2

④　**不動産が転々と譲渡された場合の前主**（最判昭39.2.13）

【例】　Aの所有する甲土地をBが買い受け，Bは甲土地をCに転売した。しかし，まだ所有権が移転した旨の登記はされておらず，登記はAの名義のままである。

➡　Aは「第三者」には該当せず，Cは，登記をしていなくても，甲土地の所有権の取得をAに対抗することができる。

理由　Aは，新たに甲土地に関して権利を取得した者ではない（Cと所有権の帰属を争う関係ではない）。

⑤　**一般債権者**（大判大4.7.12）

特に差押えなどをしていない一般債権者は，特定の不動産について直接に利害の関係を持っているわけではないので，「第三者」には該当しない。

【例】　Aの所有する甲土地をBが買い受けたが，まだ登記をしていなかった。ちなみに，Xは，Aに対して貸金債権を有している。

➡　Xは「第三者」に該当せず，Bは，登記をしなくても，甲土地の所有権の取得をXに対抗することができる。

理由　Xは，Aに対して債権を有しているというだけであり（一般債権者），特に甲土地について権利を持っているわけではない。

プラスアルファ

仮に，Xが，甲土地を差し押さえた場合には，甲土地について利害の関係を取得したことになるので，Xは「第三者」に該当する（前記(3)④）。

⑥　**不動産登記法５条に該当する者**

> （登記がないことを主張することができない第三者）
> **不動産登記法第５条**　詐欺又は強迫によって登記の申請を妨げた第三者は，その登記がないことを主張することができない。
> **2**　他人のために登記を申請する義務を負う第三者は，その登記がないことを主張することができない。ただし，その登記の登記原因（登記の原因となる事実又は法律行為をいう。以下同じ。）が自己の登記の登記原因の後に生じたときは，この限りでない。

・　詐欺または強迫によって登記の申請を妨げた者は，民法177条の「第三者」には該当しない。

【例】 Aは，甲土地をBとCに（二重に）売り渡した。そして，Cは，Bに対して詐欺を行い，Bが登記をすることを妨げた。
➡　Cは「第三者」に該当せず，Bは，登記をしていなくても，甲土地の所有権の取得をCに対抗することができる。

・　他人のために登記を申請する義務を負う者は，（原則として）民法177条の「第三者」には該当しない。 H20-9

【例】 甲土地についてAからBへの所有権の移転の登記を申請する義務を負っているCが，Aから，甲土地を目的とした地上権の設定を受けた。
➡　Cは「第三者」に該当せず，Bは，登記をしていなくても，（地上権という負担の無い）甲土地の所有権の取得をCに対抗することができる。

(5)　悪意の者も民法177条の「第三者」に該当するか

①　単なる悪意者の場合

ケーススタディ

Aの所有する甲土地をBが買い受けたが，Bはその登記をしていなかった。一方，Cは，Bが甲土地を買い受けたことを知っていたが，まだ登記がされていないことを知り，Aから甲土地を買い受け，すぐに登記を備えた。

Bは，甲土地の所有権の取得をCに対抗することができないのだろうか。

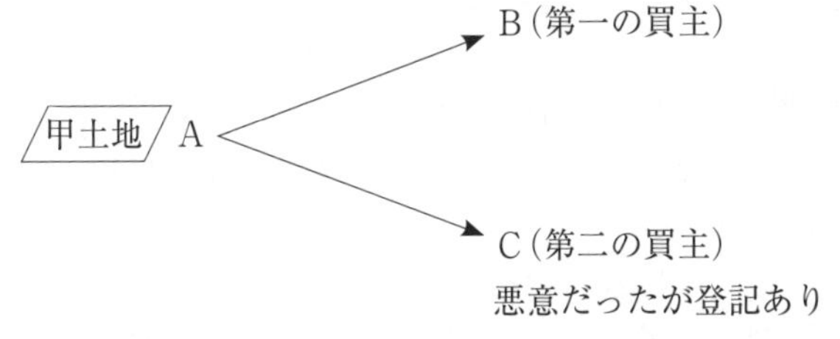

Cは，Bが先にAから甲土地を買っていたことを知っていたので，いわゆる悪意の第三者である。

このような悪意の者も，民法177条の「第三者」として，Bの登記の欠缺を主張することができるのかが問題となる。

結 論　悪意の者であっても，民法177条の**「第三者」に該当し**，Bの登記の欠缺を主張することができる（最判昭32.9.19）。

➡　Bは，登記を備えたCに対抗できず，甲土地はCが取得する。

理 由　自由競争の社会なので，悪意者だからといって直ちに排除すべきではない。また，善意・悪意で区別すると，判定が難しく取引が混乱するおそれがある。それに，民法177条は，善意・悪意といった区別を設けていない。

② 背信的な悪意者の場合

H26-8

結 論　単なる悪意にとどまらず，登記の欠缺を主張することが信義に反すると認められるような事情がある者（**背信的悪意者**）については，民法177条の**「第三者」に該当しない**（最判昭43.8.2）。

➡　つまり，登記の欠缺を主張することができない。

最判昭43.8.2

実体上物権変動があった事実を知る者において右物権変動についての登記の欠缺を主張することが信義に反するものと認められる事情がある場合には，かかる背信的悪意者は，登記の欠缺を主張するについて正当な利益を有しないものであって，民法177条にいう第三者に当らないものと解すべき。

理 由　背信的悪意者は，単なる悪意を超えて，相手方を害する等の目的を有する者であり，自由競争の範囲を逸脱し，法の保護には値しない。

【例】 Aの所有する甲土地をBが買い受け，占有を開始したが，Bはその登記をしていなかった。その後，（いろいろな事情は省略），甲土地についてB名義の登記がされていないことを知ったCは，甲土地をBに高く売りつけてやろうと思い（とにかく，いろいろ企んでいる），A

から甲土地を買い受け，その登記を備えた。

➡　Ｃは背信的悪意者であり「第三者」に該当せず，Ｂは，登記をしていなくても甲土地の所有権の取得をＣに対抗することができる。

重要！

単なる悪意者は民法177条の「第三者」に該当するが，背信的悪意者は民法177条の「第三者」に該当しない。

(6)　背信的悪意者からの転得者について

ケーススタディ

Ａの所有する甲土地がＢに売り渡されたが，Ｂは登記をしていなかった。その後，Ａは，背信的悪意者であるＣに甲土地を売り渡し，その登記がされた。Ｃは，善意のＤに甲土地を転売し，その登記がされた。

Ｂは，Ｄに対して甲土地の所有権の取得を対抗することができるだろうか。

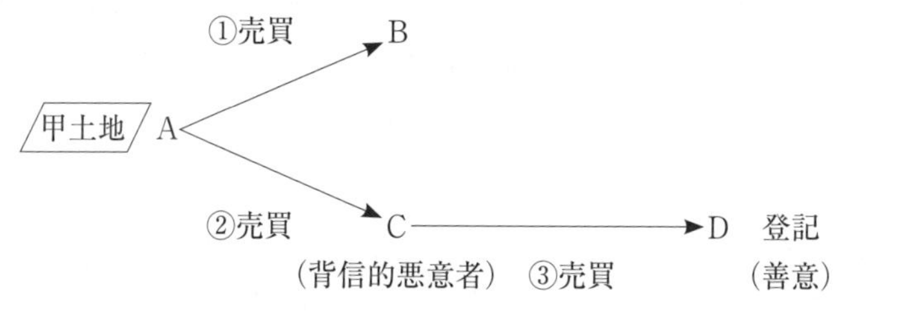

結論　Ｃが背信的悪意者であったとしても，**転得者Ｄは，Ｂとの関係で背信的悪意者と評価されない限り，民法177条の「第三者」に該当する。**つまり，Ｂは，登記をしなければ，Ｄに甲土地の所有権の取得を対抗することができない（最判平8.10.29）。　R2-7　H28-7　H24-7　H17-8　H16-11

➡　ケーススタディの事例では，Ｄが登記を備えているので，Ｄが甲土地の所有権を取得する。

理由　Ｃが背信的悪意者である場合，ＣはＢに対抗することはできないが，Ａ・Ｃ間の売買が無効になるというわけではない。つまり，Ｄは，無権利者から甲土地を買い受けたというわけではない。

また，転得者Ｄが「第三者」から排除されるか否かは，ＤとＢとの間で相対的に判断されるべきである。

2　登記請求権

1　不動産登記の手続について

不動産に関する物権の得喪および変更（物権変動）は，登記をすることによって第三者に対抗することができるようになる。

では，不動産に関する物権変動が生じた場合，どのようにして登記がされるのか。

これは，物権変動の当事者が，法務局（一般的に登記所と呼ばれる）に対して，登記を申請することによってされる（申請主義，不登§16）。

この場合の“当事者”とは，売買契約における買主と売主のように，その登記をすることによって（登記上直接に）利益を受ける者と，（登記上直接に）不利益を受ける者が共同して申請することを要する（共同申請主義，不登§60）。

➡　登記をすることによって登記上直接に利益を受ける者を**登記権利者**，登記上直接に不利益を受ける者を**登記義務者**という。

【例】　Ａの所有する甲土地をＢが買い受けたので，ＡからＢに甲土地の所有権が移転した旨の登記を申請することとなった。

➡　この所有権の移転の登記がされると，Ｂは所有権の登記の名義を取得するので，登記をすることによって直接に利益を受ける者といえる。つまり，Ｂが登記権利者となる。

一方，この登記がされると，Ａは，所有権の登記の名義を喪失することになるので，登記をすることによって直接に不利益を受ける者といえる。つまり，Ａが登記義務者となる。

➡　したがって，登記権利者Ｂと登記義務者Ａが共同で，所有権の移転の登記を申請する。

重要!

不動産の権利に関する登記は，登記権利者と登記義務者が共同で申請することを要する。物権を取得した者が単独で（自分１人で）登記を申請することはできない（一部の例外はある）。

➡　登記をすることによって不利益を受ける者も登記の申請手続に関与させることによって，実質的な登記の正確性を確保することができる。

プラス アルファ

登記の申請手続に関しては，不動産登記法で嫌というほど学習する。

2　登記請求権とは

上記のとおり，不動産の権利に関する登記は，登記権利者と登記義務者が共同で申請する必要がある。ということはすなわち，物権変動が生じたときは，当事者の一方は他方に対して，「登記の手続きに協力してくれ」と請求する権利（**登記請求権**）を取得する。

プラス アルファ

物権変動が生じた場合，登記権利者（買主）が登記義務者（売主）に対して「登記の手続きに協力してくれ」と請求するのが普通であるが，逆の場合もあり得る。 H6-16

【例】　Aの所有する甲土地をBに売り渡す契約がされた。（登記義務者）Aは，Bの名義とする登記申請手続に協力する気があるが，Bは，「どうせ自分の名義にしても，債権者に差し押さえられそうだから，登記をしたくない」と言って，登記を申請しようとしない。でも，このままだと，（現在の登記名義人である）Aに対して固定資産税の請求がくるので，Aも困る。

このような場合には，登記義務者であるAが，登記権利者であるBに対して，「登記の手続きに協力してくれ」と請求することができる（**登記引取請求権**）。

3　登記請求権の発生原因

登記請求権の法的性質については，(1)物権的登記請求権，(2)物権変動的登記請求権，(3)債権的登記請求権の3つに分けることができる。

登記請求権は，その発生原因により，上記のいずれかの性質を持つことになるが，複数の性質を有することもある。

(1)　物権的登記請求権

現在の権利関係と，登記の記録が一致していない場合に，その不一致を是正するために，**物権そのものの効力として**当然に発生する登記請求権である。

➡　物権的請求権の一種である。

①　Aが新築した甲建物について，Bの名義で所有権の保存の登記がされてしまった。この場合，真実の所有者Aは，Bに対して，その所有権の保存 H6-16

の登記の抹消の登記請求権を有する（大判明43.5.24）。

H20-8
H6-16
② 甲土地についてＡからＢ，ＢからＣへと売買による所有権の移転の登記がされたが，各売買が無効であった場合，Ａは，ＢおよびＣに対し，各登記の抹消の登記請求権を有する（大判明40.3.1）。

H7-15
③ 甲土地がＡからＢ，ＢからＣへと売り渡されたが，まだ登記の名義がＡのままである場合，Ｃは，Ｂに対し，ＢからＣへの所有権の移転の登記請求権を有する。

➡ この場合は，物権変動的登記請求権や債権的登記請求権としても説明することができる。

H10-15
④ Ａの所有する甲土地について，ＡＢ間の通謀によりＢへの虚偽の所有権の移転の登記がされた。その後，Ａは，甲土地をＣに売り渡した。この場合，ＣはＢに対し，自己への所有権の移転の登記請求権を有する。

⑤ 甲土地について，Ｘの１番抵当権，Ｙの２番抵当権の設定の登記がされた後，Ｘの抵当権が債務の弁済により消滅した。この場合，Ｙは，（先順位抵当権者）Ｘに対し，抵当権の抹消の登記請求権を有する（大判大8.10.8）。

(2) 物権変動的登記請求権

物権変動があったが，登記がそれに伴っていない場合，物権変動それ自体から当然に生ずる登記請求権である。

プラスアルファ

不動産登記法においては，物権変動の過程を忠実に登記すべきであるとされている。

➡ 甲土地の所有権がＡからＢ，ＢからＣへと２段階で移転した場合，一発でＡからＣへの所有権の移転の登記を申請することはできず，ＡからＢへの所有権の移転の登記とＢからＣへの所有権の移転の登記（２つの登記）を申請すべきである。

このような不動産登記法の要請から，物権変動それ自体から登記請求権が発生するとされている。

①　甲土地の所有権がAからB，BからCへと移転したが，まだ登記の名義はAのままである場合，Bは，Aに対して所有権の移転の登記請求権を有する（大判大5.4.1）。 H20-8 H10-15 H6-16

➡　Bは，既に甲土地の所有権をCに譲渡しているが，かつて甲土地についてAからBに所有権が移転していたので，その物権変動に基づいて登記請求権が発生する。

➡　Bは，現在は甲土地の所有者ではないので，物権的登記請求権として説明することはできない。

②　甲土地について，AからB，BからCへと売買による所有権の移転の登記がされたが，各売買契約が無効である場合，Bは，Cに対して所有権の移転の登記の抹消の登記請求権を有する（最判昭36.4.28）。 H20-8 H10-15 H7-15

(3)　債権的登記請求権

当事者間の合意に基づいて発生する登記請求権，また，売買契約などの債権的な契約に基づいて発生する登記請求権である。

①　Aの所有する甲土地をBに売り渡す契約がされた場合，BはAに対して所有権の移転の登記請求権を有する。

➡　売買契約に基づいて，当然に登記請求権が発生する。

➡　また，Bは甲土地の所有者であるので，物権的登記請求権として説明することもできる。

プラスアルファ

物権的登記請求権ならば（物権と独立して）消滅時効にかかることはないが，債権的登記請求権については消滅時効にかかる。

②　甲土地はAが所有しているが，Bが，Cに対して甲土地を売り渡す契約（他人物売買）がされた。この場合，CはBに対して所有権の移転の登記請求権を有する。 H20-8

➡　（他人物売買であるが）売買契約によって買主（C）は売主（B）に対して登記請求権を取得する。

③　Aの所有する甲土地を目的として，Bのために賃貸借契約がされ，AB間で賃借権の登記をする旨の特約をしたときは，BはAに対して賃借権の設定の登記請求権を有する（大判大10.7.11）。 H6-16

④　中間省略登記について（次の3参照）。

3　中間省略登記

ケーススタディ

Aの所有する甲土地がBに売り渡されたが，その登記をしなかった。そして，Bは，甲土地をCに売り渡した。

Cは，Aに対して，Aから直接Cへの所有権の移転の登記を請求することができるだろうか。

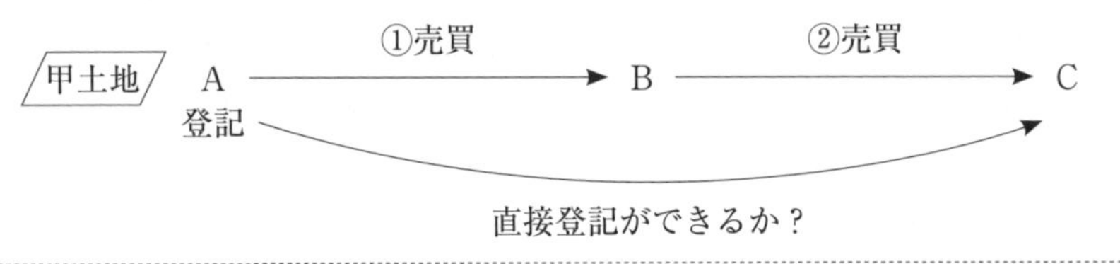

1　中間省略登記とは

中間省略登記とは，不動産の所有権がA→B，B→Cへと2段階で移転したが，まだ登記の名義がAのままである場合に，Bを飛ばして，直接AからCへの所有権の移転の登記をすることである。

今現在の所有者はCなのだから，（Bへの登記を飛ばして）直接Cに対して所有権の移転の登記をしても良さそうではあるが，これを認めると，真実の物権変動とは異なる登記が出現することになる。

そのため，中間省略登記の可否や効力が問題となる。

2　中間省略登記の請求権

ケーススタディのように，不動産の所有権がAからB，BからCへと移転した場合，Cは，Aに対し，**当然には中間省略登記の請求権を有するものではない**（最判昭40.9.21）。

H10-15　ただし，ABC三者の合意がある場合，あるいは中間者Bの同意がある場合は，Cは中間省略登記（AからCへの所有権の移転の登記）を請求することができる（同判例）。

プラスアルファ

ABCの三者で，中間省略登記（AからCへの所有権の移転の登記）をすることを合意した場合でも，ＢのＡに対する所有権の移転の登記請求権は失われない。

3　実際に、中間省略登記を申請することができるか

登記の手続きについては，不動産登記法で詳しく学習するが，現行の不動産登記法において，中間省略登記であることを明示して，中間省略登記を申請することはできないとされている。

➡　不動産登記法においては，物権変動の過程を忠実に公示すべきという大原則がある。

プラスアルファ

判決によって登記の手続きが命じられたような場合は，例外的に中間省略登記を申請することが認められている。

しかし，現実的には，中間省略登記であることを隠して（ＡからＣに売買がされたんです。Ｂなんていませんと嘘をついて），ＡからＣへの所有権の移転の登記がされてしまうことがある。

➡　中間省略登記をすれば，登記をする際の税金が半分になるというメリットがある。

この場合，既にされてしまった中間省略登記の効力（有効か無効か）が問題となる。

4　中間省略登記の効力

(1)　当事者間の関係

ＡＢＣ三者の合意により（もしくはＢの同意を得て）中間省略登記（ＡからＣへの所有権の移転の登記）がされた場合，その登記は有効である（大判大5.9.12）。

➡　登記の手続きとしては適法ではないが，登記が現在の権利関係と一致している場合には，それを無効とするのは大げさに過ぎる。

一方，中間者Ｂの同意なく，ＡからＣへの所有権の移転の登記がされてしまった場合は，**Ｂがその抹消を求める正当な利益を有するときは，Ｂは，ＡからＣへの所有権の移転の登記の抹消を請求することができる**（最判昭35.4.21）。

【例】 甲土地がAからB，BからCへと売り渡された。BはAに対して代金を支払ったが，CはまだBに代金を支払っていない。しかし，Bが知らないうちに，AからCへの所有権の移転の登記がされてしまった。

➡　Bはまだ代金を貰っていないので，Cの名義とする登記について抹消を求める正当な利益を有するといえる（代金の支払いと登記の手続きは同時履行の関係である）。

　したがって，Bは，AからCへの所有権の移転の登記の抹消を請求することができる。

＊　裏を返すと，中間者Bの同意のない中間省略登記であっても，Bが，その抹消を求める正当な利益を有さないときは，その登記は有効であり，抹消を求めることはできない。

(2)　第三者との関係

　中間省略登記がされた場合，それが現在の権利関係に合致していれば，その登記は有効であり，第三者がその抹消を請求することはできない（最判昭44.5.2）。

・　中間者が抹消を請求できる場合であっても，第三者は抹消を請求することができない。

第6節　明認方法（立木の物権変動）

Topics ・**土地と切り離して，立木のみを譲渡することも可能とされている。立木のみの譲渡がされた場合，明認方法という手段によって，これを第三者に対抗することができる。**

ケーススタディ

Ａの所有する甲土地上には，立木（樹木）がある。そして，Ａは，この立木を，ＢとＣに二重に譲渡した。

この立木は，ＢとＣのどちらが取得することになるのだろうか。

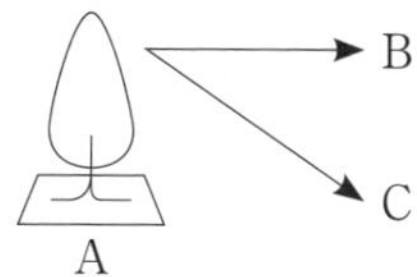

1　立木の物権変動

立木とは，樹木のことである。（伐採されていない）土地に立っている木のことをいう。

立木は，土地の一部であり，土地と運命を共にするものである。立木のある土地の売買契約がされた場合は，土地とともに立木も買受人に移転する。

しかし，立木は，それ自体が財産的価値のあるものであり，古くから，（土地とは独立して）立木のみの売買がされてきた。

【例】 甲土地の所有者Ａは，甲土地上の立木のみを，（土地に立ったままの状態で）Ｂに売り渡すことができる。

➡　Ｂは，甲土地上の立木のみを取得する（甲土地の地盤はＡのものである）。

プラスアルファ

山林は，土地（地盤）そのものにはほぼ価値がない（場合が多い）。土地上に生育する立木の方が圧倒的に財産的な価値がある。

このように，立木のみの物権変動があった場合，これをどのように公示すべきかが問題となるが，その方法は２つある。

①　立木法による登記
②　明認方法

2　立木法による登記

一筆の土地（またはその一部）に生立する樹木の集団については，立木法に基づき登記をすることができる（立木§１Ⅰ）。

➡　不動産登記法に基づく登記ではない。立木法に基づく登記である。

そして，登記された立木は，不動産とみなされる（立木§２Ⅰ）。

不動産とみなされるので，立木の所有者は，土地と分離して，立木を譲渡し，または立木を目的として抵当権を設定することができる（同Ⅱ）。

プラスアルファ

このように，立木について登記をすることができるが，実際にはほとんど利用されていない。

立木の物権変動の公示については，②の明認方法が広く利用されている。

3　明認方法

⑴　意　義

明認方法とは，立木法の適用を受けない立木，稲立毛または未分離の果実（みかん等）のように，土地に定着する性質を有する物の権利関係を公示し，第三者に対抗するために，**慣習上認められた公示方法**である。

➡　「登記」と同様の機能を持つものである。

⑵　明認方法の具体的な方法

①　**立木の皮を削って，所有者であることを墨書する**（大判大10.4.14）。
②　立木に，自己の氏名を表示した刻印を押し，現場に自己の所有に属する旨の標識を立てる（大判昭3.8.1）。
③　山林内に薪炭製造設備を作って，製薪事業に従事する（大判大4.12.8）。

かなり原始的な方法であるが，分かりやすいといえば分かりやすい。

(3) 明認方法の効果

明認方法がされると，立木について登記がされたのと同様の効果を有する。つまり，（土地と独立した）立木の物権変動について，第三者に対抗することができる。

【例】 ケーススタディの事例では，（土地と独立して）立木の二重譲渡がされているが，ＢとＣのどちらも明認方法をしていない。つまり，先に明認方法をした者が，確定的に立木の所有権を取得する。
➡ もちろん，立木法に基づく登記でも構わない。

・ 明認方法によって公示することができる権利は，所有権に限られると解されている。

重要!

明認方法は，第三者が利害関係を有するに至った時まで存続していることを要する。 H31-8 H21-9 H4-17

たとえ，立木の物権変動の際に明認方法がされたとしても，後に消えてしまったような場合は，第三者に対抗することができない（最判昭36.5.4）。

【例】 ＡはＢに対し，甲土地上の立木を売り渡し，明認方法を施した。しかし，後に，明認方法が消失した。その後，ＡはＣに対し，甲土地上の立木を売り渡した（二重譲渡）。
➡ Ｂは，立木の所有権をＣに対抗することができない。

プラスアルファ

明認方法による公示は，土地と独立して**立木のみの譲渡**がされた場合の話である。土地が譲渡され，それに伴って立木が移転した場合（つまり，通常の土地取引がされた場合）は，土地についての登記が対抗要件である。

➡ 土地について所有権の移転の登記をすれば，土地とその土地上の立木についての対抗要件が備わる。

➡ 土地とともに立木が移転した場合，明認方法をしても意味がない。

(4) 対抗問題の具体例

事例1

Aは，甲土地上の立木をBに売り渡した（明認方法はしていない）。その後，Aは，甲土地を立木とともにCに売り渡した。そして，Cは，甲土地について所有権の移転の登記をした。

Bが，立木の取得を対抗するためには，明認方法が必要である。一方，Cが，甲土地および甲土地上の立木の取得を対抗するためには，登記が必要である。

この事例では，Cが甲土地について所有権の移転の登記をしているので，Cが甲土地および甲土地上の立木を取得する（大判大10.4.14）。

H12-13
H4-17

・　仮に，この事例で，Bが先に明認方法をして，その後にCが所有権の移転の登記をした場合は，Bは立木の取得をCに対抗することができる。

Cは，立木のない甲土地を取得する。

事例2

Aは，甲土地を立木とともにBに売り渡した。そして，Bは，明認方法を施した。その後，Aは，甲土地を立木とともにCに売り渡し，所有権の移転の登記をした。

H21-9
H4-17

土地とともに立木が譲渡された場合の対抗要件は，登記である。この場合は，明認方法をしても意味がない。

したがって，この事例では，先に所有権の移転の登記をしたCが，甲土地と立木を取得する（大判昭9.12.28）。

事例3

Aは，甲土地について，立木を留保したうえで，Bに売り渡した。その後，Bは，甲土地について立木とともにCに売り渡した（Bは，甲土地の地盤だけを取得したはずなのに，甲土地の地盤と立木を併せてCに譲渡した）。

R3-8
H21-9
H12-13
H4-17

立木を留保して，地盤だけを売り渡した場合，売主は，立木について明認方法をしておかないと，立木の所有権を第三者に対抗することができない(最判昭34.8.7)。

この事例では，Aが，立木について明認方法をしていなければ，立木の所有権を留保したことをCに対抗することができない。

事例４

Aは，甲土地（更地）をBに売り渡した（まだ登記をしていない)。そして，Bは，甲土地上に立木を植栽した。

その後，Aは，甲土地を立木とともにCに売り渡し，所有権の移転の登記をした。

まず，甲土地の地盤については，BとCへの二重譲渡であり，先に登記を備えた方（C）が所有権を取得する。

一方，立木については，Bが植栽したものであり，その後にCが(Aから)土地とともに立木を取得している。この場合は，**Bの明認方法とCの登記の先後**で優劣が決せられる（最判昭35.3.1)。 H12-13 H4-17

この事例では，Bは明認方法をしておらず，Cは所有権の移転の登記をしているので，Cが立木も取得する。

第7節　動産物権変動

Topics
・動産の物権の譲渡の対抗要件は，引渡しとされている（登記ではない）。
・この「引渡し」には，４つの種類がある。それぞれの内容をしっかり理解すること。

1　動産物権譲渡の対抗要件

ケーススタディ

Aは，自分が所有しているデジタルカメラをBに売った。しかし，「来週旅行に行くからそれまで貸しておいて」と言って，Aが引き続き所持する形となった。その後，Aは，同じデジタルカメラをCに売った。

このデジタルカメラは，誰のものになるのだろうか。

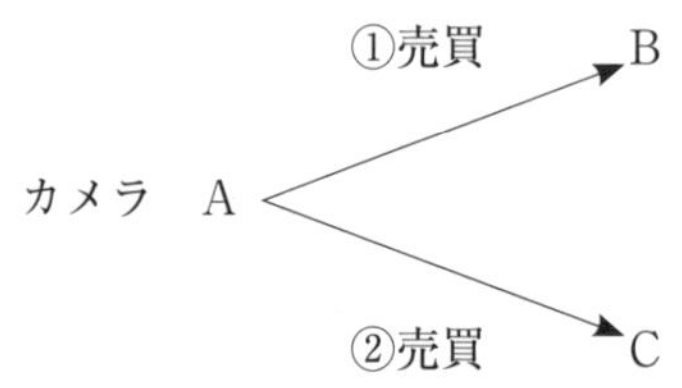

この事例では，動産であるデジタルカメラについて，BとCに二重譲渡がされている。

不動産の物権変動については，「登記」によって優劣が決せられたが，動産の物権変動は何を基準に優劣を決することになるのだろうか。

> **（動産に関する物権の譲渡の対抗要件）**
> **第178条**　動産に関する物権の譲渡は，その動産の引渡しがなければ，第三者に対抗することができない。

動産に関する物権の譲渡の対抗要件は，**引渡し**である。

➡　動産について二重譲渡がされた場合は，先に引渡しを受けた方がその動産を確定的に取得する。

理由　動産は，数限りなく種類があり，かつ取引も頻繁である。そのため，不動産のように，いちいち登記をして公示するということは不可能である。

➡　スーパーマーケットで日用品を買う際に，一個一個，権利者(客)と義務者（店）が共同して法務局に登記を申請するなんてあり得ない。

2 「引渡し」とは

「引渡し」とは，占有の移転である。普通に考えると，相手に手渡すことである。

ケーススタディの事例では，Aの所有するデジタルカメラがBに売り渡されたが，現実には引き渡されず，引き続きAが所持しているので，普通に考えると「引渡し」がないように見える。

しかし，話はそう単純ではない。

実は，民法のいう「引渡し（占有の移転)」には，４つの種類がある。

⑴　現実の引渡し（民§182Ⅰ）
⑵　簡易の引渡し（同Ⅱ）
⑶　占有改定（民§183)
⑷　指図による占有移転（民§184)

詳しくは，第２章「占有権」で解説するが，ここで簡単に説明する。

⑴　**現実の引渡し**（民§182Ⅰ）

文字どおり，現実に引き渡すことである。これはまったく問題ない。

⑵　**簡易の引渡し**（民§182Ⅱ）

Aは，自分の所有する腕時計をBに貸していた（Bが現実に腕時計を所持している)。そして，AとBは，この腕時計をBに売る契約をした。

このように，**譲受人が既に物を所持している場合**は，占有移転の合意のみで占有が移転する（特に何もしないでも，引き渡されたことになる)。

➡　Bが借りている腕時計をいったんAに返して，AがBに引き渡す必要はない。

⑶　**占有改定**（民§183)

Aの所有する腕時計をBに売る契約をしたが，Bはその腕時計をAに預けておくこととし，**引き続きAが腕時計を所持している**。

この場合，Aが，以後Bのために占有する意思を表示したときは，Bは，腕時計の占有権を取得する。

➡　ケーススタディのような事例である。

重要!

この占有改定は，外形からは，買主に占有が移転したことがまったく分からない。そのため，動産の譲渡の対抗要件としての「引渡し」に該当するかが問題となるが，占有改定も民法178条の「引渡し」に含まれるとされている（大判明43.2.25等）。

理由　仮に，占有改定を対抗要件として認めない（現実の引渡し等が必要だ）としても，実際のところはあまり意味がない。ケーススタディの事例で，Aが，デジタルカメラをいったんBに手渡し(現実の引渡し)，その１秒後にBが「このデジタルカメラを貸すよ」と言ってAに手渡した場合，結局，デジタルカメラはAの手元にあることになる。

➡　占有改定と（事実上）同じ状態となる。

したがって，現実の引渡し等にこだわる意味がなく，占有改定も対抗要件として認められた。

【例】　ケーススタディの事例では，Bは，占有改定によりデジタルカメラの引渡しを受けたことになる。つまり，対抗要件を備えたので，デジタルカメラの所有権を確定的に取得し，Cに対抗することができる。

＋アルファ

しかし，これは，Cにとって酷である。

Aがデジタルカメラを所持していることから，Aがデジタルカメラの真実の所有者であると信じてAと取引をした場合，そのCの信頼が裏切られることになる（取引の安全が害される）。

そこで，Cが，過失なくAの所有であると信じて取引をしたような場合は，Cの信頼（取引の安全）が保護される制度が設けられている（民§192，即時取得）。

➡　一定の要件を満たした場合には，Cがデジタルカメラの所有権を取得する。

→　詳しくは，第２章第４節で解説する。

⑷ 指図による占有移転（民§184）

Ａは，腕時計をＸに貸している（現にＸが所持している）。そして，ＡとＢは，Ａの所有する腕時計をＢに売る契約をした。

この場合，ＡがＸに対し，「以後はＢのために腕時計を占有してくれ」と命じ，Ｂがこれを承諾したときは，Ｂは腕時計の占有権を取得する。

➡ ＡがＸから腕時計を取り戻して，Ｂに引き渡すことを要しない。

重要!

占有の移転には，現実の引渡しのほか，簡易の引渡し，占有改定，指図による占有移転という方法があるが，いずれも，民法178条の「引渡し」に含まれる。

3　引渡しが対抗要件となる「動産」とは

「動産」の譲渡の対抗要件は引渡しとされているが（民§178），ごく一部，特別法によって，登記や登録が対抗要件とされているものがある。

➡ この場合は，引渡しは対抗要件とならない。

【例】 自動車，船舶，航空機，建設機械，農業用動産。

➡ 登録済みの自動車は，引渡しではなく，登録が対抗要件となる（車両§５Ⅰ）。

4　引渡しが対抗要件となる「物権の種類」と、「物権変動の種類」

⑴ 引渡しが対抗要件となる物権の種類

民法178条は，「動産に関する物権の…」と規定しているが，この「物権」とは，基本的に**所有権に限られる**。

動産に関する物権のうち，留置権，質権，占有権については，占有していること（引渡しを受けること）が成立要件となるので，対抗要件としての引渡しは問題とならない。

一方，動産に関する先取特権は，対抗要件を不要としている。

⑵ 引渡しが対抗要件となる物権変動の種類

民法178条は，動産に関する物権の**譲渡**について，引渡しがなければ第三者に対抗することができない旨を規定している。

・　条文上は「譲渡」のみであるが，これと同視することができる「取消し」や「解除」もこれに含まれる（大判大10.5.17，大判昭13.10.24）。

・　この「譲渡」には，相続による承継は含まれない。

➡　動産を所有しているAが死亡し，Bが相続したときは，占有権も当然にAからBに承継されるので，改めて引渡しが必要となるものではない。

5　民法178条の「第三者」の範囲

(1)　第三者の範囲

動産に関する物権の譲渡について，引渡しがなければ対抗することができない「第三者」の範囲については，民法177条の「第三者」（登記がなければ不動産に関する物権変動を対抗することができない第三者）の範囲と同じに考えてよい。

つまり，

> 当事者及び包括承継人以外の者で，動産の引渡しの欠缺を主張するについて正当な利益を有する第三者

である（制限説，大判大8.10.16）。

【例】　Aの所有するノートパソコンをBが買い受けたが，Bは引渡しを受けていなかった。その後，Aは，このノートパソコンをCにも売り渡した。

➡　Cは「第三者」に該当し，Bは，ノートパソコンの取得をCに対抗することができない。

・　無権利者，不法占有者，不法行為者，背信的悪意者等は，「第三者」に該当しない。

➡　動産の譲渡を受けた者は，引渡しがなくてもこれらの者に対抗することができる。

(2)　「第三者」に該当するか否か問題となる場合

①　譲渡された動産についての賃借人

H23-8　Aは，自分の所有する絵画をXに貸していた（Xが所持している）。そして，Aは，この絵画を（Xに貸したまま）Bに売り渡した。なお，Aは，絵画をBに売ったことを特にXに告げていない（指図による占有移転がされていない）。

➡　Xは「第三者」に該当し，BがXに権利を主張するためには，引渡しがされることを要する（大判大4.4.27）。

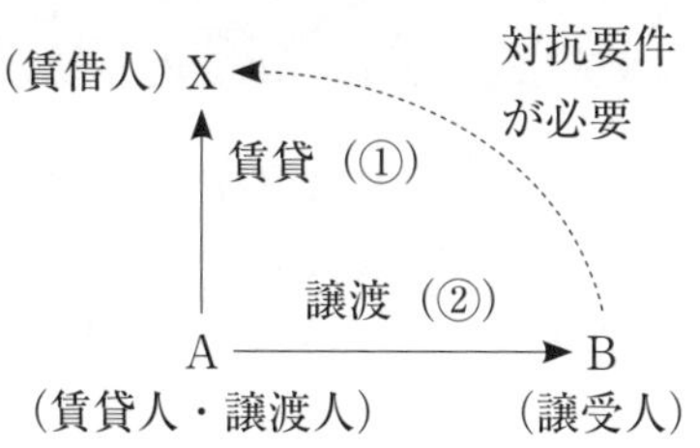

② 譲渡された動産についての受寄者

Aは，自分の所有する絵画をXに寄託していた（Xが所持している）。そして，Aは，この絵画を（Xに寄託したまま）Bに売り渡した。なお，Aは，絵画をBに売ったことを特にXに告げていない（指図による占有移転がされていない）。 R3-8 H23-8

➡ Xは「第三者」に該当せず，BはXに対して，引渡しがなくても権利を主張することができる（最判昭29.8.31）。

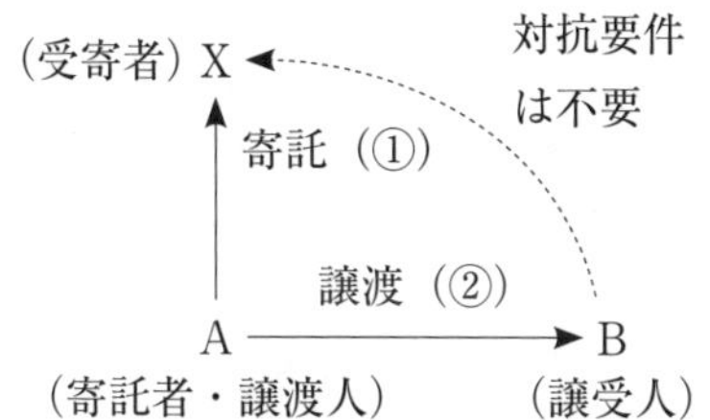

理由　受寄者は，寄託者の返還請求にいつでも応じなければならない義務があるため（民§662Ⅰ），目的物を所持することについて固有の正当な利益を有しないといえる。

第8節　物権の消滅

Topics・一定の事由が生じたら，物権は消滅する。物権の消滅事由を丸暗記する必要はないが，その内容は理解しておく必要がある。
・混同は，不動産登記法の記述式試験においても重要。

1　物権の消滅

(1)　意　義

物権の消滅とは，物権がその存在を失うことをいう。物権変動の１つである。

(2)　物権の消滅の原因

①　目的物の滅失

物権の目的である物が滅失すると，物権は当然に消滅する。

➡　物権は，物に対する支配権であるが，その支配の対象である物がないのだから，物権も当然に消滅することになる。

【例】　Ａの所有する建物が，火災により焼失した。この場合，建物を目的としたＡの所有権は当然に消滅する。

物の滅失による物権の消滅は，あまりに当然のことであるので，民法において規定がない。

②　消滅時効

所有権以外の物権は，（原則として）20年間行使しないことによって時効により消滅する（民§166Ⅱ）。

・　**所有権は，消滅時効によって消滅することはない。**

➡　なお，第三者が物を時効取得した場合は，その反射的効果として，原所有者は所有権を失うことになる。

③　放　棄

物権を有する者が，その物権を放棄したときは，物権は消滅する。

➡　物権者のする単独行為（単独の意思表示）である。

【例】　Ａの所有する甲土地を目的として，Ｂが地上権を有している場合，

Ｂ がＡに対して地上権を放棄する意思表示をしたときは，地上権は消滅する。

・　所有権の放棄については，動産の所有権を放棄した場合は，その動産は先占の対象となり（民§239Ⅰ，後述），不動産の所有権を放棄した場合は，その不動産は国庫に帰属する（同Ⅱ）。

・　物権の放棄は基本的に自由であるが，放棄することによって他人の権利を害するような場合には，その者に対抗できないといった規定が置かれている（民§398）。

④　混　同
混同は，論点が多いので，以下で詳しく解説する。

2 混 同

ケーススタディ

Ａの所有する甲土地について，Ｘは地上権の設定を受けた（Ｘは甲土地を利用することができる）。
その後，Ｘは甲土地が欲しくなり，Ａから甲土地を買い受けた。
Ｘの地上権はこのまま存続するのだろうか。

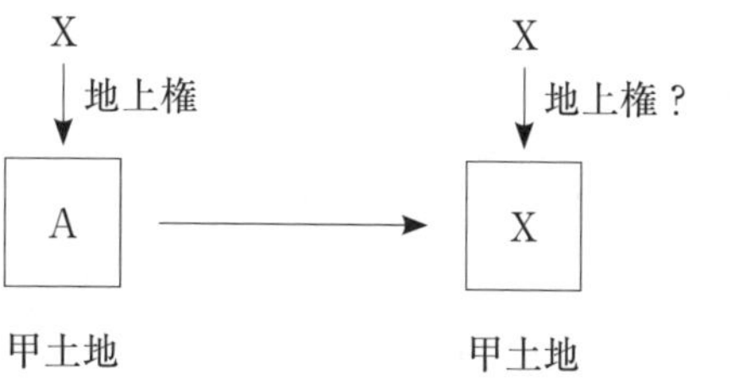

もともとは，Ａの所有する甲土地を目的としてＸの地上権が設定されていたが，Ｘが甲土地を買い受けたことによって，Ｘの所有する甲土地を目的としてＸの地上権が設定されている形となった。
Ｘの地上権はどうなるのか。

(1) 混同による制限物権の消滅

（混同）
第179条　同一物について所有権及び他の物権が同一人に帰属したときは，当該他の物権は，消滅する。ただし，その物又は当該他の物権が第三者の権利の目的であるときは，この限りでない。
2　所有権以外の物権及びこれを目的とする他の権利が同一人に帰属したときは，当該他の権利は，消滅する。この場合においては，前項ただし書の規定を準用する。
3　前二項の規定は，占有権については，適用しない。

R2-11　同一の物について，**所有権とその他の物権（制限物権）が同一人に帰属したときは，制限物権は消滅する**。いわゆる混同である。

理由　所有権と制限物権の２つを併存させておく意味がないからである。

【例】 ケーススタディの事例では，甲土地について所有権と地上権が同一人（X）に帰属したので，制限物権である地上権は混同により消滅する。
➡ 所有者は，土地を全面的に支配（利用等）することができる。一方，地上権者は，一定の目的のために土地を利用することができる。この２つの権利を併存させておく意味はないので，地上権は混同により消滅する。

(2) 例　外

同一の物について，所有権と制限物権が同一人に帰属した場合でも，**①その制限物権の後順位で第三者の権利が設定されているとき，また，②その制限物権を目的として第三者の権利が設定されているときは，例外的に，制限物権は消滅しない**（混同の例外）。

理由　このような場合に，制限物権が混同によって消滅してしまうと，制限物権を有していた者，または制限物権を目的として権利を有している者が不当な不利益を受けることになってしまうからである。

①　その制限物権の後順位で第三者の権利が設定されている場合

事例

Aの所有する甲土地を目的として，順位1番で，Xの地上権が設定されている。そして，順位2番で，Yの抵当権が設定されている。その後，Xは，Aから甲土地を買い受けた。

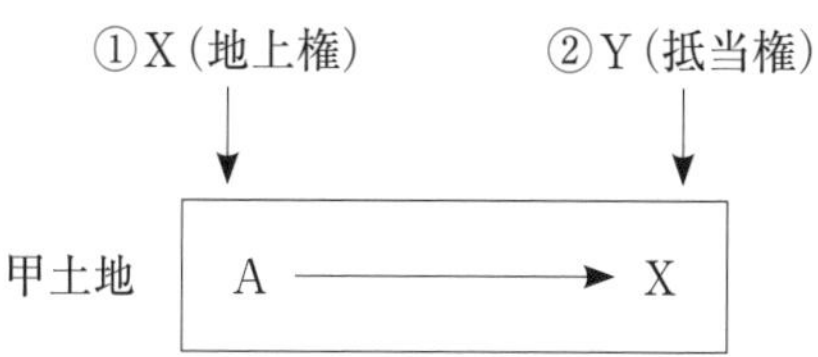

Xが甲土地の所有権を取得したので，甲土地について所有権と地上権が同一人（X）に帰属することとなった。 R4-9 H20-10 H13-8 H3-22

通常であれば，Xの地上権は混同により消滅するはずであるが，この事例では，甲土地についてXの地上権の**後順位で**Yの抵当権が設定されている。

➡ 「順位」とは，登記がされた順序である。

➡ 地上権と抵当権は併存できるので，同一の不動産に地上権と抵当権を設定することは問題ない。

この場合は，いわゆる混同の例外に該当し，**Xの地上権は消滅しない。**

理由　仮に，混同によりXの地上権が消滅するものとすると，Yの抵当権は，事実上順位1番ということになる。そして，抵当権の債務者が債務を返済できずに，Yが抵当権を実行（甲土地を競売）した場合，Xは甲土地の所有権を失い，また地上権も消滅してしまっているので，Xは，甲土地についてすべての権利を失うことになる。

➡ Xは，Yより先に地上権の設定を受けていたのに，すべての権利を失うことになり，他方，Yは，抵当権に基づいてしっかりと配当を受けられることになる。

　これは，不当である。

したがって，このような場合は，例外的にXの地上権を存続させるものとした。

プラス アルファ

このように，混同の例外に該当する場合でも，後に，例外状態が解消されたときは，その時に混同により消滅する。

H31-7
・　Aの所有する甲土地について，XとYが共有する地上権が設定された後，XがAから甲土地の所有権を取得しても，Xの地上権は消滅しない（東京高判昭30.12.24参照）。

H13-8
H3-22
・　Aの所有する甲土地について，Xが賃借権の設定を受け，対抗要件を備えた後に，Yの抵当権が設定された。その後，Xが甲土地の所有権を取得した。

➡　賃借権は債権であり，物権ではないが，民法179条１項ただし書の準用により，Xの賃借権は消滅しない。

②　その制限物権を目的として第三者の権利が設定されている場合

事例

Aの所有する甲土地を目的として，順位１番で，Xの地上権が設定されている。そして，このXの地上権を目的として，Yの抵当権が設定されている。

その後，Xは，Aから甲土地を買い受けた。

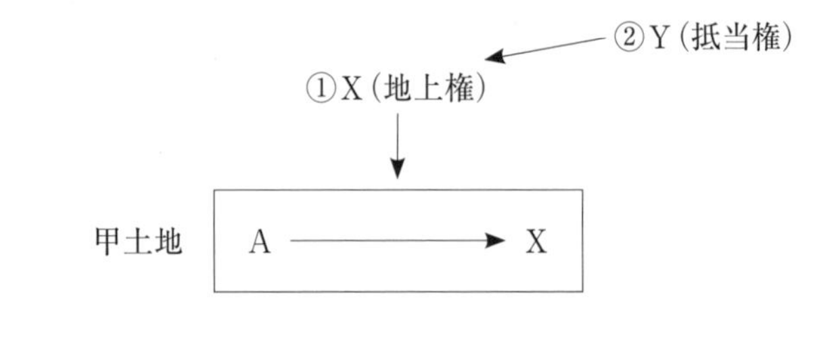

H31-7
H20-10
H16-8
H13-8
Xが甲土地の所有権を取得したので，甲土地について所有権と地上権が同一人（X）に帰属することとなった。

通常であれば，Xの地上権は混同により消滅するはずであるが，この事例では，**Xの地上権を目的として**Yの抵当権が設定されている。

➡　所有権だけでなく，地上権を目的として抵当権を設定することもできる（民§369Ⅱ）。

この場合は，いわゆる混同の例外に該当し，**Xの地上権は消滅しない**。

理由　Ｙの抵当権は，Ｘの地上権を目的としている（Ｙが抵当権を実行する場合は，地上権を競売にかけることになる)。

仮に，この事例で，Ｘの地上権が混同により消滅してしまったら，抵当権の目的たる権利がなくなってしまうので，必然的に，Ｙの抵当権も消滅することになる。

➡　Ｘは所有者となって甲土地について全面的な支配権を取得し，他方，Ｙは，何もしていないのに権利を失うことになる。これは不当である。

したがって，このような場合は，例外的にＸの地上権を存続させるものとした。

➡　後に，混同の例外の状態が解消されたとき（Ｙの抵当権が消滅したとき）は，その時にＸの地上権は混同により消滅する。

(3)　占有権について

占有権は，混同により消滅しない（民§179Ⅲ)。

理由　占有権は特殊な物権であり，混同による消滅という概念になじまない。

→　占有権については，次章で詳しく解説する。

【例】　腕時計の所有者であるＡは，その腕時計を占有している。

➡　所有権を有するＡが，同時に占有権を有しているという関係である。実際に占有しているのだから，占有権は（混同により）消滅しない。

第２章
占有権

第１節　占有権の意義

Topics
・ここからは，各種の物権について解説する。
物権には，本権である所有権，地上権，抵当権等々があり，また，本権とはまったく性質を異にする占有権というものがある。
まずは，占有権から解説する。
・占有権とはどういった権利なのかということを，まずしっかり押さえていただきたい。

1　占有権とは

1　占有権とは

占有権とは，**物を占有しているという事実状態に基づいて認められる権利**(物権）である。

> **事例１**
> Aは，家電量販店でノートパソコンを購入し，これを自宅の机に置いている。

Aは，お店からノートパソコンを購入しているので，ノートパソコンについて所有権を有している。また，Aは，このノートパソコンを占有（≒所持）しているので，ノートパソコンについて占有権も有している。

同一の物について，同一人が所有権と占有権という２つの権利を持っているというのもヘンな感じがするが，これは特に問題ではない。所有権（本権）と占有権はまったく性質が違う。

「所有権」(本権）は　物の支配（占有等）を正当化する権利。
➡　観念的なもの。

「占有権」は，物を占有しているという事実状態がそのまま権利として認められているもの。
➡　ある意味，目に見える権利。

まったく違うので，併存することができる（前述のとおり，占有権は混同により消滅しない）。

事例２
Ｂは，Ａ宅に忍び込み，ノートパソコンを盗んで，これを自宅に置いている。

Ｂは盗人であり，ノートパソコンを占有（≒所持）することについての権原（正当な法律上の原因）を有するものではない（当たり前である）。
しかし，現実的には，Ｂがノートパソコンを占有している。

Ｂは，ノートパソコンを占有しているという事実状態があるので，Ｂはノートパソコンについて占有権を取得する。
➡　ノートパソコンを**占有するための権原（所有権等）があるか否かにかかわらず，現にノートパソコンを占有しているという事実状態があれば，ノートパソコンについてＢに占有権が認められる。**

理由　Ｂのような者に占有権という権利を認めるのはいかにも納得いかないが，占有という事実状態は，それはそれで守るに値する社会秩序でもあるので，１つの物権として認められた。

Ｂは占有権という権利を持っているので，その権利が侵害されたら（ＣがＢからノートパソコンを奪ったら），その侵害の排除の請求が認められる（ＢはＣに「返せ」と請求できる）。
➡　いわゆる占有訴権である（民§197～）。

＋アルファ

上記の**事例２**においては，Ａはノートパソコンを盗まれたので（手元からなくなったので），Ａはノートパソコンについての占有権を失った。
➡　Ａは，所有権は失っていないが，占有権は失った（所有権と占有権はまったくの別物）。
➡　言うまでもないが，Ａは，Ｂに「返せ」と請求できる。

重要！

何度も繰り返すが，占有権は，他の権利（本権）とはまったく性質が違うということをしっかり押さえること。

2　占有権と類似する諸概念

- 所　持→　物に対する事実上の支配。
- 占　有→　自己のためにする意思をもって物を所持すること。
- 占有権→　自己のためにする意思をもって物を所持することによって取得する権利（民§180）
- 占有すべき権利（本権）→　占有することを法律上正当とする権利（所有権，質権等）

2　占有権の成立

1　占有権の成立

> （占有権の取得）
> **第180条**　占有権は，自己のためにする意思をもって物を所持することによって取得する。

占有権は，⑴**自己のためにする意思をもって**（主観的要件），⑵**物を所持する**（客観的要件）ことによって取得する。

➡　単に物を所持するだけでは，占有権を取得できない。自己のためにする意思が必要である。

⑴　「自己のためにする意思」

「自己のためにする意思」とは，自己の利益のために物を所持する意思をいう。

- 「自分のものとして（自分が所有者であるとして）所持する意思」ではない。
  ➡　物の賃借人は，（他人がその物を所有していることを前提として）自分がその物を利用するために所持するものであるが，まさに「自己のためにする意思」を持っているといえる（賃借人は占有権を取得する）。

- 「自己のためにする意思」を有するか否かは，所持に至った原因の性質から客観的に判断される。

➡　物を買い受けた者，賃借人は，当然，「自己のためにする意思」がある。
　また，物を盗んだ者も，「自己のためにする意思」があるといえる。
そして，受寄者や受任者のように，他人の利益のために物を保管する者も，自己の責任で物を所持している限り，「自己のためにする意思」が認められる。

(2)「所持」

「所持」とは，物に対する事実上の支配をいう。

“今，自分が持っている”という状態がいちばん分かりやすいが，そんなに直接的に支配していなくてもよい。

➡　社会観念的に（一般的に考えて），その人の支配のもとにあると認められる関係があれば，所持があるといえる。

【例】　旅行で不在の場合でも，自宅にある物につき所持が認められる。

・「所持」は，他人を通じてすることもできる（代理占有）。
　→　詳しくはこの後に解説する。

3　占有の種類

占有は，いくつかの観点から分類することができる。

1　自己占有と代理占有

(1)　自己占有

自己占有とは，読んで字のごとく，自己が占有することである。

・　腕時計の所有者Aが，自分で腕時計を所持して占有している。
　➡　Aは，腕時計を自己占有している。

・　腕時計の所有者Aは，Bに腕時計を貸した。そして，Bが左手に腕時計をはめている。
　➡　Bは，腕時計を自己占有している。

⑵　代理占有

①　意　義

代理占有とは，**他人の所持を通じて，本人も占有する（占有権を取得する）こと**をいう。

> （代理占有）
> **第181条**　占有権は，代理人によって取得することができる。

【例】　腕時計の所有者Aは，腕時計をBに貸した。そして，Bが左手に腕時計をはめている。

➡　上記⑴のとおり，Bは，腕時計を自己占有している。

➡　また，Bの所持を通じて，**貸主Aも腕時計を占有（代理占有）している。**

重要!

腕時計について，Bだけでなく，Aも占有権を持っている。

➡　その物を直接的に所持していなくても，占有していることになる。

➡　占有の観念化。

・　上記の事例におけるBを，「**占有代理人**」という。

プラスアルファ

「代理占有」という言葉が使われているが，民法総則に規定がある「代理」(民§99）とはまったく関係ない。

➡　他人を通じて占有している，というだけの話である。

なので，民法総則の代理と混乱しないように，代理占有のことを「**間接占有**」，自己占有のことを「**直接占有**」と呼んだりもする。

➡　間接占有をしている者（本人）を「間接占有者」，直接占有をしている者（占有代理人）を「直接占有者」と呼ぶ。

② 代理占有が成立するための要件

㋐ 占有代理人が所持すること ㋑ 占有代理人が，本人のためにする意思を有すること ㋒ 本人と占有代理人の間に，占有代理の関係があること

㋐ 占有代理人が所持すること

占有代理人が，独立の所持をしていることが必要である。

➡ 難しく考える必要はない。賃借人が物を所持している，といった形である。

・ 後述する「占有補助者」は，独立の所持をしていないので，代理占有の関係とはならない。

㋑ 占有代理人が，本人のためにする意思を有すること

占有代理人が，本人のために占有するという意思を有することが必要であるとされている。

なお，「本人のためにする意思」と，「自己のためにする意思」は併存していてもよい（大判昭6.3.31）。

【例】 賃借人の占有には，「自己のためにする意思」（自分がこの物を利用しよう）と，「本人のためにする意思」（貸主のものとして占有する）が併存している。

㋒ 本人と占有代理人の間に，占有代理の関係があること

「占有代理の関係」とは，占有代理人に占有をさせる何らかの法律上の原因があり，また占有代理人が本人に対して物の返還義務を負う関係である。

➡ 賃貸借契約や寄託契約等である。

・ 占有代理の関係は，法律上有効なものであることを要せず，たとえば，賃貸借の契約が当初から無効であるような場合でも，賃借人が物を所持していれば，占有代理関係は認められる。 H22-8 H16-13

③ 代理占有の効果

占有代理人の占有を通じて，**本人も占有権を取得する。** H28-9

➡　占有代理人（直接占有者）も占有権を取得し，同時に，本人（間接占有者）も占有権を取得する。

➡　本人は，物を所持していないが，占有権を取得する。

・　占有者の善意・悪意（後述）は，**占有代理人を基準に判断する**（大判大11.10.25）。

　ただし，本人が悪意であるときは，占有代理人が善意であっても，代理占有は悪意占有となる（民§101類推）。

・　占有の侵奪がされたか否かの判断も，占有代理人を基準に判断する（大判大11.11.27）。

H16-13　・　第三者が，占有代理人に対して権利を行使したときは，同時に，本人に対しても権利を行使したことになる（本人にも効果が及ぶ）。

【例】　Aの所有する甲土地について，Bは所有の意思をもって占有を開始した。そして，Bは，Cのために地上権を設定し，Cが甲土地の占有を始めた。

➡　Cは甲土地を自己占有しており，Bは甲土地を代理占有している。

　その後，Aは，Cに対し，甲土地の明渡しを求める訴えを提起した。

➡　この効果は本人Bにも及び，Bの取得時効に影響を与える（大判大10.11.3）。

(3)　占有補助者について

「占有代理人」と似たものとして，「占有補助者」がある。

➡　民法総則の代理における「代理人」と「使者」のような関係である。

　占有代理人も占有補助者も，本人以外の者が物を所持しているという点では共通しているが，その性質が違う。

　占有補助者とは，店員や家事使用人のように，本人（店主等）の手足ないし機関として物（商品等）を所持しているような者である。

　これらの者は，確かに物を所持しているが，それは独立の所持とはいえず，本人の占有を補助しているような立場である。

したがって，**占有補助者には占有権が認められず，本人だけに占有権が認められる。**

【例】 Ａは，ブランドもののバッグを専門に扱う店を経営している。Ａは，店員としてＢを雇い，日中はＢが店番をしていた。

➡ ブランドもののバッグについて，Ｂは占有権を取得しない。Ａが自己占有している形である。

・ 法人（会社）の所有する物について，法人の代表機関（社長）が所持しているような場合も，一般に代理占有ではなく占有補助者とされている（最判昭32.2.15）。 R3-9 H23-9 H5-17

重要！

代理占有が成立する場合は，本人と占有代理人の双方に占有権が認められるが，占有補助者の場合には，本人だけに占有権が認められ，占有補助者には占有権は認められない。

2　自主占有と他主占有

⑴　意　義

「自主占有」とは，**所有の意思のある占有**である。

【例】 物を買った者の占有はもちろん自主占有である。また，物を盗んだ者の占有も，自主占有である。

「他主占有」とは，**所有の意思のない占有**である。

【例】 Ａの所有する腕時計をＢに貸して，現在はＢが所持している。

➡ Ｂは，腕時計を借りているだけなので（Ａが所有者であることを前提としているので），Ｂの占有は，他主占有である。

➡ なお，Ｂは現に腕時計を所持しているので，「自己占有」している（**自主占有と自己占有はまったく違う**ので，しっかり区別すること）。

その他，受寄者，質権者の占有も，他主占有である。

・「自主占有」か「他主占有」かは，占有取得の原因（権原）から客観的に判断される（最判昭45.6.18）。

➡ 買主，受贈者，盗人の占有は自主占有であり，賃借人，受寄者，質権者の占有は他主占有である。

占有者の内心の意思は問題とならない。

➡ Ａから腕時計を借りているＢが，「これはオレのものだ」と勝手に思っていても，他主占有であることに変わりはない。

(2)　自主占有と他主占有を区別する実益

時効取得（民§162），無主物先占（民§239），占有者の損害賠償責任（民§191）などにおいて，自主占有と他主占有で差異がある。

・　自主占有をしていれば，仮に，その物が占有者のものでなかったとしても，一定期間の占有の継続によってその物を時効取得することができる。

(3)　他主占有から自主占有への転換

> **（占有の性質の変更）**
> **第185条**　権原の性質上占有者に所有の意思がないものとされる場合には，その占有者が，自己に占有をさせた者に対して所有の意思があることを表示し，又は新たな権原により更に所有の意思をもって占有を始めるのでなければ，占有の性質は，変わらない。

他主占有の性質で占有を開始した場合でも，以下のいずれかの要件を満たしたときは，自主占有に変わる。

①　占有者が，自己に占有をさせた者に対して，**所有の意思があることを表示した場合**（所有の意思の表示）

【例】　ＡからノートパソコンをＢが借りているＢが，Ａに対し，「これからは，このノートパソコンを自分のものとして占有する」と表示したときは，Ｂの占有は自主占有に転換する。

➡　Ａからすれば「はぁ？」であるが，一応，Ｂの占有の性質が変わる。

② **新たな権原により**さらに所有の意思をもって占有を始めた場合（新権原） H28-9

【例】 Aは，自分の所有するノートパソコンをBに貸している。その後，AとBは，このノートパソコンをBに売る契約をした。

➡ Bは売買によってノートパソコンの所有権（新たな権原）を取得し，所有者としてさらに占有を始めている。つまり，Bの占有は自主占有に変わる。

(4) 相続は「新たな権原」となるか

ケーススタディ

Xの所有する甲土地をAが賃借し，Aが占有していた。その後，Aが死亡し，Bが相続人となった。Bは，甲土地がAの所有であったと信じて甲土地の占有を開始し，長期間占有を継続した。なお，この間，Bが公租公課（税金等）を支払い，Xはまったく異義を述べなかった。

Bは，甲土地を時効取得することができるだろうか。

① 事実関係の流れと問題点

Xから甲土地を借りて占有していたAは，他主占有者であるので，何年占有を継続しようとも，甲土地を時効取得することはできない。

➡ あくまで借りてるだけ。

その後，Aが死亡し，Bが相続したので，Bは，Aの占有権を承継した。

➡ 相続人は，被相続人の地位（一切の権利義務）をそのまま承継するので，Bの占有も，（たとえBが所有の意思を持っていたとしても）他主占有のままのはずである。

しかし，Bは，被相続人Aが甲土地を所有していたと信じて甲土地の占有を開始し，一定期間の占有を継続している。

この場合，実は他主占有だからどれだけ占有を継続しても時効取得できないというのでは，Bにとって酷である。

他方，Bの占有が（相続によって）自主占有となり，いつの間にか時効取得されてしまった，ということになると，甲土地の所有者であったXにとって酷である。

➡ Xは，Aに貸しただけ。

では，甲土地の帰属はどうなるのか。

② 判　例

H12-11

被相続人（賃借人）の占有を相続により承継しただけでなく，新たに甲土地を事実上支配することにより占有を開始し，これに所有の意思があるとみられる場合においては，その相続人は，被相続人の死後，民法185条の“新たな権原”により，自主占有をするに至ったものと解すべきである（最判昭46.11.30）。

➡ 相続も，“新たな権原”になり得る。

【例】 ケーススタディの事例では，相続人Bは，（相続の開始後）甲土地について自主占有を取得し，一定期間の占有の継続により，甲土地を時効取得することが可能となる。

3　権原のある占有、権原のない占有

権原のある占有とは，占有を正当化する権利，つまり，所有権や賃借権，質権といった本権に基づいた占有をいう。

➡ 物を占有すべき者が占有している，という状態である。

一方，権原のない占有とは，占有を正当化する権利がないのに占有していることをいう。

【例】・ 他人の所有する腕時計を盗んだ者が，その腕時計を占有している。
・ 自分の土地ではないが，自分の土地だと勘違いしてそこを占有している。

4　善意占有と悪意占有

(1) 意　義

善意占有とは，**権原のない占有のうち，権原があると誤信してする占有**をいう。

➡ 実際には権原がないけれど，権原があるものと信じていた場合。

【例】 自分のものだと勘違いして占有しているような場合。

悪意占有とは，権原のない占有のうち，権原がないことを知っている場合，もしくは権原について疑いをもっている場合をいう。

【例】　Aの所有する腕時計をBが盗んで占有している場合，Bは，「権原のない占有」であり，「悪意占有」（自分のものではないと知っている）である。

＋アルファ

権原のない占有で，権原について疑いをもっている状態の占有（もしかしたら自分のものじゃないかもしれない）も，悪意占有に含まれる。

➡　一般的に，法律上の「悪意」とは，“知っている”ことをいい，“疑いをもっている”状態は，「善意」に分類される。

しかし，占有に関しては，疑いをもっている状態も悪意に分類される。

(2)　善意占有と悪意占有を区別する実益

取得時効（民§162），占有者の果実取得（民§189，190），占有者の損害賠償責任（民§191），即時取得（民§192），費用償還請求権（民§196）の場面において，善意占有と悪意占有で，取扱いに差が出る。

【例】　善意占有で，かつ，一定の要件を満たした場合は，取得時効の期間は10年となる（民§162Ⅱ）。一方，悪意占有の場合は，取得時効の期間は20年である（同Ⅰ）。

5　過失のない占有と過失のある占有

(1)　意　義

過失のない占有とは，上記4の善意占有のうち，**本権があると誤信したことにつき過失がない占有**をいう。

過失のある占有とは，善意占有のうち，本権があると誤信したことにつき過失のある占有をいう。

(2)　過失のない占有と過失のある占有を区別する実益

取得時効（民§162以下），即時取得（民§192）の場面において，過失の有無で取扱いに差が出る。

6　瑕疵のない占有と瑕疵のある占有

(1)　意　義

瑕疵のない占有とは，悪意・過失・強暴・隠秘・不継続など，完全な占有としての効果の発生を妨げる事情がない占有をいう。

瑕疵のある占有とは，上記の事情のいずれかに該当する占有をいう。

(2) 瑕疵のない占有と瑕疵のある占有を区別する実益

取得時効（民§162以下），占有の承継（民§187），即時取得（民§192）において，瑕疵の有無で取扱いに差が出る。

7　占有の態様等に関する推定

(1) 占有の態様に関する推定

（占有の態様等に関する推定）
第186条　占有者は，所有の意思をもって，善意で，平穏に，かつ，公然と占有をするものと推定する。

物を占有している者は，（基本的に）瑕疵のない占有をしているものと推定される。

プラス アルファ

「推定する」とは，反対の事実の主張・立証のない限り，所有の意思をもって，善意で，平穏に，かつ公然と占有しているものと扱われるということである。

H27-6

・　無過失については，民法186条においては推定されない。

➡ 10年の取得時効（民§162Ⅱ）を主張する者は，所有の意思，善意，平穏，公然は推定されるので，自分で証明する必要はなく，無過失の部分だけ自分で証明すればよい（最判昭43.12.19）。

なお，後述する即時取得（民§192）においては，無過失も推定される（最判昭41.6.9）。

(2) 占有の継続に関する推定

（占有の態様等に関する推定）
第186条
2　前後の両時点において占有をした証拠があるときは，占有は，その間継続したものと推定する。

ａの時点とｂの時点で占有をした証拠があるときは，ａからｂまでの間ずっと占有を継続していたものと推定される。

これは，時効取得を主張したい占有者にとって，大変にありがたい規定である。

➡ 10年間（あるいは20年間）ずーっと占有を継続していたということを証明する必要がなくなる。10年間（20年間）をまたぐ２つの時点で占有をしていたことを証明できれば，その間の占有の継続が推定される。

【例】 Ｘの所有する甲土地について，Ａが占有をしている。

Ａは，平成15年１月７日に甲土地を占有していたこと，そして平成26年１月８日に甲土地を占有していたことを証明できれば，その間（11年間）甲土地の占有を継続したと推定してもらえる。

➡ 時効期間中（たとえば平成22年10月23日）に甲土地を占有していたことは証明する必要はない。

そして，Ａが無過失を証明できれば，Ａは甲土地を時効取得することができる。

第2節 占有権の取得

Topics ・ここでは，まず占有権の取得（引渡しの意義など）について復習し，その後の「占有の承継の効果」をしっかり理解すること。

1 占有権の取得

本章の冒頭でも解説したが，占有権は，自己のためにする意思をもって物を所持することによって取得する（民§180）。

そして，占有権の取得には，原始取得と承継取得があるが，重要なのは，承継取得である。

2 占有権の承継取得

(1) 意 義

占有権の承継とは，占有権が，その同一性を保ちながら，前の占有者から承継されることをいう。

➡ 占有権が移転することである。

占有権の承継には，特定承継と一般承継（包括承継）がある。

特定承継→ 占有権が譲渡されること（当事者の意思によって占有権が移転すること）。

【例】 Aの所有する腕時計をBに売り渡す契約がされ，腕時計がBに引き渡された。

➡ 腕時計についての占有権が，AからBに移転した。

一般承継→ 相続（人の死亡）によって，占有権を含む一切の権利義務が相続人に承継されること。

(2) 占有権の特定承継（占有権の譲渡）

占有権の譲渡には，①**現実の引渡し**，②**簡易の引渡し**，③**占有改定**，④**指図による占有移転**，という4つの態様がある。

これらは，「動産物権変動の対抗要件」の「引渡しとは」（第1章第7節2）で解説したが，重要なのでもう一度説明する。

①　現実の引渡し

（現実の引渡し及び簡易の引渡し）
第182条　占有権の譲渡は，占有物の引渡しによってする。

１番分かりやすい占有権の譲渡である。「占有物の（現実の）引渡し」によって，占有権が移転する。

【例】　動産であれば，「はい，どうぞ」と手渡すことである。
　　　建物であれば，鍵を渡すといった方法である。

重要!

動産の売買契約がされ，その動産が買主に引き渡されたときは，買主は，その動産の取得について第三者に対抗することができる（民§178）。

②　簡易の引渡し

（現実の引渡し及び簡易の引渡し）
第182条
2　譲受人又はその代理人が現に占有物を所持する場合には，占有権の譲渡は，当事者の意思表示のみによってすることができる。

譲受人（またはその代理人）が，現に占有物を所持しているときは，占有権の譲渡は，当事者の意思表示のみによってすることができる。

➡　少し分かりにくいが，**物の賃借人が，その物を買い受けたような場合**である。

【例】　Ａの所有する腕時計をＢに賃貸し，現在，Ｂが腕時計を所持している。その後，Ｂは，この腕時計が欲しくなり，Ａから当該腕時計を買い受ける契約をした。

➡　譲受人が，現に占有物を所持している場合である。

この場合は，ＡＢ間の占有移転の合意のみで，腕時計の占有権がＡからＢに移転する。

➡　Ｂが借りている腕時計をいったんＡに返して，ＡがＢに引き渡す必要はない。

③　占有改定

（占有改定）
第183条　代理人が自己の占有物を以後本人のために占有する意思を表示したときは，本人は，これによって占有権を取得する。

これも分かりにくい。

➡　**物の譲渡人が，引き続き物を所持するような場合**の話である。この場合，「以後，本人（譲受人）のために占有する」という意思を表示したときは，本人（譲受人）は占有権を取得する。

H28-9 【例】　Aの所有する腕時計をBに売る契約をしたが，Bはその腕時計をAに預けておくこととし，引き続きAが腕時計を所持している。

この場合，Aが，「以後Bのために占有する」という意思を表示したときは，Bは，腕時計の占有権を取得する。

➡　AがBに腕時計を引き渡して，BがAにもう一度腕時計を渡す，という手順を踏む必要はない。

④　指図による占有移転

（指図による占有移転）
第184条　代理人によって占有をする場合において，本人がその代理人に対して以後第三者のためにその物を占有することを命じ，その第三者がこれを承諾したときは，その第三者は，占有権を取得する。

これも少し分かりにくいが，**第三者に貸している物を売ったような場合**の話である。

【例】　Aは，腕時計をXに貸している（現にXが所持している）。そして，AとBは，Aの所有する腕時計をBに売る契約をした。

この場合，AがXに対し，「以後はBのために腕時計を占有してくれ」と命じ，Bがこれを承諾したときは，Bは腕時計の占有権を取得する。

➡　AがXから腕時計を取り戻して，Bに引き渡すことを要しない。

H28-9 ➡　Aが命ずる必要がある。Bが命ずることはできない。

アルファ

承諾が必要なのは，譲受人（買主等）である。現に所持している者（占有代理人）の承諾は必要ない。 H23-8 H22-8 H16-13

(3) 占有権の一般承継（包括承継）

物を占有している者が死亡し，相続が開始したときは，**占有権を含む一切の権利義務が，相続人に承継される**（民§896，最判昭44.10.30）。

➡ 相続人が現に占有を開始しなくても，また，相続開始の事実を知っているか否かを問わず，当然に占有権が承継される。 H3-2

【例】 腕時計を占有しているAが死亡した。相続人はBである。AとBは離れた場所に住んでいるので，Bは，腕時計を含む遺品についてまったく所持（事実的支配）をしていない。

このような場合でも，Bは，相続によって腕時計の占有権を承継する。

理由 所持（あるいは自己のためにする意思）がなくても占有権を取得するというのは，本来的にはおかしいことであるが，これを認めないと以下のような不都合が生ずるおそれがあるので，相続による当然の占有権の承継が認められた。

① 相続による占有権の承継が認められないと，占有者の死亡によって占有がいったん途切れることになる。つまり，取得時効はそこで無になってしまう。

② 相続による占有権の承継が認められないと，相続の開始後に第三者が不法占有したとしても，相続人は，占有の訴え（不法占有の排除の請求）を提起することができなくなる。

(4) 占有の承継の効果

① 占有の承継の効果

ケーススタディ

Xの所有する甲土地について，Aは，自分のものだと思って（善意・無過失で）占有を開始した。そして，5年間占有を継続した後，Aは甲土地をBに譲渡し，Bが占有を開始した（善意・無過失）。その後，Bは，8年間占有を継続した。

Bは，Aの占有とBの占有を併せて主張して（13年間占有を継続した），甲土地を時効取得することができるか。

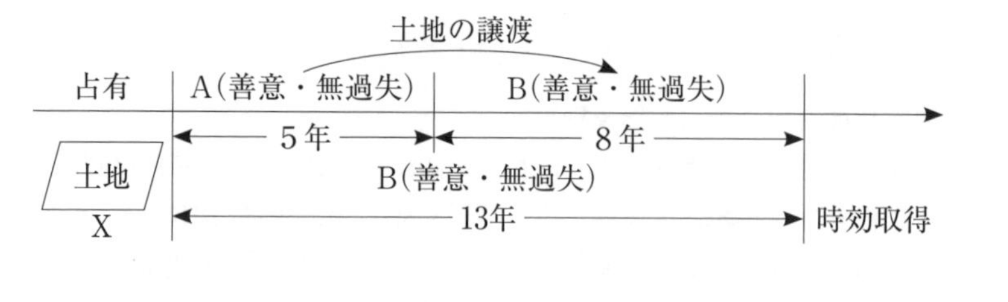

他人の所有する土地について，善意・無過失（自分の所有する土地であると信じ，かつ，そう信じたことについて過失がなかった）で10年間占有を継続したときは，その土地を時効取得することができる（民§162Ⅱ）。

ケーススタディの事例では，Bは，自分の占有と前の占有者であるAの占有を併せて主張しようとしている。

➡　Bは，8年間しか占有を継続していないので，自分の占有だけでは，甲土地を時効取得することはできない。

なんだかムシのいい話であるが，結論として，このBの主張は認められる。

（占有の承継）

第187条　占有者の承継人は，その選択に従い，自己の占有のみを主張し，又は自己の占有に前の占有者の占有を併せて主張することができる。

2　前の占有者の占有を併せて主張する場合には，その瑕疵をも承継する。

H12-11　占有の承継があったときは，承継人は，**①自分の占有のみを主張することができ**，また，**②自分の占有に前の占有者の占有を併せて主張することもできる。**

つまり，ケーススタディの事例では，Bは，

㋐　自分は甲土地について8年間占有を継続した。
㋑　自分の占有とAの占有を併せて，13年間占有を継続した。

のいずれを主張しても良い。

そして，④のとおり，自分の占有とAの占有を併せて主張すれば，善意・無過失で甲土地について13年間占有を継続したことになり，Bは，甲土地を時効取得することができる。

プラスアルファ

占有が，何代にもわたって承継されている場合，現在の占有者は，自分の好きなところから，その占有を併せて主張してよい（大判大6.11.8）。 H12-11

【例】 甲土地について，占有権がA→B→C→Dと承継された。この場合，Dは，たとえば，自分の占有にCとBの占有を併せて主張することができる。

➡ もちろん，Aまでさかのぼっても構わないし，Cの占有だけ併せて主張してもよい。あるいは，自分の占有のみ主張してもよい。

② 占有の瑕疵の承継

上記のとおり，占有者は，自分の占有に前の占有者の占有も併せて主張することができるが，この場合には，**前の占有者の瑕疵をも承継する**（民§187Ⅱ）。

・ 占有の「瑕疵」とは，悪意，過失，強暴，隠秘といった事情である。

事例

Xの所有する甲土地について，Aは，所有の意思をもって占有を開始した。ただ，Aは，甲土地が本当はXのものだと知っていた（悪意）。そして，5年間占有を継続した後，Aは甲土地をBに譲渡した。Bは，善意・無過失で甲土地の占有を開始し（甲土地の真実の所有者から買ったと過失なく信じて），8年間占有を継続した。

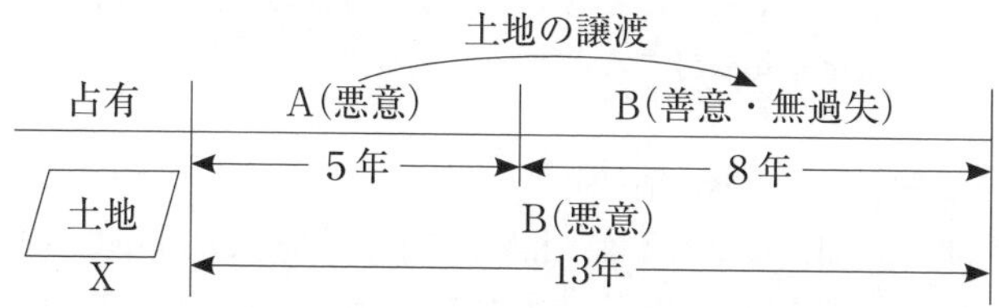

＊ 占有を開始した時に悪意であったときは，取得時効の期間は20年である（民§162Ⅰ）。

Bが，自分の占有とAの占有を併せて主張する場合は，**Aの瑕疵（悪意）も承継する**。つまり，占有開始の時に悪意であったことになり，取得時効の期間は20年となる。

この事例では，Aの占有（５年間）＋Bの占有（８年間）＝13年間であるので，Bは，甲土地を時効取得することはできない。

③　善意・無過失の判定時期

取得時効に関して，占有者が占有を開始した時に善意・無過失であったときは，取得時効の期間は10年となる（民§162Ⅱ）。他方，悪意であったり，善意であっても過失があったときは，取得時効の期間は20年となる（同Ⅰ）。

では，占有の承継があった場合，「善意か，無過失か」は，どの時点で判断すべきかが問題となる。

判例は，承継された２個以上の占有が併せて主張される場合，取得時効に関する民法162条２項の要件としての「善意・無過失」は，**最初の占有者の占有開始時**を基準として判定すべきであるとしている（最判昭53.3.6）。

【例】　Xの所有する甲土地について，Aが，所有の意思をもって占有を開始した。なお，占有開始の時，Aは善意・無過失であった。そして，Aが６年間占有を継続した後，Bがその占有を承継した。なお，Bが占有を開始した時，Bは悪意（もしくは善意・有過失）であった。そして，５年間占有を継続した。

➡　Bが，自分の占有とAの占有を併せて主張する場合，最初の占有者Aが占有を開始した時に善意・無過失であったので，（たとえBが悪意であったとしても）取得時効の期間は10年となり，Bは甲土地を時効取得することができる。

④　相続による承継に関して

相続が開始したときは，相続人は，被相続人の有していた占有権を含む一切の権利義務を包括的に承継する（民§896）。つまり，被相続人≒相続人と考えることができるので，相続人は，常に自分の占有と被相続人の占有を併せて主張しなければならないのか，それとも自分の占有のみを主張することができるのかが問題となる。

判例は，相続人は必ずしも被相続人の占有についての善意・悪意の地位をそのまま承継するものではなく，**その選択に従い，自分の占有のみを主張し，または自分の占有に被相続人の占有を併せて主張することもできる**とした（最判昭37.5.18）。

➡　相続による承継の場合にも，民法187条1項の規定が適用される。

第3節　占有権の効力

Topics ・占有者の果実収取権・費用償還請求権，占有者の損害賠償義務が重要。
これらは，占有者が善意か悪意かで，内容が異なるので要注意。
・必要費，有益費の内容も押さえておくこと。

1　占有権の一般的効力

占有権は，他の権利（本権）とはまったく性質を異にするものではあるが，物権の１つであり，いろいろな効力が認められている。

占有権は，物の占有という事実状態がそのまま権利として認められたものであるので，占有権の効力とは，占有という事実状態の保護または尊重という視点で見ると分かりやすい。

1　権利適法の推定

（占有物について行使する権利の適法の推定）
第188条　占有者が占有物について行使する権利は，適法に有するものと推定する。

(1)　**意　義**

占有権は，物の占有という事実状態に基づく権利であり，占有者に本権（所有権等）があるかないかとはまったく関係がない。

➡　盗人も，物を所持していれば，占有権を取得する。

とはいえ，物を占有している者は，本権を持っているのが通常である。

➡　所有者が物を所持している，賃借人が物を所持している，というのが通常であろう。

そこで，**占有者は，占有物について適法な権利を有するものと推定された。**

➡　反対の事実の主張・立証がない限り，占有者には，占有を正当とさせる権利があるものとして扱われる。

(2)　**推定される権利**

H14-12　適法に有すると推定される権利は，通常，所有権であるが，これに限らず，質権，賃借権（大判大4.4.27）等であることもあり得る。

・　民法186条で，占有者は「所有の意思をもって」と推定されているので，民法188条で推定される権利も，特段の事情のない限り，所有権である。

(3)　推定の範囲

・　推定されるのは，本権である権利の存在や帰属であり，権利変動については推定されない。 H27-9 H14-12

【例】　甲土地の占有者Aが，甲土地の所有者Xから，甲土地の明渡しを請求された。Aが，「Xから甲土地の所有権を譲り受けた」という主張をする場合，甲土地を占有しているという事実から「Xから買い受けた」という推定は働かず，Aは，Xから買い受けたことを立証しなければならない。 H31-9

・　不動産を占有していたとしても，権利適法の推定に基づいて，自分の名義とする登記を請求することはできない（大判明39.12.24）。 H14-12

・　権利適法の推定は，現在の占有者だけでなく，過去の占有者についても適用される（大判明38.5.11）。 H14-12

・　権利適法の推定は，占有者が有利になる場合だけでなく，占有者が不利になるような場合でも，適用される。

2　果実収取権

(1)　善意占有者の果実収取権

ケーススタディ

甲土地は，Xが所有する土地であったが，Aは，自分の土地だと誤信して占有していた。甲土地にはリンゴの木があって，季節になると，たくさんのリンゴがとれた。Aは，毎年リンゴを収穫し，自分で食べたり，友人にあげたりしていた。

しかし，数年後，この土地はXの所有であることが判明し，AはXに甲土地を返還した。

Aは，甲土地から収穫したリンゴ（価額にして約2万円）も，Xに返還しなければならないのか。

甲土地の本来の所有者はXなので，リンゴもXのものであり，これを勝手に収穫したAは，リンゴの価額（約２万円）をXに返還すべきように思える。

しかし，Aは，自分の土地，つまり自分のリンゴだと思って収穫したのだから，過去にさかのぼってリンゴの価額を返還しなければならないというのは，Aにとって酷である。

民法は，以下のように定めている。

> **（善意の占有者による果実の取得等）**
> **第189条**　善意の占有者は，占有物から生ずる果実を取得する。
> **2**　善意の占有者が本権の訴えにおいて敗訴したときは，その訴えの提起の時から悪意の占有者とみなす。

H9-11　**善意の占有者**，つまり，自分に本権があると信じていた占有者は，占有物から生じた**果実を取得することができる**。

理由　占有物について本権，つまり果実を収取する権利があると信じていたのだから，その果実（または代償）を返還しなければならないというのは，占有者にとって酷である。

【例】　ケーススタディの事例では，Aは，収穫して消費したリンゴ（約２万円分）をXに返還することを要しない。

①　果実を取得することができるのは，「善意の」占有者である。この場合の「善意」とは，果実収取権を含む本権があると誤信した占有者である。

➡　所有権，地上権，永小作権，不動産質権，賃借権等の本権があると誤信した者である。

一方，受寄者などには果実収取権がないので，その権利を有すると誤信していても，果実を取得することはできない。

・　善意であれば，過失があっても差し支えない（大判大8.10.13）。

H元-6　②「果実」には，天然果実（リンゴ等）と法定果実（他人に貸した場合の賃料）の双方が含まれる。

また，占有物の使用利益も，本条の果実に含まれると解されている（大判大14.1.20）。

③ ただし，善意の占有者が，本権の訴えにおいて敗訴したときは，その**訴えの提起の時から**悪意の占有者とみなされる（民§189Ⅱ）。

➡ 敗訴の裁判が確定した時ではなく，訴えの提起の時から悪意であったものとみなされる。

理由　訴えが提起されたら，その時点で“自分が負けて本権を有していないことになるかも”ということが認識できるからである。

(2) 悪意占有者等の果実返還義務

> **（悪意の占有者による果実の返還等）**
> **第190条**　悪意の占有者は，果実を返還し，かつ，既に消費し，過失によって損傷し，又は収取を怠った果実の代価を償還する義務を負う。
> **2**　前項の規定は，暴行若しくは強迫又は隠匿によって占有をしている者について準用する。

悪意の占有者の場合は，果実を返還し，かつ，既に消費したような果実については，その代価を償還する必要がある。

理由　果実を収取する権利（果実収取権を含む本権）がないと知っていたのだから，果実の返還義務等を課すのは当然といえる。

・ 上記(1)の③のとおり，善意の占有者であっても，本権の訴えにおいて敗訴したときは，その訴えの提起の時から悪意の占有者とみなされる（民§189Ⅱ）。

➡ つまり，訴えの提起の時以降の果実について，返還する義務を負う。

➡ 訴えの提起より前に消費した果実については，その代価を償還する必要はない。 **H14-11**

3　占有物の滅失、損傷に対する責任

ケーススタディ

Xの所有する甲建物について，Aが，所有の意思をもって占有をしていた。なお，Aは，甲建物が自分の所有する建物であると誤信していた（善意）。

ある日，Aの過失によって，甲建物が滅失してしまった（跡形もなく壊れてしまった）。そして，その後に，甲建物はXの所有であったことが判明した。

Aは，Xに対してどのような責任を負うことになるのだろうか。

たとえば，Xの所有する建物をAに賃貸し，Aが権原（賃借権）に基づいて建物を占有している場合に，Aが故意（または過失）によって建物を滅失させてしまったときは，Aの責任は，X・A間の契約関係に基づいて処理される（Aの建物返還債務の履行不能）。

一方，ケーススタディの事例では，XとAの間で契約関係はないので，占有者Aはどういった責任を負うべきかが問題となる。

（占有者による損害賠償）

第191条　占有物が占有者の責めに帰すべき事由によって滅失し，又は損傷したときは，その回復者に対し，悪意の占有者はその損害の全部の賠償をする義務を負い，善意の占有者はその滅失又は損傷によって現に利益を受けている限度において賠償をする義務を負う。ただし，所有の意思のない占有者は，善意であるときであっても，全部の賠償をしなければならない。

占有物が，占有者の責めに帰すべき事由（故意または過失）によって滅失し，または損傷した場合，占有者の責任は，3つのタイプに分けられる。

⑴　悪意の占有者→　**損害の全部の賠償**をする義務を負う。
⑵　善意の占有者→　滅失または損傷によって**現に利益を受けている限度で賠償**する義務を負う。
⑶　善意であるが所有の意思のない占有者→　**損害の全部の賠償**をする義務を負う。

⑴　悪意の占有者について

悪意の占有者，つまり，自分のものでないと知って占有していた者が，故

意または過失によって占有物を滅失等させてしまったときは，占有者は，回復者（所有者）に対し，損害の全部の賠償をすることを要する。
➡　当たり前である。

【例】 建物を悪意で占有している者が，故意に建物を壊したときは，回復者（所有者）に対して，その損害の全部（建物の価額等）を賠償する義務を負う。

(2) 善意の占有者（所有の意思をもった占有者）について

自分のものだと信じて占有していた者が，故意または過失によって占有物を滅失等させてしまったときは，占有者は，回復者（所有者）に対し，**現に利益を受けている限度**において賠償をする義務を負う。 H14-11 H9-11

理由　自分のものだと信じて占有していたので，損害（滅失させた物の価額等）の全部を賠償させるのは，酷である。

・「現に利益を受けている限度において賠償をする」とは，基本的には，物の現在の状態で返還する，ということである。

【例】 ケーススタディの事例では，建物が完全に滅失してしまったので，現存する利益はないことになり，賠償の責任はない。
　一方，建物を損傷させたような場合（少し壊してしまった場合）は，その建物の現状で返還をすることになる。

・ 建物が完全に滅失したような場合でも，占有者が保険金等を受領し，それが手元にある場合には，現に利益が存することになり，これを回復者に返還することを要する。

(3) 善意であるが所有の意思のない占有者について

「善意であるが所有の意思のない占有者」とは，(本当は何の権原もないけど) 自分は賃借人だと信じて物を占有しているような者である。

このような者は，善意ではあるが，いずれ所有者に物を返還することを前提として物を占有している。
そのため，故意または過失により物を滅失等させてしまったときは，回復者（所有者）に対して損害の全部の賠償をする義務を負う。 R2-8

4　占有者の費用償還請求権

(1)　意　義

ケーススタディ

Aの所有する甲土地および乙建物を，Bは，所有の意思をもって占有していた。そして，Bは，乙建物を修繕（必要費を支出）したり，甲土地について一部コンクリート工事や花電灯の設置（有益費の支出）をした。

その後，甲土地と乙建物の真実の所有者がAであると判明し，Bは，甲土地と乙建物をAに返還することとなった。

Bは，甲土地や乙建物について支出した費用の償還を，Aに請求することができるだろうか。

占有者が，物を占有している間に，その物について必要費や有益費といった費用を支出することもあり得る。

必要費→　物の保存のための費用，修繕費用（建物の壊れた部分を直した），公租公課（固定資産税）など。

有益費→　その物のために必要というわけではないが，物を改良したりして物の価値を増加させるための費用（雨戸を新調したり，コンクリート工事をしたり）。

【例】　ケーススタディの事例では，乙建物を修繕した費用は「必要費」，甲土地の一部のコンクリート工事や花電灯の設置の費用は「有益費」といえる。

そして，占有者が，回復者（所有者）に占有物を返還するに際し，占有者が支出した必要費や有益費を，回復者に請求することができるかが問題となる。

(2)　必要費について

（占有者による費用の償還請求）
第196条　占有者が占有物を返還する場合には，その物の保存のために支出した金額その他の必要費を回復者から償還させることができる。ただし，占有者が果実を取得したときは，通常の必要費は，占有者の負担に帰する。

必要費については，回復者に，償還を請求することができる。

・　占有者の善意，悪意を問わない。また，占有者の所有の意思の有無も問わない。 H9-11

➡　悪意の占有者でも，回復者に対し，支出した必要費の償還を請求することができる。

理由　善意であろうが悪意であろうが，その物について必要な費用を支払ってくれたのである。本来は，回復者（所有者）が支払うべき費用を，占有者が支払ってくれたのだから，その費用は占有者に償還すべきである。

・　ただし，占有者が**果実を取得したときは，通常の必要費は，占有者が負担することになる。** H31-9 H27-9 H14-11

➡　果実を取得しているならば，その程度の費用は負担すべきである。

通常の必要費→　日常的な使用による損耗を修理するために支出した費用など。突発的な事故による大修繕は含まない。

(3)　有益費について

> **（占有者による費用の償還請求）**
> **第196条**
> 2　占有者が占有物の改良のために支出した金額その他の有益費については，その価格の増加が現存する場合に限り，回復者の選択に従い，その支出した金額又は増価額を償還させることができる。ただし，悪意の占有者に対しては，裁判所は，回復者の請求により，その償還について相当の期限を許与することができる。

有益費については，**その価格の増加が現存する場合に限って**，回復者に償還を請求することができる。

理由　有益費は，必要費のように，その物のために欠かせない費用ではない（本来，支払わなくてもよい費用）。そのため，有益費については，価格の増加が現存する場合に限り，償還を請求できるとされた。

➡　占有者がかつて有益費を支出しても，現在はその価値がまったくない場合には，その費用の償還を請求することはできない。

➡　価格の増加が現存するのであれば，回復者（所有者）は，価値の増加した物の返還を受けることになるので，その分については償還すべきである。

また，有益費の償還については，①占有者が支出した金額，または②増価額（価値が増加した価額）のいずれかを**回復者が選択し**，それを支払えばよい。

【例】　ケーススタディの事例で，Bが支出した有益費（花電灯の設置等）の額が100万円であり，実際に価値が増加したのが80万円分である場合，回復者Aは，「増価額を償還する」と選択して，Bに80万円を支払えば足りる。

H27-9
H元-6

・　有益費の償還請求は，悪意の占有者にも認められる。

➡　占有者が悪意であっても，実際にその物の価値が増加しているので，その分については償還させるべきである。

H14-11

ただし，悪意の占有者に対しては，裁判所は，回復者の請求により，その償還について**相当の期限**を許与することができる。

【例】　有益費については，3か月後の支払いでいいですよ。

第4節　即時取得

Topics
- 重要！　不動産にはない，動産特有の制度である。一定の要件を満たした場合には，無権利者から動産を取得できてしまう。動産取引の安全を保護するため，という趣旨を理解すること。
- 即時取得の要件は，いろいろ論点があるが，しっかり押さえておくこと。

1　動産の即時取得とは

ケーススタディ

Aの所有する宝石をBが賃借し，Bが宝石を所持していた。Bは単なる賃借人なのだが,「この宝石は自分のものだ」と偽って，これをCに売り渡した。そして，宝石をCに引き渡した。Cは，現実にBが宝石を持っていたので，Bが所有者だと信じて買ったものである。

AはCに対し，宝石の返還を請求することができるだろうか。

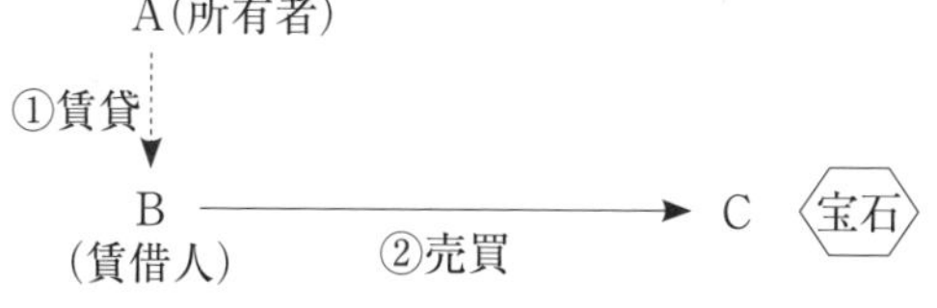

Bは宝石を賃借しているだけであるので，これを第三者に売却する権限は持っていない。したがって，処分権限のないBから買い受けたCは，その宝石を取得できないはずである。

➡　当たり前である。

しかし，この事例では，売主であるBが現実に宝石を所持しており，Cはこれを見て「Bが宝石の所有者だ」と信じて，Bと売買契約をしている。

この場合に,「売主のBは無権利者（処分権限のない者）でした。なので，CはAに宝石を返す必要があります」となると，**取引の安全が害される**。

＊　“前主（売主）が無権利者だったら絶対に宝石（動産）を取得できない”ということになると，動産を買おうとする人は，前主が本当にその動産の所有者なのかを調査する必要が生じ，心配性な人はさらにその前主も本当にその動産の所有者だったのかということを調査しなければならなくなる。取引

が頻繁な動産において，このような調査を要求するのは現実的ではない。

そこで，**動産取引**については，前主（売主）の**占有という外形に公信力を与え，これを信じて取引をした者は保護される**，とした。これが**即時取得**である。

重要！

動産の取引については，公信の原則が採用されている。

前主の占有を信頼して（占有しているから所有者だと信じて）前主から動産を買い受けた者は，前主の権利（処分権限）の有無に関係なく，その動産を取得することができる。これにより，動産取引の安全が保護される。

➡　真実の所有者であった者は，（知らぬ間に）その動産の所有権を失うことになるが（静的な安全が害されるが），動産取引の安全をより尊重すべきであり，やむを得ないといえる。

【例】　ケーススタディの事例では，Cは，Bの占有を信頼して（Bが所有者だと信じて），Bから宝石を買い受けている。したがって，Bに処分権限がなくても，Cはこの宝石の所有権を取得する（Aに返す必要はない）。

➡　なお，Cが取得するためにはもう少しの要件が必要である（以下で説明する）。

プラスアルファ

不動産取引においては，公信の原則は採用されていない。前主の登記や占有を信頼して取引をしても，前主が無権利者である場合には，（大原則として）買主は不動産の所有権を取得しない。

➡　不動産は大変に高価なものであるので，真実の所有者の権利（静的安全）をしっかり保護する必要がある。また，（そんなに頻繁には行われない）不動産取引においては，買主は，慎重に前主の権利（処分権限）を調査すべきである。

➡　不動産物権変動においては，「公示の原則」が採用されている（登記という公示を備えなければ第三者に物権変動を対抗できない）。

2　即時取得の要件

（即時取得）

第192条　取引行為によって，平穏に，かつ，公然と動産の占有を始めた者は，善意であり，かつ，過失がないときは，即時にその動産について行使する権利を取得する。

即時取得の要件を抽出すると，以下のとおりである。

- 目的物が動産であること
- 取引行為によって取得すること
- 前の占有者に処分権限がないこと
- 平穏，公然，善意，無過失に占有を始めたこと
- 占有を取得したこと

(1)　目的物が動産であること

即時取得の対象は，「動産」に限られる。

①　動産であっても，登記や登録が公示方法とされているものについては，即時取得の対象とはならない。

【例】　自動車は，「登録」という制度が採用されているので，登録された自動車は即時取得の対象とはならない（最判昭62.4.24）。 H31-9 H20-11 H5-9

➡　登録を抹消された自動車は，即時取得の対象となる（最判昭45.12.4）。 R4-8 H17-9

②「金銭」も，即時取得の対象とはならない（最判昭39.1.24）。 H20-11

➡　金銭は，特殊な扱いがされる。

③　立木について

事例　Aの所有する甲土地上に，立木が生育しているものとする。

・　この事例において，（無権利者）Bが，甲土地をCに売却し，Cが甲土地上の立木を伐採した。 H13-7 H5-9

➡　Cは，不動産の一部である立木を伐採したものであり，伐木（伐採された木）という動産を取引によって取得したのではない。したがって，Cは伐木を即時取得することはできない。

H9-15　・　この事例において，（無権利者）Bが，甲土地上の立木を伐採した。そして，Cは，Bからこの伐木を買い受けた。

➡　Cは，伐木という動産を，無権利者Bから買い受けている。したがって，この伐木は即時取得の対象となる。

(2)　取引行為によって取得すること

H9-15　前主の占有を信頼し，取引行為によって動産を取得した場合に，即時取得の適用がある。

➡　即時取得は，動産の取引の安全を図る制度である。

R4-8 H27-8 H13-7　この場合の「取引行為」は，売買が典型であるが，贈与，代物弁済，弁済，質権設定，強制競売による取得も含まれる。

H25-8　➡　相続は，取引による取得ではないので，即時取得は認められない。

H30-8　・　**「取引行為」は，有効なものであることを要する。**

取引行為が無効または取り消されたような場合，譲受人は即時取得の規定によって物を取得することはできない。

【例】　Aの所有する宝石をBが買い受ける契約をしたが，この契約は，Aの意思表示について錯誤があったため，取り消された（民§95）。

➡　売買契約が取り消されたので，Bは，売買によって宝石の所有権を取得することはできない。

H9-15　一方，Bは，Aの占有を信頼して売買契約をしたので，宝石を即時取得できないかが問題となるが，これは認められない。

➡　これで即時取得が認められてしまったら，制限行為能力者の保護や，詐欺・強迫の被害を受けた者の保護といった民法の規定が無意味になってしまう。

H25-8　【例】　Aの所有する宝石をBが買い受ける契約をして，Bは宝石の引渡しを受けた。しかし，この契約は，Aの意思表示について錯誤があったため，取り消された。

その後，Bは，自分が占有している宝石を，（Bの占有を信頼した）Cに売り渡した。

➡　Cは，この宝石を即時取得することができる。

➡　前主Bは，宝石について無権利者であるが，宝石を占有しているので，この占有を信頼したCは保護される。

＊　契約が無効な（取り消された）場合の買主と，その買主からさらに動産を取得した者を区別すること。

【例】　Aの所有する宝石をBが預かって占有している。そして，Bは，「自分はAの代理人だ」と偽って，この宝石をCに売り渡した(無権代理)。 H25-8 H17-9 H13-7 H5-9
➡　無権代理なので，Cは売買によって宝石を取得できず（民§113 Ⅰ），また即時取得することもできない。

(3)　前の占有者に処分権限がないこと

前の占有者に処分権限があれば，譲受人は正当に動産を取得することができるので，即時取得の規定が適用される場面ではない。

「前の占有者に処分権限がない」というのは，前の占有者がまったくの無権利者である場合のほか，賃借人であったり，受寄者であったり，質権者であるような場合も含まれる。
➡　賃借権者は，その動産について占有する権利はもっているが，他人に売り渡す権限は持っていない。

(4)　平穏，公然，善意，無過失に占有を始めたこと

「平穏」　→　暴力的ではないこと。
「公然」　→　隠秘ではないこと。
「善意」　→　前主が無権利者であると知らないこと。
「無過失」→　前主が無権利者であると知らないことについて過失がないこと。

暴力的に占有を始めた者は，たとえ前主の占有を信頼していたとしても，即時取得することはできない。

①　平穏，公然，善意については，民法186条１項の規定により推定される。 H25-8
➡　即時取得を主張する者が，自分で平穏，公然，善意について証明する必要はない。

②　**無過失についても，民法188条に基づいて推定される**（最判昭41.6.9）。 H30-8 H20-11
➡　即時取得を主張する者が，自分で無過失であることを証明する必要は H5-9

ない。

プラス アルファ

占有の態様に関して，基本的に「無過失」は推定されないが（民§186Ⅰ参照），即時取得の場合においては，民法188条を通じて「無過失」も推定される。

H30-8　③　平穏，公然，善意，無過失の要件は，**占有を始めた時**に存在していれば足り，後に悪意となっても，即時取得は否定されない。

(5)　占有を取得したこと

即時取得は，前主の占有を信頼して取引をして，**その動産の占有を取得することによって成立する。**

➡　単に取引をしただけでは，即時取得することはできない。

R4-8
H27-8
H9-15
占有の取得（占有の移転）の方法には，現実の引渡し（民§182Ⅰ），簡易の引渡し（同Ⅱ），占有改定（民§183），指図による占有移転（民§184）がある。

この中で，問題なのが，占有改定である。

ケーススタディ

Aは，自分の所有する宝石をBに売り渡し，占有改定の方法により引き渡した（現実にはAが所持したままである）。その後，Aは，同じ宝石をCにも売り渡し，占有改定の方法により引き渡した。

Cは，宝石の所有権を取得することができるだろうか。

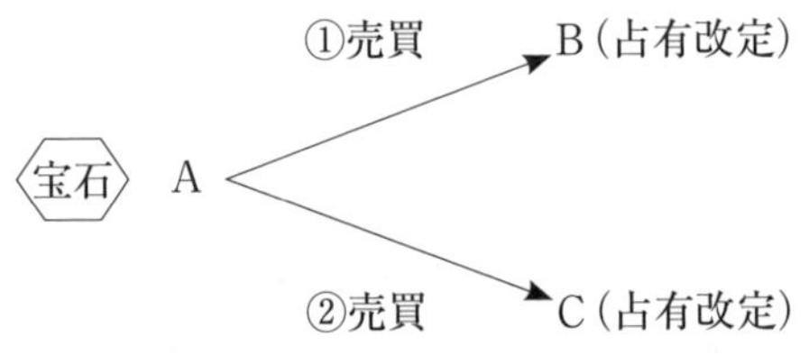

この事例では，まず，AはBに宝石を売り渡し，占有改定の方法により引き渡している。

➡　占有改定も，動産の譲渡の対抗要件として認められているので，Bは対抗力を取得した。つまり，この時点で，Aは宝石に関して完全な無権利者となった。

しかし，その後，現に宝石を所持しているAは，この宝石をCにも売り渡した。

➡　これは，いわゆる二重譲渡の対抗問題ではない（Bは既に対抗力を備えている）。

この場合は，無権利者Aから宝石を取得したCが，宝石を即時取得することができるか否かの問題となる。

➡　占有改定の方法により占有を取得したCが，即時取得することができるのか。

結論　**占有改定**の方法により占有を取得したCは，宝石を**即時取得することはできない**（最判昭35.2.11）。 H31-9 H30-15 H27-8 H17-9 H5-9

理由

・　即時取得の規定により所有権を取得するためには，外観上，従来の占有状態に変更を生ずるような占有の取得が必要である。そのような変更がない占有改定では足りない。

・　動産の譲渡の対抗要件としての「引渡し」（民§178）と，即時取得の要件としての「占有」（民§192）とは分けて考えるべきである。

プラス アルファ

ケーススタディの事例でも，この後に，Cが宝石について現実の引渡しを受けた場合には，（引渡しの時に善意・無過失であれば）宝石を即時取得することができる。 H20-11 H17-9

プラス アルファ

占有改定によっても即時取得が認められるとする学説（肯定説）もあるし，また，占有改定によって一応即時取得が成立するが，その後に現実の引渡しを受けた時に確定的に所有権を取得するという学説（折衷説）もある。

➡　折衷説によると，占有改定の時に善意・無過失であれば，現実の引渡しの時に悪意でも，即時取得ができることになる。

・　指図による占有移転を受けた者は，即時取得が認められる（最判昭 H23-8 H16-13

57.9.7)。

3　即時取得の効果

即時取得の要件を満たした場合，「即時にその動産について行使する権利を取得する」と規定されている（民§192)。

H30-8
H20-11
「その動産について行使する権利」とは，**所有権と質権**である。
➡ つまり，即時取得によって所有権または質権を取得するということである。

・ 即時取得による権利の取得は，原始取得である。
➡ その動産についてまっさらな所有権（または質権）を取得する。

そのため，前主のもとでその動産に付着していた権利（質権等）は，即時取得の反射的効果で消滅する。

4　盗品または遺失物に関する例外

(1)　意　義

ケーススタディ

Aは，自慢の高級腕時計をBに盗まれてしまった。そして，Bは，自分のものとしてこれをCに売却し，Cに引き渡した。Cは，Bの占有を信頼し，過失なく買い受けたものである。

その後，Aは，Cが自分の腕時計をしていることを発見し，Cにその返還を求めた。

Cは，この腕時計をAに返還しなければならないのだろうか。

この事例で，Cは，Bが腕時計を占有していることを信頼して，Bから腕時計を買い受けている。つまり，Cは腕時計を即時取得した（Aに返還する必要はない）と判断することができる。

一方，Aは，自慢の高級腕時計を盗まれた立場（被害者）である。この場合には，被害者の保護も考える必要がある。
➡ 動産取引の安全の保護と，被害者の保護について，どのような解決をすべきかが問題となる。

（盗品又は遺失物の回復）
第193条　前条（即時取得）の場合において，占有物が盗品又は遺失物であるときは，被害者又は遺失者は，盗難又は遺失の時から２年間，占有者に対してその物の回復を請求することができる。

即時取得された動産が，盗品または遺失物であるときは，被害者または遺失者は，**盗難または遺失の時から２年間**，占有者に対して，その物の回復（返還）を請求することができる。 H28-8 H2-19

理由　盗難の被害者や遺失者など，自分の意思に反して動産の占有を失った者を保護するためである。

【例】　ケーススタディの事例では，被害者Ａは，盗難の時から２年以内であるときは，Ｃに対して腕時計の返還を請求することができる。

⑵　回復請求期間中の所有権の帰属

被害者または遺失者が回復請求をすることができる期間（２年間）は，動産の所有権は，**原所有者（被害者，遺失者）に帰属している**（大判大10.7.8）。

⑶　回復者が代価を弁償すべき場合

第194条　占有者が，盗品又は遺失物を，競売若しくは公の市場において，又はその物と同種の物を販売する商人から，善意で買い受けたときは，被害者又は遺失者は，占有者が支払った代価を弁償しなければ，その物を回復することができない。

被害者または遺失者が，占有者（即時取得をした者）に対して物の回復を請求する場合，**原則としては，代価を弁償する必要はない。**
➡　タダで返してくれと請求できる。

ただし，占有者が，競売，公の市場または一定の商人から善意で買い受けた場合には，被害者または遺失者は，占有者が支払った代価を弁償しなければ，物の回復を請求することができない。 H31-9 H28-8

たとえば商店から物を買った場合には，買主は，何の疑いもなく，自分のものとなると信じるであろう。

なのに，後になって「盗品でした」ということで，タダで取り上げられるのは，酷である。

第５節　占有の訴え（占有訴権）

Topics
- **占有が侵害されたような場合は，その排除等を求める訴えを提起することができる。本権における物権的請求権のようなものである。**
- **占有の訴えには３つの種類があるが，占有回収の訴えが特に重要。**

１　意　義

(1)　占有の訴えとは

（占有の訴え）
第197条　占有者は，次条から第202条までの規定に従い，占有の訴えを提起することができる。他人のために占有をする者も，同様とする。

占有の訴えとは，**占有状態が侵害されたような場合に，その侵害を排除し，占有の維持，回復等を求めるための訴え**である。

占有権も物権の１つであるので，法的に保護され，これを侵害する状況が生じた場合には，訴えによってこれを排除することが認められている。

【例】　本来はＡの所有する甲土地を，Ｂが占有していた（Ｂの善意・悪意を問わない）。そして，Ｃが，甲土地に，自分の自転車を放置した（Ｂによる甲土地の占有を妨害している）。
➡　ＢはＣに対し，占有の訴えを提起し，この妨害状態の排除（自転車を除去せよ）を請求することができる。

理由　占有権は，物を占有しているという事実状態に基づく権利であり，占有者が本権(所有権等)を有しているか否かは分からないが，物を占有しているという事実状態そのものが法的な保護に値するので（社会の秩序を保つ)，占有の訴えというものが認められた。

重要！

本権を有さない占有者であっても，占有の訴えを提起することができる。

【例】　盗人であっても，その物に対して占有権を有するので，その占有が侵害されたような場合には，占有の訴えを提起して占有侵害の排除を請求することができる。

⑵　占有の訴えを提起することができる者

占有者である。上記のとおり，本権を有さない占有者も，占有の訴えを提起することができる。

H9-11
H5-17
➡　悪意の占有者も，占有の訴えを提起することができる。

H元-6
・　代理人によって占有がされている場合は，本人（賃貸人，寄託者等）が占有の訴えを提起することができ，また，**占有代理人（賃借人，受寄者等）も占有の訴えを提起することができる**（民§197後段）。

➡　本人も占有代理人も，占有権を有している。

⑶　相手方（被告）

占有を妨害している者（妨害するおそれがある者）である。

2　占有の訴えの種類

占有の訴えには，3つの種類がある。

⑴　占有保持の訴え（民§198）

➡　占有者が，その占有を妨害されたときに起こす訴え。
➡　「物権的妨害排除請求権」に類似する。

⑵　占有保全の訴え（民§199）

➡　占有者が，その占有を妨害されるおそれがあるときに起こす訴え。
➡　「物権的妨害予防請求権」に類似する。

⑶　占有回収の訴え（民§200）

➡　占有者が，その占有を奪われたときに起こす訴え。
➡　「物権的返還請求権」に類似する。

以下，それぞれについて解説する。

3　占有保持の訴え

⑴　意　義

（占有保持の訴え）
第198条　占有者がその占有を妨害されたときは，占有保持の訴えにより，その妨害の停止及び損害の賠償を請求することができる。

占有者が，占有を妨害されたときは，**占有保持の訴え**により，その**妨害の停止および損害の賠償**を請求することができる。

【例】 自分が占有している土地に自転車が放置された場合，占有者は，自転車を放置した人に対して，占有保持の訴えにより，妨害の停止（自転車を撤去してくれ）および損害の賠償を請求することができる。

(2) 要　件

「占有を妨害された」ことが要件である。

➡ 「妨害」とは，「侵奪」（民§200参照）に至らない程度の侵害をいう。

【例】・ 隣地の樹木が倒れてきた。
・ 自分が占有する土地に自転車を放置された。
・ 自分が占有する土地に，工作物を設置するような工事を開始された。

占有物を奪われた（侵奪された）ような場合は，後述する「占有回収の訴え」となる。

・ 妨害の停止の請求については，妨害者の故意または過失を要しない。
➡ 占有しているという事実状態を保護し，回復させる請求権であるから，占有が妨害されているという事実があれば足り，妨害者の故意や過失は問題とならない。

【例】 台風等の自然災害によって隣地の木が倒れてきた場合でも，妨害の停止（木を除去してくれ）を請求することができる。

・ 損害の賠償の請求については，妨害者の故意または過失が必要である（大判昭9.10.19）。
➡ この損害賠償の請求は，不法行為（民§709）の性質を有する。

(3) 請求の内容

「妨害の停止」および「損害の賠償」の請求である。

・ 妨害の停止とは，妨害を除去して，原状を回復することをいう。
➡ 放置した自転車を撤去してくれ。工事をやめて元に戻してくれ。

⑷　提訴期間

> （占有の訴えの提起期間）
> **第201条**　占有保持の訴えは，妨害の存する間又はその消滅した後１年以内に提起しなければならない。ただし，工事により占有物に損害を生じた場合において，その工事に着手した時から１年を経過し，又はその工事が完成したときは，これを提起することができない。

占有保持の訴えは，妨害の存する間またはその消滅した後１年以内に提起しなければならない。

ただし，“工事によって”占有物に損害が生じた場合においては，その工事に着手した時から１年を経過し，またはその工事が完成したときは，訴えを提起することができない。

理由　相当な程度に工事が進んだ後（あるいは完成した後）に，その撤去等を要求することは，社会経済上の不利益と考えられる。

4　占有保全の訴え

⑴　意　義

> （占有保全の訴え）
> **第199条**　占有者がその占有を妨害されるおそれがあるときは，占有保全の訴えにより，その妨害の予防又は損害賠償の担保を請求することができる。

H27-9　占有者が，その占有を妨害されるおそれがあるときは，占有保全の訴えにより，その妨害の予防または損害賠償の担保を請求することができる。

【例】　隣地の樹木が，自分の占有する土地に倒れそうになっているときは，その妨害の予防（支柱を建てて固定してくれ）または損害賠償の担保（実際に樹木が倒れて損害が発生した場合の賠償額を供託しておいてくれ）を請求することができる。

⑵　要　件

「占有を妨害されるおそれがある」ことが要件である。

➡　占有が妨害されるおそれがあることについて，その者の故意や過失は必要ない。

⑶　請求の内容

「妨害の予防」または「損害賠償の担保」の請求である。

重要！

あくまで「または」である。「および」ではない。 H15-9

➡ 妨害の予防と損害賠償の担保の両方を請求することはできない。

理由　妨害のおそれがあるだけであって，現に妨害（および損害）が生じているわけではないので，どちらか一方を請求できれば目的は達せられるといえる。

⑷　提訴期間

（占有の訴えの提起期間）
第201条
2　占有保全の訴えは，妨害の危険の存する間は，提起することができる。この場合において，工事により占有物に損害を生ずるおそれがあるときは，前項ただし書の規定を準用する。

占有保全の訴えは，妨害の危険の存する間は，提起することができる。

ただし，“工事によって”占有物に損害を生ずるおそれが生じた場合においては，その工事に着手した時から１年を経過し，またはその工事が完成したときは，訴えを提起することができない。

5　占有回収の訴え

⑴　意　義

ケーススタディー１

Ａの所有する宝石を，Ｂが占有していたが，Ｂは，この宝石をＣに奪われた。

Ｂは，Ｃに対し，宝石の返還を請求することができるだろうか。

ケーススタディ－2

Aの所有する宝石を，Bが占有していたが，Bは，Cに騙されて，この宝石をCに引き渡してしまった。
Bは，Cに対し，宝石の返還を請求することができるだろうか。

ケーススタディの1も2も，Bが宝石の占有を失い，Cが現に宝石を占有しているという点では共通である。
しかし，1においては，Bが**占有を奪われた**ものであるのに対し，2においては，Bが**騙し取られた**ものという違いがある。

（占有回収の訴え）
第200条　占有者がその占有を奪われたときは，占有回収の訴えにより，その物の返還及び損害の賠償を請求することができる。
2　占有回収の訴えは，占有を侵奪した者の特定承継人に対して提起することができない。ただし，その承継人が侵奪の事実を知っていたときは，この限りでない。

占有者が，占有を奪われたときは，**占有回収の訴え**により，その**物の返還および損害の賠償**を請求することができる。

⑵　要　件

R3-9　**「占有を奪われた」**ことが要件である。
占有を“奪われた”場合にのみ占有回収の訴えを提起できるのであり，騙し取られた場合には，占有回収の訴えを提起することができない。

【例】　ケーススタディ－1の事例では，Bは，Cに宝石の占有を奪われたので，占有回収の訴えを提起し，宝石の返還と損害の賠償を請求することができる。

H29-9　H23-9　H22-8　H15-9
一方，ケーススタディ－2の事例では，Bは，Cに宝石を騙し取られたので（奪われたわけではないので），占有回収の訴えを提起することができない（大判大11.11.27）。

H5-17
・「奪われた」とは，占有者が，その意思によらないで所持を失ったことをいう。したがって，賃借人が賃貸借契約の終了後も賃借物の占有を継続しているような場合は，占有を“奪われた”とはいえないので，占有回収の訴えを提起することはできない。

・　強制執行によって占有を解かれた場合には，その執行方法が違法であるか否かにかかわらず，占有回収の訴えを提起することができない（最判昭38.1.25）。 H23-9

➡　強制執行は，法の規定に従って占有を解くものであるので，その対象外である。

(3)　請求の内容

「物の返還」および「損害の賠償」の請求である。

(4)　相手方（被告）

占有を奪った者およびその包括承継人（相続人等）である。

一方，特定承継人については，**その者が侵奪の事実を知っていた場合（悪意）を除き，その者に対して占有回収の訴えを提起することはできない。** R3-9 H29-9 H22-8

➡　善意で承継した第三者を保護する趣旨である。

【例】　Aの占有していた宝石を，Bが奪った。そして，Bが死亡し，相続人のCが宝石の占有を承継した。

➡　Cは侵奪者の包括承継人であるので，Cが侵奪の事実を知っていたか否かにかかわらず，AはCに対して占有回収の訴えを提起することができる。

【例】　Aの占有していた宝石を，Bが奪った。そして，Bは，この宝石をCに売り渡した。なお，Cは，BがAから奪った宝石であるとは知らなかった。

➡　Cは宝石の特定承継人であり，かつ，占有の侵奪の事実を知らないので（善意），AはCに対して占有回収の訴えを提起することはできない。

・　占有を奪った者からその物を賃借した者も，「特定承継人」に該当する（大判昭19.2.18）。

【例】　Aの占有していた宝石を，Bが奪った。そして，Bは，この宝石をCに賃貸した。なお，Cは，BがAから奪った宝石であるとは知らなかった。

➡　Cは特定承継人に該当し，かつ善意であるので，AはCに対して占有回収の訴えを提起することはできない。

H23-9　・　一度，善意の特定承継人が占有を取得した後は，その後の悪意の特定承継人に対して，占有回収の訴えを提起することはできない(大判昭13.12.26)。

(5)　提訴期間

> （占有の訴えの提起期間）
> **第201条**
> **3**　占有回収の訴えは，占有を奪われた時から1年以内に提起しなければならない。

H22-8　H15-9　占有回収の訴えは，占有を奪われた時から**1年以内**に提起しなければならない。

➡　法律関係を早期に安定させるためである。

6　占有の訴えと本権の訴え

(1)　占有の訴えと本権の訴え

> （本権の訴えとの関係）
> **第202条**　占有の訴えは本権の訴えを妨げず，また，本権の訴えは占有の訴えを妨げない。

占有の訴えは本権の訴えを妨げず，また，本権の訴えは占有の訴えを妨げないとされている。なんだか禅問答のようであるが，難しい話ではない。

「本権の訴え」→　所有権に基づく返還請求（物権的請求権）をするような訴え。

【例】　Aは宝石を所有し，占有している。そして，この宝石を，Bが奪った。

➡　Aは宝石の所有者なので，Bに対し，所有権に基づく返還請求（本権に基づく訴え）をすることができる。

また，Aは，宝石を占有していたので，Bに対し，占有回収の訴えを提起することもできる。

この場合，Aは，本権の訴えと占有回収の訴えを同時に提起することができるし，別々に訴えることもできる。

また，一方で敗訴しても，他方の訴えを提起することができる。

➡　本権の訴えと占有の訴えは，互いに妨げられない。

⑵　占有の訴えと本権に基づく抗弁

（本権の訴えとの関係）

第202条

２　占有の訴えについては，本権に関する理由に基づいて裁判をすることができない。

占有の訴えについては，本権に関する理由に基づいて裁判をすることができないとされている。 H23-9 H15-9

➡　占有の訴えにおいては，とにかく，占有の侵害があったか否かという点に基づいて裁判をすべきであり，被告に本権（所有権等）があるか否かということを理由として裁判をすべきではない，ということである。

【例】　Ａは，自分が所有する宝石をＢに賃貸し，引き渡した。その後，賃貸借が終了しても，Ｂは宝石を返さなかった。そこで，Ａは，Ｂから宝石の占有を奪った。 H29-9

Ｂは，Ａに対し，占有回収の訴えを提起した。この裁判において，被告Ａが，「自分は所有者だから取り戻しただけです」と主張（抗弁）した場合でも，このような主張は認められない。

➡　この訴えにおいては，もっぱら，Ａが占有を奪ったか否かという事実（占有回収の訴えの要件）に基づいて裁判をすべきである。Ａが本権（所有権）を有するかどうかはまったく関係ない。

プラスアルファ

上記の訴訟の係属中に，Ａは，本権に基づく返還を求める反訴を提起することができる（最判昭40.3.4）。 H元-6

➡　本権に基づく主張を「抗弁」として提出することはできないが，「反訴」を提起することは可能。

理由　反訴は，形式的には，占有の訴えとは別の訴訟であるので，民法202条２項の規定には抵触しない。

＊　「抗弁」や「反訴」の意味については，民事訴訟法で学習する。

第6節　占有権の消滅

Topics　**・一定の事由が生じたときは，占有権は消滅する。自己占有，代理占有それぞれの消滅原因を確認しておくこと。**

1　総　説

占有権も物権であるので，占有している物が滅失したときは，占有権も消滅する。

ただし，占有権は，他の権利（本権）とは異なり，物を占有しているという事実状態が権利として認められたものであるので，その消滅事由についても，他の権利とは異なる部分が多い。

➡　占有権は，その性質上，混同や消滅時効によっては消滅しない。

以下，占有権特有の消滅事由を見ていく。

2　自己占有の消滅

（占有権の消滅事由）
第203条　占有権は，占有者が占有の意思を放棄し，又は占有物の所持を失うことによって消滅する。ただし，占有者が占有回収の訴えを提起したときは，この限りでない。

占有権は，占有者が占有の意思を放棄し，または**占有物の所持を失う**ことによって消滅する。

➡　占有権を取得する要件は，「自己のためにする意思」と「物の所持」であるので（民§180），そのどちらか一方（または双方）が失われれば，占有権は消滅する。

H2-4　・　占有者がいったん占有物の所持を失った場合でも，**占有回収の訴え**を提起して勝訴し，現実にその物の占有を回復したときは，占有を失わなかったものとして扱われる（最判昭44.12.2）。

➡　ずっと**占有を継続していた**ものとされる。

3　代理占有の消滅

⑴　代理占有権の消滅事由

（代理占有権の消滅事由）
第204条　代理人によって占有をする場合には，占有権は，次に掲げる事由によって消滅する。
一　本人が代理人に占有をさせる意思を放棄したこと。
二　代理人が本人に対して以後自己又は第三者のために占有物を所持する意思を表示したこと。
三　代理人が占有物の所持を失ったこと。
2　占有権は，代理権の消滅のみによっては，消滅しない。

代理占有とは，他人（占有代理人）の所持を通じて本人も占有することである。

➡　ＡがＢに宝石を賃貸し，現にＢが宝石を所持しているときは，Ｂは当然に占有権を有し，またＡも占有権を有する。

➡　Ａが「本人」であり，Ｂが「占有代理人」である。

そして，本人が有する占有権は，以下の事由によって消滅する。

①　本人が代理人に占有をさせる意思を放棄したこと。

②　**代理人が本人に対して，以後自己または第三者のために占有物を所持する意思を表示したこと。**

【例】　Ａの所有する宝石をＢに預け（寄託し），現にＢが宝石を所持している場合に，ＢがＡに対して，「以後，この宝石は自分のために（自分のものとして）所持する」と意思を表示して返還を拒んだときは，Ａの占有権は消滅する。 H16-13

➡　メチャクチャな話ではある。

③　代理人が，占有物の所持を失ったこと。

⑵　代理権が消滅した場合

代理権が消滅しただけでは，代理占有権は消滅しない（民§204Ⅱ）。

「代理権の消滅」とは，代理占有関係（賃貸借等）が無効であったり，終了したような場合である。

H27-9

【例】　Aの所有する宝石をBに賃貸し，Bに引き渡した。その後，賃貸借が終了したが，まだBが宝石を所持している。

➡　Aの占有権は消滅しない。

第7節　準占有

Topics・試験で出題されたことはない。これからも出題の可能性としては低いので，一読しておけば足りる。

1　意　義

> **第205条**　この章の規定は，自己のためにする意思をもって財産権の行使をする場合について準用する。

「物」を事実上支配することを占有というが，「物以外の財産権」を事実上支配することを**準占有**という。

「物以外の財産権」はいろいろあるが，特許権や商標権などの無体財産権，先取特権，抵当権などの物権がある。

プラス アルファ

地上権，永小作権，賃借権や質権などは，占有（物の事実的支配）を伴うので，準占有として保護する意味がない。

2　準占有の効果

準占有については，占有に関する規定が準用され（民§205），一定の保護がされる。

➡　権利の推定，取得時効，占有の訴えの規定などが準用される。

・　即時取得の規定（民§192）は，準用されない。

➡　即時取得の制度は，頻繁に取引がされる動産取引の安全を図るため，特に動産の占有に公信力を認めた制度である。

第３章
所有権

第１節　所有権の限界

Topics
・所有権は，物を絶対的，全面的に支配することのできる権利であるが，それでも一定の制限はある。その制限の内容を，ある程度押さえておく必要がある。
・隣地の通行権は重要。

1　所有権の内容および範囲

(1)　所有権の内容

（所有権の内容）
第206条　所有者は，法令の制限内において，自由にその所有物の使用，収益及び処分をする権利を有する。

①　所有権の内容

所有者は，法令の制限内という限界はあるが，所有する物について自由に**使用，収益および処分**をする権利を有する。

「使用」→　文字どおり，物を使うことである。

「収益」→　物から生ずる果実を収取することである。
果実には，**天然果実**（リンゴなど）と**法定果実**（物を貸した場合の賃料）がある。物の所有者は，その物を他人に貸して，賃料を受け取ることができる。

「処分」→　大きく分けて２つある。１つは，物を物理的に壊すようなことである（事実的な処分）。もう１つは，物を他人に譲渡するようなことである（法律的な処分）。

このように，**所有権は，物に対する全面的な支配権**といえる。物権の王様といわれる所以である。

②　所有権の制限

所有者は，自由にその所有物を使用したり，収益をあげたり，処分したりすることができるが，あくまで“法令の制限内において”である。

➡　所有者だからといって，100%何でも好き勝手にできるわけではない。

所有権を制限することのある法令としては，土地収用法，都市計画法，建築基準法，土地区画整理法等々，たくさんある。

また，民法の中でも，「公共の福祉に適合しなければならない」や「権利の濫用は，これを許さない」といった規定がある（民§1）。

⑵　所有権の性質

①　観念性

所有者は，所有物を現実に所持（支配）している必要はない。他人の手元にあろうが，所有者である。

②　全面性

上記のとおり，所有権は，物を全面的に支配する物権である（使用，収益，処分権能）。

➡　地上権や抵当権といった制限物権は，これらの権能の一部しか有していない。

③　恒久性

所有権は，その物が存在する限り，永久に存続する。一定の期間が経過したら所有権が消滅するということはない。

➡　所有権は，消滅時効にかからない。

④　弾力性

所有物に地上権や抵当権等の制限物権が設定されると，所有権は，その権能の一部が制限されることになる。

➡　自分の所有する土地に第三者のために地上権を設定したら，所有者は，その土地を利用できなくなる（地上権者が排他的に利用できる）。

しかし，後に制限物権が消滅したら，元通りの全面的な支配権が復活する。

➡　所有権という大きな風船が，制限物権という小さな風船によって少し押し潰されていたが，制限物権という小さな風船がなくなれば，また所有権という風船は元の大きさに戻る。

(3) 所有権の範囲

（土地所有権の範囲）
第207条　土地の所有権は，法令の制限内において，その土地の上下に及ぶ。

土地の所有権は，地上だけでなく，**その土地の上下に及ぶ**。つまり，上空や地下にも及ぶ。

➡ ただし，完全な無制限というわけではなく，限界はある。

2　隣地の使用に関する相隣関係

(1) 相隣関係とは

相隣関係とは，**隣接する土地所有者間の，土地の利用に関する調整を図るための規定**である。

理由　土地は，その性質上，相互に隣接し合っているものである。しかも，ここ日本では，1筆の土地がけっこう狭い場合も多い。

そのため，ある土地を利用する場合に，隣接する土地に影響を与えることも少なくない。

そこで，民法は，隣接する土地所有者間の土地の利用の調整に関する規定を置いた。

【例】　Aの所有する甲土地と，Bの所有する乙土地が隣接している。

Aは，甲土地上に建物を建設する工事をしていたが，工事の都合上，どうしても乙土地の端っこに立ち入らなければならない事態となった。

➡ Aは，必要な範囲内で，乙土地を使用することができる（民§209）。

【例】　Aの所有する甲土地と，Bの所有する乙土地が隣接している。

Aは，甲土地上に建物を建てることとしたが，甲土地は狭いので，乙土地との境界線ギリギリまで建物を建てようとしている。

➡ Aは，境界線から50センチ以上の距離を保って建築しなければならない（民§234Ⅰ）。

相隣関係には，①隣地の使用に関する規定，②水の流れに関する規定，③

境界に関する規定，④境界線付近の工作物の建築に関する規定等がある。

＊　司法書士試験に関しては，隣地通行権が重要で，その他はめったに出題されない。そのため，隣地通行権に関しては詳しく解説し，その他は簡単に解説するにとどめておく。

(2)　隣地の使用権

> （隣地の使用）
> **第209条**　土地の所有者は，次に掲げる目的のため必要な範囲内で，隣地を使用することができる。ただし，住家については，その居住者の承諾がなければ，立ち入ることはできない。
> 一　境界又はその付近における障壁，建物その他の工作物の築造，収去又は修繕
> 二　境界標の調査又は境界に関する測量
> 三　第233条第３項の規定による枝の切取り

H30-9　H5-16

土地の所有者は，建物の建築や，境界標の設置などの一定の目的のために必要な範囲内で，**隣の土地を使用することができる**。

【例】　狭い土地に建物を建てる場合，境界付近で工事をするときは，隣の土地をちょっと使わせてもらうことができる。

・　ただし，人が住んでいる建物については，その居住者の承諾がなければ，立ち入ることができない。　R2-9
➡　さすがに勝手に家の中に入ることはできない。当たり前である。

・　隣地の使用をする場合は，事前に，隣地の所有者および現に隣地を使用している者に対して，その使用の日時等を**通知することを要する**（民§209Ⅲ　本文）。
➡　「通知」で足りる。隣地所有者等の「承諾」を得る必要はない。
➡　事前に通知をすることが困難な場合は，使用を開始した後の通知で足りる（同ただし書）。

⑶　隣地通行権

①　意　義

ケーススタディ

○市△町一丁目の土地は，以下のとおりである。

このうち，３番の土地は，周囲を他人の土地に囲まれ，公道に通じていない。３番の土地の所有者Ａは，買い物に行ったり仕事に行くために，どうすればよいのか。

Ａは何でこんな土地を買ったのか，と言いたいところだが，実際，このような土地はたくさんある。

頭にプロペラを乗せるだけの簡易なヘリコプターでもあればすぐに公道に出られるが，なかなかそういうわけにもいかない。

ということで，民法では，このような土地の所有者に対して，隣地の通行権を認めている。

（公道に至るための他の土地の通行権）

第210条　他の土地に囲まれて公道に通じない土地の所有者は，公道に至るため，その土地を囲んでいる他の土地を通行することができる。

2　池沼，河川，水路若しくは海を通らなければ公道に至ることができないとき，又は崖があって土地と公道とに著しい高低差があるときも，前項と同様とする。

他の土地に囲まれて公道に通じない土地（**袋地**）の所有者は，公道に出るため，**その土地を囲んでいる他の土地を通行することができる**。

【例】　ケーススタディの事例では，袋地となっている土地の所有者であるＡは，公道に出るため，これを囲んでいる他の土地を通行することができる。

・　この隣地通行権は，袋地であれば，当然に発生する。
　➡　他の土地の所有者との間で通行契約等をする必要はない。

重要！

袋地の所有権を取得した者は，所有権移転登記を備えていなくても，これを囲む土地の所有者に対して，通行権を主張することができる（最判昭47.4.14）。 H30-9 H24-7 H20-9 H14-6 H5-16 H元-8

理由　隣地の通行権に関する規定は，隣接する土地相互間の利用の調整を目的とする規定である。不動産取引の安全を図るための公示制度とは関係ない。

・　袋地の所有者だけでなく，利用権者（地上権者や対抗力を備えた賃借権者）も，隣地を通行することができる。 H26-9

②　通行の場所と方法，償金の支払い

> **第211条**　前条の場合には，通行の場所及び方法は，同条の規定による通行権を有する者のために必要であり，かつ，他の土地のために損害が最も少ないものを選ばなければならない。
> **2**　前条の規定による通行権を有する者は，必要があるときは，通路を開設することができる。
> **第212条**　第210条の規定による通行権を有する者は，その通行する他の土地の損害に対して償金を支払わなければならない。ただし，通路の開設のために生じた損害に対するものを除き，１年ごとにその償金を支払うことができる。

・　隣地の通行権を有する者は，必要があるときは，通路を開設することができる。 R2-9 H26-9

・　隣地の通行権を有する者は，通行する隣地の損害に対して，償金を支払うことを要する。 H元-8

③　土地の分割または一部譲渡によって袋地が生じた場合

ケーススタディ

△市×町一丁目の土地は，以下のとおりであった。

1番
2番　3番(A)　4番
公　道

その後，3番の土地の所有者Aは，以下のとおり，3番の土地を3番1と3番2の土地に分筆し（土地を2つに分割し），3番1の土地をBに譲渡した。

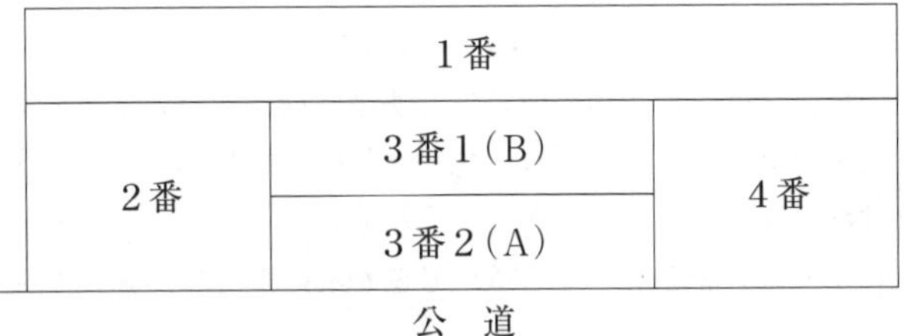

3番1の土地は袋地となったが，Bは，公道に出るため，どの土地を通行することができるか。

常識的に考えて，Aが自分で分筆して袋地を作ったわけだから，袋地の所有者となったBは，Aの所有する3番2の土地（もともと1筆の土地であった部分）のみ通行することができるというべきである。

民法も，そのように規定している。

第213条　分割によって公道に通じない土地が生じたときは，その土地の所有者は，公道に至るため，他の分割者の所有地のみを通行することができる。この場合においては，償金を支払うことを要しない。
2　前項の規定は，土地の所有者がその土地の一部を譲り渡した場合について準用する。

土地の分割（共有物分割）や一部の譲渡により，袋地が生じたときは，その袋地の所有者は，**他の分割者の土地（もともと1筆の土地であった部分）のみ**通行することができる。 H元-8

【例】 ケーススタディの事例では，袋地の所有者Bは，もとの1筆の土地であった3番2の土地のみ通行することができる。

・ 民法213条の規定に基づいて，袋地の所有者が他の分割者の土地（もともと1筆の土地であった部分）を通行する場合は，**償金を支払うことを要しない**。 H30-9

➡ 土地の分割や一部の譲渡によって袋地が生ずる場合は，他の分割者の土地に通行権が発生することを分かった上で価格を決めて分割（譲渡）するので，さらに償金を支払う必要はない。

・ 土地の一部の譲渡によって袋地が生じた場合だけでなく，1筆の土地を数筆の土地に分筆し，それらの全部を譲渡することによって袋地が生じた場合も，民法213条の趣旨に照らし，袋地の所有者は，もともと1筆の土地であった部分についてのみ通行権を有する（最判昭37.10.30）。

プラス アルファ

土地の分割や一部の譲渡によって袋地が生じた後に，他の分割者の土地（もともと1筆の土地であった部分）が第三者に譲渡された場合，袋地の所有者は，民法213条の規定に基づいて，他の分割者の土地のみを通行することができるのか，あるいは，民法210条の規定に基づいて，他の土地を通行することができるのかが問題となるが，この場合も民法213条の規定に基づいて，他の分割者の土地を通行することができる（最判平2.11.20）。 H26-9 H21-11 H5-16

【例】 ケーススタディの事例で，3番1の土地がBに譲渡された後，3番2の土地がCに譲渡された場合でも，Bは，3番2の土地のみを（償金を支払わずに）通行することができる。

理由 Cにとっては，無償で自分の土地が通行されるのは辛いが，この「無償の通行権」は，3番2の土地に付着した物権的負担というべきであり，仕方ない。

④　隣地通行権の消滅

H元-8　袋地の所有者が，公道に通じる他の土地を取得した場合，隣地の通行権は消滅する。

(4)　継続的給付を受けるための設備の設置権

> （継続的給付を受けるための設備の設置権等）
> **第213条の2**　土地の所有者は，他の土地に設備を設置し，又は他人が所有する設備を使用しなければ電気，ガス又は水道水の供給その他これらに類する継続的給付（以下「継続的給付」という。）を受けることができないときは，継続的給付を受けるため必要な範囲内で，他の土地に設備を設置し，又は他人が所有する設備を使用することができる。

土地の所有者は，ガスや水道などの供給（継続的給付）を受けるために必要な範囲内で，**他の土地に設備を設置したり**，または**他人の設備を使用する**ことができる。

【例】　ガス管や水道管を設置するために，他の土地の地下を通らざるを得ないような場合。

・　他の土地に設備を設置し，または他人が所有する設備を使用する者は，あらかじめ，その場所等を，その土地の所有者およびその土地を現に使用している者に**通知することを要する**（民§213の２Ⅲ）。

➡　「通知」で足りる。「承諾」を得る必要はない。

➡　**「あらかじめ」**の通知が必要である。隣地の使用に関する民法209条３項のような事後の通知は認められていない。

・　他の土地に設備を設置する者は，その土地の損害に対して償金を支払うことを要する(民§213の２Ⅴ)。

3　水に関する相隣関係

> （自然水流に対する妨害の禁止）
> H23-10　**第214条**　土地の所有者は，隣地から水が自然に流れて来るのを妨げてはならない。
> （水流の障害の除去）

第215条　水流が天災その他避けることのできない事変により低地において閉塞したときは，高地の所有者は，自己の費用で，水流の障害を除去するため必要な工事をすることができる。 H23-10

（雨水を隣地に注ぐ工作物の設置の禁止）

第218条　土地の所有者は，直接に雨水を隣地に注ぐ構造の屋根その他の工作物を設けてはならない。 R2-9 H23-10

4　境界に関する相隣関係

⑴　境界標の設置

（境界標の設置）

第223条　土地の所有者は，隣地の所有者と共同の費用で，境界標を設けることができる。 H23-10

（境界標の設置及び保存の費用）

第224条　境界標の設置及び保存の費用は，相隣者が等しい割合で負担する。ただし，測量の費用は，その土地の広狭に応じて分担する。

境界標とは，隣地との境界に設置する目印である。

➡　四角い土地であれば，四隅に，×印（バツ印）がついた10センチくらいの大きさのコンクリートを埋めたりする。

土地の所有者は，隣地の所有者と共同の費用で，境界標を設置することができる。 R2-9

プラスアルファ

ちなみに，隣接する土地の境界は，当事者が勝手に定めることはできない。そのため，隣接する土地の所有者の間で，「ここを境界ということにしよう」と合意して，そこに境界標を設置しても，そこが境界になるわけではない(最判昭42.12.26参照)。 H5-16

➡　境界標は，既に確定している境界に設置するものである。

プラスアルファ

隣接する土地の境界が不明な場合は，境界確定の訴えを提起することができる。

➡　上記のとおり，境界は，当事者の合意で定める性質のものではないので，裁判所は当事者の主張には拘束されない。

なお，この境界確定の裁判は，簡単なものではなく，かなりの期間を必要とする。そこで，境界の確定という効力はないが，過去に定められた筆界を特定するという効力を生じさせる「筆界特定」という制度が，不動産登記法に設けられた（不登§123～150）。

(2) 囲障の設置

（囲障の設置）
第225条　2棟の建物がその所有者を異にし，かつ，その間に空地があるときは，各所有者は，他の所有者と共同の費用で，その境界に囲障を設けることができる。
2　当事者間に協議が調わないときは，前項の囲障は，板塀又は竹垣その他これらに類する材料のものであって，かつ，高さ2メートルのものでなければならない。
（囲障の設置及び保存の費用）
第226条　前条の囲障の設置及び保存の費用は，相隣者が等しい割合で負担する。

2棟の建物の所有者が異なるときは，ある程度のプライバシーを守るため，このような規定が設けられている。

「囲障」とは，塀や柵のことである。
➡ 民法225条2項では，「囲障は，板塀又は竹垣･･･」と規定しているが，これはだいぶ昔の話である。現代では，もっと簡易かつ安価なものを設置することになるだろう。

(3) 境界標等の共有の推定

（境界標等の共有の推定）
R2-9 **第229条**　境界線上に設けた境界標，囲障，障壁，溝及び堀は，相隣者の共有に属するものと推定する。

(4)　竹木の枝の切除及び根の切取り

ケーススタディ

Aは，甲土地を所有しているが，隣地である乙土地の端に植えてある松の木の枝が，自分の土地に入り込んできた。また，その松の木の根が，甲土地の地下に侵食してきた。Aは，乙土地の所有者に対し，「枝や根を切ってくれ」と請求できないだろうか。

（竹木の枝の切除及び根の切取り）

第233条　土地の所有者は，隣地の竹木の枝が境界線を越えるときは，その竹木の所有者に，その枝を切除させることができる。

（中略）

4　隣地の竹木の根が境界線を越えるときは，その根を切り取ることができる。

隣地の木の枝や根が自分の土地に入り込んでくることはよくある。

この場合，「枝」が境界線を越えてきたときは，その竹木の所有者に**切除させることができる**。

重要！

大原則として，枝については，「切ってくれ」と請求するものである。

➡　こちらが勝手に切ることはできない。

➡　木の枝については，こだわりもあるだろうから，所有者に切らせるべきである。

・　ただし，以下の場合には，自分で枝を切り取ることができる（民§233Ⅲ）。

①　竹木の所有者に「切ってくれ」と催告したにもかかわらず，その所有者が相当の期間内に切除しないとき。

②　竹木の所有者，あるいはその所在を知ることができないとき。

③　急迫の事情があるとき。

・　竹木が数人の共有であるときは，各共有者は，その枝を切り取ることができる（民§233Ⅱ）。

➡　共有者が共同して切る必要はなく，１人が切ることができる。

・　「根」が境界線を越えてきたときは，その根を**切り取ることができる**。

➡　根は，特別の事情がなくても，自分が切ってよい。

⑸　境界付近の建築の制限

（境界線付近の建築の制限）
第234条　建物を築造するには，境界線から50センチメートル以上の距離を保たなければならない。
2　前項の規定に違反して建築をしようとする者があるときは，隣地の所有者は，その建築を中止させ，又は変更させることができる。ただし，建築に着手した時から１年を経過し，又はその建物が完成した後は，損害賠償の請求のみをすることができる。

建物を築造するには，境界線から50センチ以上の距離を保たなければならない。

➡　境界線ギリギリまで建物を建てることはできない。

理由　空気の流通や日照を確保したり，また，ある程度の余裕がないと，隣地で建物の築造や修繕ができなくなってしまうから。

・　建築基準法第63条との関係

建築基準法の63条は，「防火地域又は準防火地域内にある建築物で，外壁が耐火構造のものについては，その外壁を隣地境界線に接して設けることができる。」と規定している。

これは，民法234条１項の特則であり，建築基準法63条の要件を満たした場合には，民法234条１項の規定の適用が排除される（最判平元.9.19）。

第2節　所有権の取得

Topics
- 所有権の取得の原因は，けっこうある。日々の生活においては，売買契約によってお店から商品を（承継）取得することが多いだろうが，建物を新築した，落し物を拾った，埋蔵物を見つけた等々，いろいろある。
- 試験においては，「添付」が重要である。

1　所有権の取得の態様

所有権の取得の態様としては，承継取得と原始取得がある。

「承継取得」→　前主から所有権を承継する形で取得すること。

売買や贈与等によって特定の物の所有権を承継する**「特定承継」**と，相続等によって前主の一切の権利義務を包括して承継する**「一般承継（包括承継）」**がある。

「原始取得」→　前主の所有権とは関係なく，新しいまっさらな所有権を取得すること。

原始取得も，いくつかの種類がある。まず，民法総則編で規定されている時効取得，物権編の占有において規定されている即時取得があり，その他に，これから学習する無主物の先占，遺失物の拾得，埋蔵物の発見，添付といったものがある。

2　無主物の先占、遺失物の拾得、埋蔵物の発見

(1)　無主物の先占

> （無主物の帰属）
> **第239条**　所有者のない動産は，所有の意思をもって占有することによって，その所有権を取得する。
> 2　所有者のない不動産は，国庫に帰属する。

所有者のない**動産**は，所有の意思をもって占有することによって，その所有権を取得する。いわゆる**無主物の先占**である。

「無主物」→　現在，誰の所有にも属していない物をいう。
川を泳いでいる魚，野鳥など。また，所有者が所有権を放棄した物も含まれる。

・　所有者のない**不動産**は，**国庫**に帰属する。

⑵　遺失物の拾得

（遺失物の拾得）
第240条　遺失物は，遺失物法の定めるところに従い公告をした後３箇月以内にその所有者が判明しないときは，これを拾得した者がその所有権を取得する。

遺失物は，所定の公告をした後３か月以内にその所有者が判明しないときは，これを**拾得した者がその所有権を取得する**。

「遺失物」→　占有者の意思によらずにその所持を離れた物をいう（盗品を除く）。落し物など。

プラス アルファ

落し物を拾って，その所有者が判明したために所有者に返還したときは，所有者（返してもらった人）は，拾った人に対し，物件の価格の５％から20％までの報労金を支払うことを要する（遺失§28Ⅰ）。

⑶　埋蔵物の発見

（埋蔵物の発見）
第241条　埋蔵物は，遺失物法の定めるところに従い公告をした後６箇月以内にその所有者が判明しないときは，これを発見した者がその所有権を取得する。ただし，他人の所有する物の中から発見された埋蔵物については，これを発見した者及びその他人が等しい割合でその所有権を取得する。

埋蔵物は，所定の公告をした後６か月以内にその所有者が判明しないときは，**これを発見した者がその所有権を取得する**。

R4-9　ただし，他人の所有する物の中から発見された埋蔵物については，これを発見した者とその他人が等しい割合でその所有権を取得する。

「埋蔵物」→　土地その他の物の中に埋蔵されて，その所有者が誰であるか容易に知り得ないような物をいう。

3　添　付

(1)　意　義

所有者の異なる２つの物がくっついて１つの物となったり，また，ある物に他人が工作を加えて新たな物が出来上がるようなことがある。

この場合，その新たな物について，元に戻すことを請求することができるのか，また，元に戻せない場合に誰の所有となるのかが問題となる。

民法では，分離や復旧が困難な場合には，元に戻すことを否定し，その新たな物の所有権の帰属先を定めている。

これを，**添付**と呼んでいる。

理由　複数の物がくっついて１つの物となったような場合（壊さなければ分離・復旧ができないような場合），元に戻すことを請求できるとなると，社会経済的に見て不利益といえるので（もったいない），分離・復旧の請求を認めないこととした。

➡　そして，添付によって生ずる当事者間の不公平については，償金請求（民§248）によって均衡を図っている。

プラスアルファ

「添付」には，複数の物がくっついて１つの物となった場合（**付合**），複数の物が混ざり合って識別することができなくなった場合（**混和**），他人の物に工作を加えて新たな物が出来上がった場合（**加工**）がある。

➡　「付合」，「混和」，「加工」を総称して「添付」と呼んでいる。

・　分離や復旧を認めないというのは，公益的な理由に基づくので，強行規定である（当事者の意思によって変更できない）。

一方，添付によって生じた物の所有権の帰属先については，任意規定とされている（当事者が納得すれば変更することができる）。

(2)　不動産の付合

①　意　義

不動産の付合とは，不動産に動産が結合し，その動産が不動産の一部となったような場合をいう。

【例】・ Aの所有する甲土地に，Bが木を植えた。
・ Aの所有する乙建物について，Bが増築をした。
➡ これらは，不動産に動産が結合して，動産がもはや不動産の一部となっている。
➡ この動産を分離・復旧させることは，社会経済的に不利益といえる。

重要!

「付合」というためには，動産が不動産に付着結合して不動産の一部となり，動産としての独立性を失ったような場合であることを要する。
➡ 動産としての独立性を保っている場合は，付合ではなく，従物の話（民§87）となる。

【例】 建物の和室に畳が敷かれた場合，その畳は，独立性を保っている。
➡ 畳は，敷くものである（すぐに取り外せる）。建物に付着結合するものではない。したがって，畳は，建物に付合していない。
➡ 建物の所有者と畳の所有者が同一である場合，畳は，建物の従物である。

では，不動産に動産が付合した場合，その動産の所有権の帰趨はどうなるのか。

ケーススタディ

Aは広大な土地（甲土地）を所有している。Bは，「これはいい土地だ」と思って，Aの許可なく勝手に桑の木を植えた。
この桑の木は，誰のものとなるのか。

桑の木自体はBが植えたので，Bのものといえそうだが，ここはあくまでAの土地であるので，そう単純な話ではない。

（不動産の付合）
第242条 不動産の所有者は，その不動産に従として付合した物の所有権を取得する。ただし，権原によってその物を附属させた他人の権利を妨げない。

不動産の所有者は，その**不動産に従として付合した物の所有権を取得す** **る**。 R4-9

【例】 ケーススタディの事例では，Aの所有する甲土地に，Bの植えた桑の木が付合している。

この場合は，不動産の所有者Aは，桑の木の所有権を取得する。

➡ 桑の木は，**土地の所有権に吸収される**。

・ 桑の木はAのものとなったので，Bはもはや，桑の木の分離・返還を請求することができない。

➡ また，桑の木はAの所有となったのだから，AはBに対して，桑の木の除去を請求することはできない。 H14-8 H12-13

・ Bは，桑の木の所有権を失ったので，損失を受けたということができ，Aに対してその償金を請求することができる（民§248）。

【例】 Aの所有する建物について，Bが増築した場合，その増築部分を含めて，その建物はAの所有ということになる。 R4-9

② 他人が権原によって付属させた場合

上記のとおり，不動産に動産が付合した場合には，不動産の所有者がその動産の所有権を取得するのが原則であるが，他人が**権原によって**その動産を付属させた場合には，その動産の所有権は**付属させた者に帰属したままとなる**（民§242ただし書）。

「権原によって」→ 当該不動産を利用し，物を付属させることができる権利を有する者が物を付属させた場合をいう。

【例】 土地の賃借人が，その土地に木を植えた場合は，「権原によって」植えたということができるので，土地には付合せず，その木の所有権は賃借人に帰属したままである。

➡ 賃貸借が終了したときは，賃借人はその木を除去して，元の状態に戻したうえで賃貸人に返還することになる。

・ ただし，他人が権原によって物を付属させた場合でも，それが不動産と一体化し，不動産の構成部分となってしまって独立の存在を有しなくなった場合（強い付合が生じた場合）には，**民法242条ただし書の適用はなく**，その付属された物の所有権は不動産の所有者に帰属する（最判昭38.5.31，同昭43.6.13）。

理由　物権の対象となる物には，独立性が要求される。そのため，強い付合によって完全に独立性を失ってしまったような場合には，その部分に対して（付属させた者の）所有権は成立しない。

H15-10
H6-17
【例】 Ａの所有する甲建物を，Ｂが賃借している。そして，Ｂは，Ａの承諾を得て，甲建物を増築した。

この場合，（増築された部分について独立性がなければ）増築部分についてＢの所有権は成立せず，増築部分も含めて甲建物の所有者はＡということになる。

➡ 賃借人Ｂは，賃貸人Ａの承諾を得て増築しているので，"権原によって"増築したといえる。しかし，増築した部分について独立性がない場合には，民法242条ただし書の適用はなく，増築部分についてＢの所有権は成立しない。

(3) 動産の付合

（動産の付合）
第243条　所有者を異にする数個の動産が，付合により，損傷しなければ分離することができなくなったときは，その合成物の所有権は，主たる動産の所有者に帰属する。分離するのに過分の費用を要するときも，同様とする。
第244条　付合した動産について主従の区別をすることができないときは，各動産の所有者は，その付合の時における価格の割合に応じてその合成物を共有する。

H31-10
所有者の異なる数個の動産が付合して，損傷しなければ分離することができなくなったとき（または分離するのに過分の費用がかかるとき）は，その合成物の所有権は，**主たる動産の所有者**に帰属する。

なお，付合した動産について主従の区別をすることができないときは，その付合の時における価格の割合に応じて，各動産の所有者が共有する。

理由　損傷しなければ分離することができない場合や，分離するために過分の費用がかかる場合は，分離することは社会経済上の不利益といえるので，分離を認めずに所有権の帰属先を規定した。

・　動産の付合が生ずる場合とは，ある動産に別の動産を溶接したような場合である。

➡　Aの自転車のサドルを取り外して，そのサドルをBの自転車に取り付けたような場合は，容易に取外しが可能であり，いわゆる動産の付合は生じない（Aはサドルの所有権を失わない）。

(4)　混　和

混和とは，所有者の異なる物が混ざり合って，識別することができなくなってしまうことをいう。

【例】　Aの所有するウイスキーとBの所有するソーダ水がジョッキの中で混ざり合った（流動物の混和）。

➡　ハイボールができた。

【例】　Aの所有する小麦粉とBの所有する小麦粉がボウルの中で混ざり合った（固形物の混和）。

（混和）
第245条　前二条の規定は，所有者を異にする物が混和して識別することができなくなった場合について準用する。

混和も，動産の付合と同じようなものであるので，動産の付合に関する規定（民§243，244）が準用される。

➡　混和された物については，主たる動産の所有者に帰属する。ただし，主従を区別することができないときは，混和の時における価格の割合に応じて各動産の所有者が共有する。 H31-10

(5)　加　工

①　意　義

加工とは，他人の動産に工作（労力）を加え，新たな物を作り出すことをいう。

【例】 布地に工作を加えて洋服に仕立てた。
木材に工作を加えて家具に仕立てた。

② 効　果

（加工）
第246条 他人の動産に工作を加えた者（以下この条において「加工者」という。）があるときは，その加工物の所有権は，材料の所有者に帰属する。ただし，工作によって生じた価格が材料の価格を著しく超えるときは，加工者がその加工物の所有権を取得する。
2 前項に規定する場合において，加工者が材料の一部を供したときは，その価格に工作によって生じた価格を加えたものが他人の材料の価格を超えるときに限り，加工者がその加工物の所有権を取得する。

他人の動産に工作を加え，新たな物が作り出された場合，その加工物の所有権は，**材料の所有者**に帰属する。

ただし，以下の２つの場合には，**加工者**がその加工物の所有権を取得する。

㋐ 工作によって生じた価格が，**材料の価格を著しく超えるとき。**

H2-19

【例】 他人の所有するありきたりな生地で，有名デザイナーが洋服を仕立てた。
➡ この洋服の価格が，生地の価格を著しく超えるときは，この洋服の所有権はデザイナーが取得する。

H31-10

㋑ 加工者が材料の一部を提供した場合で，「加工者が提供した材料の価格＋工作によって生じた価格＞他人の材料の価格」となるとき。

＊ ㋑の場合は，他人の材料の価格を“著しく”超える必要はない。

③ 建前（建築中の建物）に第三者が工事を加えて建物を完成させた場合

Ａ（注文者）はＢ（請負人）に対し，建物の建築を依頼した。そして，Ｂが材料を提供して建築工事を始めたが，ちょっとトラブルがあって，途中で工事を止めた（請負契約が解除された）。

➡ いわゆる“建前”の状態で放置されている（価格にして180万円程度）。

この建前は，まだ建物とはなっておらず，独立の動産と解されている（土地に付合しない）。 H6-17

➡ この建前の所有権は，材料を提供した請負人に帰属している。

そしてこの後，建物の完成を依頼されたC（新たな請負人）は，この建前を利用して，自分も材料を提供して建物を完成させた（価格にして830万円程度）。

➡ この場合は，**民法246条２項（加工）の規定が適用され**，自ら材料の一部を提供し，工作を加えたCが，建物の所有権を取得する（最判昭54.1.25）。 H31-10 H6-17

＊ 建前は独立の動産であるので，後にCが材料を提供して建物にした場合，動産の付合の規定（民§243）を適用すべきか，加工の規定（民§246Ⅱ）を適用すべきかが問題となる。

判例（最判昭54.1.25）は，動産に動産を単純に付合させた場合とは異なり，材料に対する工作が特段の価値を有し，仕上げられた建物の価格が原材料の価格よりも相当程度増加する場合には，むしろ民法の加工の規定に基づいて所有権の帰属を決するのが相当であるとした。

(6) 添付の効果

ケーススタディ

Aの所有する甲動産には，Xの質権が設定されている。また，Bの所有する乙動産には，Yの質権が設定されている。その後，甲動産と乙動産が付合し，丙動産という合成物になった。

この場合，Xの質権やYの質権はどうなるのだろうか。

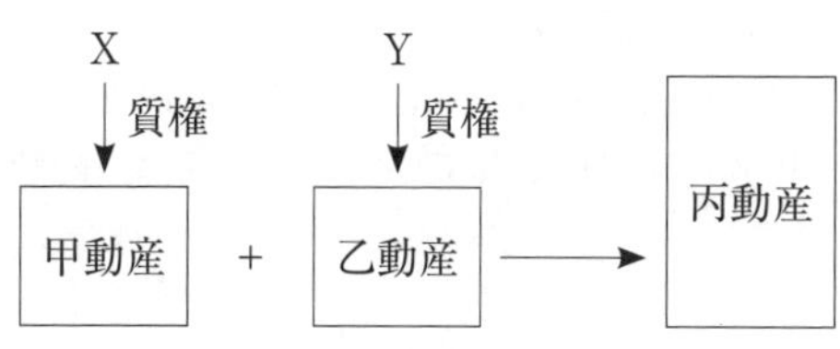

動産の付合が生じた場合，その合成物の所有権は，主たる動産の所有者に帰属する（民§243）。なお，主従の区別をすることができないときは，各動

産の価格の割合に応じて各動産の所有者が共有する（民§244）。

では，動産に付合が生じた場合，その動産を目的として第三者の権利が存在していたときは，その第三者の権利はどうなるのかが問題となる。

➡ 動産の付合だけでなく，不動産の付合，混和，加工においても同様の問題を生ずる。

（付合，混和又は加工の効果）

第247条　第242条から前条までの規定により物の所有権が消滅したときは，その物について存する他の権利も，消滅する。

2　前項に規定する場合において，物の所有者が，合成物，混和物又は加工物（以下この項において「合成物等」という。）の単独所有者となったときは，その物について存する他の権利は以後その合成物等について存し，物の所有者が合成物等の共有者となったときは，その物について存する他の権利は以後その持分について存する。

H31-10
H2-4

付合，混和または加工（添付）により，物の所有権が消滅したときは，その物について存在する他の権利（質権等）も消滅する。

➡ 所有権が消滅すれば，他の権利も消滅するのは当然である。

そして，物の所有者が，合成物等の単独の所有者となったときは，その物について存在する他の権利は，以後，その合成物等について存在する。

また，物の所有者が，合成物等の共有者となったときは，その物について存在する他の権利は，以後，その持分について存在する。

【例】　ケーススタディの事例で，甲動産が主たる動産であったものとする。

➡ 合成物である丙動産の所有権は，Ａに帰属する。

この場合，乙動産に対するＢの所有権は消滅するので，乙動産を目的としたＹの質権も消滅する。

一方，甲動産の所有者Ａが，合成物である丙動産の単独の所有者となったので，甲動産を目的としていたＸの質権は，丙動産を目的として存続する。

【例】　ケーススタディの事例で，甲動産と乙動産の主従の区別ができないため，丙動産は，ＡとＢの共有となったものとする。

この場合，Ｘの質権は，丙動産のＡ持分を目的として存続し，Ｙの質権は，丙動産のB持分を目的として存続する。

プラス アルファ

甲建物と乙建物が，くっついて存在している（互いに主従の関係はない）。なお，甲建物にはXの抵当権が設定されていた。 H31-14 H15-10

その後，甲建物と乙建物の間の隔壁を除去する等の工事がされて，合体により1つの建物（丙建物）となった。

この場合，Xの抵当権は，丙建物のうちの甲建物の価格の割合に応じた持分を目的としたものとして存続する（最判平6.1.25）。

(7) 添付に伴う償金の請求

> （付合，混和又は加工に伴う償金の請求）
> **第248条** 第242条から前条までの規定の適用によって損失を受けた者は，第703条及び第704条の規定に従い，その償金を請求することができる。

添付によって損失を受けた者は，不当利得の返還の規定に従って，その償金を請求することができる。 H15-10

理由 当事者間の公平を図る趣旨である。

【例】 Aの所有する甲動産とBの所有する乙動産が付合し，丙動産という合成物となった。甲動産が主たる動産であったので，丙動産は，Aの所有となった。

この場合，所有権を失ったBは，Aに対し，償金を請求することができる。

第3節　共　有

Topics
- 1個の物を，数人が共同で所有するような場合の話である。試験でよく出題される。不動産登記法でも頻出。
- 共有の内部関係，共有物分割等，いろいろ論点があるが，頑張っていただきたい。
- 令和３年に大きく改正された。

1　共　有

1　共有とは

1つの物を**数人が共同で所有する**ということもあり得る。これを**共有**という。

【例】　A，B，Cの３人が資金を出し合って，リゾートマンションを共同で購入した。この場合，リゾートマンションは，A，BおよびCの共有となる。

➡　A，B，Cは，それぞれ，リゾートマンションの**共有者**であり，**持分権**を有する。

プラスアルファ

物を自分１人で所有している場合は「所有者」，他の者と共同で所有している場合は「共有者」という呼び名となる。

プラスアルファ

各共有者が，共有する物に対して有する権利（所有権）の割合を，「持分」という。そして，各共有者の有する権利を，「持分権」と呼ぶ。

持分権の性質は，基本的に**所有権と同じ**である。

➡　共有は，物を“数人が共同で”所有するという特徴はあるが，物を所有するということに変わりはないので，基本的な考え方としては所有権と同じである。

ただ，他の共有者との関係において，いくつかの制約はある。

プラスアルファ

数人が共同で，所有権以外の財産権を有することを，準共有という（民§264）。

➡　AとBが共同で地上権を有する場合など。

2　共有の形態

ひとくちに“共有”といっても，少し細かく分類すると，３つの形態があるとされている。

➡　（狭義の）共有，合有，総有である。

(1)　（狭義の）共有

一般的な「共有」である（以下，狭義の共有を「共有」と呼ぶ）。

これは，単に，１つの物を数人が共同で所有しているという形態である。

➡　各共有者の間で特に団体的なつながりがあるわけでもなく，たまたま１つの物を数人が共同で所有しているという関係である。

共有者間で特に団体的なつながり（人的な結びつき）がないので，以下のような特徴がある。

・　各共有者は，自分の持分権を自由に処分することができる。

・　各共有者は，共有物の分割（共有関係を解消すること）を請求することができる。

(2)　合　有

各共有者の間で，団体的なつながり（人的な結びつき）があるような場合の話である。

各共有者の間で団体的なつながりがあるので，各共有者は自由に持分権を処分することができず，また，共有する物の分割を請求することもできない。

➡　各共有者は，持分権を有するが，それは潜在的なものである。

このような共有の形態を，**合有**という。

【例】　組合財産は，合有とされている（最判昭33.7.22）。

➡　民法では，組合財産は「総組合員の共有に属する」と規定しているが（民§668），この“共有”とは合有の意味である。

組合員は，組合財産についての持分権を第三者に売ることはできないし，組合財産について分割（共有関係を解消すること）を請求することもできない（民§676）。

➡　共同の目的のために組合を作ったのだから，持分権の自由な処分や共有物の分割を認めると，その趣旨に反することになる。

(3) 総　有

合有よりも，さらに団体的（共同体的）な性格が強いものである。

各共有者は，共有する物に対して持分を持たない。

➡ 持分がないのだから，持分権の処分や共有物の分割の請求もあり得ない。

各共有者は，共有する物について，使用・収益をする権利を有するのみである。

このような共有の形態を，**総有**という。

【例】 入会財産（最判昭41.11.25）や，権利能力のない社団の財産（最判昭32.11.14）は，総有とされている。

プラスアルファ

入会権（入会財産）とは

入会権とは，ある地域に住む住民の集団が，その地域の山林等(入会財産)を共同で管理し，共同して利用する権利である。

➡ 誰か特定の人が所有しているのではなく，昔々から，その地域の住民が共同で山林や原野を管理し，利用するという形態である。

3 共有関係の成立

H25-9 共有関係が成立する場合としては，契約等の意思表示によって成立する場合と，法律の規定によって成立する場合がある。

(1) 意思表示によって共有関係が成立する場合

・ 数人の者が資金を出し合って，共同で１つの物を買い受けた。

・ 物の所有者Ａが，その物の所有権の一部（持分）をＢに贈与した。

(2) 法律の規定によって共有関係が成立する場合

・ 物の所有者が死亡し，**数人が共同で相続した**（民§898）。

・ 境界線上に設けた境界標，囲障，障壁等（民§229）。

・ 動産の付合で，各動産の主従の区別ができないとき（民§244）。

4　持分権

(1)　意　義

各共有者が，共有する物に対して有する権利（所有権）の割合を，**持分**という。そして，各共有者の有する権利を，**持分権**と呼ぶ。

(2)　持分の割合

各共有者の有する持分の割合については，まず，法律に特別の規定がある場合には，それによる（民§244，900）。

法律に特別の規定がない場合には，各共有者の**持分は均等であると推定される**が（民§250），当事者間に合意があれば，それによる。

【例】　AとBが共同して土地を買い受けた場合に，A・B間で，「Aの持分は10分の7，Bの持分は10分の3にしよう」という合意があれば，その土地についてAの持分は10分の7，Bの持分は10分の3となる。

(3)　持分権の処分

持分権は，その性質としては所有権と同じである。そのため，各共有者は，所有権と同じく，**自由に自分の持分権を処分することができる**。 H31-11 H30-10 H7-9

【例】　甲土地をAとBが共有している（各人の持分は2分の1）。この場合，Aは，Bの承諾を得ることなく，甲土地についての自分の持分をCに売ることができる。

➡　以後，甲土地は，BとCの共有となる。

5　共有物の使用

（共有物の使用）
第249条　各共有者は，共有物の全部について，その持分に応じた使用をすることができる。

各共有者は，**共有物の全部について**，その持分に応じた使用をすることができる。

ポイントは，共有物の全部について使用をすることができる，ということである。

【例】 甲土地をAとBが共有している場合，“持分に応じて”という制約はあるが，Aは，甲土地の全部を使用することができる。

➡ 甲土地の西側の半分をAが使用し，東側の半分をBが使用する，ということではない。あくまで，甲土地の全部を使用できる。

“持分に応じて”とは，たとえば，今週はAが（甲土地の全部を）使用し，来週はBが（甲土地の全部を）使用する，ということである。

・ 共有物を使用する共有者は，別段の合意がある場合を除き，他の共有者に対し，**自己の持分を超える使用の対価**を償還する義務を負う(民§249Ⅱ)。

➡ “自己の持分を超える”使用の対価である。自己の持分については，対価の償還は必要ない。

➡ 別段の合意が可能なので，「無償で」という合意をすることもできる。

・ 共有者は，善良な管理者の注意をもって，共有物の使用をしなければならない（民§249Ⅲ)。

➡ 共有物は，自分の物であるのと同時に他人の物でもあるので，乱暴に扱ってはいけない。

6　共有物の変更

(1)　意　義

ケーススタディ

甲土地（農地）を，A，B，Cの3人が共有している。

Aは，BとCの意思に反し，甲土地を宅地にしようとして，造成工事のために土砂を搬入した。

BとCは，Aに対して，どのような請求をすることができるだろうか。

共有物の変更とは，**共有物の性質または形状を，物理的または法律的に変更すること**をいう。

・ 物理的な変更

➡ 共有する山林を伐採する。

➡ 共有する農地を宅地に転用する。

・　法律的な変更

➡　共有する物を売却する。

➡　共有する土地に第三者のために抵当権や地上権を設定する。

➡　共有する物の売買契約の解除

(2)　要　件

> **（共有物の変更）**
> **第251条**　各共有者は，他の共有者の同意を得なければ，共有物に変更（その形状又は効用の著しい変更を伴わないものを除く。）を加えることができない。

共有物に変更を加えるためには，**共有者全員の同意**が必要となる。

理由　共有物に変更が生ずると，各共有者の持分の内容が変わってしまうので，全員の同意が必要とされた。

【例】　共有する山林の伐採をするためには，共有者全員の同意が必要である。

【例】　共有する物（の全部）を第三者に売却するためには，共有者全員の同意が必要である。 H5-10

➡　なお，各共有者は，“自己の持分については”自由に第三者に売却することができる。

共有者の１人が，他の共有者の同意を得ることなく，共有物に変更を加える行為をしているときは，他の共有者は，自己の持分権に基づいて，当該行為の禁止を求めることができるとともに，（特段の事情のない限り）当該行為により生じた結果を除去し，共有物を**原状に復させる**ことを求めることもできる（最判平10.3.24）。 H27-10

【例】　ケーススタディの事例では，他の共有者は，Aに対し，宅地造成工事の差止めと，既に搬入された土砂の撤去を求めることができる。 H19-10 H15-11

(3)　例　外

共有物に変更を加えるものであっても，**その形状または効用の著しい変更を伴わないもの**であれば，共有者の全員の同意を得る必要はない（民§

251Ⅰかっこ書)。

➡　このような軽微な変更をする場合に，全員の同意を必要とすることは，ちょっと大げさである。

このような軽微な変更については，後述する民法252条の規定（共有物の管理に関する規定）に従って，持分の価格の過半数で決する。

⑷　他の共有者が不明な場合

ケーススタディ

甲土地は，A，B，Cの３人が共有している。Aは，甲土地に変更を加えたいと思い，他の共有者であるB・Cの同意を得ようとした。

しかし，Bはだいぶ昔から行方不明であり，住民票上の住所に住んでいない。また，だれもその連絡先を知らない。

Aは，甲土地に変更を加えることができないのだろうか。

共有者が，他の共有者を知らない，あるいは他の共有者の所在を知らない，ということもあり得る。

このような場合は，裁判所の手を借りて，共有物に変更を加えることができる。

（共有物の変更）

第251条

2　共有者が他の共有者を知ることができず，又はその所在を知ることができないときは，裁判所は，共有者の請求により，当該他の共有者以外の他の共有者の同意を得て共有物に変更を加えることができる旨の裁判をすることができる。

ケーススタディの事例では，Aの申立てによって，裁判所は，「**当該他の共有者（B）以外の**他の共有者（C）の同意を得て共有物に変更を加えることができる」旨の裁判をすることができる。

理由　このような裁判を認めないと，共有物の変更が事実上不可能となり，共有物について有効な活用ができなくなる。

➡　共有物の売却等ができないため，空き家などが増えて，社会的にも危険が増す。

7　共有物の管理

(1)　意　義

ケーススタディ

甲建物を，A，B，Cが共有している。そして，この３人は，甲建物をDに賃貸し，引き渡した。

しかし，Dは，１年近く賃料を払ってくれないので，AとBは，この賃貸借契約を解除したいと考えている。なお，Cは解除に反対している。

AとBは，賃貸借契約を解除することができるだろうか。

共有物の管理とは，共有物の価値の維持を図り，またはその価値を実現して，増大させる行為をいう。

もう少し具体的にいうと，（共有物の変更には当たらない）**保存行為，利用行為，改良行為**がある。

→　保存行為については，以下の８で解説する。

・　共有物の管理者（民§252の２）の選任および解任も，共有物の管理に関する事項に当たる。

・　共有物の軽微な変更（共有物の形状または効用の著しい変更を伴わない変更）も，共有物の管理に関する事項に当たる。

(2)　利用行為，改良行為

利用行為とは，共有物の変更に当たらない限度で，その経済的用法に従って使用・収益する行為をいう。

【例】　**共有物の賃貸借契約の解除**（最判昭39.2.25），共有物の使用貸借契約の解除（最判昭29.3.12）。

改良行為とは，共有物の変更に当たらない限度で，改良を施し，その使用価値や交換価値の増大を図る行為をいう。

【例】　共有する土地の整地

➡　農地から宅地に転用することは，前記６の「変更」に当たる。

【例】　共有する建物について，改造には至らない程度の改築。

⑶ 要　件

① 要　件

> （共有物の管理）
> **第252条**　共有物の管理に関する事項（共有物の管理者の選任及び解任を含み，共有物に前条第１項に規定する変更を加えるものを除く）は，各共有者の持分の価格に従い，その過半数で決する。共有物を使用する共有者があるときも，同様とする。

共有物の管理に関する事項は，**各共有者の持分の価格に従い，その過半数で決する。**

重要!

共有者の人数ではなく，“持分の価格”の過半数である。

H30-10
H24-9
H17-10
H5-10
H4-11

【例】　ケーススタディの事例で，Ａ，Ｂ，Ｃの持分は，各３分の１とする。そうすると，ＡとＢが賃貸借契約を解除したいと思えば，２人の持分の合計は３分の２（過半数）となり，Ｃが反対していても，賃貸借契約の解除をすることができる。

プラスアルファ

賃貸借契約の解除については，共有物の管理行為といえるので，解除の不可分性の原則（民§544Ⅰ）は適用されない（最判昭39.2.25）。

・　賃借権の設定に関しては，いわゆる**短期賃貸借の期間を超えない賃貸借に限り**，共有物の管理に関する事項として，各共有者の持分の価格の過半数の決定で設定することができる(民§252Ⅳ)。
　➡　その期間を超える賃借権を設定する場合は，各共有者の負担が大きくなるので，共有物の変更（処分）として共有者全員の同意が必要となる。

② 共有物を使用する共有者がある場合

共有物を使用する共有者があるときも，共有物の管理に関する事項は，各共有者の持分の価格の過半数で決する（民§252Ⅰ後段）。

【例】　甲建物は，Ａ，Ｂ，Ｃの３人が共有しているが(各持分は３分の１)，現実には，共有者の１人であるＣが単独で使用していた。

この場合，Ａ，Ｂの合意（持分の価格の過半数の決定）で，「Ａが甲建物の全部を使用する」と定めたときは，Ａは，Ｃに対し，甲建物の明渡しを求めることができる。

なお，共有物の管理に関する事項の決定が，**共有者間の決定に基づいて共有物を使用する共有者**に特別の影響を及ぼすべきときは，その承諾を得る必要がある（民§252Ⅲ）。

③ 他の共有者が不明等の場合

次の場合には，裁判所は，ある共有者を除いた他の共有者の持分の価格の過半数で共有物の管理に関する事項を決することができる旨の裁判をすることができる(民§252Ⅱ)。

- 共有者が，他の共有者を知ることができないとき
- 共有者が，他の共有者の所在を知ることができないとき
- 共有者が，他の共有者に対し，相当の期間を定めて，共有物の管理に関する事項を決することについて賛否を明らかにすべき旨を催告した場合において，当該他の共有者がその期間内に**賛否を明らかにしないとき**

理由 共有物の利用を促進し，また適切な管理のため，このような制度が設けられた。

【例】 甲土地はＡ・Ｂ・Ｃ・Ｄが共有しており(各持分は４分の１)，現在はＥに賃貸されている。そして，Ａは，この賃貸借を解除したいと思い，Ｂ・Ｃ・Ｄに対して，相当の期間を定めて，その賛否を明らかにすべき旨を催告した。

これに対し，Ｂは賛成，Ｃは反対の回答をした。一方，Ｄは，その期間内に賛否を明らかにしなかった。

➡ 裁判所は，Ａの請求により，Ｄ以外の共有者の持分の価格の過半数で解除を決することができる旨の裁判をすることができる。

(4) 共有物の管理者

共有者は，**共有物の管理者**を選任することができる。

➡ いちいち共有者の持分の価格の過半数で決するのは大変である。共有物

の管理者を置いた方が，管理がスムーズになる。

・　共有物の管理者は，共有物の管理に関する行為をすることができる(民§252の２Ⅰ)。

➡　共有物に変更を加えるには，共有者全員の同意が必要である(同)。

・　共有物の管理者の選任および解任は，各共有者の持分の価格の過半数で決する(民§252Ⅰ)。

・　共有者が共有物の管理に関する事項を決した場合には，共有物の管理者は，これに従う必要がある(民§252の２Ⅲ)。

➡　これに違反して行った共有物の管理者の行為は，共有者に対して効力を生じないが，共有者は，これをもって善意の第三者に対抗することができない(同Ⅳ)。

8　保存行為

(1)　意　義

ケーススタディ

甲土地は，A，B，Cが共有しているが，今現在は，第三者Dが不法に占有している。Aは，甲土地を取り返したいと考えているが，BとCは無関心である。

Aは，Dに対し，甲土地の明渡しを請求することができるだろうか。

保存行為とは，共有物の**現状維持を図る行為**をいう。

【例】・　共有物の修繕。

・　共有物に対する費用（公租公課や保管料等）の支払い。

H24-9　・　共有物が第三者に不法占有されている場合の明渡しの請求。

R2-10　H12-10　・　共有物について不法に第三者の名義とする登記がされている場合の抹消の請求。

(2)　要　件

保存行為は，**各共有者が**，**単独で**することができる（民§252Ⅴ）。

理由　保存行為は，共有者全員の利益となるから。

【例】 共有物の不法占有者に対して明渡しを請求することは，保存行為に該当するので，ケーススタディの事例におけるAは，単独で，Dに対して甲土地の明渡しを請求することができる。 H24-9 H19-10 H15-11

➡ “保存行為として”ではなく，共有者Aの持分権に基づく妨害排除請求である，あるいは不可分債権であるとする見解もある。

【例】 A，B，Cの共有する甲土地について，Dの名義で所有権の登記がされている。

➡ Dが必要書類を偽造して，勝手にABCからDへの移転の登記をしてしまった。

この場合，Aは，Dの名義の登記の抹消を請求することができる。 H27-10 H5-10

9　共有物に関する負担、債権

(1)　共有物に関する負担

> （共有物に関する負担）
> **第253条**　各共有者は，その持分に応じ，管理の費用を支払い，その他共有物に関する負担を負う。
> 2　共有者が1年以内に前項の義務を履行しないときは，他の共有者は，相当の償金を支払ってその者の持分を取得することができる。

各共有者は，その持分に応じて，管理の費用を支払い，その他共有物に関する負担を負う。 H5-10

管理の費用とは，共有物の保存，利用や改良のためにかかる必要費や有益費などをいい，その他の共有物に関する負担とは，公租公課などをいう。

【例】 A，B，Cの共有する甲建物について，Aが費用を支出して修繕をした。この場合，BとCも，持分に応じて，その費用を負担する必要がある。

・　共有者が，1年以内に，上記の負担を履行しないときは，他の共有者は，相当の償金を支払って，その者の持分を取得することができる。

【例】 上記の事例において，Bが，1年以内に，甲建物の修繕費用の負担を履行しないときは，ＡまたはＣは，相当の償金（Ｂ持分の相当額）を支払って，Ｂの持分を取得することができる。

➡　ＡだけでなくＣも，相当の償金を支払ってＢの持分を取得することができる。

⑵　共有物についての債権

> （共有物についての債権）
> **第254条**　共有者の１人が共有物について他の共有者に対して有する債権は，その特定承継人に対しても行使することができる。

H30-10 H24-9 H17-10 H8-10 H元-7

共有者の１人が，共有物について他の共有者に対して有する債権（保存費用や管理費用の立替債権等）は，その特定承継人に対しても行使することができる。

【例】　Ａ，Ｂ，Ｃの共有する甲建物について，Ａが費用（90万円）を支出して修繕をした。Ｂの持分に応じた負担額は30万円であったが，Ｂは支払わなかった。そして，Ｂは，甲建物の自己の持分をＤに売り渡した。

➡　Ａは，Ｂ持分の特定承継人であるＤに対して，30万円を請求することができる。

プラスアルファ

上記の事例で，Ｂ持分に30万円の負担がついていることは，外形上分からない。そのため，Ｄは，Ｂ持分を買った後に，“30万円の負担がついていた”ことを知ることになる。その意味で，Ｄは不測の損害を被ることになるといえるが，やむを得ないといえる。

10　持分権の主張

持分権は，所有権としての本質を有するので，各共有者は，自由に自己の持分権を処分することができる。

また，持分権に基づいて，単独で，物権的請求権（妨害排除の請求等）その他の権利を行使することもできる。

ただし，他の共有者の持分権との関係において，一定の制限を受けることがある。

⑴　持分権の確認の請求

各共有者は，他の共有者または第三者に対し，単独で，自己の持分権の確認を求める（訴えを提起する）ことができる。

【例】　A，B，Cの共有する甲土地について，Dが，「甲土地は自分のものだ」と主張してきた。
　この場合，Aは，Dに対し，甲土地についての自己の持分権の確認を請求することができる。

プラスアルファ

Aが確認を求めることができるのは，あくまで，“自己の持分権について”である。

Aが単独で，「甲土地はA，B，Cの共有だ」ということの確認を求めることはできない。

➡　このような確認を求めるためには，共有者全員（A，B，C）が共同原告となって訴えを提起する必要がある（最判昭46.10.7，固有必要的共同訴訟）。

⑵　持分権に基づく登記請求

共有者は，共有不動産が他の共有者の単独所有の名義となっているときは，その登記名義人に対し，自己との共有名義とする登記（更正登記）を請求することができる（最判昭38.2.22）。

【例】　A，Bの共有する甲土地について，Bの単独所有の名義で登記がされている。この場合，Aは，Bに対し，甲土地についてA・Bの共有の名義とする更正登記の手続を求めることができる。

プラスアルファ

更正登記とは，登記の一部が間違っている場合に，これを是正する登記である。詳しくは，不動産登記法で学習する。

プラスアルファ

上記の事例において，Aは，Bに対し，B名義の登記の全部の抹消を請求することはできない（最判昭38.2.22）。

➡　Bも共有者の１人なので，その持分に合致する部分については，登記は有効である。

・　共有不動産について，無権利者の名義で登記がされているときは，各共有者は，単独で，その登記の抹消を請求することができる（最判昭31.5.10）。

(3)　損害賠償の請求

H30-10 H15-11 H10-9 H19-10 H5-10

各共有者は，単独で，共有物に関して生じた損害について，**自己の持分に応じた損害の賠償を請求することができる**（最判昭51.9.7）。

➡　自己の持分を超えた分（他の共有者の分）については，請求することはできない。

11　持分の放棄及び共有者の死亡

(1)　持分の放棄

ケーススタディ

甲土地は，AとBが共有している（各持分は2分の1）。そして，Aは，自分の有する甲土地の持分を放棄する意思表示をした。

Aの有していた持分は，だれに帰属することになるのだろうか。

持分の放棄とは，所有権の放棄と同じように考えることができるので，それが動産であれば無主物の先占（民§239Ⅰ）の対象となり，不動産であれば国庫に帰属するはずである（同Ⅱ）。

しかし，共有物について，この規定をそのまま当てはめるのは適切とはいえない。

➡　ケーススタディの事例で，放棄されたAの持分は国庫に帰属し，Bと国庫が甲土地を共有するというのは不自然である。

そこで，民法は，共有持分が放棄された場合のその持分の帰属について，特別の規定を置いた。

（持分の放棄及び共有者の死亡）

第255条　共有者の１人が，その持分を放棄したとき，又は死亡して相続人がないときは，その持分は，他の共有者に帰属する。

R2-10

共有者の１人が，その持分を放棄したときは，その持分は，**他の共有者に帰属する。**

【例】 ケーススタディの事例では，放棄されたAの持分は，他の共有者であるBに帰属する。

➡ 甲土地は，Bの単独所有となる。

・ 持分の放棄によりその共有持分を取得した他の共有者は，持分取得の登記をしなければ，持分の取得をもって第三者に対抗することができない(最判昭44.3.27)。 H31-11 H10-9

【例】 甲土地はA，Bが共有しているが，Aは，自己の有する持分を放棄する意思表示をした。この場合，放棄されたAの持分はBに帰属するが，Bは，持分を取得した旨の登記をしなかった。

その後，Aは，放棄したはずの持分をCに売り渡し，AからCに対して持分の移転の登記をした。

➡ Bは，持分放棄による持分の取得を，Cに対抗することができない。

(2) 共有者の死亡

共有者が死亡し，その相続人がいないときは，その者の有していた持分は，他の共有者に帰属する（民§255)。 H24-9

【例】 甲土地はA，Bが共有しているが，Aが死亡した。Aには配偶者，子，親，兄弟姉妹がなく，つまり相続人が存在しない。

➡ 配偶者や子などの相続人がいれば，その者が持分を承継するが，そのような相続人がいない。

この場合は，Aの有していた持分は，他の共有者であるBに帰属する。

プラスアルファ

民法255条と民法958条の２の関係が問題となるが，この点については民法相続編において解説する。

2 共有物の分割

1 意　義

共有物の分割とは，数人が共有する物について，その**共有関係を解消すること**である。

【例】 甲土地（90㎡）を，A，B，Cの３人が共有している。最初は，うまく話し合いをしながら共有関係を維持していたが，だんだん煩わしくなり，甲土地（共有物）の分割をすることとした。

そして，３人の協議の結果，甲土地を，甲１土地（西側30㎡），甲２土地（真ん中の30㎡），甲３土地（東側30㎡）に分割し，甲１土地をAのもの，甲２土地をBのもの，甲３土地をCのものとすることに合意した。

➡ 甲１土地はAが単独で所有することとなり，甲２土地はBが単独で所有することとなり，甲３土地はCが単独で所有することとなる。

➡ 共有関係が解消される。

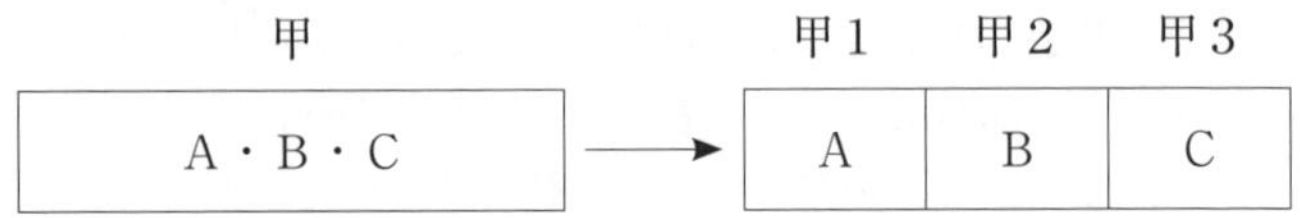

2　共有物の分割の請求

(1)　共有物の分割の請求

> （共有物の分割請求）
> **第256条**　各共有者は，いつでも共有物の分割を請求することができる。ただし，５年を超えない期間内は分割をしない旨の契約をすることを妨げない。
> 2　前項ただし書の契約は，更新することができる。ただし，その期間は，更新の時から５年を超えることができない。

各共有者は，原則として，**いつでも，共有物の分割を請求することができる**。

狭義の共有においては，各共有者の間で団体的なつながりもなく，たまたま１つの物を数人で共有しているという関係に過ぎないので，（一定の例外を除き）各共有者に共有物の分割の請求権が認められている。

プラスアルファ

各共有者の間で団体的（共同体的）なつながりがあるような場合は，共有物の分割を請求することはできない。

➡ 組合財産（合有）や入会財産（総有）については，共有物の分割を請求することはできない。

・　その他にも，法の規定により共有物の分割の請求が禁止される場合がある（民§257）。

(2)　共有物の分割を禁止する特約

上記のとおり，各共有者は，いつでも，共有物の分割を請求することができるのが原則であるが，各共有者の合意により，**5年を超えない期間**を定めて，**共有物の分割をしない旨の契約**をすることができる（共有物分割禁止の特約）。

理由　共有者間の人的な関係や，共有する物の性質等によって，一定の期間は共有物の分割をしない方がいい，ということもあり得る。各共有者の合意があれば，そのような特約を認めても，特に不都合はない。

重要！

共有物の分割を禁止することのできる期間は，5年を超えない範囲である。

➡　あまりに長期間にわたって分割を禁止することは好ましくない。

・　共有物の分割禁止の特約は，更新することができる。

➡　最初から「10年」と定めることはできないが，5年後に更新することは可能である。

➡　更新した場合，その期間は，更新の時から5年を超えることはできない。

・　共有する不動産について分割を禁止する特約がされたときは，これを登記することができる（不登§59⑥）。 H22-9

➡　共有不動産の分割を禁止する特約は，登記をしなければ，第三者に対抗することができない。 H8-10

3　共有物の分割の手続

共有物の分割は，**共有者間の協議**によってするのが原則である。

【例】　甲土地をA，B，Cが共有している場合に，その分割をするときは，ABC間の協議によってするのが原則である。

しかし，共有者間で協議が調わないときは，その分割を裁判所に請求することができる（民§258Ⅰ）。 H7-9

【例】　上記の事例で，ＡＢＣは，甲土地を分割する協議をした。しかし，皆，言いたい放題で，まったく協議がまとまらなかった。
　このようなときは，甲土地の分割を裁判所に請求することができる。

・　協議をしてみたが調わなかった，という場合だけでなく，協議に応じない者がいるために協議ができない，という場合も，分割を裁判所に請求することができる（民§258Ⅰ）。

4　共有物分割の方法（態様）

(1)　協議による分割の場合

共有者間の協議によって共有物の分割をするときは，その方法について，特に制限はない。

主な方法は，以下の３つである。

①　現物分割

文字どおり，現物を分割して，共有状態を解消する方法である。

具体的には，共有する物を共有者の数（持分割合）に応じて分割し，それぞれの物について，各共有者の単独所有とする。

【例】　３人の共有する土地について，３筆の土地に分割して，それぞれ各人の単独所有とする方法。

・　土地などは現物分割をすることができるが，自動車などを現物分割することはまずムリである。

②　代金分割

共有する物を第三者に売却し，その売却代金を各共有者の間で（持分割合に応じて）分けることである。

③　価格賠償

共有物を，共有者の１人の単独所有とし，その共有者は他の共有者に対して代償を支払うことである。

【例】　丙土地を，Ａ，Ｂ，Ｃの３人が共有している（持分は各３分の１）。
　そして，この３人は，丙土地について共有物の分割をする協議をし，「丙土地をＡの単独所有とし，ＡはＢとＣに対してそれぞれ300万円支払う」ことが合意された。Aは，BとCに300万円ずつ支払い，丙土地はAのものとなった。

➡ これにより，丙土地の共有状態が解消された。 H8-10

アルファ（プラス）

上記のように，共有物を共有者の1人の単独の所有とし，その共有者が他の共有者に対して代償を支払うことを，全面的価格賠償という。

他方，現物分割の端数調整のような意味で，共有者の1人が他の共有者に対して代償を支払うことを，部分的価格賠償という。

(2) 裁判による分割の場合

① 意 義

（裁判による共有物の分割）

第258条 共有物の分割について共有者間に協議が調わないとき，又は協議をすることができないときは，その分割を裁判所に請求することができる。

2 裁判所は，次に掲げる方法により，共有物の分割を命ずることができる。

一 共有物の現物を分割する方法

二 共有者に債務を負担させて，他の共有者の持分の全部又は一部を取得させる方法

3 前項に規定する方法により共有物を分割することができないとき，又は分割によってその価格を著しく減少させるおそれがあるときは，裁判所は，その競売を命ずることができる。

共有者の間で共有物分割の協議が調わないとき，または協議をすることができないときは，その**分割を裁判所に請求することができる**。 H7-9 H4-11

・ 訴えを提起する者（原告）は，他の共有者の全員を被告としなければならない。 H31-11 H22-9

➡ 共有者の全員の間で裁判をしなければ，意味がない。

② 分割の方法

裁判によって共有物の分割をする場合は，原則として，以下の方法による。

①　共有物の現物を分割する方法(**現物分割**) ②　共有者に債務を負担させて，他の共有者の持分の全部を取得させる方法(**全面的価格賠償**) ③　共有者に債務を負担させて，他の共有者の持分の一部を取得させる方法(**部分的価格賠償**)

この3つについては，優先順位はない。裁判所が適切と判断した方法による。

・　上記の3つの方法によって共有物の分割をすることができないようなときは，裁判所は，共有物の競売を命ずることができる（**競売分割**)。
➡　共有物を競売し，その代金を各共有者に分ける。

プラスアルファ

競売分割をすることができるのは，現物分割や価格賠償による分割をすることができないとき，または分割によってその価格を著しく減少させるおそれがあるときに限られる。

理由　共有者の中に，共有物の現物を取得したいと希望する者がいる場合には，それを優先すべきである。

③　給付の命令

裁判所は，共有物の分割の裁判において，当事者に対して，金銭の支払い，物の引渡し，登記義務の履行その他の**給付を命ずることができる**（民§258Ⅳ)。

【例】　A，Bが共有する甲土地について，裁判による分割がされた。その内容は，「AがBに対して500万円を支払って，甲土地はAの単独の所有とする」というものであった。

この場合，裁判所は，AからBへの金銭の支払いや，BからAへの持分の移転の登記の手続を命ずることができる。

・　登記の手続が命じられたときは，A(登記権利者)が単独で持分の移転の登記を申請することができる(不登§63Ⅰ)。
→　登記の手続は，不動産登記法で詳しく学習する。

5 相続財産に属する共有物の分割の特則

(1) まず遺産分割について

人が死亡した場合，その者が有していた財産（相続財産）は，相続人に帰属する（民§896）。

→ だれが相続人になるのかは，相続法（スタンダード合格テキスト3）で学習する。

相続人が数人あるとき（共同相続）は，相続財産は，共同相続人の共有に属する（民§898）。

遺産分割とは，共同相続人の共有となった相続財産について，各相続人に分配する手続である。

【例】 Aが死亡した。相続人は，妻のBと子のC，Dである。Aは，甲土地，自動車，銀行預金などを有しており，これらの財産（相続財産）はBCDの共有となった。

その後，BCDは亡Aの遺産について分割する協議をして，甲土地はBのもの，自動車はCのもの，銀行預金はDのものとされた。

➡ Aが死亡した時から，甲土地はBのもの，自動車はCのもの，銀行預金はDのものとなる。

・ 遺産分割は，共同相続人間の協議によってするのが原則であるが（民§907Ⅰ），共同相続人間に協議が調わないとき，または協議をすることができないときは，各共同相続人は，遺産の全部または一部の分割を，家庭裁判所に請求することができる（同Ⅱ）。

(2) 共有物分割と遺産分割の関係

ケーススタディ

甲土地は，AとBが共有している（各持分は2分の1）。その後，Aが死亡した。相続人は，子のXとYである。

この場合に，甲土地の共有関係を解消するためには，どういった協議をすべきであるか。

第258条の2 共有物の全部又はその持分が相続財産に属する場合において，共同相続人間で当該共有物の全部又はその持分について遺産の分割をすべき

> ときは，当該共有物又はその持分について前条の規定による分割（裁判による共有物の分割）をすることができない。

共有物の全部または一部が相続財産に属する場合，**相続財産である持分については，裁判による共有物の分割をすることができない。**

➡ 相続財産である持分については，遺産分割をすべきである。

【例】 ケーススタディの事例では，一発の共有物分割の裁判で，甲土地の共有関係を解消することはできない。

Aが有していた持分（相続財産に属する持分）については，XとYの間で遺産分割をすべきであり，それとは別に，Bとの間で共有物の分割をすべきである。

➡ XとYは，Aが有していた甲土地の持分について，Xが単独で相続する旨の遺産分割をした。そして，XとBは，甲土地についてBが単独で所有する旨の共有物分割をした，といった感じである。

理由　共有物分割も遺産分割も，財産の共有関係を解消するものであるが，**その性質は違う。**

共有物分割は，数人が共有する特定の財産について共有関係を解消するもの。遺産分割は，①遺産の全体を分割する，②特別受益や寄与分といった具体的な相続分を考慮して行う，③遺産の種類や性質，各相続人の年齢，職業，心身の状況や生活の状況といった一切の事情を考慮して行う(民§906)，という性質を有する。

(3) 相続開始の時から10年を経過している場合

共有物の持分が相続財産に属する場合において，**相続開始の時から10年を経過したときは**，相続財産に属する共有物の持分について，**裁判による共有物の分割をすることができる**（民§258の２Ⅱ本文）。

➡ 一発の共有物分割の裁判で，共有関係を解消することができる。

理由　詳しくは相続法で解説するが，相続開始の時から10年を経過すると，遺産分割手続において，特別受益や寄与分を主張することができなくなる(民§904の３)。

➡ 遺産分割の特徴的な性質が減る。つまり，共有物分割に近くなる。

また，相続開始の時から10年を経過しているということは，各相続人について，遺産分割の形で権利を行使したいという意思に乏しいと評価できる。

そのため，相続開始の時から10年の経過を要件として,「遺産分割＋共有物分割」ではなく，一発の共有物分割での解消を認めた。

➡　迅速に共有関係の解消が図られる。

【例】　甲土地をＡとＢが共有しているが，Ａが死亡し，ＸとＹがＡを相続した。そして，(遺産分割がされずに) Ａが死亡してから10年を経過した。

Ｘは，甲土地の共有関係を解消したいと思い，裁判所に，甲土地の共有物の分割を求めた。

➡　裁判所は，甲土地の全部について共有物の分割（たとえばＸが他の共有者に代償を支払って甲土地の単独所有者となる)をすることができる。

・　ただし，相続開始の時から10年を経過していても，相続財産に属する持分について遺産分割の請求があり，相続人から，当該持分について裁判による共有物の分割をすることについて異議の申出があったときは，その持分を含めた共有物の分割をすることができない(民§258の２Ⅱただし書)。

➡　この場合は，相続人が，遺産分割の方法による解決を望んでいるので，その権利を害するべきではない。

6　分割と、共有に関する債権の弁済

（共有に関する債権の弁済）

第259条　共有者の１人が他の共有者に対して共有に関する債権を有するときは，分割に際し，債務者に帰属すべき共有物の部分をもって，その弁済に充てることができる。

２　債権者は，前項の弁済を受けるため債務者に帰属すべき共有物の部分を売却する必要があるときは，その売却を請求することができる。

共有者の１人が，他の共有者に対して共有に関する債権を有するときは，共有物の分割に際し，債務者に帰属すべき共有物の部分をもって，その弁済に充てることができる。

➡　共有者の１人が他の共有者に対して共有に関する債権を有するときは，共有物の分割に際してその清算をすることができる，という趣旨である。

・「共有に関する債権」とは，共有物の管理や保存に関する費用，共有物の購入に関する費用（その共有者のために立て替えた費用）などをいう。

7　利害関係人の共有物の分割への参加

> **（共有物の分割への参加）**
> **第260条**　共有物について権利を有する者及び各共有者の債権者は，自己の費用で，分割に参加することができる。
> 2　前項の規定による参加の請求があったにもかかわらず，その請求をした者を参加させないで分割をしたときは，その分割は，その請求をした者に対抗することができない。

共有物について権利を有する者や各共有者の債権者は，自己の費用で，**共有物の分割に参加することができる。**

「共有物について権利を有する者」とは，共有物について地上権，抵当権，賃借権等を有する者である。

理由　これらの者は，共有物がどのように分割されるかについて利害の関係を有するので，参加が認められた。

・　共有者が，共有物の分割をする場合，これらの利害関係人に対して，分割をする旨の通知をする必要はない。
　➡　あらかじめの通知は要求されていない。

・　参加の請求があったにもかかわらず，その請求をした者を参加させないで共有物の分割をしたときは，その請求をした者に対しては分割を対抗することができない。

・　参加した者は，共有物の分割の協議において，意見を述べることができるが，共有者は，この意見に拘束されない。
　➡　だから，参加しても，あまり実質的な意味はないといえる。

8　共有物の分割の効果

(1)　共有状態の解消

H25-9　共有物の分割により，共有関係が解消される。各共有者は，分割によって取得した部分または金銭について，所有権を取得する。

プラス アルファ

共有物の分割の性質は，持分の売買または交換と解されている（最判昭42.8.25）。

➡　現物分割の方法であれば，持分の交換といえる。全面的価格賠償の方法であれば，持分の売買といえる。

(2)　担保責任

> （分割における共有者の担保責任）
>
> **第261条**　各共有者は，他の共有者が分割によって取得した物について，売主と同じく，その持分に応じて担保の責任を負う。

共有物の分割は，持分の売買または交換と同じようなものと解されるので，各共有者は，他の共有者が分割によって取得した物について，売主と同じく，その持分に応じて**担保責任**（民§562等）を負う。 H31-11 H22-9 H7-9

【例】　A，B，Cの共有する土地について，現物分割の方法により，共有物の分割がされた（土地が3分割された）。しかし，Aが取得した土地については，本来取得すべき面積よりも小さかった。

➡　Aは，他の共有者に対し，代償の減額，分割の解除や損害賠償を請求することができる。

(3)　分割の完了後の義務

共有物の分割が完了したときは，各分割者は，その取得した物に関する証書を保存しなければならない（民§262Ⅰ）。

3　所在等不明共有者の持分の取得，譲渡

1　意　義

不動産を数人が共有しているが，共有者の一部が分からない，あるいは共有者の一部の所在が分からない（連絡がつかない），ということもあり得る。

➡　そのような共有者を，**所在等不明共有者**と呼ぶ。

このような所在等不明共有者がいると，共有物の変更ができない，共有物の分割ができない，あるいは共有物の管理に支障をきたす，といった不都合が生ずる。

➡　近年，このような不都合が社会的にクローズアップされている。

そこで，このような不都合を解消するために，所在等不明共有者の持分の取得や，持分の譲渡に関する規定が設けられた。

➡　これによって，**所在等不明共有者との共有関係が解消される。**

プラスアルファ

所在等不明共有者がいる場合，裁判所に請求することによって，共有物の管理に関する意思決定から当該共有者を除外したりすることもできる（民§252Ⅱ）。しかし，それだけでは抜本的な解決にはならないので，より直接的に，所在等不明共有者の持分の取得等が可能とされた。

2　所在等不明共有者の持分の取得

(1)　意　義

ケーススタディ

甲土地は，A，B，Cの3人が共有している（ABの持分は各4分の1，Cの持分は4分の2）。はじめのうちは皆で連絡をとりあって甲土地の変更や管理をしていたが，いつの間にかCと連絡が取れなくなり，いろいろ調査してもCの所在が分からない状態となった。

Aはこの状態を何とかしたいと思っているが，どのような手段をとることができるか。

既述のとおり，共有物の管理に関する事項を決定する場合，所在等不明共有者がいるときは，裁判所は，他の共有者からの申立てにより，所在等不明共有者を除外した他の共有者の持分の価格の過半数で決定することができる旨の裁判をすることができる（民§252Ⅱ）。

また，後で解説するとおり，所在等不明共有者の持分を対象として，管理人を選任することもできる（民§264の2Ⅰ）。

ほかに，けっこう強力な手段もある。

（所在等不明共有者の持分の取得）

第262条の2　不動産が数人の共有に属する場合において，共有者が他の共有者を知ることができず，又はその所在を知ることができないときは，裁判所は，共有者の請求により，その共有者に，当該他の共有者(所在等不明共有者)の持分を取得させる旨の裁判をすることができる。(後略)

不動産の共有者が，**他の共有者を知ることができないとき**，または**他の共有者の所在を知ることができないとき**は，裁判所は，共有者の請求により，その共有者に，当該他の共有者（**所在等不明共有者**）**の持分を取得させる裁判**をすることができる。

➡ これにより，所在等不明共有者との共有関係が解消される。そうすれば，共有物の管理等がしやすくなる。

【例】 ケーススタディの事例では，甲土地の共有者の１人であるＣの所在が知れない状態である。この場合，Ａが請求したときは，裁判所は，Ａに，Ｃの持分を取得させることができる。

➡ 甲土地は，ＡとＢの共有となる。甲土地の変更や管理がしやすくなる。

・ 持分の取得の請求をした共有者が２人以上あるときは，その持分の割合で按分して，それぞれ持分を取得させる（民§262の２Ⅰ後段)。

・ 一定の異議があったときは，裁判所は，所在等不明共有者の持分の取得に関する裁判をすることができない（民§262の２)。

(2) 持分の取得の対象

① 対 象

不動産が数人の共有に属する場合の，所在等不明共有者の持分である。

➡ 動産は，対象とならない。

不動産の所有権だけでなく，不動産の使用または収益をする権利（地上権や賃借権）が数人の共有に属する場合にも適用される（民§262の２Ⅴ)。

② 所在等不明共有者の持分が相続財産に属する場合

不動産を普通に（物権的に）共有している場合だけでなく，所在等不明共有者の持分が相続財産に属する場合（**遺産共有の場合**）も，裁判所は，持分の取得に関する裁判をすることができる（民§262の２Ⅲ)。

理由 遺産共有も，普通の（物権的な）共有と本質においては異ならないからである（最判昭30.5.31参照)。

ただし，（原則として）**相続開始の時から10年を経過していなければ，**持分の取得の裁判をすることができない（民§262の２Ⅲ）。

理由　相続開始の時から10年を経過するまでは，各相続人は，遺産分割において，特別受益や寄与分といったいわゆる具体的相続分を主張することができるので（民§904の３参照），所在等不明共有者のこのような権利を保護する必要があるからである。

【例】　甲土地の所有者であるAが死亡し，B，C，Dが相続人となった。
➡　甲土地は，現在，B，C，Dが共有している。

しかし，Dは，所在が分からない状態である。
➡　所在等不明共有者の持分が相続財産に属する場合に該当する。

Aの死亡の時から10年を経過したときは，裁判所は，請求により，他の共有者にDの持分を取得させることができる。

(3)　他の共有者，あるいはその所在を知ることができないときとは

他の共有者の“所在等の不明”の判断については，客観的に明確な基準があるわけではないが，**必要な調査を尽くしても，共有者の氏名や所在を知ることができない場合**をいう。

自然人の場合→　登記記録上および住民票上の住所に居住していないかを調査する。その者が死亡している場合は，戸籍を調査して，相続人について調査する。

法人の場合→　法人の登記記録上の本店などを調査し，また，代表者個人についても登記記録上および住民票上の住所に居住していないかを調査する。

(4)　持分の取得の対価の支払い

裁判によって所在等不明共有者の持分を取得できるといっても，もちろん，タダで取得することはできない。

所在等不明共有者は，持分を取得した他の共有者に対し，**持分の時価相当額の支払い**を請求することができる（民§262の２Ⅳ）。

とはいっても，所在等不明共有者はまさしく所在等が不明であるので，直

接に支払うことはできず，金銭を供託することになる（非訟§87V）。

2　所在等不明共有者の持分の譲渡

(1)　意　義

これは，所在等不明共有者の持分の取得と似たような制度である。

具体的には，所在等不明共有者がいる場合に，**その不動産の全部を第三者に譲渡したい場合合**の話である。

（所在等不明共有者の持分の譲渡）
第262条の3　不動産が数人の共有に属する場合において，共有者が他の共有者を知ることができず，又はその所在を知ることができないときは，裁判所は，共有者の請求により，その共有者に，当該他の共有者(所在等不明共有者)以外の共有者の全員が特定の者に対してその有する持分の全部を譲渡することを停止条件として所在等不明共有者の持分を当該特定の者に譲渡する権限を付与する旨の裁判をすることができる。

条文を読んだだけでは分かりづらい。事例で説明する。

【例】 甲土地を，A，B，Cが共有している。このうち，Cは，所在等不明共有者である。

Aは，所在等不明共有者がいて不便なので，甲土地を処分したい（甲土地の全部を第三者に売却したい）と考えている。

➡　Aは，甲土地の自分の持分を第三者に売却して，甲土地の共有関係から離脱することもできるが，現実的に，土地の共有持分のみを買ってくれる人はいない。

➡　甲土地の全部を売らなければ，買い手がつかない。

この場合，Aは，裁判所に，所在等不明共有者（C）の持分の譲渡に関する申立てをすることができる。

そして，裁判所は，所在等不明共有者（C）以外の共有者の全員（A，B）が特定の者（たとえばX）に対してその有する甲土地の持分の全部を譲渡することを停止条件として，Cの持分をその特定の者（X）に譲渡する権限を，Aに付与する裁判をすることができる。

➡　Aが，Cの持分をXに売却することができる。

・　上記の事例では，甲土地のAの持分とBの持分は，自分でXに売り渡す（A，BとXが売買契約をする）。所在等不明共有者であるCの持分については，（権限を付与された）AとXが売買契約をする。

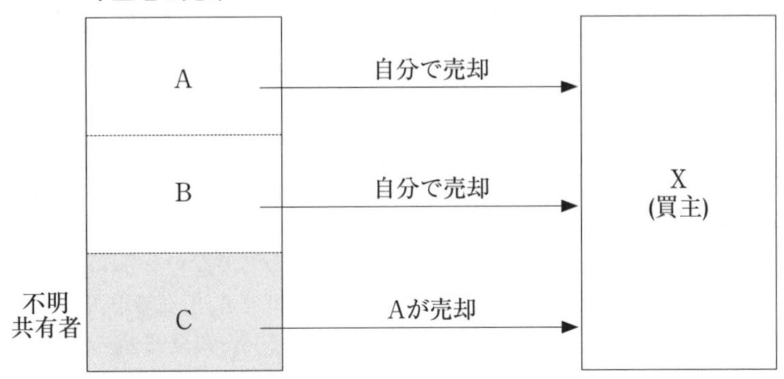

・「所在等不明共有者以外の共有者の全員が特定の者に対してその有する持分の全部を譲渡することを停止条件として」とされているので，要は，**共有不動産の全部を第三者に譲渡する必要**がある。
➡　Aの持分とCの持分のみを譲渡する，ではダメである。

(2)　その他

所在等不明共有者の持分が相続財産に属する場合の権限の付与の可否，所在等不明共有者の持分の価格についての支払い，所有権以外の使用または収益をする権利である場合の権限の付与の可否については，「所在等不明共有者の持分の取得」と同じような規定が置かれている（民§262の3ⅡⅢⅣ）。

第4節　所有者不明土地（建物）管理命令

Topics
・近年，所有者不明土地（建物）の問題が注目されている。
・所有者が不明だと，不動産を有効に活用することができず，また管理不全で周囲に危険が及ぶことがある。
・その対策として，管理命令等の規定が設けられた。

1　所有者不明土地の問題

ケーススタディ

X市は，道路用地とするため，甲土地を取得したいと考えている。甲土地の登記記録上の所有者はAであるが，Aは登記記録上の住所に住んでおらず，その他いろいろ調べても，Aの所在が分からない(生きているかどうかも分からない)。

X市は，どうすればいいだろうか。

今現在，我が国では，このような“**所有者が不明**”あるいは“**所有者の所在が不明**”といった土地がたくさんある。

【例】　地方に暮らしている親が死亡したが，自分は都市部にマンションを買ったので，実家には関心がなく，相続の登記をしていない。

プラスアルファ

登記記録上の所有者が死亡していても，戸籍や住民票を調査すれば，現在の所有者(相続人)に辿り着くことはできる。しかし，何代にもわたって相続の登記がされていないと，相続人の数が膨大となり，現在の所有者(共有者)を確定できない場合がけっこうある。

土地の所有者，あるいはその所在が分からないと，その土地を買いたい人物がいても，交渉ができない。公共事業もストップせざるを得ない。また，管理不全で周囲に危険が及ぶこともある。

ある人物の行方が分からない場合は，不在者の財産管理人を選任して(民§25Ⅰ)，その管理人に不在者の財産を管理させる制度がある。

しかし，これは，不在者の財産全般について管理するものであり，かなり大掛かりな話になる。また，選任の申立てをする際には，けっこう高額な予納金が必要となり，なかなか申し立てられないのが現実である。

➡　使い勝手が悪い制度。

そこで，もっと使いやすい制度とするため，**いま現在問題となっている不動産に限定して，裁判所が選任した管理人によって管理等をさせる制度**が設けられた。

これが，所有者不明土地(建物)管理命令の制度である。

2　所有者不明土地管理命令

(1)　意　義

(所有者不明土地管理命令)

第264条の2　裁判所は，所有者を知ることができず，又はその所在を知ることができない土地(土地が数人の共有に属する場合にあっては，共有者を知ることができず，又はその所在を知ることができない土地の共有持分)について，必要があると認めるときは，利害関係人の請求により，その請求に係る土地又は共有持分を対象として，所有者不明土地管理人(中略)による管理を命ずる処分(所有者不明土地管理命令)をすることができる。

(中略)

4　裁判所は，所有者不明土地管理命令をする場合には，当該所有者不明土地管理命令において，所有者不明土地管理人を選任しなければならない。

裁判所は，所有者不明土地について，必要があると認めるときは，利害関係人の請求により，**所有者不明土地管理人による管理を命ずる処分**をすることができる。

➡　裁判所は，この命令をする場合には，所有者不明土地管理人を選任する。

・　土地の共有者の１人について不明であるときは，その土地の共有持分について，所有者不明土地管理人による管理を命ずる処分をすることができる。

・　所有者不明土地管理命令の効力は，その命令の対象とされた土地にある動産(当該土地所有者が所有するものに限る。)にも及ぶ(民§264の２Ⅱ)。

・　所有者不明土地管理命令があったときは，裁判所書記官は，職権で，遅滞なく，その命令の対象とされた土地について，**当該命令の登記**を嘱託することを要する（非訟§90Ⅵ）。

➡　その土地について所有者不明土地管理命令があったことは，登記によって公示される（登記の記録を見れば，だれでも分かる）。

・　所有者不明建物についても，同様の規定がある（民§264の８，後述）。

⑵　要　件

①　所有者，またはその所在を知ることができないとき

“所有者等の不明”の判断については，客観的に明確な基準があるわけではないが，必要な調査を尽くしても，所有者の氏名や所在を知ることができない場合をいう。

自然人の場合→　登記記録上および住民票上の住所に居住していないかを調査する。その者が死亡している場合は，戸籍を調査して，相続人について調査する。

法人の場合→　法人の登記記録上の本店などを調査し，また，代表者個人についても登記記録上および住民票上の住所に居住していないかを調査する。

②　必要があると認めるとき

所有者不明土地管理人による管理を命ずるのは，裁判所が“必要があると認めるとき”に限られる。

土地や建物の状況からして，管理人による管理をさせる必要性があると判断された場合である。

③　利害関係人の請求により

所有者不明土地管理人による管理を命ずるのは，利害関係人から請求があった場合に限られる。

だれが利害関係人に該当するかは，明確な基準があるわけではないが，以下のような者が考えられる。

・　その土地が適切に管理されないと不利益を被るおそれがある者（隣接地所有者など）
・　共有者の１人が不明である場合，他の共有者
・　その土地を取得してより適切な管理をしようとする公共事業の実施者

➡ その土地を買いたいと思っている一般人も，一律に排除されるわけではないと解されている。

⑶　所有者不明土地管理人の権限

①　管理，処分権の専属

> （所有者不明土地管理人の権限）
> **第264条の３**　前条第４項の規定により所有者不明土地管理人が選任された場合には，所有者不明土地管理命令の対象とされた土地又は共有持分及び所有者不明土地管理命令の効力が及ぶ動産並びにその管理，処分その他の事由により所有者不明土地管理人が得た財産（所有者不明土地等）の管理及び処分をする権利は，所有者不明土地管理人に専属する。

所有者不明土地管理命令がされ，所有者不明土地管理人が選任された場合，その所有者不明土地等の**管理および処分をする権限は，所有者不明土地管理人に専属する。**

重要!

専属である。つまり，土地の所有者は，その土地の管理，処分権を失う。

理由　管理，処分権を所有者不明土地管理人に専属させた方が，職務の遂行をしやすいからである。また，法的安定にも寄与する。

所有者不明土地管理命令があったことは，登記によって公示されているので，第三者が不測の損害を被ることもない。

②　裁判所の許可を要する行為

> （所有者不明土地管理人の権限）
> **第264条の３**
> **２**　所有者不明土地管理人が次に掲げる行為の範囲を超える行為をするには，裁判所の許可を得なければならない。ただし，この許可がないことをもって善意の第三者に対抗することはできない。
> 一　保存行為
> 二　所有者不明土地等の性質を変えない範囲内において，その利用又は改良を目的とする行為

所有者不明土地管理人は，所有者不明土地等について，保存行為や，その性質を変えない範囲内における利用，改良行為は，単独で（裁判所の許可を得ないで）することができる。

一方，この範囲を超える行為をするためには，裁判所の許可を得ることを要する。

➡ 処分行為をする場合は，裁判所の許可を得ることを要する。

【例】 Aの所有する甲土地について，所有者不明土地管理命令がされ，Xがその管理人に選任された。

Xが，甲土地をYに売却するためには，裁判所の許可を得ることを要する。

・ 所有者不明土地管理人が，裁判所の許可を得ないでその権限を超える行為(処分行為等)をした場合，その行為は無効である。ただし，許可を得ていないことをもって善意の第三者に対抗することができない。

➡ 取引の安全を保護する趣旨である。

(4) 所有者不明土地管理命令の取消し

管理すべき財産がなくなったとき，その他財産の管理を継続することが相当でなくなったときは，裁判所は，所有者不明土地管理人等の申立てまたは職権により，所有者不明土地管理命令を取り消すことを要する(非訟§90Ⅹ)。

(5) その他

① 訴えについて

所有者不明土地等に関する訴えについては，所有者不明土地管理人を原告または被告とする（民§264の4）。

② 所有者不明土地管理人の義務

所有者不明土地管理人は，土地の所有者のために，善良な管理者の注意をもって，その権限を行使しなければならない（民§264の5Ⅰ）。

③ 解任，辞任

所有者不明土地管理人がその任務に違反して所有者不明土地等に著しい損害を与えたことその他重要な事由があるときは，裁判所は，利害関係人の請求により，所有者不明土地管理人を解任することができる（民§264の6Ⅰ）。

所有者不明土地管理人は，正当な事由があるときは，**裁判所の許可を得て**，辞任することができる（同Ⅱ）。

➡　辞任するには，裁判所の許可が必要である。

④　費用の前払い，報酬の支払いについて

所有者不明土地管理人は，所有者不明土地等から，裁判所が定める額の費用の前払いおよび報酬を受けることができる（民§264の７Ⅰ）。

3　所有者不明建物管理命令

裁判所は，所有者不明建物について，必要があると認めるときは，利害関係人の請求により，**所有者不明建物管理人による管理を命ずる処分**をすることができる（民§264の８Ⅰ）。

➡　裁判所は，この命令をする場合には，所有者不明建物管理人を選任する（同Ⅳ）。

・　所有者不明建物管理命令の効力は，基本的に所有者不明土地管理命令の効力と同じであるが，さらに，**当該建物を所有するための建物の敷地に関する権利（所有権を除く。）にも及ぶ**（民§264の８Ⅱ）。

➡　借地上に建っている建物について所有者不明建物管理命令がされた場合は，その命令の効力は，借地権（土地の賃借権）にも及ぶ。

理由　建物の所有権と土地の利用権はセットとして扱うべきである。

・　その他，管理人の権限等は，所有者不明土地管理命令がされた場合と同様である（民§264の８Ⅴ）。

第5節　管理不全土地（建物）管理命令

Topics
- 前節の所有者不明土地（建物）と同様，近年，管理不全土地（建物）の問題が注目されている。
- 管理不全の不動産が放置されると，地震や台風などで倒壊し，周囲に深刻な被害を及ぼすおそれがある。
- その対策として，管理命令等の規定が設けられた。

1　管理不全土地の問題

ケーススタディ

甲土地は，だいぶ前から空き地になっており，いつの間にか産業廃棄物の不法投棄場になっている。悪臭がひどく，火災の危険もある。

近隣の住民は，甲土地の所有者に対して，甲土地の適切な管理を要請しているが，何もしてくれない。

何か手立てはないだろうか。

周辺の住民にとっては，困った事態である。悪臭によって生活環境が乱され，火災でも起こったら命の危険すらある。

近隣の土地の所有者としては，所有権に基づく妨害排除請求をすることも可能であるが，仮に妨害排除請求によっていったん危険物を除去したとしても，その後の管理が不適切であれば，また同じことが繰り返されるおそれがある。

そこで，管理が不適当であり，他人の権利を侵害するおそれがあるような不動産について，**裁判所が選任した管理人が管理をするという制度**が設けられた。

これが，管理不全土地(建物)管理命令の制度である。

2　管理不全土地管理命令

⑴　意　義

（管理不全土地管理命令）

第264条の9　裁判所は，所有者による土地の管理が不適当であることによって他人の権利又は法律上保護される利益が侵害され，又は侵害されるおそれがある場合において，必要があると認めるときは，利害関係人の請求により，当該土地を対象として，管理不全土地管理人(中略)による管理を命ずる処分(管理不全土地管理命令)をすることができる。
(中略)
3　裁判所は，管理不全土地管理命令をする場合には，当該管理不全土地管理命令において，管理不全土地管理人を選任しなければならない。

裁判所は，管理不全土地について，必要があると認めるときは，利害関係人の請求により，**管理不全土地管理人による管理を命ずる処分**をすることができる。

➡　裁判所は，この命令をする場合には，管理不全土地管理人を選任する。

・　管理不全土地管理命令の効力は，その命令の対象とされた土地にある動産(当該土地所有者が所有するものに限る。)にも及ぶ(民§264の9Ⅱ)。

・　管理不全建物についても，同様の規定がある(民§264の14，後述)。

・　管理不全土地管理命令があった場合でも，その土地に，**登記はされない**。
➡　所有者不明土地管理命令があった場合(非訟§90Ⅵ)とは異なる。

理由　管理不全土地の管理，処分権が管理不全土地管理人に専属することはなく(後述)，土地所有者の管理，処分権が制限されるわけではないので，わざわざ登記によって公示する必要はないといえる。

(2)　要　件

①　土地の管理不全

所有者による土地の管理が不適当であることによって他人の権利または法律上保護される利益が侵害され，または侵害されるおそれがあることが要件である。

【例】　ケーススタディの事例のように，継続的に廃棄物の不法投棄が行われて，周辺住民に被害を及ぼしている場合，あるいは，土地の草木が繁茂するなどして，周辺住民に被害を及ぼしている場合など。

重要!

土地の所有者の不明は，要件ではない。

➡　土地の所有者は判明しているが，適切に管理をしていないような場合に，管理不全土地管理命令を発する。
➡　土地の所有者が不明である場合は，前節の所有者不明土地管理命令の方が適当である。

・「土地の管理が不適当」とは，所有者が土地の管理をまったくしていない場合のほか，管理はしているが適切でない場合も含まれる。

② 必要があると認めるとき

③ **利害関係人の請求により**

管理不全土地管理人による管理を命ずるのは，利害関係人から請求があった場合に限られる。

利害関係人とは，土地の所有者による土地の管理が不適当であることによって自己の権利または法律上保護される権利が侵害され，または侵害されるおそれがある者である。

④ **所有者の意見聴取**

管理不全土地管理命令の裁判をするに当たっては，（原則として）土地の所有者の陳述を聴くものとされている（非訟§91Ⅲ①）。

理由　管理不全土地管理命令がされると，管理人（というアカの他人）が自分の土地の管理に介入してくることになるので，とりあえず話しを聞く必要がある。

プラスアルファ

この所有者の陳述の聴取は，所有者不明土地管理命令にはない手続である。
➡　所有者不明土地管理命令の場合は，所有者（またはその所在）が知れないのだから，その話しを聞くのは無理である。

(3)　管理不全土地管理人の権限

① 管理，処分の権限

（管理不全土地管理人の権限）
第264条の10　管理不全土地管理人は，管理不全土地管理命令の対象とされた土地及び管理不全土地管理命令の効力が及ぶ動産並びにその管理，処分その他の事由により管理不全土地管理人が得た財産（管理不全土地等）の管理及び処分をする権限を有する。

管理不全土地管理人は，管理不全土地等の管理および処分をする権限を有する。

重要！

管理や処分の権利が，管理不全土地管理人に専属するわけではない。

➡　所有者不明土地管理人の権限とは異なる。所有者が判明しているのだから，その管理，処分権をはく奪するのはやりすぎ。

つまり，**土地の所有者も，自ら管理や処分をすることができる。**

②　裁判所の許可を要する行為

管理不全土地管理人は，管理不全土地等について，**保存行為**や，その性質を変えない範囲内における**利用，改良行為**は，単独で（裁判所の許可を得ないで）することができる。

一方，**この範囲を超える行為をするためには，裁判所の許可**を得ることを要する（民§264の10Ⅱ）。

➡　処分行為をする場合は，裁判所の許可を得ることを要する。

重要！

管理不全土地管理命令の対象とされた土地の処分（売却等）について，裁判所が許可をするには，その所有者の同意がなければならない（民§264の10Ⅲ）。

➡　所有者不明土地とは異なり，所有者は判明している。処分のような重大な行為については，本人の意思に反してするべきではない。

・　管理不全土地管理人が，裁判所の許可を得ないでその権限を超える行為（処分行為等）をした場合，その行為は**無効**である。ただし，許可を得ていないことをもって**善意でかつ過失がない第三者に対抗することができない**（民§264の10Ⅱただし書）。

➡　取引の安全を保護する趣旨である。

重要！

第三者が保護されるためには，善意だけでなく無過失も要求される。

➡　所有者不明土地管理人が行為をした場合は，第三者について無過失までは要求されていない（民§264の３Ⅱ参照）。

➡　所有者不明土地管理命令がされた場合は，その登記がされており，また管理・処分権は所有者不明土地管理人に専属しているので，できるだけ取引の安全を保護する必要があるといえる。

⑷　管理不全土地管理命令の取消し

管理すべき財産がなくなったとき，その他財産の管理を継続することが相当でなくなったときは，裁判所は，管理不全土地管理人等の申立てまたは職権により，管理不全土地管理命令を取り消すことを要する（非訟§91Ⅷ）。

⑸　その他

管理不全土地管理人の義務，解任・辞任，費用の前払いや報酬の支払い等については，所有者不明土地管理命令がされた場合と同様の規定が置かれている（民§264の11，264の12，264の13）。

3　管理不全建物管理命令

裁判所は，管理不全建物について，必要があると認めるときは，利害関係人の請求により，**管理不全建物管理人による管理を命ずる処分**をすることができる（民§264の14Ⅰ）。

➡　裁判所は，この命令をする場合には，管理不全建物管理人を選任する（同Ⅲ）。

・　管理不全建物管理命令の効力は，基本的に管理不全土地管理命令の効力と同じであるが，さらに，**当該建物を所有するための建物の敷地に関する権利（所有権を除く。）にも及ぶ**（民§264の14Ⅱ）。

　➡　借地上に建っている建物について管理不全建物管理命令がされた場合は，その命令の効力は，借地権（土地の賃借権）にも及ぶ。

・　その他，管理人の権限等は，管理不全土地管理命令がされた場合と同様である（民§264の14Ⅳ）。

参考　所有者不明土地管理命令と管理不全土地管理命令の比較

	所有者不明土地管理命令	管理不全土地管理命令
利用される場面	土地の所有者を知ることができず，またはその所在を知ることができない場合	所有者による土地の管理が不適当であることによって他人の権利または法律上保護される利益が侵害され，または侵害されるおそれがある場合
管理者	所有者不明土地管理人	管理不全土地管理人
管理，処分の権限	管理人に専属する	管理人に専属するわけではない ➡ 所有者の管理処分権は制限されない
管理命令の登記	登記がされる	登記はされない
処分の許可をする場合の所有者の同意	要求されていない	所有者の同意が必要
管理人が許可を得ないで行為をした場合の第三者の保護	善意の第三者に対抗できない	善意・無過失の第三者に対抗できない

第6節　建物の区分所有

Topics
- 建物の区分所有（要はマンションのこと）は，不動産登記法の試験でも出題される。さらに記述式でも出題されるので，重要。
- ここでは，民法で出題される範囲について解説し，その他は不動産登記法で学習する。

1　建物の区分所有とは

(1)　総　説

通常，建物は，１棟の建物が法律上１個の建物（１つの物）として扱われる。

➡　いわゆる戸建ての建物である。

一方，世の中には，戸建てだけでなく，マンションもたくさんある。

マンションは，外から見たら１個の（巨大な）建物であるが，その中は構造上しっかり区分されていて，それぞれが独立して住居として利用されている。

➡　甲マンションの101号室はＡさんが使用している。102号室はＢさんが使用している。

このようなマンションにおいては，マンション全体（１棟の建物）を１個の建物として扱うのは適当ではない。

そこで，マンションのような建物においては，その中に存在する**それぞれの住居部分を法律上１個の建物とし，独立の所有権（区分所有権）の対象とすることとした。**

➡　甲マンションの101号室は１個の建物であり，Ａさんが所有している。102号室も１個の建物であり，Ｂさんが所有している。

重要❗

このような建物（１棟の建物が区分された建物）は，民法が予定している通常の建物とは異なるので，「建物の区分所有等に関する法律」（以下「区分所有法」という）というものが定められている。

プラスアルファ

マンションの場合，各住居部分が独立の所有権の対象となるといっても，

1個の大きな建物の中にたくさんの人が生活をするという関係なので，戸建ての建物を所有する場合とはまったく別の問題が生ずる。

【例】　各住居部分に共通する配管や廊下，エレベータの使用（あるいは権利関係）に関する問題，マンションの敷地の権利関係（たくさんの人が共有する形になる）の問題，マンション自体が老朽化した場合の修繕や建替えの問題…。

区分所有法においては，これらの問題の取扱い等について定められている。

(2)　建物の区分所有の定義

建物の区分所有等に関する法律

（建物の区分所有）

第1条　一棟の建物に構造上区分された数個の部分で独立して住居，店舗，事務所又は倉庫その他建物としての用途に供することができるものがあるときは，その各部分は，この法律の定めるところにより，それぞれ所有権の目的とすることができる。

区分所有権が成立するためには，1棟の建物の中が**構造上区分されていて**，それぞれが**独立して**住居，店舗，事務所，倉庫その他**建物としての用途に供することができるもの**であることを要する。

重要！

構造上の独立性と利用上の独立性が必要である。

プラスアルファ

1棟の建物が区分されていて，その区分された建物についての所有権なので，**区分所有権**という。

プラスアルファ

いくら大きい建物であっても，その中が構造上しっかり区分されていない場合や，区分されていたとしてもそれぞれが独立して住居等として利用できないような場合は，区分所有権は成立しない。

➡　1棟の建物全体で1個の所有権の対象ということになる。

2　専有部分と共用部分

(1)　意　義

マンションの中には，住居部分（区分所有権の対象となり得る部分）と，みんなが共同で利用する部分（廊下やエレベータ等）がある。

このうち，区分所有権の目的となる部分を，**専有部分**という。

➡ 甲マンションの101号室や102号室といった部分は，（原則として）専有部分である。

そして，みんなが共同で利用する部分を，**共用部分**という。

➡ 甲マンション内の廊下，階段，エレベータ，配管といった部分は，共用部分である。

プラス アルファ

専有部分となり得る部分（住居部分）も，そのマンションの規約によって，共用部分とすることができる（規約共用部分）。

➡ 「住人の集会場とするため，501号室は共用部分とする」と規約で定めることができる。

(2)　共用部分の権利関係

共用部分は，（原則として）**区分所有者全員の共有に属する**（区分§11 Ⅰ）。

【例】 甲マンションの廊下等の共用部分は，甲マンションの区分所有者（専有部分を所有する者）全員の共有に属する。

➡ たとえば甲マンションの101号室の所有者が，甲マンションの廊下（共用部分）を通行する権利がないというのはおかしいので，区分所有者全員の共有ということになる。

なお，共用部分は，区分所有者の共有となるが，その性質上，民法の共有の規定をそのまま当てはめるのは適当ではない。

➡ 普通に1つの物を共有しているのではなく，共同の利用等のために共有している。

そのため，**民法の共有の規定の適用を排除し**，区分所有法の規定を適用させることとした（区分§12）。

・　共用部分に関する各共有者の持分は，（原則として）その有する専有部分の床面積の割合による（区分§14Ⅰ）。

・　共用部分に関する持分は，専有部分の処分に従う（区分§15Ⅰ）。

【例】　Aは，甲マンションの専有部分（101号室）を所有している。そして，Aが専有部分（101号室）をBに売り渡したときは，甲マンションの共用部分に関する持分もBに移転する。

理由　マンションの共用部分は，専有部分を所有するために必要なものである（マンションの玄関や共用の廊下を通らなければ，101号室にたどり着けない）。そのため，専有部分と共用部分の持分は一体として処分される形となる。

H6-14　そして，上記の理由から，**専有部分と分離して共用部分の持分のみを処分することができない**（区分§15Ⅱ）。

H8-10　・　共用部分について，共有物の分割を請求することはできない。
➡　共用部分は，専有部分の所有者の全員が共有していなければ意味のないものであるので，共有物の分割は認められない。

3　敷地利用権

(1)　敷地利用権

建物を所有するためには，その土地（敷地）の利用権が必要である。

【例】　Aが所有する土地に，Aが建物を建てて住んでいる。
➡　建物を所有するための敷地の利用権は，所有権である。

【例】　Xの所有する土地について，Aが賃借している。そして，Aは，その土地に建物を建てて住んでいる。
➡　建物を所有するための敷地の利用権は，賃借権である。

敷地の利用権が必要なことは，マンションでも同様である。
➡　専有部分を所有するための建物の敷地に関する権利（所有権，地上権，賃借権等）を，**「敷地利用権」**と呼んでいる（区分§2Ⅵ）。

プラス アルファ

建物が建っている底地だけでなく，区分所有者が建物等と一体として管理・使用する庭，通路等も，規約により，建物の敷地として扱うことができる（規約敷地，区分§５Ⅰ）。

ただ，マンションの場合は，専有部分を所有する者が多数であるため，必然的に，敷地利用権を有する者も多数ということになる。

そのため，戸建ての建物を所有するための敷地の利用権とは，別の問題が生じてくる。

【例】 甲マンションは，乙土地の上に建っている。甲マンションの中には専有部分が50個あり，つまり50人の所有者がいる。ということは，その敷地である乙土地も，50人が権利を有しているということである。
➡ 具体的には，乙土地を50人が**共有している**。

プラス アルファ

専有部分の数が少ない場合（たとえば３戸）には，敷地を３分割して，それぞれが単独で所有する，という形態もなくはない（いわゆる“分有”）。
➡ しかし，実際には分有の形態はほとんどない。司法書士の試験的にも，敷地利用権は共有と考えて差し支えない。

そして，敷地利用権が多数の者による共有ということは，下手をすると，権利関係がものすごく複雑になってしまうおそれがある。

【例】 甲マンションの101号室を所有し，乙土地（敷地利用権）の共有持分を有するAが，乙土地の持分のみをBに売ったものとする。そうすると，Aは，専有部分を所有しているが，その敷地の利用権がなく，建物を収去して土地を明け渡さなければならなくなるといった問題が生ずる。
これがAだけならまだいいが，他の人も同じような処分をしてしまったら，権利関係がメチャクチャになる。

プラス アルファ

戸建ての建物なら，問題は複雑にならない。
➡ Xは，自分が所有する土地の上に建物を建てた。その後，Xは，建物のみをYに売り渡した。この場合，Yは，敷地の利用権がないが，それはX・Y間で解決してくれ，ということで済む。

しかし，マンションだと，人が多すぎで，問題が解決不能に陥る危険性がある。

そのため，問題が複雑化しないように，何らかの手当てが必要となる。

ということで，区分所有建物に関しては，以下に解説する「分離処分禁止の原則」というものが採用された。

(2)　分離処分禁止の原則

> **建物の区分所有等に関する法律**
> **（分離処分の禁止）**
> **第22条**　敷地利用権が数人で有する所有権その他の権利である場合には，区分所有者は，その有する専有部分とその専有部分に係る敷地利用権とを分離して処分することができない。ただし，規約に別段の定めがあるときは，この限りでない。

区分所有建物（マンション）の敷地利用権を数人の者が共有しているときは，区分所有者（専有部分の所有者）は，規約に別段の定めがある場合を除いて，**その有する専有部分とこれに係る敷地利用権を分離して処分することができない（分離処分禁止の原則）**。

重要！

この分離処分禁止の原則は，区分所有建物を理解するに当たって，最も重要な原則である。

【例】　Aは，甲マンションの101号室を所有している。そして，その敷地利用権である乙土地について，10分の１の持分を有している。

Aが，この甲マンションの101号室をBに売るときは，専有部分（101号室）と敷地利用権（乙土地の持分）を**一体として**Bに売る必要がある。

➡　専有部分のみをBに売ることはできないし，また，乙土地の持分のみをBに売ることもできない。

重要！

このように，専有部分と敷地利用権を一体として処分せよ，とすることで，専有部分と敷地利用権の権利関係の複雑化を回避することができる。

プラスアルファ

ただし，そのマンションの規約で，「専有部分と敷地利用権を分離して処分していいですよ」と定められている場合には，分離して処分することができる。

➡ 専有部分の数が少なく，分離処分を認めても権利関係が複雑化しないだろうという場合は，分離処分可能規約を定めることも考えられる。

・ 分離処分禁止の原則に違反して，専有部分のみ，または敷地利用権の持分のみの処分がされた場合，その処分は無効であるが，その無効を善意の第三者に主張することはできない（区分§23本文）。 H6-14

ただし，区分所有建物の登記記録に「分離して処分できない専有部分と敷地利用権である」旨の登記（**敷地権の登記**）がされている場合は，**善意の第三者に対しても，分離処分の無効を主張することができる**（同ただし書）。

(3) 民法255条の適用の排除

敷地利用権が数人の共有であり，分離処分禁止の原則が適用される場合には，**民法255条の規定は適用されない**（区分§24）。

> 参考～民法第255条
> 共有者の１人が，その持分を放棄したとき，又は死亡して相続人がないときは，その持分は，他の共有者に帰属する。

つまり，分離処分禁止の原則が適用される敷地利用権に関しては，持分放棄による他の共有者への持分の帰属，相続人が存在しない場合の他の共有者への持分の帰属という民法の規定は適用されない。 H6-14 H元-7

【例】 Aは，甲マンションの101号室を所有しており，また，その敷地利用権である乙土地の持分10分の１を有している。

この場合，Aは，乙土地の持分を放棄してその持分を他の共有者に帰属させることはできない。

➡ 甲マンションの101号室はAが所有していて，その敷地利用権は有していないという状態にすることはできない。

4　所有者不明建物管理命令等の適用除外

区分建物の専有部分および共用部分については，所有者不明建物管理命令や管理不全建物管理命令の規定が適用されない（区分§6Ⅳ）

理由　区分建物の管理については，一般的な建物と同じような扱いをするのは適当でない。

第４章
地上権

Topics
- ・ここからは，用益物権である。用益物権に関しては，民法というよりも，不動産登記法の試験において重要である。
- ・地上権の内容，効力をしっかり理解すること。
- ・地上権と賃借権の相違などが試験で出題される。

1　用益物権とは

本書の最初の方の復習になるが，物権を大きく分類すると，本権と占有権に分けることができ，本権を大きく分類すると，**所有権**と**制限物権**に分けることができる。

➡　所有権は，基本的に万能な権利（物に対する全面的な支配権）であり，制限物権は，所有権の内容の一部（利用価値や交換価値）を制限する物権である。

さらに，制限物権を大きく分類すると，**用益物権**と**担保物権**に分けることができる。

➡　用益物権は，**他人の所有する物を使用収益することができる物権**であり，担保物権は，他人の所有する物について交換価値を把握する（債権について優先弁済を受ける）物権である。

さらにさらに，用益物権を分類すると，**地上権**，**永小作権**，**地役権**に分けることができる。

➡　以下，この３つの権利を順に解説する。

→　担保物権は，本書の「第２編」で解説する。

2　地上権とは

（地上権の内容）
第265条　地上権者は，他人の土地において工作物又は竹木を所有するため，その土地を使用する権利を有する。

地上権とは，**工作物または竹木を所有するために，他人の土地を使用する権**

利である。

ポイントは3つ。

(1)「工作物または竹木を所有するため」 (2)「他人の土地」 (3)「使用する権利」

(1)「工作物または竹木を所有するため」

地上権は，他人の土地を使用する権利であるが，「工作物または竹木を所有するため」と目的が限定されている。

用語説明

工作物→　地上や地下の建造物をいう。建物，電柱，道路，橋梁，地下鉄，ゴルフ場等である。

竹　木→　植林の目的となる植物をいう。杉や檜等である。なお，稲や果実などの耕作の目的となるものを所有する場合は，地上権ではなく永小作権を設定すべきである。

(2)「他人の土地」

地上権は，他人の土地を使用する権利である。

【例】　Aの所有する甲土地について，Xは，建物を所有するために地上権を設定してもらった。

Xは，この甲土地を使用する権利を取得し，甲土地上に建物を建てることができる。

(3)「使用する権利」

地上権者は，一定の目的のために，他人の土地を使用することができる。

所有者は，地上権者による土地の使用を妨げることはできない。

3　地上権の成立

(1)　地上権の成立

基本的に，地上権は，所有者と地上権者となる者との**地上権設定契約**によって成立する。

➡ 地上権という物権を新たに設定する契約。

【例】 AとXは，Aの所有する甲土地について，Xのために地上権を設定する契約を締結した。これにより，Xの地上権が成立する。

プラス アルファ

地上権は，抵当権の実行による競売等により，法の規定に基づいて成立することもある（法定地上権，民§388）。
→「抵当権」の章で解説する。

・ 地上権を時効取得することもあり得る。 H25-10

・ 1筆の土地の一部を目的として，地上権を設定することができる（大判明34.10.28）。 R4-10 H18-13

ただし，1筆の土地の一部を目的とした形で登記をすることはできないので（登記手続的に無理），その地上権の登記をしたい場合には，前提として土地について分筆の登記（土地を分割する登記）をして，分筆後の1**筆の土地全体を目的とした形で**地上権の設定の登記をすべきである。

(2) 対抗要件

地上権の対抗要件は，登記（地上権設定登記）である（民§177）。

・ 地上権者は，設定者（所有者）に対し，当然に地上権の設定の登記の請求権を有する。 H3-11

➡ 不動産賃借権の場合は，**当事者間で特約がある場合に限って**，賃借人は賃貸人に対して登記の請求権を有する。

プラス アルファ

建物の所有を目的とした地上権（**借地権**，借地借家§2①）の場合には，地上権の設定登記をしなくても，その土地の上に，地上権者が，**登記された建物を所有するときは**，その地上権を第三者に対抗することができる（借地借家§10Ⅰ）。 H24-7 H18-13

理由 建物の所有を目的とした地上権者（借地権者）を手厚く保護するため（居住する場所をしっかり確保させるため），地上権設定登記以外にも対抗要件を認めた。

＊　借地借家法に関しては，不動産登記法で解説する。

4　地上権の内容，効力

(1)　土地の使用権

地上権者は，設定行為において定められた範囲内で，その土地を使用することができる。

・　地上権は**物権**であるので，その土地を**排他的に使用することができる。**

H10-10 ➡　地上権の内容の円満な実現が妨げられている場合には，物権的請求権を行使することができる。

・　**土地所有者は，地上権者による土地の使用を妨げることはできない。**

プラスアルファ

H25-10 H22-10 H18-13 H3-11 土地所有者（設定者）は，地上権者による土地の使用を妨げてはならないという（消極的な）義務を負うだけであり，地上権者の使用のために土地を積極的に修繕したりする義務を負わない。

➡　賃貸人とは異なる（民§606参照）。

理由　地上権は物権（物に対する排他的な支配権）であり，他人に対して何かを請求することができる権利ではない。

(2)　地　代

R4-10 H26-10 H22-10 H3-11 地代は，地上権の要素ではない。

➡　無償の地上権を設定することもできる。

➡　賃借権においては，賃料の支払いが必要的であるので（民§601），これと区別すること。

地上権者と設定者（所有者）の間で，地上権者が地代を支払う旨の合意がされた場合には，その地代を支払うことを要する。

(3)　存続期間

地上権においては，存続期間を定めることは必要的ではない。

➡　存続期間を定めないで地上権を設定することもできる。

H28-10 ・　存続期間を定める場合，その期間の長さに制限はない。

➡ 存続期間を「永久」と定めることもできる（大判明36.11.16）。 H26-10 H2-17

プラスアルファ

建物の所有を目的とした地上権（借地権）の場合は，期間は**30年**とされ，契約でこれより長い期間を定めた場合にはその期間となる（借地借家§3）。 H24-10 H2-17

➡ 借地権者を保護する趣旨である。

(4) 地上権の譲渡

地上権は物権であり，**自由に譲渡することができる**。また，地上権を目的として，第三者（債権者）のために抵当権を設定することもできる。 H28-10 H25-10 H18-13 H3-11

➡ これらの処分をするために，設定者の承諾は不要である。

・ 地上権者と設定者の間で，「地上権の譲渡を禁止する」という特約をすることもできるが，これは登記事項ではなく，第三者に対抗することができない。

➡ 当事者間（地上権者と設定者間）で債権的な効力を有するに過ぎない。

譲渡禁止の特約がある場合でも，地上権者が当該地上権を第三者に譲渡する契約をしたときは，その第三者は地上権を適法に取得する。 H24-10

➡ 地上権者は設定者に対して債務不履行責任を負うことになる。

プラスアルファ

永小作権においては，譲渡禁止の特約が明文で認められており（民§272ただし書），それは登記事項とされているので（不登§79③），この特約をもって第三者に対抗することができる。

また，賃借権については，賃貸人の承諾がなければ賃借権を譲渡することができないとされている（民§612）。 H25-10

5 地上権の消滅

(1) 地上権の消滅原因

地上権は物権であるので，物権一般の消滅原因によって消滅する。

【例】 土地の滅失，存続期間の満了，混同（民§179），消滅時効（民§166Ⅱ），第三者の時効取得の反射的効果としての消滅。

その他，地上権特有の消滅原因によっても消滅する。

①　地代の不払いによる消滅請求

H28-10　地上権者が定期的に地代を支払わなければならない場合において，引き続き２年以上地代の支払いを怠ったときは，土地の所有者は，**地上権の消滅を請求することができる**（民§266，276）。

②　地上権の放棄

> **（地上権の存続期間）**
> **第268条**　設定行為で地上権の存続期間を定めなかった場合において，別段の慣習がないときは，地上権者は，いつでもその権利を放棄することができる。ただし，地代を支払うべきときは，１年前に予告をし，又は期限の到来していない１年分の地代を支払わなければならない。
> **2**　地上権者が前項の規定によりその権利を放棄しないときは，裁判所は，当事者の請求により，20年以上50年以下の範囲内において，工作物又は竹木の種類及び状況その他地上権の設定当時の事情を考慮して，その存続期間を定める。

存続期間の定めがない場合，別段の慣習がないときは，地上権者は，いつでも地上権を放棄することができる。

➡　放棄により，地上権は消滅する。

H29-10 H28-10 H18-13　ただし，地代を支払うべき地上権の場合は，土地の所有者の利益も考慮し，一定の制限がある。

H11-12

・　存続期間の定めがあるときは，地上権者は，原則として地上権を放棄することはできないが，不可抗力によって一定期間収益を得ることができなかった場合等は，地上権の放棄をすることができる（民§266，275）。

・　地上権の放棄（地上権設定契約の合意解除）によって，第三者に不測の損害が及ぶような場合は，これをもって当該第三者に対抗することができないことがある。

H11-12　【例】　Ａの所有する甲土地を目的として，Ｘのために建物所有を目的とする地上権が設定された。そして，Ｘは，甲土地上に乙建物を建築し，乙建物をＹに賃貸した。

この後に，A・X間で地上権設定契約を合意解除しても，これをもってYに対抗することができない（最判昭38.2.21）。

(2) 収去権，買取権

> （工作物等の収去等）
> **第269条** 地上権者は，その権利が消滅した時に，土地を原状に復してその工作物及び竹木を収去することができる。ただし，土地の所有者が時価相当額を提供してこれを買い取る旨を通知したときは，地上権者は，正当な理由がなければ，これを拒むことができない。

地上権が消滅したときは，地上権者は，土地を原状に復して，その工作物および竹木を収去することができる（**地上権者の収去権**）。 H28-10

➡ 地上権者が設置した工作物や竹木は，地上権者のものであるので（土地に付合しないので），地上権が消滅したときは，当然，地上権者が収去できる（持って帰れる）。

ただし，土地の所有者が，時価相当額を提供してこれを買い取る旨を通知したときは，地上権者は，正当な理由がなければ，これを拒否することができない（**土地所有者の買取権**）。 H22-10

➡ 収去による社会的損失を防ぐため（工作物を壊したりするのはもったいないので），土地の所有者に買取権が認められた。

プラス アルファ

建物の所有を目的とした地上権（借地権）においては，存続期間が満了し，契約の更新がないときは，地上権者は，設定者に対し，建物その他の物を時価で買い取るべきことを請求することができる（**建物買取請求権**，借地借家§13）。

6 区分地上権

(1) 意　義

> （地下又は空間を目的とする地上権）
> **第269条の2** 地下又は空間は，工作物を所有するため，上下の範囲を定めて地上権の目的とすることができる。この場合においては，設定行為で，地上

権の行使のためにその土地の使用に制限を加えることができる。

H3-11 **地下または空間の上下の範囲**を定めて，その部分のみを目的として，工作物を所有するために地上権を設定することができる（**区分地上権**）。

たとえば，鉄道業者のXが，Aの所有する甲土地の地下に地下鉄を通したいと考えた場合，甲土地に普通に地上権を設定して地下鉄を通すことも可能であるが，率直にいって無駄である。

➡ 普通に地上権を設定すると，その効力は土地の上下に及ぶので，地上権者Xは，土地の上下を利用する分についての地代を支払う必要がある。また，甲土地の所有者Aとしても，甲土地の上下を利用することができなくなるので，不経済である。

そのため，土地の上下の一定の範囲のみを使用したい場合には，区分地上権を設定すると効率的である。

【例】 XとAは，甲土地の地下５メートルから10メートルの間を目的として，Xのために区分地上権を設定した。

➡ Xは，甲土地の地下５メートルから10メートルの範囲について，地上権者として排他的に利用できる（地下鉄を通すことができる）。

➡ この範囲以外の部分については，Aが，所有者として利用できる（地上に建物を建てられる）。

【例】・ 高架鉄道を通すため，上空の一定の範囲を目的として，区分地上権を設定することができる。

・ 高圧電線を通すため，上空の一定の範囲を目的として，区分地上権を設定することができる。

(2) 土地所有者の土地の使用の制限

区分地上権が設定された場合，その範囲以外の部分については，所有者が，所有権に基づいて自由に使用することができる。

ただし，設定行為（区分地上権設定契約）で，地上権の行使のために**その土地の使用に制限を加えることができる**（民§269の２Ⅰ）。

理由 たとえば地下に工作物を設置するために区分地上権を設定した

場合，所有者が，地上に重たい建造物を作ってしまうと，地下が潰れるおそれがある。これはまずいので，土地の所有者による土地の使用について制限を設けることができるとされた。

【例】「土地所有者は，地上に５トン以上の工作物を設置しない」といった定め。

(3) 既に利用権者がいる場合に区分地上権を設定することの可否

① 意　義

> **（地下又は空間を目的とする地上権）**
> **第269条の２**
> **２**　前項の地上権（区分地上権）は，第三者がその土地の使用又は収益をする権利を有する場合においても，その権利又はこれを目的とする権利を有するすべての者の承諾があるときは，設定することができる。この場合において，土地の使用又は収益をする権利を有する者は，その地上権の行使を妨げることができない。

大原則として，同一の土地に，重ねて地上権を設定することはできない。

【例】　Ａの所有する甲土地を目的として，Ｂのために地上権を設定した場合，さらに甲土地を目的としてＸのために地上権を設定することはできない。

➡　地上権は物権であるので，地上権者Ｂは，甲土地を排他的に使用することができる。そのため，甲土地に重ねて利用権を設定することはできない。

しかし，土地の立体的な有効利用を図るという区分地上権の制度趣旨から，**既に土地について利用権を有する者がいる場合であっても，その者等の承諾を得れば，その土地に区分地上権を設定することができる**とされている。 R3-10

【例】　Ａの所有する甲土地を目的として，Ｂのために地上権（普通地上権）が設定されている。

その後，鉄道業者のＸは，甲土地の地下に地下鉄を通すこととし，甲土地の地下に区分地上権を設定したいと考えた。

この場合，既に甲土地の利用権を有するBの承諾を得れば，甲土地についてXのために区分地上権を設定することができる。

➡　Xの区分地上権の範囲については，Xが地上権者として使用することができる。Bは，その範囲について，Xによる使用を妨げることはできない。

②　承諾を得るべき者

その土地について使用または収益をする権利を有する者およびその権利を目的として権利を有する者のすべての承諾を得ることを要する。

H26-10 「使用または収益をする権利を有する者」とは，地上権，永小作権，地役権，(使用収益しない旨の定めのない)質権，賃借権等を有する者である。

また，「その権利を目的として権利を有する者」とは，地上権を目的として抵当権を有する者等である。

7　地上権と賃借権の比較

	地上権	賃借権	
権利の内容	他人の土地において，工作物または竹木を所有するために，その土地を使用することができる権利（物権）	賃貸人に対し，賃料を支払って，ある物の使用および収益をすることを請求することができる権利（債権）	
設定者・賃貸人の義務	設定者は，地上権者による土地の使用を受忍する義務（消極的義務）のみを負う ➡　修繕等の積極的な義務は負わない	賃貸人は，賃貸物の使用および収益に必要な修繕をする義務を負う	H25-10 H22-10 H18-13 H3-11
登記請求権の有無	地上権者は，地上権の設定登記の請求権を有する	賃借人は，特約のない限り，賃借権の設定登記の請求権を有しない	H3-11
権利の譲渡等の可否	地上権者は，自由に地上権の譲渡や賃貸をすることができる	賃貸人の承諾がない限り，賃借権の譲渡や転貸をすることができない	H25-10 H18-13 H3-11
地代・賃料の定め	地代の定めは，地上権の要素ではない	賃料を支払うことを要する	H3-11
存続期間＊	特に制限はない	50年以下	H2-17

＊　借地借家法の適用がある場合を除く。

第５章
永小作権

Topics ・試験ではまず出題されない。ただし，不動産登記法でたまに出題されるので，無視することはできない。
・地上権と比較して押さえること。

1　意　義

（永小作権の内容）
第270条　永小作人は，小作料を支払って他人の土地において耕作又は牧畜をする権利を有する。

永小作権とは，**小作料を支払って**，他人の土地において**耕作または牧畜**をする権利である。

プラスアルファ
永小作権も地上権も，他人の土地を使用することができる物権という点では共通であるが，その目的が異なる。
➡　地上権は，工作物または竹木を所有するため，である。

重要！
H26-10　永小作権は，小作料を支払うことが要件である。
➡　地上権においては，地代を定めてもいいし，定めなくてもよい（無償でもよい）。

・　永小作権は，土地の所有者と永小作人となるべき者との間の永小作権設定契約によって成立する。

2　永小作権の内容、効力
(1)　永小作権の譲渡または土地の賃貸

（永小作権の譲渡又は土地の賃貸）
第272条　永小作人は，その権利を他人に譲り渡し，又はその権利の存続期間内において耕作若しくは牧畜のため土地を賃貸することができる。ただし，設定行為で禁じたときは，この限りでない。

永小作権は物権であるので，永小作人は，その権利を譲渡し，また，存続期間の範囲内で土地を賃貸することができる。 H22-10

ただし，**設定行為でこれを禁じたときは**，権利の譲渡や土地の賃貸をすることができない。

重要!

この譲渡・賃貸禁止の特約は，登記することができ（不登§79③），これを第三者に対抗することができる。

➡ 地上権においても，当事者間でこのような特約をすること自体は可能だが，登記をすることができず，第三者に対抗することはできない（当事者間で債権的な効力を有するに過ぎない）。

⑵ 小作料の減免

（小作料の減免）
第274条 永小作人は，不可抗力により収益について損失を受けたときであっても，小作料の免除又は減額を請求することができない。

永小作権においては，小作料を支払うことが要件とされている。

そして，永小作人は，不可抗力により収益について損失を受けたときであっても，小作料の減免を請求することができないとされている。

⑶ 存続期間

（永小作権の存続期間）
第278条 永小作権の存続期間は，20年以上50年以下とする。設定行為で50年より長い期間を定めたときであっても，その期間は，50年とする。
2 永小作権の設定は，更新することができる。ただし，その存続期間は，更新の時から50年を超えることができない。
3 設定行為で永小作権の存続期間を定めなかったときは，その期間は，別段の慣習がある場合を除き，30年とする。

永小作権について存続期間を定める場合は，**20年以上50年以下**とされている。 H26-10 H22-10

➡ 地上権においては，存続期間について制限はない。

・　この期間については，更新することができる。
➡ その存続期間は，更新の時から50年を超えることができない。

・　永小作権の存続期間を定めなかったときは，その期間は，別段の慣習がある場合を除いて，30年とされている。

3　永小作権の消滅

永小作権は，物権一般の消滅事由（物の滅失，混同等）によって消滅する他，永小作権特有の消滅事由によっても消滅する。

(1)　永小作権の放棄

（永小作権の放棄）
第275条　永小作人は，不可抗力によって，引き続き３年以上全く収益を得ず，又は５年以上小作料より少ない収益を得たときは，その権利を放棄することができる。

(2)　永小作権の消滅請求

（永小作権の消滅請求）
第276条　永小作人が引き続き２年以上小作料の支払を怠ったときは，土地の所有者は，永小作権の消滅を請求することができる。

第6章
地役権

Topics ・地役権は，人のためではなく，土地のための権利という特徴を有する。そのため，地役権の取得，効力において，他の物権とは異なる点がある。
・地役権は，不動産登記法の択一においても頻出。

1　意　義

(1)　地役権とは

> （地役権の内容）
> **第280条**　地役権者は，設定行為で定めた目的に従い，他人の土地を自己の土地の便益に供する権利を有する。ただし，第3章第1節（所有権の限界）の規定（公の秩序に関するものに限る。）に違反しないものでなければならない。

地役権とは，一定の目的のために，他人の土地を**自己の土地の便益**に供する権利である。

重要!

地役権は，土地のための権利である。人のための権利ではない。
➡　土地の役に立つための権利なので，地役権である。

【例】　甲土地の所有者Aと乙土地の所有者Bは，「甲土地から公道に出るために，乙土地を通行することができる」という内容の地役権の設定契約をした。
➡　甲土地の所有者（利用権者）は，乙土地を通行することができる。

プラスアルファ

甲土地の所有者が乙土地を通行することができるのだから，結局は人のための権利ではないか？と思うかもしれないが，地役権は，あくまで甲土地の価値を高めるための権利であり，Aという特定個人のための権利ではない。
➡　後に甲土地の所有権がAからXに移転したら，Aは乙土地を通行することができなくなり，Xが乙土地を通行することができる。

➡　Aという特定個人が乙土地を利用したいのであれば，乙土地を目的としてAのために地上権や賃借権を設定すればよい。

【例】　甲土地の所有者Aと乙土地の所有者Bは，「甲土地の日照を確保するため，乙土地に高さ20メートル以上の工作物を設置しない」という内容の地役権の設定契約をした。

➡　乙土地の所有者は，甲土地のために，一定規模の工作物を設置しないという義務を負う。これも，土地の価値を高めるための権利であり，特定個人のための権利ではない。

＋アルファ

地役権は，他人の土地を利用することができるという点で，地上権，永小作権，賃借権と共通するが，地役権は，2つの土地の利用の調整の意味を有するという点で，相隣関係に近い性質を有する。

(2)　要役地と承役地

地役権は，他人の土地を自己の土地の便益に供する権利である。

この場合の自己の土地（便益を受ける土地）を**要役地**（ようえきち）といい，他人の土地（便益を供する土地）を**承役地**（しょうえきち）という。

【例】　甲土地の所有者Aと乙土地の所有者Bの間で，「甲土地から公道に出るために乙土地を通行することができる」という地役権を設定したときは，甲土地が要役地，乙土地が承役地となる。

H29-10　・　要役地と承役地は，隣接していることを要しない。

・　要役地は，1筆の土地の全部であることを要するが，**承役地については，1筆の土地の全部であることを要しない**とされている。

➡　1筆の土地の一部を目的とした形で地役権を設定することができ，その登記をすることができる（不登令§20④参照）。

【例】　甲土地の所有者Aと乙土地（90㎡）の所有者Bは，「甲土地のために乙土地の東側の一部30㎡を通行することができる」という地役権を設定することができる。

(3) 地役権の内容

地役権は，他人の土地を自己の土地の便益に供する権利であるので，地役権の内容（目的）は，要役地の価値を高める性質のものでなければならない。

上記(1)の【例】のような，通行を目的とした地役権，日照の確保を目的とした地役権のほか，観望のための地役権（見晴らしを確保する），用水のための地役権（水を引くために水路を設ける）といったものがある。

・「Aが昆虫採集をするため，乙土地を利用することができる」といった内容の地役権を設定することはできない。
➡ 土地の価値を高める内容ではないから。

2 地役権の成立

(1) 地役権設定契約

地役権は，要役地の所有者と，承役地の所有者の間の地役権設定契約によって成立する。

➡ 土地の利用権者も設定契約の当事者となることができる。 H10-10

(2) 時効取得

（地役権の時効取得）
第283条 地役権は，継続的に行使され，かつ，外形上認識することができるものに限り，時効によって取得することができる。

地役権は，**継続的に行使され**，かつ，**外形上認識することができるもの**に限り，時効によって取得することができる。

➡ 時効取得の一般的な要件を定めた民法163条に，「継続的に行使され，かつ，外形上認識することができるもの」という要件が加えられている。

理由 たとえば甲土地の所有者が，乙土地をたまに通行していて，乙土地の所有者が何も言わなかった，という関係の場合，“乙土地の所有者が好意で通らせてあげている”という側面が強い（はずである）。

なので，単に一定の期間を経過したからといって，地役権の時効取得を認めてしまうのは，妥当ではない。

H27-11
H23-12
・「継続的に」といえるためには，承役地の上に**通路を開設**することを要し，**その開設が要役地の所有者によってされたことが**必要であるとされている（最判昭30.12.26，同昭33.2.14）。

(3) 対抗要件

地役権が設定された場合，その登記をしなければ，第三者に対抗することができない（民§177）。

プラスアルファ

H28-7
H23-12
通行地役権が設定されたが，その登記をしないうちに承役地の所有権が第三者に譲渡された場合，譲渡の時に，承役地が，要役地の所有者によって継続的に通路として使用されていることがその位置，形状，構造等の物理的状況から客観的に明らかであり，かつ，譲受人がそのことを認識していたかまたは認識することが可能であったときは，譲受人は，通行地役権が設定されていることを知らなかったとしても，特段の事情がない限り，地役権の設定登記がされていないことを主張するについて正当な利益を有する第三者に当たらないとされている（最判平10.2.13）。

3　地役権の効力

(1) 承役地の利用権

地役権者は，設定行為で定めた目的に従い，他人の土地（承役地）を，自己の土地（要役地）の便益に供する権利を有する（民§280）。

➡ 通行を目的とする地役権であれば，要役地の所有者は，承役地を通行することができる。

重要！

地役権は，要役地と承役地の利用の調整を図る権利であり，地役権者が承役地を排他的に利用することができる権利ではない。

【例】 甲土地を要役地，乙土地を承役地として，通行を目的とする地役権が設定された。

➡ 乙土地の所有者は，甲土地の所有者による通行を妨げることはできないが，地役権者の権利を害しない範囲において，所有者として乙土地を利用することができる。

H16-10
・上記のとおり，地役権は排他的な利用権ではないので，同一の土地を承役地として，複数の地役権を設定することができる（民§285Ⅱ参照)。

【例】 甲土地（所有者A）を要役地，乙土地（所有者B）を承役地として，通行を目的とする地役権が設定された後，丙土地（所有者C）を要役地，乙土地を承役地として，同じく通行を目的とする地役権を設定することができる。

・ 地役権は，要役地と承役地の利用の調整を図る権利であるので，**要役地の利用権者（地上権者や賃借権者等）も**，地役権を行使（承役地を利用）することができる（民§281Ⅰ)。 R3-10 H26-10 H20-12

(2) 物権的請求権

地役権は，一定の目的に従って承役地を利用することのできる物権であるから，物権的請求権を行使することができる。具体的には，妨害排除請求権，妨害予防請求権を行使することができる。 H23-12 H16-10

一方，地役権は，承役地を占有する権利ではないので，承役地の返還請求権を行使することはできない。 H30-11

(3) 地代，存続期間

地役権に関して，地代や存続期間を定めることも可能とされているが，その内容を登記することはできない（不動産登記法において登記すべき事項とされていない)。 H30-11 H26-10

(4) 承役地の所有者の義務および権利

① 承役地の所有者の義務

承役地の所有者は，基本的に，地役権者による承役地の利用等を**認容する義務**を負う。

➡ 特に，積極的に何かをしなければならないわけではない。

しかし，承役地の所有者が，自己の費用で地役権の行使のために工作物を設け，または修繕をする義務を負うという契約（特約）をすることも認められている（民§286)。

➡ この契約(特約)については，登記をすることができ(不登§80Ⅰ③)，承役地の特定承継人もこの義務を負担する。

・ 承役地の所有者は，いつでも，地役権に必要な土地の部分の所有権を H29-10

放棄して，地役権者に移転させ，積極的な義務(工作物の設置等の義務)を免れることができる（民§287)。

【例】　Aの所有する甲土地を要役地，Bの所有する乙土地を承役地として，用水地役権が設定された。この契約においては，承役地の所有者(B)が引水のための水路を開設し，その保存と修繕をするという特約がされた。
➡　積極的な義務が定められた。

しかし，Bにとって，この積極的な義務は予想以上に大変で，これを継続することが困難となった。

この場合，Bは，地役権に必要な土地の部分（乙土地の一部分）の所有権を放棄してAに帰属させ，水路の修繕等の積極的な義務を免れることができる。

プラス アルファ

通常，土地の所有権を放棄したら，無主の不動産として国庫に帰属するはずであるが（民§239Ⅱ)，承役地の所有権については，“地役権者に帰属させて積極的な義務を免れる”という趣旨の放棄が認められた。

②　承役地の所有者の権利（工作物の使用）

（承役地の所有者の工作物の使用）
第288条　承役地の所有者は，地役権の行使を妨げない範囲内において，その行使のために承役地の上に設けられた工作物を使用することができる。

4　地役権の性質

(1)　付従性

（地役権の付従性）
第281条　地役権は，要役地（地役権者の土地であって，他人の土地から便益を受けるものをいう。以下同じ。）の所有権に従たるものとして，その所有権とともに移転し，又は要役地について存する他の権利の目的となるものとする。ただし，設定行為に別段の定めがあるときは，この限りでない。
2　地役権は，要役地から分離して譲り渡し，又は他の権利の目的とすることができない。

地役権は，土地（要役地）のための権利である。そのため，地役権は要役地の所有権とセットであり，要役地の所有権が移転すれば，これに従って**地役権も当然に移転する。** H27-11 H11-10

➡ 要役地の所有権に付き従うという意味で，「付従性」という。

【例】 Aの所有する甲土地を要役地，Bの所有する乙土地を承役地として，通行を目的とした地役権が設定された。

➡ 要役地（甲土地）の所有者であるAは，承役地（乙土地）を通行することができる。

その後，Aは，甲土地をXに売り渡した。この場合，甲土地の所有権がAからXに移転するが，これに従って，地役権も当然にAからXに移転する。

➡ Xは，乙土地を通行することができる。Aは通行できない。

・ 要役地の所有権の移転に伴って地役権も移転した場合，要役地について所有権の移転の登記を備えれば，地役権の移転についても第三者に対抗することができるとされている。 H24-10 H21-11 H11-10

➡ 詳しくは不動産登記法で解説するが，登記手続的に，地役権の移転の登記というものをすることができない。 H30-11

プラス アルファ

地役権は，要役地の所有権とともに移転するのが原則であるが，設定行為において別段の定めをすることができる。 H16-10 H10-10 H7-13

➡「地役権は要役地とともに移転しない」という特約をすることができる。

【例】 Aの所有する甲土地を要役地，Bの所有する乙土地を承役地として，通行を目的とした地役権が設定された。なお，設定契約において，「地役権は要役地とともに移転しない」という特約がされた。

その後，Aは，甲土地をXに売り渡した。この場合，地役権は，要役地の所有権に伴って移転せず，消滅する。

➡ Xは，乙土地を通行することができない。

・ 地役権は，要役地と分離して譲渡することはできない。 H27-11

H11-10
H7-13
➡　地役権は，要役地の所有権とセットであるので，地役権のみを第三者に売買等することはできない。

⑵　不可分性

①　共有持分について地役権を消滅させることの可否

（地役権の不可分性）
第282条　土地の共有者の１人は，その持分につき，その土地のために又はその土地について存する地役権を消滅させることができない。
2　土地の分割又はその一部の譲渡の場合には，地役権は，その各部のために又はその各部について存する。ただし，地役権がその性質により土地の一部のみに関するときは，この限りでない。

H30-11
H24-10
H16-10
H4-12
土地の共有者の１人は，その持分につき，**その土地のために，またはその土地について存する地役権を消滅させることができない。**

理由　地役権は，土地のための権利であり，人のための権利ではない。
そのため，土地（要役地または承役地）が数人の共有である場合，共有持分のため，あるいは共有持分の上に，という概念になじまない。
したがって，持分についてのみ地役権を消滅させることはできないとされた。

【例】　ＡＢの共有する甲土地を要役地，Ｃの所有する乙土地を承役地として，通行を目的とする地役権が設定された。
この後に，Ａは，「自分は乙土地を通行しなくていいので」と言って，自己の持分について地役権を放棄することはできない。

【例】　Ａの所有する甲土地を要役地，ＢＣの共有する乙土地を承役地として，通行を目的とする地役権が設定された。
この後に，乙土地のＢの持分についてのみ地役権を消滅させることはできない。

②　共有者による時効取得

第284条　土地の共有者の１人が時効によって地役権を取得したときは，他の共有者も，これを取得する。
2　共有者に対する時効の更新は，地役権を行使する各共有者に対してしなければ，その効力を生じない。
3　地役権を行使する共有者が数人ある場合には，その１人について時効の完成猶予の事由があっても，時効は，各共有者のために進行する。

土地の共有者の１人が時効によって地役権を取得したときは，**他の共有者も，地役権を取得する。** H30-11 H16-10

理由 地役権は，土地のための権利であり，人のための権利ではない。
そのため，共有者の１人のみが地役権を時効取得し，他の共有者は地役権を取得できない（要役地の持分のみに地役権が成立する）というのは，適当ではない。
したがって，共有者の１人が地役権を時効取得したときは，他の共有者も地役権を取得するとされた。

・　共有者に対する（取得）時効の更新は，地役権を行使する各共有者に対してしなければ，その効力を生じない。

【例】 甲土地をＡＢが共有している。そして，ＡＢは，乙土地を通行し，地役権を時効取得しそうになっている。
この場合，乙土地の所有者Ｃは，Ａに対してのみ時効更新の手続きをとっても，取得時効は更新されない。
➡ 共有者の全員であるＡＢに対して時効更新の手続きをとることによって，取得時効が更新される。

③　要役地が共有の場合の地役権の消滅時効

第292条　要役地が数人の共有に属する場合において，その１人のために（消滅）時効の完成猶予又は更新があるときは，その完成猶予又は更新は，他の共有者のためにも，その効力を生ずる。

要役地が数人の共有であり，地役権について消滅時効が完成しそうな場合，共有者の１人が時効の完成猶予または更新の手続きをとれば，その効果は，他の共有者にも及ぶ。 H27-11 H20-12 H2-4

【例】　ＡＢの共有する甲土地を要役地，Ｃの所有する乙土地を承役地として，通行地役権が設定された。最初のうちは，ＡＢは乙土地を通行していたが，いつの間にか，ＡＢとも乙土地を通行しなくなった（権利の不行使）。

この場合，地役権について消滅時効が進行するが，共有者の１人Ａが時効更新の手続きをとったときは，その効果はＢにも及ぶ。

➡　Ｂ持分について地役権が時効消滅する，ということはない。

重要！

上記②，③のとおり，要役地が共有の場合は，地役権をなるべく成立させよう，地役権をなるべく消滅させないようにしよう，という方向性がある。

5　地役権の消滅

地役権は，物権一般の消滅原因によって消滅するが，以下のような規定が置かれている。

(1)　承役地の時効取得による地役権の消滅

（承役地の時効取得による地役権の消滅）
第289条　承役地の占有者が取得時効に必要な要件を具備する占有をしたときは，地役権は，これによって消滅する。

H21-11
H7-13
承役地について第三者が時効取得したときは，その反射的効果として，地役権は消滅する。

➡　時効による所有権の取得は，原始取得である。つまり，時効取得者は，（原則として）何の負担もないまっさらな所有権を取得するので，その土地に付着していた権利（地役権等）は，時効取得の反射的効果で消滅する。

・　ただし，時効取得者が，その土地に地役権が存在していることを認容していた場合は，地役権の負担の付いた所有権を時効取得するとされている（大判大9.7.16）。

(2) 地役権の消滅時効

> **(地役権の消滅時効)**
> **第291条**　第166条第２項に規定する消滅時効の期間は，継続的でなく行使される地役権については最後の行使の時から起算し，継続的に行使される地役権についてはその行使を妨げる事実が生じた時から起算する。

地役権は，「債権又は所有権以外の財産権」といえるので，20年間行使しないときは，時効により消滅する（民§166Ⅱ）。

民法291条は，地役権の消滅時効の起算点を定めている。

・　地役権者が，その権利の一部を行使しないときは，**その部分のみが**時効によって消滅する（民§293）。 H20-12

第2編

担保物権

第１章
担保物権総論

Topics
・ここからは，担保物権について学習する。
・担保物権の意義と役割，そして担保物権の種類等を一通り見ておいていただきたい。
・総論は抽象的な話で分かりにくいので，まずは気楽に読み進めてください。

1　担保物権とは

担保物権とは，債権の担保を目的とする物権である。

債権の担保とは，債権を保全することをいい，具体的には**債権を優先的に回収できるようにすること**を目的とする。

➡　自分の債権について他の人に優先して弁済を受けたい。

☆　債権者平等の原則

担保物権の話をする前に，まず債権者平等の原則を復習する必要がある。同一の債務者に対して複数の債権者がいる場合，各債権者は平等の関係である。

【例】　ＸはＡに対して1,000万円の貸金債権を有している。ＹもＡに対して3,000万円の貸金債権を有しており，ＺもＡに対して2,000万円の貸金債権を有している。

Ａは，きちんと各債権者に弁済したいという気持ちはあるが，金はなく，弁済期までに弁済ができなかった。

そのため，Ｘは，Ａの持っている唯一の資産である甲土地を差し押さえた。

➡　**債権者は，債務者の財産を差し押さえ，競売し，その売却の代金から弁済（配当）を受けることができる。**

競売の結果，甲土地はＢが3,000万円で買い受けた。

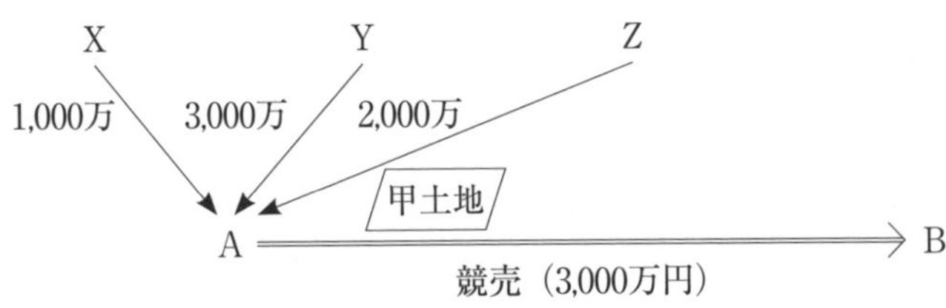

この場合，弁済を受けるべき債権者がＸだけだったら，Ｘはこの代金か

ら1,000万円の弁済を受けることができる。

しかし，他の債権者であるＹやＺも配当を要求してきた場合，３人の債権の合計は6,000万円，配当できる額（甲土地の売却の価格）は3,000万円であり，全員が全額の弁済を受けることができない。

このような場合は，**各債権者は平等の立場で**，つまり債権額の割合に応じて配当を受けることになる。

➡ Ｘ，Ｙ，Ｚの債権額の割合は１：３：２なので，売却代金3,000万円をこの割合で分けると，Ｘは500万円，Ｙは1,500万円，Ｚは1,000万円の配当を受けることになる。

「俺が先に貸したからまず俺が配当を受ける」，「いや，俺が先に差し押さえたから俺が先だ」といった言い分もあるだろうが，法律的には，各債権者は平等に扱われる。

では，自分の債権について他の債権者に優先して弁済を受けるためにはどうすればいいか。

そのための方法はいくつかあるが，そのうちの１つが**担保物権の制度**である。

これは，債務者（または第三者）が所有する物を債権の引当てにする方法である。

担保物権にもいくつかの種類があるが，一番重要な**抵当権**で説明する。

【例】 ＸはＡに対して1,000万円を貸し付けた。そして，この貸金債権を担保するため，Ａの所有する甲土地にＸのために抵当権を設定した。

その後，弁済期が到来したが，Ａはお金を返せなかった。この場合，Ｘは，甲土地の抵当権を実行することができる。

➡ 甲土地を抵当権に基づいて差し押さえ，競売にかける。そして，その売却の代金から，抵当権者Ｘが**他の債権者に優先して**弁済を受けることができる。

・「他の債権者に優先して」という部分を具体的に見てみる。

【例】 上記の事例のように，ＸはＡに対して1,000万円の貸金債権を有しており，甲土地に抵当権を設定した。また，ＹもＡに対して3,000万円の貸金債権を有しているが，Ｙは特に抵当権を設定してもらわなかった。そして，ＺもＡに対して2,000万円の貸金債権を有しているが，特に抵当権を設定してもらわなかった。

その後，Aが弁済期までに債務を弁済できなかったので，甲土地が差し押さえられ，競売にかけられた。そして，Bが3,000万円で甲土地を買い受けた。

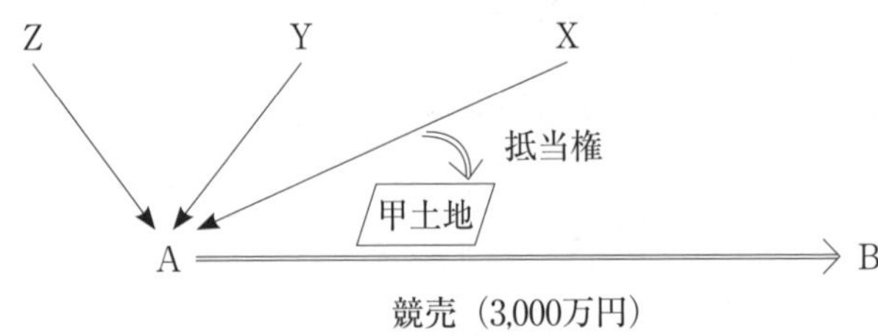

この場合，X，Y，Zの債権の合計は6,000万円である。一方，債権者に配当できる額（甲土地の売却の価格）は3,000万円である。

誰も担保物権を有していなかったら，債権者平等の原則が適用されて，各債権額の割合に応じて配当がされることになるが，この事例では，**Xは甲土地に抵当権（担保物権）を有している。**

そのため，甲土地の売却の代金については，まずXが他の債権者（Y，Z）に優先して配当を受けることができる。

➡　Xが最初に債権の全額（1,000万円）の配当を受けることができる。

そして，残りの2,000万円については，YとZが平等の立場で（債権額の割合に応じて）配当を受ける。

➡　YとZの債権額の割合は３：２であるので，Yが1,200万円，Zが800万円の配当を受ける。

重要！

このように，担保物権を有していれば，他の債権者に優先して自分の債権を回収することができる。

2　他の債権担保の手段

債権を担保するためには，担保物権を設定するのがかなり強力な手段といえるが，他にも債権担保の手段はある。

その中でも重要なのが，**人的担保**である。

人的担保とは，債務者以外の人（の一般財産）を担保とするものである。
➡ “人を担保にとる”というと物騒な感じがするが，そういう話ではない。

これには，保証債務（民§446～），連帯債務（民§436～）などがある。

3 担保物権の種類

担保物権の種類はいろいろある。

まず，大きく3つに分けると，以下のとおりである。

⑴ 民法に規定された担保物権
⑵ 民法以外の特別法に規定された担保物権
⑶ 法律で直接規定されていないが，実務でよく利用されており，担保物権といって差し支えないもの

この中で1番重要なのは，言うまでもなく「⑴民法に規定された担保物権」である。

これには4つの種類がある。

① 留置権
② 先取特権
③ 質権
④ 抵当権

そして，「⑵民法以外の特別法に規定された担保物権」には，仮登記担保や特別法による先取特権といった権利，「⑶法律で直接規定されていないが，実務でよく利用されており，担保物権といって差し支えないもの」には譲渡担保などがある。

プラス アルファ

民法で規定された担保物権を典型担保，それ以外の担保を非典型担保と呼んだりする。

本書では，典型担保の4つはしっかり解説し，非典型担保については，試験において重要な譲渡担保等のいくつかを解説する。
→ 仮登記担保については不動産登記法で解説する。

4　法定担保物権と約定担保物権

上記のとおり，担保物権にはいくつかの種類があるが，“どのようにして担保物権が発生するか”という観点で見ると，２つに分けられる。

法定担保物権と約定担保物権である。

法定担保物権→　法に定める要件が備わった場合に，当然に発生する担保物権。

➡　法の規定によって当然に発生するから，法定担保物権。

約定担保物権→　当事者間の契約によって発生する担保物権。

➡　当事者間の合意（約定）によって発生するから，約定担保物権。

典型担保でいうと，留置権と先取特権が法定担保物権，質権と抵当権が約定担保物権である。

→　留置権や先取特権はなぜ法の規定によって当然に発生するのか，ということについては，第５章（留置権），第６章（先取特権）で解説する。

5　各担保物権に共通する性質（通有性）

担保物権にはいくつかの種類があるが，いずれも“債権を担保する”という共通の目的があるので，それぞれの担保物権で共通した性質というものがある。

➡　これを担保物権の通有性と呼んだりする。

注意！　少し抽象的な話であり，今の時点では分かりづらいかもしれない。なので，今は軽く目を通すだけにして，各種の担保物権の学習を終えた後にもう一度ここに戻ってきていただけたら，きちんと理解できると思う。

(1)　付従性

担保物権は，特定の債権を担保するためのものである。そのため，担保されるべき債権（**被担保債権**）が存在しなければ担保物権も存在することができず，被担保債権が消滅すれば担保物権も当然に消滅する。

➡　**担保物権は，被担保債権にくっついている**といえる。

このように，担保物権は被担保債権に付き従う性質を有している。これを**付従性**という。

【例】　ＸはＡに対し，令和４年５月１日に1,000万円を貸し付けた。そして，ＸとＡは，この1,000万円の貸金債権を担保するため，Ａの所有する甲土地に抵当権を設定した。

➡ この抵当権は，XのAに対する令和４年５月１日付けの1,000万円の貸金債権（既に発生している特定の債権）を担保している。

この債権があるからこそ，抵当権も成立することができる（成立における付従性）。

【例】 上記のとおり債権と抵当権が成立した後，令和４年７月10日にAはXに対して1,000万円の借入金債務を弁済した。これにより債権（被担保債権）は消滅したので，甲土地を目的とした抵当権も消滅する。

➡ Xは1,000万円を返してもらったのだから，抵当権だけ残っても意味がない。だから，**被担保債権が消滅すれば当然に抵当権も消滅する（消滅における付従性）**。

(2) 随伴性

担保物権は，被担保債権にくっついている。そのため，債権(被担保債権)と担保物権が成立した後，**被担保債権が第三者に移転したときは，債権とともに担保物権も第三者に移転する**。

このように，担保物権は被担保債権に随伴する性質を有している。これを**随伴性**という。

【例】 XはAに対して令和４年５月１日に1,000万円を貸し付けた。そして，この債権を担保するため，Aの所有する甲土地に抵当権を設定した。

この後の令和４年８月10日，Xは，Aに対する1,000万円の貸金債権をYに譲渡（債権譲渡）した。これにより，Xの有する1,000万円の貸金債権はYに移転した。

➡ 甲土地を目的とした抵当権は，XのAに対する令和４年５月１日付けの1,000万円の貸金債権を担保するものであり，この債権がYに移転したのだから，債権にくっついて抵当権もYに移転する。

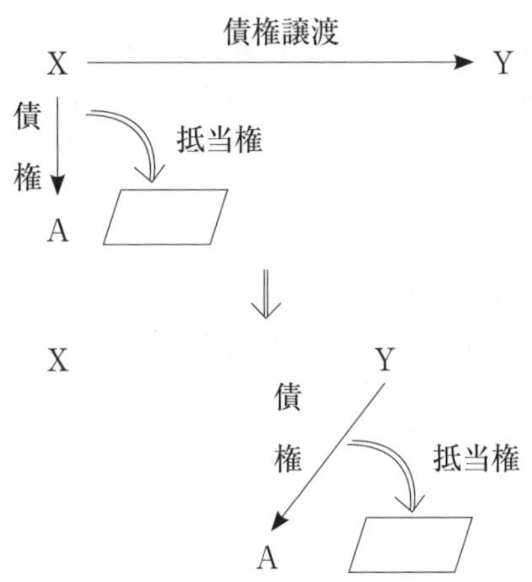

(3)　不可分性

担保物権は，被担保債権の全部の弁済がされるまでは，その目的物の全部に効力が及んでいる。このような性質を，不可分性という。

【例】　XのAに対する1,000万円の貸金債権を担保するため，Aの所有する甲土地（200㎡）に抵当権が設定された。その後，Aは，債務の一部250万円を弁済した。

この場合でも，Xの抵当権の効力は，甲土地の全体に及んでいる。Aが残りの債務を弁済しなかったら，Xは甲土地の全部を競売にかけることができ，その代金から優先弁済を受けることができる。

➡　Aが債務の一部を弁済したからといって，抵当権の目的となる範囲が縮減する（甲土地のうち50㎡について抵当権が消滅する）わけではない。

(4)　物上代位性

担保物権は，その目的物の売却，賃貸，滅失または損傷によって債務者が受けるべき金銭その他の物に対しても，行使することができる。このような性質を，物上代位性という。

➡　分かりにくい。

物上代位を理解するためには，まず担保物権の根本的な目的，あるいは意味するところを理解する必要がある。

具体的に見ていこう。

【例】　XはAに対して1,000万円を貸し付けた。そして，この債権を担保するため，Aの所有する甲建物（さいたま市浦和区北浦和一丁目２番地３。時価は1,500万円）を目的としてXのために抵当権を設定した。

➡　Aが債務を弁済しなかったら，Xは抵当権を実行し，他の債権者に優先して弁済を受けることができる。つまり，甲建物を競売にかけて，その売却の代金からXが優先して1,000万円の弁済（配当）を受けることができる。

注目してほしいのは，抵当権者Xは，別に甲建物そのものには大して興味がないということ（Xは，この建物の場所，外観，内装が気に入ってここに住もうというわけではない）。

Xの究極の目的は，（債務が弁済されなかったときに）甲建物を競売してお金に換えて，そこから自分の債権を回収することである。

➡　結局はお金。

重要！

このように，担保物権は，目的たる物そのものではなく，物の交換価値（お金に換えた場合の価値）を支配する権利ということができる。

➡　ちなみに，用益物権は，目的たる物を使用・収益するので，まさに物そのものが重要。

そうだとすると，以下のような場合は，抵当権の効力はどうなるだろうか。

【例】　XのAに対する1,000万円の貸金債権を担保するため，Aの所有する甲建物に抵当権が設定されたが，火災により甲建物が焼失してしまった。ただ，Aは火災保険を掛けていたので，Aは保険会社に対して1,500万円の保険金の請求権を取得した。

まず，物権一般の大原則であるが，目的たる物が滅失したら，当然に物権も消滅する。そのため，甲建物を目的としたXの抵当権は，甲建物がなくなったのだから，当然に消滅するはずである。

ただし，先に見たように，担保物権は，目的たる物そのものに関心があるのではなく，目的物の交換価値を支配するものである。

その視点で見ると，この事例では，「甲建物」が「保険金1,500万円」に変わったと考えることができる。

➡　目的たる物がお金（金銭債権）に変わった，つまり**交換価値が現実化**した。

そうすると，**Xの抵当権の効力は，甲建物の交換価値が現実化したもの，つまりAが受け取るべき1,500万円の保険金の上に及んでいる**，と考えることができる。

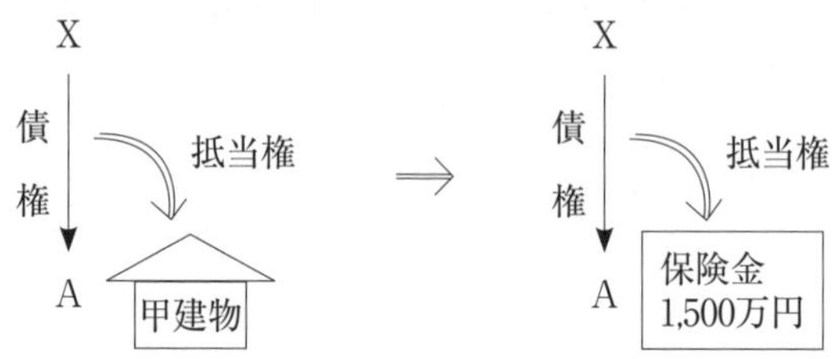

プラスアルファ

仮に，甲建物の滅失によってXの抵当権が完全に消滅してしまうとすると，Aは甲建物に代わるものとして1,500万円を受け取れるのに，Xはまったく何もできないということになり，あまりに不公平である。

このように，担保物権の目的物が売却されたり，滅失したことによって，債務者が第三者から金銭その他の物を受け取ることになったときは，担保物権は，その金銭その他の物に対しても行使することができる（優先弁済を受けることができる）とされた。

これが物上代位である。

【例】　上記の事例では，抵当権者Xは，Aが保険会社から受け取るべき1,500万円の保険金に対して抵当権を行使することができる。

➡　保険会社はAに対して1,500万円を払うことになるが，うち1,000万円についてはXが優先して受け取ることができる。

6　本書の叙述の順について

本書の担保物権編では，民法に規定する典型担保ならびに一部の非典型担保を解説する。

そして，典型担保については，民法の条文では，留置権→先取特権→質権→抵当権（根抵当権）の順で規定されているが，その中で圧倒的に重要なのが抵当権（根抵当権）である。試験で出題される量も抵当権が圧倒的に多い。

そのため，本書では，まず抵当権（根抵当権）について解説し，次に抵当権と同じ約定担保物権である質権，その後に法定担保物権である留置権，先取特権を解説することとする。

第2章
抵当権

第1節　総　説

Topics
・ここからは，抵当権について学習する。
・抵当権は，民法択一だけでなく，不動産登記法択一，不動産登記法記述においても出題される。ものすごく重要である。

ケーススタディ

Aは，事業のためにお金が必要となり，X銀行に1,000万円の融資を求めた。X銀行は，Aの自宅の建物に担保をつけてくれれば融資すると約束してくれた。Aとしては，建物を担保とすることは構わないが，そこに住んでいるので，X銀行に引き渡す必要があるというのでは困る。

Aは，その建物に住んだままで，建物を担保に提供することができるか。

1　抵当権の意義

抵当権とは，ある特定の債権を担保するために債務者または第三者（物上保証人）の提供した不動産を，**提供者の使用収益に委ねておきながら**，債務が弁済されなかった場合にそれを換価して，その代金等から**優先弁済を受ける**ものとする約定の担保物権である。

（抵当権の内容）

第369条　抵当権者は，債務者又は第三者が占有を移転しないで債務の担保に供した不動産について，他の債権者に先立って自己の債権の弁済を受ける権利を有する。

2　地上権及び永小作権も，抵当権の目的とすることができる。（後略）

☆　ポイント

①　抵当権は，ある**特定の債権を担保する**ものである（担保物権）。

②　債務者のほか，第三者も債権者のために抵当権を設定することができる。

【例】　X銀行はAに対して1,000万円を貸し付けた。そして，このX銀行のAに対する債権を担保するため，Bの所有する土地に抵当権を設定することができる。

➡　Aが債務を弁済できなかったときは，X銀行は抵当権を実行し，Bの所有する土地を競売にかけることができる。

重要！

他人の債務のために担保を提供した者（この事例のB）を，物上保証人という。

➡　物上保証人は，債務は負担していないが，責任だけを負っている。

③　抵当権を設定しても，**その不動産を抵当権者（債権者）に引き渡すことを要しない。**

【例】　ケーススタディの事例では，設定者Aは，自宅建物を銀行に引き渡すことなく，この建物に抵当権を設定することができる。

重要！

抵当権は，占有を移転しないで設定することができるのが大きな特徴（非占有担保）。 H6-11

プラスアルファ

後述（第4章）するが，ある物に質権を設定する場合は，その物を質権者に引き渡す必要がある。

➡　“物を返してほしければ金を返せ”ということで，債務者に与えるプレッシャーが大きい。その意味で，質権は強力な担保の手段であるが，反面，債務者にとっては厳しいので，現実にはあまり利用されない。

一方，抵当権は，物（不動産）を債権者に渡さなくていいので，大変に便利である。

➡　最も分かりやすいのが住宅ローン。Aが銀行から融資（35年ローン）を受けて新築建物を購入し，この建物に抵当権を設定した場合，Aはその建物に住みながら，コツコツと銀行にローンを返済すればよい。

仮に，ローンを完済するまで抵当権者（銀行）が建物を占有するということになると，Aがこの建物に住むことができるのは35年後ということになる。新築建物を買ったはずなのに，いきなり築35年になるのは辛い。

R4-10
H26-10
H25-10
H元-4

④　**抵当権は，不動産の所有権，地上権または永小作権を目的とすることができる。**

上記③のとおり，抵当権は，非占有担保である。

➡　債務者の所有する不動産に抵当権を設定しても，その不動産は債務者が引き続き占有しているので，第三者から見てその不動産に抵当権が設定されていることは分からない。

ということは，**（占有以外の）別の方法でその物に抵当権が設定されていることを公示しなければ，他の債権者等の第三者が不測の損害を被ることがある。**

そのため，抵当権は，**公示制度が整った物**に対してのみ設定することができるとする必要がある。

そこで，登記という公示制度が整備されている**不動産**（地上権や永小作権の不動産物権も含む）に抵当権を設定することができる，とされた。

➡（大原則として）動産や債権に抵当権を設定することはできない。

プラス アルファ

登記記録（実際の様式とは違っています）

表題部（土地の表示）
所在　新宿区新宿東町一丁目　　地番　2番3　　地目　宅地
地積　100.00㎡
権利部（甲区）（所有権に関する事項）
1番　所有権移転　　平成3年5月2日受付
　　原因　平成3年5月2日売買
　　所有者　A

権利部（乙区）（所有権以外の権利に関する事項）
1番　抵当権設定　　平成25年8月10日受付
　　原因　平成25年8月10日金銭消費貸借同日設定
　　債権額　金1,000万円
　　債務者　A
　　抵当権者　X銀行

➡　不動産ごとに登記の記録が設けられ，所有者や抵当権者などの権利者や権利の内容が記録される。

・　登記の記録は一般に公開されている（インターネットでも見ることができる）。

そのため，この新宿東町一丁目２番３の土地を買おうと思っているBは，この登記の記録を見て，「あっ，X銀行の抵当権がついている！」と事前に知ることができる。

➡　予期しない損害（混乱）を防ぐことができる。

プラスアルファ

不動産以外でも，公示制度がしっかりしているものについては，特別法によって抵当権の目的とすることが認められている。

【例】　自動車（自動車には登録の制度がある）
　　　　立木（立木に関する法律に基づいて登記をすることができる）

重要！

賃借権等の債権を目的として抵当権を設定することはできない（民§369Ⅱ）。 R4-11 H25-10

理由　賃借権は，土地や建物などの利用ができる権利であり，また一定の要件を満たせば登記をすることもできるが（不登§３⑧），登記による公示という意味では不完全であり，抵当権の目的とすることはできないとされている。

⑤　抵当権者は，他の債権者に先立って自己の債権の弁済を受けることができる。

抵当権は債権を担保するための物権であり，**優先弁済権**を有する。

2　抵当権の性質

(1)　付従性

抵当権は，**特定の債権を担保するためのもの**であるので，担保されるべき債権（被担保債権）が存在しなければ抵当権も成立しない（成立における付従性）。

➡　なお，付従性は緩和されている（後述）。

また，被担保債権および抵当権が成立した後，被担保債権が消滅したら，当然に抵当権も消滅する（消滅における付従性）。

⑵　随伴性

抵当権は被担保債権にくっついているので，被担保債権が譲渡や転付命令等により第三者に移転したときは，抵当権も被担保債権とともに第三者に移転する。

⑶　不可分性

被担保債権の全額の弁済を受けるまでは，目的物の全部について抵当権を行使することができる（民§372，296）。

⑷　物上代位性

抵当権は，その目的物の売却，賃貸，滅失または損傷によって債務者が受けるべき金銭その他の物に対しても，行使することができる（民§372，304）。

➡　抵当権は，目的たる不動産の交換価値を支配する権利であるので，その交換価値が現実化した場合には，それについて抵当権を行使することができる。

第2節　抵当権の設定

Topics ・抵当権の設定契約，客体，被担保債権について理解しておくこと。

ケーススタディ

ＸのＡに対する債権を担保するため，Ｂの所有する土地を目的として抵当権を設定することとした。

この場合，だれが抵当権の設定契約の当事者となるか。

1　抵当権の設定契約

(1)　契約の当事者

抵当権は約定の担保物権であるから，抵当権を発生させるためには，必要な当事者間で抵当権の設定契約をする必要がある。

抵当権の設定契約の当事者は，**抵当権者と設定者（担保提供者）**である。

債務者以外の第三者の所有する不動産を目的として抵当権を設定する場合(物上保証の場合)は，担保を提供する物上保証人が設定契約の当事者となる。

➡　債務者は，設定契約の当事者ではない。

理由　抵当権は，不動産を担保に提供する物権契約であるから，物について処分権限を有する者が契約当事者となる。

【例】　ケーススタディの事例では，Ｂの所有する不動産を目的としてＸのために抵当権を設定するので，ＸとＢが抵当権の設定契約をする必要がある。

➡　Ａは，抵当権の設定契約には関係ない。

・　設定者が，将来，その不動産を取得することを停止条件として，抵当権を設定することができる（大決大4.10.23)。

【例】　Ａは，将来，Ｂから甲土地を貰うことになっている。この場合，Ａが甲土地の所有権を取得することを条件として，Ｘのために甲土地に抵当権を設定することができる。

➡　この後にＡが甲土地の所有権を取得したら，その時にＸの抵当権が成立する。

⑵　契約の方式

抵当権の設定契約は，**諾成，不要式の契約**である。

つまり，抵当権の設定契約（当事者間の意思表示の合致）により抵当権が成立する。

➡　目的物の引渡し等の行為は不要。

2　抵当権の目的物

先に解説したとおり，（民法上）抵当権の目的となるのは，不動産（土地，建物），地上権，永小作権である（民§369）。

⑴　一筆の土地の一部

一筆の土地の一部を目的として，抵当権を設定することは可能である。

ただし，登記手続法上，一筆の土地の一部を目的として登記をすることはできないので，その抵当権の設定の登記をするためには，前提として土地について分筆の登記をして，分筆後の一筆の土地の全体を目的とした形で設定の登記をする必要がある。

⑵　共有持分

共有者の持分のみを目的として，抵当権を設定することは可能である。

【例】　甲土地は，Aが持分３分の２，Bが持分３分の１の割合で共有している。そして，このAの持分のみを目的として，Xのために抵当権を設定することができる。

⑶　所有権の一部，共有持分の一部

所有権の一部，あるいは共有持分の一部を目的として，抵当権を設定することは（原則として）できない。

【例】　Aが甲土地を単独で所有している場合に，甲土地の所有権の一部３分の１のみを目的として，Xのために抵当権を設定することはできない。

理由　所有権の一部だと，どの部分が抵当権の目的となっているのかが分からない(抵当権の目的たる部分が特定できない)からである。

【例】 仮に，Aの所有権の一部3分の1に抵当権が設定できるとすると，その後にAが甲土地の所有権の一部2分の1をBに売り渡した場合，Xの抵当権はBの持分を目的としているのか，それともAの持分を目的としているのかが分からない。これでは困る。

3　抵当権の被担保債権

抵当権は，特定の債権を担保するためのものであるが，どのような債権が被担保債権になり得るかについて，いくつかの論点がある。

(1)　将来発生する債権

抵当権が成立するためには，担保されるべき債権（被担保債権）が現に存在している必要がある（成立における付従性）。

ただし，この付従性の要件は緩和されており，現に債権が存在しなくても，将来において特定の債権が発生する可能性がある場合には，その**将来債権を担保するために抵当権を設定することができる**。 H30-12

【例】 X銀行はAに対して1,000万円を現実に貸し付けた。そして，AはY信用保証に対し，この1,000万円の債務の保証人となってほしいと依頼し，Yはこれを受諾した（保証委託契約がされた）。

➡ 将来，Y信用保証がAに代わって，X銀行に対して債務を弁済したら，Y信用保証はAに対して求償権を取得する。

現時点では，Y信用保証はAに対して何の債権も持っていないが，将来，Aに対して求償権を取得する可能性がある。そのため，現在において，この将来の求償債権を担保するために抵当権を設定することができる。 H28-12 H18-16

➡ 実務において非常に多い事例である。

(2)　金銭債権以外の債権

抵当権の被担保債権は，金銭債権であるのが通常である（貸金債権や売買代金債権など）。

ただし，金銭債権以外の債権でも，**最終的に金銭債権になるものであれば**，抵当権の被担保債権とすることができる。

【例】 XはAに対して，石炭の引渡しの債権を有している（石炭10トンを引き渡してくれ)。

これは，金銭債権ではないが，Ａが履行を怠った場合には，損害賠償債権という金銭債権に変わる（民§417)。

つまり，抵当権を実行する時には金銭債権に転化しているので，物の引渡しの債権を担保するために抵当権を設定することができる。

(3)　1個の債権の一部

1個の債権の一部を担保するために，抵当権を設定することができる。

理由　どれだけの額について優先弁済権を取得するかは，当事者の自由である。

【例】　ＸはＡに対して3,000万円の貸金債権を有している。そして，この債権の一部1,000万円分を担保するため，抵当権を設定することができる。

➡　抵当権が実行されたら，Ｘは，1,000万円については他の債権者に優先して弁済を受けることができる。

(4)　数個の債権

同一の債権者が有する数個の債権をまとめて担保するため，1個の抵当権を設定することができる（最判昭33.5.9)。

【例】　ＸはＡに対し，8月10日に500万円，9月15日に300万円を貸し付けた。

この2つの債権を併せて担保するため，1個の抵当権を設定することができる。

重要❗

債権者が同一であれば，数個の債権について債務者が異なっていても差し支えない。

一方，債権者が異なる数個の債権を併せて担保するため，1個の抵当権を設定することはできないとされている（先例昭35.12.27－3280)。

【例】　ＸはＡに対し8月10日に500万円を貸し付け，ＹはＡに対して9月15日に300万円を貸し付けた。

このＸとＹの債権を併せて担保するため，1個の抵当権を設定することはできない。

➡　これを認めると，他人の債権についても抵当権を取得することになり，付従性に反するからという理由であるが，学説上は反対も多い。

(5)　無効な債権

被担保債権が発生したものとして抵当権を設定したが，その被担保債権が無効であった場合には，抵当権も効力を生じない（成立における付従性）。

【例】　公序良俗に反する契約から生じた債権を担保するために抵当権の設定契約がされた場合，債権自体が発生しないので，抵当権も効力を生じない（大判昭8.3.29）。

プラスアルファ

ただし，場合によっては，設定者が抵当権の無効を主張することが信義則に反して許されないこともある。

4　抵当権の対抗要件

抵当権は，不動産に関する物権であるから，**登記をしなければ第三者に対抗することができない**（民§177）。

➡　登記をしなければ，他の債権者に対抗できないので，他の債権者に優先して弁済を受けることはできない。

5　抵当権の順位

(1)　抵当権の順位とは

同一の不動産を目的として，複数の抵当権を設定することができる。

理由　物の（排他的な）利用権は，１つの物に１個しか成立しない（１人が排他的に利用するのならば，他の人は利用できない）。

しかし，抵当権は，目的たる不動産を利用するための権利ではなく，その担保価値を把握し，債務が弁済されない場合にその不動産を競売（換価）して，優先弁済を受けることをその目的とする。だから，同一の不動産に複数の抵当権を設定しても特に問題はない。

同一の不動産に複数の抵当権を設定すること自体は問題ないとしても，**各抵当権者の優先弁済の順序はものすごく重要な問題**である。

➡　自分の債権について優先弁済を受けるために抵当権を設定したのだから，皆，とにかく優先して弁済を受けたい。
では，その順序はどうやって決定されるのか。

（抵当権の順位）
第373条　同一の不動産について数個の抵当権が設定されたときは，その抵当権の順位は，登記の前後による。

抵当権の設定契約がされた順ではなく，抵当権の設定の**登記がされた順**による。

【例】　Aの所有する甲土地にXの抵当権とYの抵当権の設定契約がされた。設定契約はXの方が早かったが，Yの方が先に抵当権の設定の登記をした（Yの抵当権は順位番号１番で登記がされ，Xの抵当権は順位番号２番で登記がされた）。
➡　甲土地が競売されたときは，Yが最優先で弁済を受けることができ，その残額についてXが（他の一般債権者に優先して）弁済を受けることができる。

重要！

抵当権の設定契約をした場合には，とにかく早く登記をするべし。
➡　実務では，抵当権が設定されたら直ちにその登記を申請する。

プラスアルファ

同時に複数の抵当権の設定の登記を申請したら，それらの抵当権は同順位となる。
➡　同順位なので，各抵当権者の債権額の割合に応じて優先弁済を受けることになる。

(2)　抵当権の順位の変更

上記のとおり，抵当権の優先弁済権の順位は，登記の前後による。
しかし，複数の抵当権の設定の登記がされた後に，この順位を変更することができる（抵当権の**順位の変更**）。

【例】　甲土地を目的としてXの１番抵当権，Yの２番抵当権の設定の登記がされた後，Yの抵当権を第１順位，Xの抵当権を第２順位と変更することができる。

(3) 順位の変更の要件

（抵当権の順位の変更）
第374条　抵当権の順位は，各抵当権者の合意によって変更することができる。ただし，利害関係を有する者があるときは，その承諾を得なければならない。
2　前項の規定による順位の変更は，その登記をしなければ，その効力を生じない。

順位の変更の要件は，**①各抵当権者の合意があること，②利害関係を有する者がいるときはその承諾を得ること，③順位の変更の登記がされること**，である。

① 各抵当権者の合意があること

抵当権の順位の変更をするためには，順位の変更に関係のある抵当権者全員の合意が必要である。

【例】 Xの１番抵当権とYの２番抵当権の順位を入れ替える順位の変更をするときは，XとYの２人が順位の変更の合意をする。

② 利害関係を有する者がいるときはその承諾を得ること

順位の変更をすることによって不利益を受けるおそれのある者（利害関係を有する者）がいる場合には，順位の変更をするに当たってその者の承諾を得ることを要する。

➡ その者の意思を問わずに勝手に不利益を与えるわけにはいかない。

→ 順位の変更における利害関係人については，不動産登記法で学習する。

③ 順位の変更の登記がされること

順位の変更は，当事者間で合意がされた（また利害関係人の承諾も得られた）だけでは効力を生じない。

順位の変更の**登記がされることによって，変更の効力が生ずる**。

重要！

登記が効力要件である。

(4) 無効な抵当権の登記の流用

① 無効な抵当権の登記の流用の意義

無効な抵当権の登記の流用とは，弁済等により消滅した抵当権の登記が残っている場合に，別の債権を担保する抵当権のために，その登記を流用する（不当に再利用する）ことをいう。

【例】 甲土地を目的として，以下のような抵当権の登記がされている。

1番	抵当権設定	平成15年受付	原因	平成15年金銭消費貸借	
	債権額　金1,000万円	債務者　A		抵当権者　X	
2番	抵当権設定	平成20年受付	原因	平成20年金銭消費貸借	
	債権額　金2,000万円	債務者　A		抵当権者　Y	

このような登記がされた後の平成28年，AはXに対し，平成15年に発生した1,000万円の借入金債務を弁済した。

➡ 1番抵当権は被担保債権の弁済により消滅したので，本来であれば，この抵当権の登記の抹消をすべきである。しかし，面倒だったのか，1番抵当権の登記は抹消されずに残されたままになっている。

その後の令和4年2月5日，XはAに対して新たに1,000万円を貸し付けた。そして，この債権を担保するため，また甲土地に抵当権を設定した。

➡ 新たに甲土地に抵当権が設定されたので，本来であれば，甲土地を目的として新たな抵当権の設定の登記を申請すべきである。しかし，Xは，「あっ，そういえば甲土地には昔に設定した抵当権の登記が残っているなぁ。これを使おう」ということで，（本当は消滅して無効になってる）1番抵当権の登記を流用することとした。

プラス アルファ

なぜ，抵当権の登記の流用をするのか？大きな理由は2つある。

・ 詳しくは不動産登記法で学習するが，抵当権の設定の登記をするためには，登録免許税という税金を払う必要がある（債権額の0.4%）。1,000万円の債権を担保する抵当権だと，4万円の税金を払う必要がある。これが嫌だから，昔に設定した（現在は無効な）抵当権の登記を流用したい。

・　新たな抵当権の設定の登記をすると，順位が下になってしまう。

上記の【例】で考えると，令和４年に発生した債権を担保するため，新たに抵当権の設定の登記をすると，「順位３番」で抵当権の登記がされることになる。つまり，２番抵当権者のＹより順位が劣後してしまう。

一方，１番抵当権の登記を流用できれば，Ｘは順位１番の抵当権者でいられる。

②　無効な抵当権の登記の流用の効果

判例は，当該不動産に関して利害関係を有する第三者の利益や，その第三者が登場した時期などを考慮して，登記の流用を**制限的に有効**と解している。

上記①の【例】で考えてみよう。

甲土地にはＸの１番抵当権とＹの２番抵当権の登記がされている。

そして，１番抵当権は，平成28年に債務の弁済がされたことにより，消滅している（抵当権の登記は無効となった）。

➡　この場合，後順位の抵当権者であるＹは，１番抵当権が消滅したので，自分が順位１番になったと喜んだ（はずである）。

➡　目の上のタンコブがとれた。

それなのに，令和４年に新たに設定された抵当権のために１番抵当権の登記が流用されてしまうと，Ｙはまた順位２番に逆戻りである。

➡　これは不当である（Ｙの正当な期待を奪ってはいけない）。

このように，抵当権の登記の**流用がされるより前から**後順位抵当権者等の第三者が存在する場合には，その者に対しては抵当権の登記の流用は**無効**である（大判昭8.11.7）。

・　一方，抵当権の登記の流用の合意がされた時点では，後順位抵当権者等の第三者は存在しなかったものとする。

そして，**登記の流用の合意がされた後**，甲土地を目的としてＺの抵当権の設定の登記がされた。

➡　Ｚは，甲土地に先順位の抵当権が存在することを前提として抵当権を取得したのだから，１番抵当権の登記の流用を認めても，Ｚが不測の損害を受けることはない。したがって，この場合には，抵当権の登記の流用は**有効**である（大判昭11.1.14）。

- 抵当権の登記の流用の合意をした当事者（抵当権者と設定者）の関係では，流用登記は有効。

第3節　抵当権の効力

Topics
- 抵当権の効力の及ぶ範囲，物上代位は試験において大変に重要。知識問題だけでなく，推論等を要求する問題も出題されている。
- 物上代位は判例も多くて大変だが，何とか頑張って理解していただきたい。

ケーススタディ1

Ａの所有する建物を目的としてＸのために抵当権が設定された。この建物には，畳や襖（ふすま），そしてＡが設置したエアコンもある。

Ｘの抵当権の効力は，こういった動産にも及ぶか。

ケーススタディ2

Ｂの所有する土地を目的として，Ｙのために抵当権が設定された。なお，この土地にはＺのために賃借権が設定されており，Ｚはこの土地に木を植えていた。

Ｙの抵当権の効力は，この植木にも及ぶか。

1　抵当権の効力の及ぶ目的物の範囲

1　抵当権の効力の及ぶ目的物の範囲

土地や建物に抵当権が設定された場合，その抵当権の効力は，どの範囲に及ぶのか。

（抵当権の効力の及ぶ範囲）
第370条　抵当権は，抵当地の上に存する建物を除き，その目的である不動産（以下「抵当不動産」という。）に付加して一体となっている物に及ぶ。ただし，設定行為に別段の定めがある場合及び債務者の行為について第424条第３項に規定する詐害行為取消請求をすることができる場合は，この限りでない。

抵当権は，その目的である不動産に付加して一体となっている物（付加一体物）に及んでいる。

➡ 抵当権の効力が及んでいるということは，抵当権を実行する際に，それも競売の対象となるということ。

プラスアルファ

建物は土地にくっついているが，土地に抵当権を設定した場合，その土地上の建物には抵当権の効力は及ばない。

➡　建物に抵当権の効力を及ぼさせたかったら，別途，建物を目的として抵当権を設定する必要がある。

では，抵当権の効力が及ぶ付加一体物とは何か。

この付加一体物に**付合物**（民§242）が含まれることは争いがない。

➡　抵当権の目的である不動産の付合物には当然に抵当権の効力が及ぶ。

一方，**従物**については議論がある。

以下，付合物，従物に関して，詳しく解説する。

2　付合物について

(1)　付合物についての確認

（不動産の付合）

第242条　不動産の所有者は，その不動産に従として付合した物の所有権を取得する。ただし，権原によってその物を附属させた他人の権利を妨げない。

付合物とは，その不動産に従として付合した物をいう。

➡　その不動産にくっついてしまって（構成部分となって），独立性を失っているもの。

【例】　雨戸，建物の入口の戸扉，土地に植えられた立木（立木法の適用を受けないもの），取外しが困難な庭石など。

(2)　原　則

これらの**付合物には，当然に抵当権の効力が及ぶ**。

➡　不動産に付合して，独立性を失っているのだから，当たり前の話といえる。

【例】　建物を目的として抵当権を設定した場合には，その建物の雨戸や戸扉にも抵当権の効力が及ぶ。

重要❗

付合物については，付合の時期を問わずに抵当権の効力が及ぶ。

➡　抵当権を設定した時に既に付合物となっていたものだけでなく，抵当権が設定された後に不動産に付合された物も，抵当権の効力が及ぶ。

(3)　例外（抵当権の効力が及ばない場合）

①　他人が権原によってその物を附属させた場合 H5-12

他人が権原によって附属させた物については，抵当権の効力は及ばない（民§242ただし書）。

【例】　甲土地について，Wの地上権の設定の登記がされ，Wは甲土地に樹木を植栽した。そして，甲土地を目的として，Xの抵当権が設定された。 H4-19

➡　Wは，権原（地上権）によって甲土地に樹木を植栽しているので，Wが植えた立木（抵当権の設定後に植栽したものも含む）には抵当権の効力は及ばない。

・　ちなみに，第三者が，権原なくその土地に樹木を植栽した場合は，その樹木は土地に付合する（土地所有者のものとなる）。そのため，その樹木に抵当権の効力は及ぶ。

【例】　Aの所有する甲土地に，Xのために抵当権が設定された。そして，この後，甲土地を権原なく勝手に利用しているB（不法占有者）が，甲土地に樹木を植栽した。

➡　この樹木は甲土地に付合するので，この樹木にXの抵当権の効力は及ぶ。

②　設定行為に別段の定めがある場合

抵当権の目的である不動産に付加して一体となった物であっても，設定行為（抵当権の設定契約）において別段の定め（抵当権の効力を及ぼさない旨の定め）がある場合には，その物には抵当権の効力は及ばない（民§370ただし書）。

【例】　土地に抵当権を設定する際に，「立木には抵当権の効力は及ばない」といった定めをすることができる。 H31-13

・　この別段の定めを第三者に対抗するためには，その登記が必要である。

③　民法424条３項の規定により債権者が債務者の行為を取り消すことができる場合

ちょっと分かりづらいが，債務者が，債権者を害する形で不動産に物を付合させた場合は，その付合物には抵当権の効力は及ばない。

【例】　Ａの所有する甲建物にＸの抵当権が設定されているが，Ａは，この建物に，高価な機械を付合させた。

➡　Ｘの立場から見れば，建物の価値が上がるので有難いが，他方，Ａに対する一般債権者（担保をもっていない債権者）から見ると，高価な機械が建物に付合してしまい，差し押さえられる財産が減ってしまう。

このように一般債権者に対して詐害的といえる付合がされた場合は，その付合物に対しては抵当権の効力が及ばないとして，一般債権者を保護するものである。

3　従物について

(1)　従物についての確認

> （主物及び従物）
> **第87条**　物の所有者が，その物の常用に供するため，自己の所有に属する他の物をこれに附属させたときは，その附属させた物を従物とする。
> **2**　従物は，主物の処分に従う。

従物とは，「家屋」と「畳」の関係などのように，独立の物でありながら客観的には他の物（主物）に従属してその効用を高めるものをいう。

➡　上記の例では，「建物」が主物で，「畳」が従物。

【例】　畳のほか，ふすま，クーラーなども建物の従物。ガソリンスタンドに設置された地下タンクやノンスペース型計量機，洗車機もガソリンスタンドの店舗用建物の従物とされている（最判平2.4.19）。

取外しの容易な庭石や石灯籠は，土地の従物である。

そして，**従物は，主物の処分に従う。**

➡　従物は，独立した物ではあるが，主物と社会的，経済的な主従の関係があるわけだから，その法律的な運命も一体とすべきといえる。

【例】 家屋の売買契約がされたら，当然に家屋内の畳にもその売買の効力が及ぶ。

(2)　従物に抵当権の効力が及ぶか否か

学説の上では，**従物にも抵当権の効力が及ぶ**ことについて，ほぼ異論はない。

プラス アルファ

学説は，抵当権を設定した当時に既に存在している従物だけでなく，抵当権を設定した後に備え付けられた従物にも抵当権の効力が及ぶとしている。

【例】 建物に抵当権を設定した当時，その建物には畳が敷いてあった。この場合，抵当権の効力は，その畳にも及ぶ。

また，建物に抵当権を設定した後に，その建物に畳が敷かれた場合も，抵当権の効力はその畳に及ぶ。

判例は，**抵当権を設定した当時に既に存在している従物**については，**抵当権の効力が及ぶ**としている（大判大8.3.15，最判平2.4.19）。 H5-12

一方，抵当権を設定した後に備え付けられた従物については，かつて，これには抵当権の効力は及ばないとする判例もあったが（大判大5.12.18），今現在はどのような方向にあるかは明確とはいえない。

・　従物というためには，**主物と所有者が同一**であることを要する。主従の関係があっても，主物と所有者が異なる場合は，従物とはいえない。

したがって，この物には抵当権の効力は及ばない。

【例】 Aの所有する土地をBが賃借し，Bが当該土地に石灯籠を置いた。そして，Aは，この土地にXの抵当権を設定した。

➡　この（Bが設置した）石灯籠には抵当権の効力は及ばない。

⑶　参考（民法370条の付加一体物に関する学説）

H21-13
H14-5
H9-14

学説では，従物にも抵当権の効力が及ぶとしているが，その理論構成についてては大きく２つの説に分かれている。

これは，結局，“民法370条の付加一体物とは何を指すのか”ということに関する見解の違いである。

この見解の違いは司法書士の試験にも登場してくるので，民法370条の付加一体物の範囲に関する２つの説を紹介する。

①　構成部分説

民法370条の付加一体物とは，民法242条の「付合物」と同義であり（抵当権の目的たる不動産の構成部分となっているものであり），付加一体物に「従物」は含まれないとする説。

そして，従物は，民法87条２項の規定により抵当権の効力が及ぶとする。

②　経済的一体性説

民法370条の付加一体物とは，抵当権の目的たる不動産と経済的に一体となっている物を指し，「付合物」のほか「従物」も含まれるとする説。

したがって，民法87条２項ではなく，民法370条により抵当権の効力は従物に及ぶとする。

⑷　従たる権利

抵当権の効力は，**不動産の従たる権利にも及ぶ**。

H5-12

【例】　Aの所有する甲土地をBが賃借し，Bが甲土地上に建物を建てた。そして，Bは，Xのために当該建物を目的として抵当権を設定した。

➡　この抵当権の効力は，甲土地の賃借権に及ぶ（最判昭40.5.4）。

理由　建物のために必要な敷地の利用権は，建物所有権に付随し，これと一体となって１つの財産的価値を形成しているから。

4　果実について

みかんやりんごなど，「物の用法に従い収取する産出物」を，**天然果実**という（民§88Ⅰ）。

また，土地や建物の賃料など，「物の使用の対価として受けるべき金銭その他の物」を**法定果実**という（同Ⅱ）。

抵当権の効力は，これらの果実にも及ぶのか。

> （抵当権の効力の及ぶ範囲）
> **第371条**　抵当権は，その担保する債権について不履行があったときは，その後に生じた抵当不動産の果実に及ぶ。

抵当権の被担保債権について債務不履行があるまでは，果実には抵当権の効力は及ばない。 R3-13

理由　抵当権は，非占有担保である。たとえば土地に抵当権を設定した場合，抵当権設定者（土地の所有者）が引き続き土地を利用することができる。だから，その土地からみかんがとれたときは，当然，設定者（所有者）がそのみかんを食べることができる。

一方，被担保債権について**債務不履行があった後は，果実に抵当権の効力が及ぶ**。 H23-13 H5-12

➡　抵当権者は，担保不動産収益執行という手続（後述）を採って，果実から債権を回収することができる。

重要！

この果実には，天然果実と法定果実の双方が含まれる。

2　物上代位

1　物上代位の意義

> （留置権等の規定の準用）
> **第372条**　第296条，第304条及び第351条の規定は，抵当権について準用する。
> （物上代位）
> **第304条**　先取特権は，その目的物の売却，賃貸，滅失又は損傷によって債務者が受けるべき金銭その他の物に対しても，行使することができる。ただし，先取特権者は，その払渡し又は引渡しの前に差押えをしなければならない。

抵当権には，物上代位性がある。

【例】　XのAに対する1,000万円の貸金債権を担保するため，Aの所有する甲建物に抵当権が設定されたが，火災により甲建物が焼失してしまった。ただ，Aは火災保険を掛けていたので，Aは保険会社に対して1,500万円の保険金の請求権を取得した。

➡ 抵当権者Xは，この保険金の請求権に対して抵当権を行使することができる。

理由　抵当権は，目的物の交換価値を把握し，そこから優先弁済を受けることのできる権利である。そのため，その交換価値が何らかの理由によって現実化した場合には，その現実化した価値（保険金の請求権等）に対して抵当権を行使することができる（優先弁済を受けることができる）とするのが妥当といえる。

2　物上代位の対象

(1)　目的物が滅失等した場合の損害賠償債権等

H9-12　上記の事例のように，抵当権の目的である不動産が滅失し，債務者（設定者）が第三者に対して保険金の請求権や損害賠償請求権を取得したときは，その請求権に対して物上代位することができる。

(2)　売却の代金

抵当権設定者が，抵当権の目的である不動産を第三者に売却した場合，その売買代金に対して抵当権者は物上代位をすることができるか。

➡ 民法の条文を見ると，「その目的物の売却・・・によって債務者が受けるべき金銭・・・」と書いてあるので，当然に売買代金に対して物上代位できそうに思えるが，そう単純な話ではない。

【例】　Aの所有する甲土地を目的として，Xの抵当権が設定され，その登記がされた。その後，Aは甲土地をBに3,000万円で売り渡した。

➡ この場合，Xの抵当権の設定の登記がされているので，甲土地がBに売り渡されても，Xの抵当権はそのまま存続する（Bは，Xの抵当権という負担の付いた甲土地を取得した）。

このように，Bに売却されてもXの抵当権はそのまま存続しているので，敢えて売買代金に対して物上代位を認める必要はないと考えることもできる（債務不履行があったら普通に抵当権を実行して，競売の代金から優先弁済を受ければいい）。

学説上は，かつては売却代金に対しても物上代位することができるとするのが通説であったが，現在は物上代位できないとするのが多数説のようである。

(3) 賃　料

抵当権の目的たる不動産が第三者に賃貸され，賃料債権が発生した場合，抵当権者は，その**賃料債権に対して物上代位することができる**（最判平元.10.27）。 H8-15

【例】 Aの所有する甲建物を目的としてXのために抵当権が設定された後，Aが甲建物をBに賃貸した。

➡ AはBに対して甲建物についての賃料債権を取得するが，抵当権者Xは，この賃料債権に対して物上代位することができる。

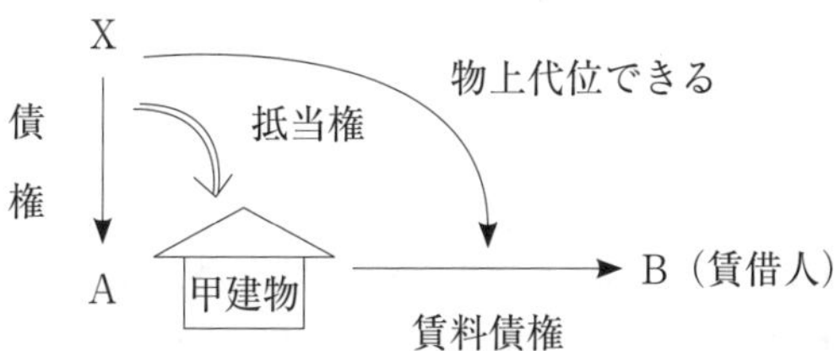

① 抵当権者が物上代位権を行使して，賃料債権に対して差押えをした後は，抵当不動産の賃借人は，**抵当権設定登記後に**賃貸人に対して取得した債権を自働債権とする賃料債権との相殺をもって，抵当権者に対抗することができない（最判平13.3.13）。

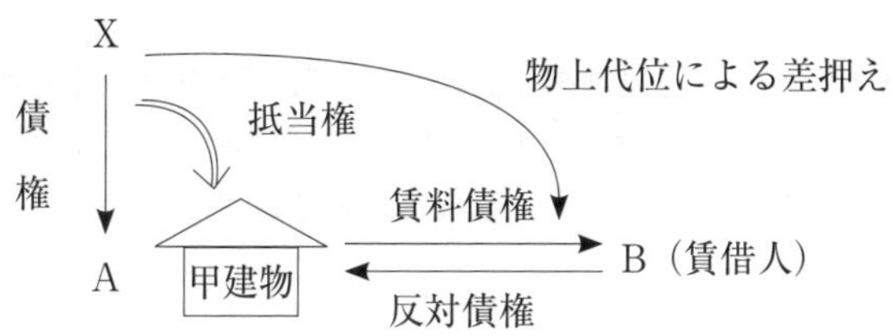

理由　抵当権の効力が（物上代位により）賃料債権に及ぶことは，抵当権の設定登記によって公示されているとみることができる。そのため，抵当権設定登記後に賃貸人に対して取得した債権に関して，抵当権者の物上代位に優先して相殺を認める理由はない。

H28-12
H24-13
②　抵当権者が，賃料債権に対して物上代位による差押えをしたが，賃貸借契約が終了し，目的物が賃貸人に明け渡されたときは，残存する賃料債権は敷金が存在する限度において**敷金の充当により当然に消滅する**のであり，その消滅をもって抵当権者に対抗することができる（最判平14.3.28）。

【例】　Ａの所有する甲建物を目的としてＸの抵当権が設定されている。甲建物はＢに賃貸されているので，Ｘは，Ｂに対する賃料債権を物上代位により差し押さえた。

ところが，Ａ・Ｂ間の賃貸借契約が終了し，甲建物はＡに返還された。この時点でＢは50万円の賃料を延滞していたが，賃貸借契約の際に30万円の敷金をＡに交付していたので，延滞賃料のうち30万円は敷金の充当により消滅した。

➡　以後，ＡがＢに対して支払いを請求できるのは，20万円の延滞賃料である。

この場合，抵当権者Ｘとしては，50万円の賃料債権に物上代位できると思っていたのに，延滞賃料が敷金によって充当されてしまうと，物上代位できる額が20万円に減ってしまう。

➡　抵当権者としては困ってしまうが，延滞賃料が敷金によって充当されるのは当然のことなので，抵当権者は諦めるしかない。

(4)　転貸賃料

抵当権の目的たる不動産が賃貸され，さらに転貸された場合，抵当権者は，転貸の賃料債権に対して物上代位をすることができるのか。

【例】　Ａの所有する甲建物を目的として，Ｘの抵当権が設定されている。そして，甲建物についてＡがＢに賃貸し，さらにＢがＣに対して転貸した。

➡　Ｘは，ＢのＣに対する転貸賃料債権に対して物上代位することができるか。

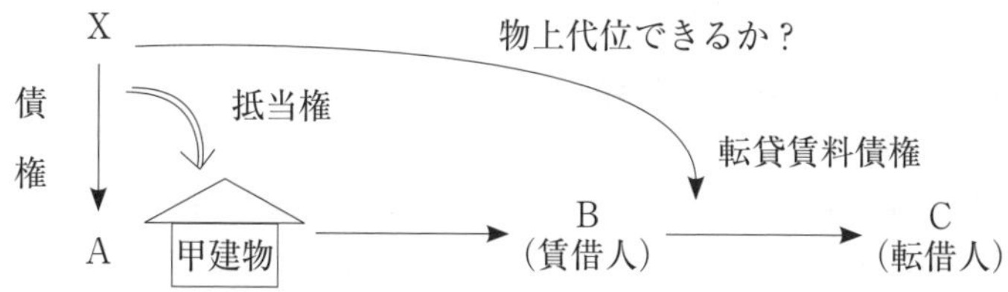

結論　**原則として，転貸賃料債権に対しては物上代位することができない**（最決平12.4.14）。　H30-14　H28-12　H23-13

➡　上記の事例では，Xは，BのCに対する転貸賃料債権に対して物上代位をすることができない。

理由　ある意味，当たり前である。Xの抵当権の設定者はAであり，Bではない（Bは，Xに対して直接に何らかの責任を負っているわけではない）。Bは，ただ単にAから甲建物を借りている（そしてCに転貸した）者にすぎない。

普通に建物を転貸しただけなのに，その転貸賃料債権をXに持っていかれるのは，不当である。

ただし，「所有者の取得すべき賃料を減少させ，又は抵当権の行使を妨げるために，法人格を濫用し，又は賃貸借を仮装した上で，転貸借関係を作出したものであるなど，抵当不動産の賃借人を所有者と同視することを相当とする場合」には，賃借人の取得する転貸賃料債権に対しても物上代位権の行使が認められる（同判例）。

【例】　簡単にいうと，抵当権者Xからの物上代位を逃れるために，賃借人Bをクッションとして置いた（賃貸借を仮装した）ような場合である。

➡　形としてはAがBに賃貸し，BがCに転貸しているが，事実上はAがCに賃貸したといっていい場合（AとBを同視できるような場合）。

このような事情がある場合は，Xは，転貸賃料債権に対して物上代位をすることができる。

(5)　買戻代金

買戻特約のある不動産を目的として抵当権を設定した場合に，後に買戻権が行使されたときは，抵当権者は，買主の売主に対する買戻代金に物上代位　H25-12

をすることができる（最判平11.11.30）。

3　物上代位をするための手続

(1)　手　続

R2-13　抵当権者が物上代位権を行使するためには，**払渡しまたは引渡しの前に，差し押さえなければならない**（民§372，304Ⅰただし書）。

【例】　Aの所有する甲建物を目的として，Xの抵当権が設定されている。そして，Aは甲建物をBに賃貸しているので，Xは，Bに対する賃料債権に物上代位しようと考えた。

➡　Xは，BがAに対して賃料を支払う前に，その賃料債権を差し押さえる必要がある。

(2)　この「差押え」を要求する趣旨，そして誰が差押えをする必要があるか

H20-15　物上代位権を行使するために差押えを要求する趣旨，そして誰が差押えをする必要があるかについては，そもそも，物上代位の制度をどのように捉えるかによって変わってくる。

大きく分けて，2つの説があった。

①　特定性維持説

物上代位は，目的物の交換価値を把握するという担保権（抵当権）の性質から**当然に認められる**と考える説。

➡　抵当権は，目的物を換価して，そこから優先弁済を受ける権利。そのため，目的物が何らかの理由により他の価値（保険金請求権や賃料等）に変わった場合には，当然，それに対しても抵当権の効力は及ぶ。

そして，物上代位をするために差押えを要求するのは，物上代位の対象たる財産（保険金や賃料等）が債務者に支払われたら，債務者の他の財産と混ざってしまい，物上代位の対象たる部分が特定できなくなるので，**その特定性を維持するために**，払渡しまたは引渡しの前に差押えをする必要がある，と説く。

そうすると，差押えの目的は，物上代位の対象たる財産の特定性を維持することにあるから，**差押えをするのは，抵当権者以外の第三者でも構わない**，という結論になる。

②　優先権保全説

この説は，物上代位は抵当権の性質から当然に認められる制度だとは考えない。

たとえば，抵当権の目的たる建物が滅失した場合，建物がなくなったから抵当権は当然に消滅するのであり，保険金や損害賠償の請求権に当然に抵当権の効力が及ぶわけではない。ただ，抵当権者を保護してあげようという政策的な配慮から，これらの請求権等の上にも抵当権の効力が及ぶことにしてあげよう，と考える説。

➡　当然の制度ではなく，法が抵当権者に恩恵を与えてくれた。

つまり，物上代位は，抵当権者に（性質上）当然に認められる制度ではないので，物上代位の対象たる請求権等の差押えをして公示することによって優先権が保全される，と説く。

これは，抵当権者の優先権を保全するための差押えだから，当然，抵当権者自身が差押えをする必要がある。

☆　**判例は，物上代位をするためには，抵当権者自らが差押えをする必要があるとしている（大連判大12.4.7）。**

プラス アルファ

物上代位の対象となる債権を他の債権者が差し押さえた場合に，抵当権者は，これに配当要求をすることによって優先弁済を受けることはできない（最判平13.10.25）。

➡　配当要求は「差押え」には当たらない。

重要❗

そして，最近になって，物上代位をするために差押えを要求する趣旨について，新たな見解を述べる判例が現れた（第三債務者保護説，最判平10.1.30）。

③　第三債務者保護説

物上代位をするために，払渡しまたは引渡しの前に差押えを要求する趣旨は，二重弁済を強いられる危険から第三債務者を保護することにある。

具体的な事例で説明する。

【例】　Aの所有する甲建物を目的としてXの抵当権が設定されている。そして，Aは甲建物をBに賃貸しており，現在，50万円の賃料債権があるものとする。

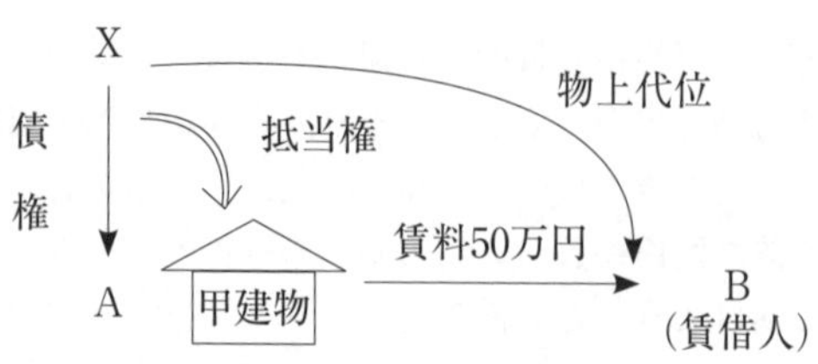

抵当権の効力は，物上代位の目的たる債権（賃料債権）にも及んでいるので，その債務者（第三債務者）Bは，抵当権設定者（賃貸人）Aに対して賃料を支払っても，抵当権者Xに対抗できないという不安定な地位に置かれる可能性がある。

➡　Xに対しても50万円を支払わなければならない（二重弁済）という危険性がある。

そのため，物上代位をするには差押えを要件として，第三債務者Bは，差押命令の送達を受ける前は抵当権設定者Aに弁済すれば足り，その弁済の効果を抵当権者Xに対抗することができるとすることで，第三債務者は二重弁済を強いられる危険性から保護される。

R3-13
H26-12
H23-13
H17-14

・　この趣旨から，民法304条1項の「払渡しまたは引渡し」には債権譲渡は含まれず，抵当権者は，物上代位の**目的債権が譲渡され**，その対抗要件が備えられた後であっても，自ら目的債権を差し押さえて**物上代位をすることができる**（同判例）。

理由　民法304条1項の「払渡しまたは引渡し」に，当然に債権譲渡も含まれると解することはできない。

また，債権譲渡後の物上代位を認めても，二重弁済を強いられるおそれはないので，第三債務者の利益が害されることもない。

それに，**抵当権の効力が物上代位の目的たる債権にも及んでいることは，抵当権の設定の登記によって公示されている**と見ることができる。

【例】　Aの所有する甲建物にXの抵当権が設定されている（登記もされて

いる)。そして，AはBに甲建物を賃貸しているので，Xは，この賃料債権（50万円）に物上代位をすることとした。

しかし，Xが，物上代位の差押えをする前に，Aは，Bに対する賃料債権をCに譲渡してしまった。

この場合でも，Xは，賃料債権を差し押さえて物上代位をすることができる。

プラスアルファ

物上代位の目的債権について，一般債権者の差押えと物上代位に基づく差押えが競合した場合

物上代位の目的たる債権について，一般債権者の差押えと物上代位に基づく差押えが競合した場合の優劣は，一般債権者の申立てによる差押命令の第三債務者への送達と，**抵当権の設定登記**の前後によって決定される（最判平10.3.26)。

3　抵当権によって担保される債権の範囲

ケーススタディ

Xは Aに対して1,000万円を貸し付けた。弁済期は4年後で，利息は年5％，債務不履行があった場合の損害金は年10％と定められた。そして，この債権を担保するため，Aの所有する甲土地に抵当権を設定し，その登記がされた。

その後，Aは弁済期までに債務を弁済できなかったので，Xは抵当権を実行し，甲土地が競売された。

Xは，甲土地の競売の代金から，どれだけの額について他の債権者に優先して弁済を受けることができるか。

＊　競売代金の配当がされる時点で，Xは元本の1,000万円，4年分の利息200万円，1年分の損害金100万円の債権を有している。

＊　甲土地には，Xの抵当権の後順位でYの抵当権の設定の登記がされている。

1　抵当権によって担保される債権の範囲

抵当権者は，抵当権に基づいて，どれだけの額について優先弁済を受けることができるのか。

(1)　元本債権

登記された債権額については，抵当権者は，抵当権に基づいて（他の債権者に）優先して弁済を受けることができる。

➡　これは問題ない。

(2)　利息，その他の定期金

（抵当権の被担保債権の範囲）
第375条　抵当権者は，利息その他の定期金を請求する権利を有するときは，その満期となった最後の２年分についてのみ，その抵当権を行使することができる。ただし，それ以前の定期金についても，満期後に特別の登記をしたときは，その登記の時からその抵当権を行使することを妨げない。

利息やその他の定期金については，**満期となった最後の２年分**についてしか抵当権によって優先弁済を受けることができない。

【例】　ケーススタディの事例で，遅延損害金がなかったとしたら，抵当権者Ｘは，元本1,000万円のほか，最後の２年分の利息100万円についてしか優先弁済を受けることができない。

➡　実際にはあと100万円の利息が残っているが，これについては抵当権に基づいて優先弁済を受けることができない。

理由　後順位抵当権者や一般債権者等の第三者との利害の調整を図る趣旨である。

具体的な例で説明する。

甲土地を目的として，以下のとおりＸの１番抵当権，Ｙの２番抵当権の登記がされている。

１番	抵当権設定	平成２年金銭消費貸借
	債権額　金1,000万円	利息　年10％
	債務者　Ａ	抵当権者　Ｘ
２番	抵当権設定	平成15年金銭消費貸借
	債権額　金2,000万円	利息　年５％
	債務者　Ａ	抵当権者　Ｙ

そして，AがXに対して債務を弁済しなかったので，Xは抵当権を実行し，甲土地が競売された。その結果，Bが甲土地を3,000万円で買い受けた。

➡ この3,000万円が債権者（抵当権者）に配当される。

ケース1　この配当がされる時点で，Aは，Xに対して元本1,000万円と，1年分の利息100万円の支払いを怠っていたとする。

➡ Xは1番抵当権者なので，最優先で（Yに優先して）配当を受けることができる。つまり，1,100万円の配当を受けることができる。

そうすると，残りは1,900万円である。

➡ この1,900万円については，Yが2番抵当権者として（他の債権者に優先して）配当を受けることができる。

➡ Yは，債権の全額の弁済を受けることはできなかったが，第2順位なのでまあ仕方ない（納得できる）。

ケース2　この配当がされる時点で，Aは，Xに対して元本1,000万円と，（極端な話だが）平成10年から平成30年までの利息2,000万円の支払いを怠っていたとする。

➡ 仮に，利息の全額について抵当権に基づいて優先弁済を受けられるとすると，Xは競売の代金から3,000万円の弁済を受けることになる。

そうすると，後順位の抵当権者Yは，まったく配当を受けられない。ゼロである。

➡ いくらなんでもこれは不当であろう。

このように，仮に利息の全額について優先弁済を認めると，後順位抵当権者等の第三者から見ると，その抵当権者がいったいいくら優先弁済を受けることになるのか（抵当権を実行してみるまで）分からないことになる。

これでは後順位抵当権者等の地位があまりに不安定である。

そこで，**後順位抵当権者等との利害の調整を図る意味で，利息その他の定期金については「最後の2年分」についてのみ優先弁済を受けられるとされた。**

➡ 上記のケース2では，Xは元本1,000万円のほか，最後の2年分の利息200万円についてのみ優先弁済を受けることができる。
そうすると，Ｙは1,800万円の弁済を受けることができる。

・　最後の２年分とは
満期となった最後の２年分とは，配当の期日から遡って２年分と解される。

⑶　遅延損害金

（抵当権の被担保債権の範囲）
第375条
2　前項の規定は，抵当権者が債務の不履行によって生じた損害の賠償を請求する権利を有する場合におけるその最後の２年分についても適用する。ただし，利息その他の定期金と通算して２年分を超えることができない。

「債務の不履行によって生じた損害の賠償」というのは，遅延損害金のことである。

【例】　ＸはＡに対し，弁済期を令和４年３月31日として金1,000万円を貸し付けた。利息は年５％，債務不履行があった場合の遅延損害金は年10％と定められた。
➡　金銭を貸し付けた日から弁済期までは，年５％の割合による利息が発生する。そして，弁済期にお金を返せなかった場合には，弁済期の翌日から年10％の割合による遅延損害金が発生する。

この遅延損害金についても，抵当権者は，最後の２年分についてのみ優先弁済を受けることができる。

重要！

利息と遅延損害金の両方がある場合は，通算して２年分の優先弁済を受けることができる。
➡　利息について最後の２年分，遅延損害金について最後の２年分の計４年分というわけではない。

【例】　ケーススタディの事例では，配当を受ける時点において，Ｘは元本1,000万円のほか，４年分の利息200万円，１年分の損害金100万円の債権を有している。

この場合，Xは，元本1,000万円および１年分の損害金100万円，１年分の利息50万円の計1,150万円について優先弁済を受けることができる。

➡　残りの３年分の利息150万円は，優先弁済を受けることができない。

⑷　利息の特別登記

上記のとおり，利息その他の定期金や，遅延損害金は，（通算して）満期となった最後の２年分についてのみ抵当権に基づいて優先弁済を受けることができるのが原則である。

ただし，満期となった後に**特別の登記**をしたときは，その額については抵当権に基づいて優先弁済を受けることができる（民§375Ⅰただし書）。 H29-11

【例】　債務者Ａが５年分の利息200万円の支払いを延滞していたときは，この200万円について「特別の登記」をしておけば，200万円全額について抵当権に基づいて優先弁済を受けることができる。

理由　前記のとおり，利息等の優先弁済の範囲を“最後の２年分”としたのは，このような制限をしないと先順位抵当権者の優先弁済の額がいくらか分からず，後順位抵当権者等の地位をいたずらに不安定にするからである。

ということは，最後の２年分以外の利息についても，その額(優先弁済を受けるべき額）を登記によって公示しておけば，後順位抵当権者等の第三者が不当に不安定な地位に置かれることはない。

利息の特別登記とは，「延滞利息として（５年分の）200万円がありますよ。**私はこの額について抵当権によって優先弁済を受けますよ」と宣言する登記**といえる。

➡　優先弁済を受けるべき額（５年分の利息200万円）が登記によって公示されるので，第三者が不当な不利益を受けることはない。

プラスアルファ

もちろん，利息の特別登記をする時点で既に後順位抵当権者として登記されている者は，「いきなりそんな宣言をされても困る。勝手なことをするな」と言いたいところである。

➡　心配はない。後順位抵当権者が不当な不利益を被らないような手当はされている。詳しくは不動産登記法で学習する。

(5) 後順位抵当権者等がいない場合

繰り返しになるが，利息や損害金についての優先弁済の範囲が制限されているのは，後順位抵当権者等との利害の調整を図る趣旨である。

そのため，後順位抵当権者等がいない場合には，その調整を図る必要もないので，“最後の２年分”という制限はなくなる。

つまり，抵当権者は，利息や損害金の全額について，抵当権に基づいて優先弁済を受けることができる。

H18-16

・　債務者が自分の不動産に抵当権を設定した場合，元本のほか，利息や損害金の全額を弁済しなければ，抵当権は消滅しない。

➡　当たり前である。

H26-12

また，物上保証人や抵当不動産の第三取得者との関係でも，利息や損害金の全額の弁済がなければ，抵当権は消滅しない（大判大4.9.15）。

第4節　抵当権の侵害

Topics
- 抵当権の侵害とは何か，そして侵害された場合に抵当権者はどのような請求をすることができるのかを理解しておくこと。
- 抵当不動産の明渡しの請求の可否なども重要。

ケーススタディ

XのAに対する債権を担保するため，Aの所有する山林を目的として抵当権が設定された。

しばらくして，Aは，この山林の立木について，明らかに通常の使用収益の限度を超えて伐採し，その木材を外に搬出し始めた。

立木がなくなってしまったらこの山林はほぼ無価値であり，抵当権者Xとしては非常に困る。

Xは，Aに対し，木材の搬出の差止めを請求することができるか。

1　抵当権の侵害とは

(1)　大前提のお話

抵当権も物権の一種なので，抵当権が侵害されたときは，**物権的請求権**（抵当権に基づく妨害排除請求など）を行使したり，不法行為に基づく損害賠償の請求（民§709）をすることができる。

ただ，ここで問題となるのが，**抵当権は非占有担保**だということである。

➡　抵当権者が抵当権の目的たる不動産（抵当不動産）を占有するのではなく，抵当権が設定された後も引き続き設定者が使用収益をすることができる。

そのため，抵当不動産について，**設定者が通常の用法の範囲内で使用収益している場合には，抵当権の侵害とはならない。**

【例】　設定者が，抵当権の目的である山林について，通常の用法の範囲内で立木を伐採し，第三者に売ったりすることは問題ない。

【例】　設定者が，抵当権の目的である建物について第三者に賃貸することも問題ない。 H4-19

では，抵当権の侵害とはどのような行為が該当するのか。

(2) 抵当権の侵害に当たる行為

考え方からすると，抵当権は，目的物の交換価値から優先弁済を受ける権利であるので，その目的物の交換価値を減少させ，被担保債権の担保に不足を生じさせるような行為が抵当権の侵害に当たるといえる。

もう少し具体的にいうと，抵当不動産を損傷させること（傷がつくので価値が下がる），抵当不動産の付加物を不当に分離すること（これも価値が下がる），抵当権の実行を妨害するような趣旨で悪い奴をそこに住まわせること（そんな不動産は買い手がつかないし，買い手がいたとしても買い叩かれる）などである。

以下，問題となる点について具体的に見ていく。

2　付加物の分離，搬出

(1) 差止めの請求

H13-12　抵当権の目的たる山林について，通常の用法の範囲内で立木を伐採し，搬出する行為は，特に問題はない。抵当権の侵害とはならない。

H9-12　しかし，ケーススタディのように，**通常の用法の範囲を超えて**このような行為をすることは，**抵当権の侵害となる**。

H30-14　この場合には，抵当権に基づく物権的請求権の行使として，伐採禁止の請求（大判昭6.10.21）とその搬出禁止の請求（大判昭7.4.20）をすることができる。

重要!

仮に，伐採，搬出後の山林の価値が，抵当権の被担保債権の担保として十分であっても，物権的請求権を行使することができる。

【例】　XのAに対する2,000万円の債権を担保するため，Aの所有する山林に抵当権が設定された。山林の価値はだいたい4,000万円である。

その後，Aは，通常の用法の範囲を超えて山林上の立木を伐採した。伐採した部分（材木）の価値はだいたい1,000万円である。

➡　この材木が第三者に売り払われても，山林の価値は3,000万円あるので，抵当権が実行されたらXは被担保債権の全額の弁済を受けられる。その意味で“損害”は発生していないが，**担保物権には不可分性があるので**，このような行為の差止めが認められる。

(2) 返還請求の可否

付加物が分離され，外に搬出された場合，抵当権者は，その分離物を元の場所に戻すように請求することができるか。

【例】 抵当権設定者Aが，山林上の立木を不当に伐採し，外に搬出してしまった。この場合，抵当権者Xは，この材木を元の場所に戻せと請求することができるか。

判例は，工場抵当法２条の規定によって抵当権の目的とされた動産が，（抵当権者の同意を得ることなく）その備え付けられていた工場から搬出された場合，第三者がこれを即時取得（工抵§５Ⅱ，民§192）しない限り，抵当権者は，これを**元の備付け場所である工場へ戻すことを請求することができるとしている**（最判昭57.3.12）。

3　第三者の占有

抵当権は非占有担保なので，抵当権が設定されても，設定者は引き続きその不動産を占有し，使用収益することができる。

この“使用収益”には，抵当不動産を第三者に賃貸することも含まれ，設定者は，抵当権を設定した不動産を第三者に賃貸することもできる。

(1) 不法占有の場合

では，第三者が不法に抵当不動産を占有している場合はどうか。

この場合も，単に占有権原のない者がその不動産を占有しているだけであり，これによって当然に担保価値が下落するというわけでもないので，直ちに抵当権の侵害に当たるとはいえなそうである。

➡ かつては，不法占有者に対して退去を求めることはできないとされていた。

しかし，現実には，抵当不動産に不法占有者がいる場合には，抵当権を実行して競売をしても，なかなか買受人が現れず，事実上，競売を妨害するものといえる。

➡ 実際に，競売を妨害するために鬱陶しい占有者を置く場合もある。

そこで，平成11年に以下のような判例が出された（最判平11.11.24）。
➡ 長いが，大変に重要なので，しっかり読んでいただきたい。

H28-12
H20-14
H4-8

> 第三者が抵当不動産を不法占有することにより，競売手続の進行が害され適正な価額よりも売却価額が下落するおそれがあるなど，抵当不動産の交換価値の実現が妨げられ**抵当権者の優先弁済請求権の行使が困難となるような状態があるときは**，これを**抵当権に対する侵害と評価することができる**。
>
> そして，抵当権者は，抵当不動産の所有者に対し，このような侵害を是正し，抵当不動産を適切に維持・保存する請求権を有しているといえるので，この請求権を保全する必要があるときは，抵当権者は，民法423条の法意に従い，所有者の不法占有者に対する妨害排除請求権を代位行使することができると解するのが相当である。
>
> この場合，抵当権者は，抵当不動産を管理することを目的として，不法占有者に対し，**直接自己に（抵当権者に）**抵当不動産を明け渡すように求めることができる。

ポイント1　抵当不動産を第三者が不法に占有している場合で，一定の事情があるときは，これを**抵当権の侵害**と評価することができる。

H20-14
H17-14

ポイント2　抵当権者は，不法占有者に対し，その不動産を**自分（抵当権者）に明け渡せ**と請求することができる。
➡ 抵当権者は，本来，抵当不動産を占有する権限はないが，このような事情がある場合は，**管理を目的として**，明渡しを請求できる。

(2) 占有権原の設定を受けて占有している者に対して

H29-7
H20-14

上記の平成11年の判例は，不法占有者に対して明渡しを求める事例であるが，その後の平成17年には，**抵当不動産の所有者から占有権原の設定を受けて占有している者**に対しても，一定の要件を満たす場合には明渡しを請求することができるとする判例が出された（最判平17.3.10）。

> 抵当権設定登記後に抵当不動産の所有者から占有権原の設定を受けてこれを占有する者（賃借人等）についても，その占有権原の設定に抵当権の実行としての競売手続を妨害する目的が認められ，その占有により

抵当不動産の交換価値の実現が妨げられて抵当権者の優先弁済請求権の行使が困難となるような状態があるときは，抵当権者は，当該占有者に対し，**抵当権に基づく妨害排除請求**として，上記状態の排除を求めることができるものというべきである。

➡ 抵当不動産の所有者は，抵当権の実行としての競売手続を妨害するような占有権原を設定することは許されないから。

また，抵当権に基づく妨害排除請求権の行使に当たり，抵当不動産の所有者において抵当権に対する侵害が生じないように抵当不動産を適切に維持管理することが期待できない場合には，抵当権者は，占有者に対し，**直接自己への**抵当不動産の明渡しを求めることができるものというべきである。

この判例では，債権者代位（民§423）という手続を使わず，ストレートに抵当権に基づく妨害排除請求として明渡しを請求できるとしている。

➡ ちなみに，自己への明渡しを請求するには，「抵当不動産の所有者において抵当権に対する侵害が生じないように抵当不動産を適切に維持管理することが期待できない場合」という要件が付されている。

【例】 XのAに対する債権を担保するため，Aの所有する甲建物に抵当権が設定された。その後，Aは，甲建物についてBに賃貸し，Bが占有を開始した。しかし，これは，通常の賃貸借ではなく，Xの抵当権の実行による競売を妨害する目的で設定されたものである。

➡ Bはいわゆる占有屋。一見してそれと分かる風貌をしており，どう考えてもこんな建物に買い手はつかない。

このように，所有者から占有権原の設定を受けて占有している者（賃借人B）に対しても，一定の要件を満たす場合には，抵当権者は自分に建物を明け渡せと請求することができる。

プラスアルファ

第三者による抵当不動産の占有が抵当権の侵害に当たるような場合でも，抵当権者は，賃料相当額の損害を受けているとはいえないので，その損害賠償の請求をすることはできない。 H20-14

➡ 抵当権者は，抵当不動産を自ら利用することはできないので，第三者が占有しているからといって抵当権者が損害を受けるわけではない。

4　無効な登記

R3-13　法律上は無効でも，その抵当権に優先するように見える登記が残っている場合には，抵当権者は，その抹消を請求することができる。

【例】　甲土地には，順位１番でMの抵当権の設定の登記，順位２番でXの抵当権の設定の登記がされている。

その後，Mの抵当権は，被担保債権の弁済により消滅したが，抵当権の登記は抹消されずに残っている。

➡　被担保債権が弁済されたので，Mの抵当権は完全に消滅しており，登記が残っていてもそれは無効である。

この場合，Mの抵当権の登記は無効なので，放っておいてもいいが，Xから見るといろいろな場面で困る。なので，XはMに対し，１番抵当権の登記の抹消を請求することができる（大判大4.12.23）。

5　損害賠償の請求

(1)　損害賠償の請求の可否

故意または過失によって抵当権を侵害する行為をし，それによって損害が発生したときは，抵当権者は，侵害者に対して損害の賠償を請求することができる（不法行為，民§709）。

ポイント１　損害の賠償を請求するためには，相手方に故意または過失が必要である（民§709）。

➡　不法行為の一般原則。

プラスアルファ

抵当権に基づく物権的請求権を行使するに当たっては，相手方の故意や過失を必要としない。

H28-12
H9-12
ポイント２　抵当権を侵害する行為がされた場合でも，それによって抵当権者に損害が生じていないときは，損害賠償の請求をすることはできない。

➡　不法行為による損害賠償の一般原則。損害がなければ，その賠償ということもあり得ない。

プラス アルファ

抵当権に基づく物権的請求権を行使するに当たっては，抵当権者に損害が生じていることは要件ではない（抵当権の不可分性）。 H13-12

【例】 XのAに対する2,000万円の債権を担保するため，Aの所有する甲建物（価値はだいたい4,000万円）を目的として抵当権が設定された。その後，Bが，甲建物の一部を破壊した。一部が破壊された後の甲建物の価値はだいたい3,000万円である。

➡ 確かに，Xの抵当権を侵害する行為がされたといえるが，現在の甲建物の価値は3,000万円なので，抵当権が実行（競売）されれば，Xは債権の全額（2,000万円）について優先弁済を受けることができる。

つまり，Xに損害は生じていないので，XはBに対して損害賠償の請求をすることはできない（大判昭3.8.1）。

プラス アルファ

Xは損害賠償の請求はできないが，まだBが破壊行為をしようとしている場合には，物権的請求権の行使としてそれを止めるよう請求することができる。

重要！

物権的請求権の行使の要件と，損害賠償の請求の要件をしっかり区別すること。

(2) 損害賠償を請求できる時期

抵当権の侵害により損害が発生したとして，抵当権者は，どの時点で侵害者に対して損害の賠償を請求することができるか。

基本的な考え方としては，抵当不動産が競売されてみないと，実際の損害額は分からない。

しかし，判例は，抵当権を実行する前でも，**被担保債権の弁済期の後で**あれば，損害賠償を請求できるとしている（大判昭7.5.27）。 H13-12

理由 弁済期が到来すれば，抵当権者は抵当権を実行できるから，その時の抵当不動産の時価を基準として損害を算定できる，という考え方。

6　期限の利益の喪失

H13-12 H9-12 債務者が，担保を滅失させ，損傷させ，または減少させたときは，債務者は期限の利益を失う（民§137②）。

つまり，抵当権者は，（当初定めた弁済期が到来していなくても）債務の支払いを請求することができ，残った担保に対して抵当権を実行することができる。

債務者の故意や過失は必要ない。

第5節　抵当権の処分

Topics
・抵当権の処分の態様，要件，効果を理解しておくこと。
・不動産登記法でも出題される。

1　抵当権の処分とは

(1)　意　義

抵当権の処分とは，抵当権をその被担保債権から切り離して，その抵当権のみを処分することをいう。

理由　抵当権は特定の債権を担保するものであるので，付従性がある。つまり，抵当権は被担保債権にくっついているので，本来であれば，被担保債権と切り離して抵当権だけを処分することはできないはずである。

しかし，抵当権者が，被担保債権の弁済期前に債権（お金）の回収をしたいと思ったり，また，抵当権者と他の債権者の間で担保の融通等が必要となる場合もある。

このような要請に応えて，付従性という要件を緩和して，法に定める一定の形で抵当権のみの処分が認められた。

(2)　抵当権の処分の態様

（抵当権の処分）
第376条　抵当権者は，その抵当権を他の債権の担保とし，又は同一の債務者に対する他の債権者の利益のためにその抵当権若しくはその順位を譲渡し，若しくは放棄することができる。

抵当権の処分の態様は，以下の５つである。

①　**転抵当**

➡　その抵当権を他の債権の担保とすること。

②　**抵当権の譲渡**

➡　同一の債務者に対する他の債権者の利益のために抵当権を譲渡すること。

③　**抵当権の放棄**

➡　同一の債務者に対する他の債権者の利益のために抵当権を放棄すること。

④　**抵当権の順位の譲渡**

➡　同一の債務者に対する他の債権者（後順位の担保権者）の利益のために抵当権の順位を譲渡すること。

⑤　**抵当権の順位の放棄**

➡　同一の債務者に対する他の債権者（後順位の担保権者）の利益のために抵当権の順位を放棄すること。

プラス アルファ

これらの５つの他に，抵当権付債権の譲渡や，抵当権付債権の質入れも抵当権の処分に含める説もある。

しかし，この２つは，抵当権の被担保債権の処分の効果として抵当権にも効力が及ぶという性質のものであり，厳密な意味での抵当権の処分ではない。

2　転抵当

ケーススタディ

ＸのＡに対する1,000万円の債権を担保するため，Ａの所有する甲土地に抵当権が設定された。

その後，Ｘは，Ｙから500万円借りることになったが，Ｙから担保を要求された。しかし，Ｘは不動産を持っていない。

Ｘは，Ｙからお金を借りることはできないか。

⑴　意　義

転抵当とは，**抵当権をもって他の債権の担保とすることをいう。**

理由　抵当権は，優先弁済的効力を有する物権である。つまり，抵当権自体に財産的な価値があるといえるので，これを担保に供することができる。

重要！

簡単にいえば，抵当権を目的として抵当権を設定すること。

【例】 ケーススタディの事例では，XはYから担保を求められているが，Xの有する抵当権を担保に差し出せば良い。

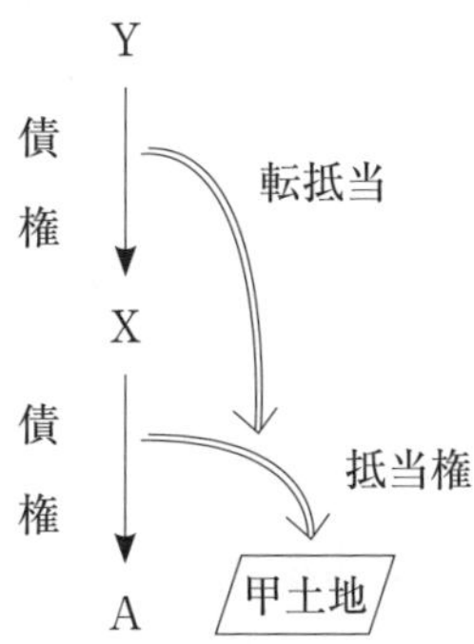

(2) **転抵当の法的性質**

転抵当の法的性質をどのように捉えるかについては，見解が分かれている。 H13-10

① 抵当権再度設定説

転抵当とは，抵当権に再度抵当権を設定するものと考える。

➡ 抵当権を被担保債権と切り離して，抵当権を1つの物として（物のように捉えて）新たに抵当権を設定する。

② 債権・抵当権共同質入説

転抵当とは，抵当権だけを担保にとるのではなく，被担保債権と抵当権に共同して質権を設定するようなものと考える。

➡ 被担保債権と抵当権を共同で処分する（質入れする）と考えるので，抵当権の付従性を重視した説といえる。

(3) **転抵当の設定**

転抵当の設定は，転抵当権者と転抵当権設定者の契約によってされる。

➡ 通常の抵当権の設定と考え方は同じ。

【例】 ケーススタディの事例では，転抵当権者Yと転抵当権設定者Xの契約によって転抵当が設定される。

重要❗

転抵当をするに当たり，原抵当権の設定者（不動産の所有者）の承諾を得るこ H2-22

とを要しない。

➡　原抵当権の設定者が特に不利益を受けることはない。

①　原抵当権の被担保債権の弁済期と，転抵当の被担保債権の弁済期は，どちらが先でも構わない。

②　原抵当権の被担保債権の額と，転抵当の被担保債権の額は，どちらが大きくても構わない。

(4)　転抵当の対抗要件

転抵当の設定を**主たる債務者，保証人，抵当権設定者**に対抗するためには，民法467条の規定に従い，主たる債務者に通知するか，または主たる債務者の承諾を得なければならない（民§377Ⅰ）。

重要！

H2-22　**この通知または承諾があった後は，原抵当権の債務者が，（転抵当権者の承諾を得ないで）原抵当権者に債務を弁済しても，これをもって転抵当権者に対抗することができない（同Ⅱ）。**

【例】　ケーススタディの事例において，ＹのＸに対する500万円の債権を担保するため，Ｘが有する甲土地の抵当権に転抵当が設定された。そして，ＸはＡに対し，転抵当を設定した旨の通知をした。

➡　この通知を受けた後は，（原抵当権の債務者）Ａは，（原抵当権者）Ｘに債務を弁済することはできない（弁済するのは構わないが，転抵当権者Ｙに対抗できない）。

・　転抵当の設定を**第三者**に対抗するためには，転抵当の登記をすることを要する（民§177）。

(5)　転抵当の効果

転抵当を設定した後は，原抵当権者は，原抵当権を消滅させてはならない。

理由　自ら債権者のために転抵当を設定したのだから，その目的となっている抵当権を消滅させられないのは当然である。

➡　被担保債権を取り立てたり，債務の免除をしてはいけない。

①　転抵当の実行

転抵当の被担保債権の弁済期が到来した後は，転抵当権者は転抵当を実行することができるが，転抵当の実行とは何かが少し問題となる。

転抵当を実行するということは，目的たる抵当権（原抵当権）を競売するということであるが，被担保債権と離れて抵当権だけを競売するというのは意味がない。そのため，転抵当の実行とは，すなわち原抵当権を実行することと解されている。

➡　原抵当権の目的たる不動産を競売し，その代金から優先弁済を受けること。

・　原抵当権を実行することになるので，転抵当を実行するためには，転抵当の被担保債権の弁済期が到来しているだけでなく，**原抵当権の被担保債権の弁済期も到来していることを要する。** H29-12 H2-22

・　転抵当は，原抵当権を目的としたもの（原抵当権の担保価値を把握するもの）であるので，転抵当権者は，**原抵当権の優先弁済権の範囲内で原抵当権者に優先して**弁済を受けることができる。

➡　転抵当権者が弁済を受けて，残りがあれば原抵当権者が弁済を受けることができる。

②　原抵当権者が抵当権を実行することの可否

原抵当権者は，（転抵当の目的である）原抵当権を実行することができるか。

➡　自ら原抵当権を目的として転抵当を設定したので，原抵当権者自身が原抵当権を実行できるかは問題である。

この場合，原抵当権の被担保債権の額が転抵当の被担保債権の額より大きいときは，原抵当権者は原抵当権を実行することができるとされている（大決昭7.8.29）。 H2-22

➡　転抵当権者が優先弁済を受けるべき額を控除した額について，原抵当権者が弁済を受けることができる。

【例】　ＹのＸに対する転抵当権の債権額が500万円，ＸのＡに対する原抵当権の債権額が800万円であるときは，Ｘは原抵当権を実行し，差額の300万円について優先弁済を受けることができる。

プラス アルファ

転抵当の被担保債権の額が原抵当権の被担保債権の額より大きいときは，原抵当権者は原抵当権を実行することができない（最判昭44.10.16）。

➡　原抵当権者が優先弁済を受けられる額はゼロだからである。

3　抵当権の譲渡

(1)　意　義

抵当権の譲渡とは，抵当権者が，同一の債務者に対する他の債権者のために，抵当権を被担保債権から切り離して，**抵当権の優先弁済権を譲渡すること**である。

【例】　XはAに対し，1,000万円の債権を有しており，この債権を担保するために甲土地に抵当権が設定された。また，YもAに500万円の債権を有している（この債権を担保する抵当権は設定されていない）。

そして，Xは，自分が持っている抵当権の優先弁済権を，Yに譲渡することができる。

重要！

抵当権の譲渡は，同一の債務者に対する他の無担保の債権者に対してするものである。

➡　担保を有する債権者（後順位の抵当権者）に対して抵当権の優先弁済権を譲渡したい場合は，後述する「抵当権の順位の譲渡」をする。

・　抵当権の譲渡の対抗要件は，転抵当の場合と同じである（民§377Ⅰ）。

➡　主たる債務者，保証人，抵当権設定者に対抗するためには，債務者に対して通知をするか，債務者の承諾を得ることを要する。

➡　それ以外の第三者に対抗するためには，登記をすることを要する。

H29-12
H9-17
H2-15

・　抵当権の譲渡をするに当たり，抵当権設定者や後順位の担保権者等の承諾を得ることを要しない。

➡　抵当権の譲渡だけでなく，他の民法376条1項の処分をする場合も，第三者の承諾を要しない。

理由　民法376条1項の抵当権の処分は，**当事者間でのみ効力を生ずる相対的なものであり，第三者に影響は及ばないからである。**

(2) 効　果

抵当権の譲渡がされたときは，**譲渡を受けた者（受益者）が，抵当権の優先弁済権の範囲内で，譲渡人に優先して弁済を受けることができる。** H14-9 H6-10

【例】 Aの所有する甲土地を目的として，Xの１番抵当権（債権額1,000万円，債務者A），Yの２番抵当権（債権額2,000万円，債務者A）の設定の登記がされている。また，ZはAに対して，無担保の500万円の債権を有している。 H29-12

そして，Xは，１番抵当権をZに譲渡した。

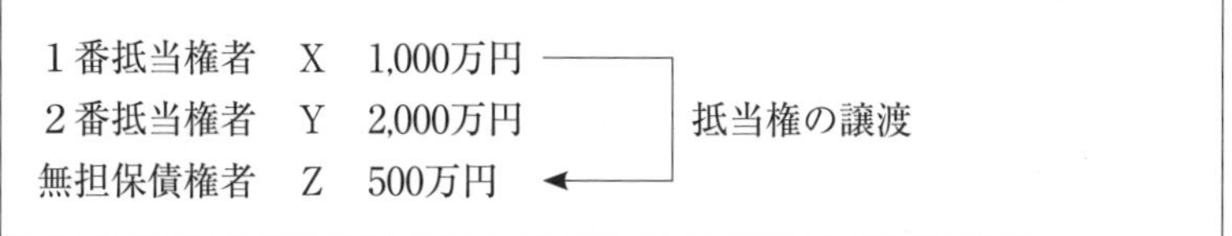

この後に甲土地が競売され，2,500万円で売却された。

➡ 仮に，抵当権の譲渡がなかったら，まず１番抵当権者Xが1,000万円の優先弁済を受け，その後に２番抵当権者Yが残額の1,500万円について優先弁済を受ける。

Zは弁済を受けることはできない。

➡ 一方，１番抵当権の譲渡がされている場合は，Xの１番抵当権の優先弁済権（1,000万円）の範囲内で，譲渡を受けたZがXに優先して弁済を受ける。つまり，まずZが500万円の優先弁済を受ける。Xは，残りの500万円について優先弁済を受けることができる。そして，２番抵当権者Yが残額の1,500万円について優先弁済を受ける。

4　抵当権の放棄

(1) 意　義

抵当権の放棄とは，抵当権者が，同一の債務者に対する他の債権者のために，抵当権を被担保債権から切り離して，**抵当権の優先弁済権を放棄することである。**

・ 対抗要件や第三者の承諾の必要性については，抵当権の譲渡と同じである。 H29-12

⑵ 効　果

H18-16
H14-9
　抵当権（優先弁済権）を放棄するということは，抵当権者は，放棄を受けた者（受益者）との関係では，優先権を主張できない（平等の立場）ということになる。

　つまり，**抵当権者（放棄をした者）と放棄を受けた者は，（抵当権の優先弁済権の範囲内で）債権額の割合に応じて弁済を受けることになる。**

H29-12
【例】 Aの所有する甲土地を目的として，Xの１番抵当権（債権額2,000万円，債務者A），Yの２番抵当権（債権額2,000万円，債務者A）の設定の登記がされている。また，ZはAに対して，無担保の500万円の債権を有している。

　そして，Xは，１番抵当権をZに放棄した。

１番抵当権者	X	2,000万円	抵当権の放棄（X→Z）
２番抵当権者	Y	2,000万円	
無担保債権者	Z	500万円	

　この後に甲土地が競売され，2,500万円で売却された。

➡　Xの１番抵当権の優先弁済権（2,000万円）の範囲内で，XとZは平等の立場で（債権額の割合に応じて），優先弁済を受けることができる。つまり，XとZの債権額の割合は４：１であるので，Xが1,600万円，Zが400万円の弁済を受けることができる。

　そして，２番抵当権者Yは，残額の500万円について優先弁済を受けることができる。

5　抵当権の順位の譲渡

⑴ 意　義

　抵当権の順位の譲渡とは，抵当権者が，同一の債務者に対する**後順位の担保権者のために，抵当権の順位を譲渡すること**である。

【例】 甲土地を目的として，Xの１番抵当権（債権額1,000万円），Yの２番抵当権（債権額2,000万円），Zの３番抵当権（債権額3,000万円）の設定の登記がされている。

　そして，Xは，１番抵当権の順位を３番抵当権のために譲渡することができる。

重要！

抵当権の順位の譲渡は，同一の債務者に対する後順位の担保権者に対してするものである。

➡　他の無担保債権者のために譲渡するのは，抵当権のみの譲渡である。

重要！

抵当権の順位の譲渡については，条文の上では“同一の債務者に対する”他の債権者の利益のために･･･と規定されているが，債務者が異なっていても，同一の不動産を目的とした後順位の担保権者に対してであれば，順位の譲渡をすることができるとされている（先例昭30.7.11－1427）。 H9-17

【例】　上記の事例で，１番抵当権の債務者がA，３番抵当権の債務者がBである場合であっても，１番抵当権の順位を３番抵当権のために譲渡することができる。

・　対抗要件や第三者の承諾の必要性については，抵当権の譲渡と同じである。

(2)　効　果

抵当権の順位の譲渡がされると，譲渡人と譲受人の関係では，譲受人が先順位となる。 H14-9 H6-10

つまり，譲渡人と譲受人の優先弁済権の範囲内で，**まず譲受人が弁済を受け，残額について譲渡人が弁済を受ける。**

【例】　甲土地を目的として，Xの１番抵当権（債権額1,000万円），Yの２番抵当権（債権額2,000万円），Zの３番抵当権（債権額1,500万円）の設定の登記がされており，１番抵当権の順位が３番抵当権のために譲渡された。 H29-12

そして，甲土地が競売され，4,000万円で売却された。

➡　順位の譲渡がない場合は，Xが1,000万円の弁済を受け，Yが2,000万円の弁済を受け，Zは残額の1,000万円の弁済を受けることになる。つまり，XとZが本来受けるべき優先弁済額の合計は2,000万円である。

➡　そして，抵当権の順位の譲渡がされたので，XとZの関係ではZが先順位となり，XとZの本来の優先弁済額（2,000万円）の中からまずZが1,500万円の弁済を受け，Xは残額の500万円の弁済を受けることになる。

重要❗

抵当権の順位の譲渡は，当事者間でのみ効力を生ずる（相対的な）ものであり，他の担保権者に影響は生じない。

➡　上記の事例では，２番抵当権者Ｙが弁済を受けるべき額は変わらない。

6　抵当権の順位の放棄

(1)　意　義

抵当権の順位の放棄とは，抵当権者が，同一の債務者に対する**後順位の担保権者のために，抵当権の順位を放棄すること**である。

・　対抗要件や第三者の承諾の必要性については，抵当権の譲渡と同じである。

(2)　効　果

H14-9
H6-10
抵当権の順位の放棄がされると，放棄をした者は，放棄を受けた者（受益者）との関係では優先権を主張することができない（平等な立場となる）。

つまり，放棄をした者と放棄を受けた者の優先弁済権の範囲内で，**それぞれの債権額の割合に応じて優先弁済を受けることになる。**

H29-12
【例】　甲土地を目的として，Ｘの１番抵当権（債権額1,000万円），Ｙの２番抵当権（債権額2,000万円），Ｚの３番抵当権（債権額1,500万円）の設定の登記がされており，１番抵当権の順位が３番抵当権のために放棄された。

そして，甲土地が競売され，4,000万円で売却された。

➡　抵当権の順位の放棄がされたので，ＸはＺとの関係では優先権を主張できず(平等な立場となり)，ＸとＺの本来の優先弁済額(2,000万円)について，ＸとＺの債権額の割合（２：３）に応じて弁済を受ける。つまり，Ｘが800万円，Ｚが1,200万円の弁済を受けることになる。

第6節　抵当不動産の第三取得者等との関係

Topics
- ここでは，抵当不動産の第三取得者や，利用権者の保護について学習する。
- 代価弁済，抵当権消滅請求，抵当建物使用者の引渡しの猶予などは，試験でも出題される。

1　総　説

不動産に抵当権を設定した後でも，設定者は当該不動産（抵当不動産）を第三者に譲渡したり，また第三者のために利用権を設定することができる。

しかし，**その後に抵当権が実行されて，抵当不動産が競売されたら，第三取得者は所有権を失い，また利用権者もその権利を失う。**

【例】　Aの所有する甲建物を目的として，Xのために抵当権が設定され，その登記がされた後，Aは甲建物をBに賃貸し，そしてCに甲建物を売り渡した。

この後にXが抵当権を実行し，甲建物が競売され，Mが甲建物を買い受けた。

➡　Bは賃借権をMに対抗できないので，甲建物を明け渡さなければならない。また，競売により，Cは所有権を失う。

このように，抵当権の実行によって第三者の権利が消滅してしまうのは仕方のないことであるが，そうすると，抵当権が設定された不動産を買い受けたり，借りたりする人がいなくなってしまう。

これでは，不動産の流通や利用が著しく制限され，社会経済上も損失であるといえる。

そこで，抵当権者の権利を不当に害さない限度において，抵当不動産の第三取得者や利用権者を保護するために，いくつかの規定が設けられた。

➡　所有権等を取得した第三者を保護する制度として，**代価弁済，抵当権消滅請求**がある。

➡　また，後順位の賃借権者を保護する制度として，**抵当建物使用者の引渡猶予，抵当権者の同意による賃貸借の対抗**がある。

2 代価弁済

1 意義

> （代価弁済）
> **第378条**　抵当不動産について所有権又は地上権を買い受けた第三者が，抵当権者の請求に応じてその抵当権者にその代価を弁済したときは，抵当権は，その第三者のために消滅する。

不動産の売買がされた場合，買主は，売主に対して売買代金を支払うのが原則である（当たり前である）。

H24-13
H22-11
しかし，抵当不動産の売買がされた場合に，抵当権者の請求に応じて，買主が抵当権者にその代価（売買代金）を支払ったときは，その買主のために抵当権が消滅する。

これが代価弁済の制度である。

理由　抵当権者が不動産の売買代金に物上代位（民§372，304）する手続を簡略化するとともに，抵当権の実行によって所有権を失うおそれのある抵当不動産の第三取得者を保護し，抵当不動産の取引の安全を図るものである。

【例】　Aの所有する甲土地を目的として，Xのために抵当権が設定された（債権額は1,000万円）。そして，Aは，甲土地を800万円でBに売り渡した。

この場合，（BがAに代金を支払う前に）抵当権者Xが買主Bに対して請求し，BがXに対して売買代金の800万円を支払ったときは，Xの抵当権はBのために消滅する。

プラスアルファ

一見すると，“Xは800万円しか弁済してもらえないので，損ではないか”と思うところだが，そうでもない。

甲土地の市場価格（売買の価格）が800万円ということは，抵当権を実行して競売したらそれ以下の価格（たとえば700万円）でしか売れない（競売の価格は市場価格より低い）。

ということは，Xは，甲土地の抵当権を実行して弁済を受けようと思ったら，700万円程度しか弁済を受けられないことになる。

だから，Xは，「800万円で大満足ではないが，競売よりはマシ」ということで，代価弁済をしてもらう実益がある。

2 要　件

(1)　第三者が抵当不動産につき所有権または地上権を買い受けたこと。 (2)　抵当権者の請求があること。 (3)　代価を弁済したこと。

(1) 第三者が抵当不動産につき所有権または地上権を買い受けたこと

ポイント1　**所有権または地上権**を買い受けたこと。

➡　永小作権を取得した者は，代価弁済をすることができない。

➡　永小作権は，定期の小作料を支払うべきものである。つまり，永小作権を一括して買い受けるということに馴染まない。

ポイント2　所有権または地上権を**買い受けた**こと。

➡　代価を弁済するのだから，代価がなければ話にならない。贈与や相続によって抵当不動産を取得した者は，代価弁済をすることができない。

➡　地上権を買い受けるとは，その存続期間中の全部の地代を最初に一括して代金として支払って地上権を取得することをいう。

プラス アルファ

後述する「抵当権消滅請求」との比較となるが，所有権や地上権を買い受けた第三者が**抵当権の被担保債権の保証人であっても**，代価弁済をすることができる。

➡　保証人は，被担保債権の全額の弁済をする義務があるが，抵当権者が自らの意思で代価弁済を請求する場合は，抵当権者に不当な不利益は及ばないので，これを認めても不都合はない。

(2) 抵当権者の請求があること

抵当権者からの請求があって，所有権または地上権を買い受けた者が代価を抵当権者に弁済することによって，代価弁済が成立する。

➡　抵当権者からの請求がないのに，買主が代金を抵当権者に支払ったら，それは単なる第三者弁済（民§474）である。

(3) 代価を弁済したこと

（原則として）代価の全額を弁済する必要がある。

3 効　果

代価弁済がされたら，抵当権は，**その第三者のために消滅する**。

・**「消滅する」の意味**

① 所有権を買い受けた者が代価弁済をした場合
抵当権はその者のために消滅する。
➡ 抵当権者は，抵当不動産を競売できない。

② 地上権を買い受けた者が代価弁済をした場合
抵当権が完全に消滅するのではなく，その地上権者に対抗できない抵当権となる。
➡ 抵当権者は抵当権を実行して競売できるが，その地上権は存続する。

3 抵当権消滅請求

1 意　義

> **（抵当権消滅請求）**
> **第379条**　抵当不動産の第三取得者は，第383条の定めるところにより，抵当権消滅請求をすることができる。

上記の代価弁済は，抵当権者からの請求があって，第三取得者のために抵当権を消滅させる制度であったが，この抵当権消滅請求は，**第三取得者からの請求によって抵当権を消滅させる制度**である。

まず簡単に説明すると，抵当不動産の第三取得者が，その不動産を自ら評価して，その額を抵当権者に提示する。そして，抵当権者がその額を承諾すれば，当該第三取得者がその額を抵当権者に払い渡し，これによって抵当権が消滅する。

➡ 抵当権者がその提示された額に納得しない場合には，２か月以内に競売を申し立てることになる。

【例】　Ａの所有する甲土地を目的として，Ｘの抵当権が設定された（債権額は

1,000万円)。そして，この後に，BがAから甲土地の所有権を取得した。

抵当権の消滅請求をしたいと考えたBは，甲土地を自ら評価して，800万円という値段をつけた。そして，抵当権者Xに対し，「甲土地を800万円と評価して，抵当権の消滅請求をします」と通知をする。

➡ 抵当権者Xが，この800万円という金額を妥当だと思ったら，これを承諾する。そして，BがXに対して800万円を払い渡したときは，Xの抵当権は消滅する。

プラスアルファ

仮に，抵当権の消滅請求を受けたXが，「800万円なんてとんでもない。甲土地は1,500万円の価値はあるはずだ」と思ったら，Bの請求から2か月以内に抵当権を実行し，甲土地の競売を申し立てる必要がある。

プラスアルファ

第三取得者から提示された金額が妥当なものであれば，抵当権者はその妥当な額についての弁済が受けられるので，特段の不利益を受けない。

仮に，第三取得者から提示された金額が不当に安い場合は，それを承諾しないで競売を申し立て，そこから弁済を受けることができるので，不当な不利益を受けるとはいえない。

つまり，抵当権者に適正な金員の取得を確保させつつ，抵当不動産の第三取得者に抵当権を消滅させる権能を与えて，両者の利害の調和を図ろうとする制度といえる。

2　抵当権消滅請求をすることができる者

抵当不動産の第三取得者が抵当権消滅請求をすることができる（民§379)。

この“第三取得者”とは，抵当不動産の**所有権を取得した者**に限られる。

➡ 地上権，永小作権，賃借権を取得した者は，抵当権消滅請求をすることができない。 R2-13 H19-14 H15-16

重要!

その第三取得者が抵当不動産の所有権を取得した原因は，有償によるものか，無償によるものかを問わない。 H11-11

➡ 抵当不動産を贈与によって取得した者も，抵当権消滅請求をすることができる。

抵当権消滅請求は，必ずしも“代価”を抵当権者に払うわけではない。第三取得者が自ら抵当不動産を評価して，その額を提示して抵当権消滅請求をすることができる。

・　ただし，第三取得者というためには，特定承継の形で所有権を取得した者であることを要する。

H11-11　➡　相続や合併などの一般承継により抵当不動産を承継した者は，抵当権消滅請求をすることはできない。

(1)　主債務者，保証人について

（抵当権消滅請求）
第380条　主たる債務者，保証人及びこれらの者の承継人は，抵当権消滅請求をすることができない。

H31-14 H26-12 H2-20　抵当権の被担保債権の債務者，保証人およびこれらの者の承継人は，抵当権消滅請求をすることができない。

理由　債務者や保証人は，被担保債権の全額の弁済をする義務を負っている。なのに，その義務を履行しないで，適当に不動産を評価して抵当権の消滅請求をすることを認めるのは不当である（都合がよすぎる）。

(2)　停止条件付きの第三取得者について

（抵当権消滅請求）
第381条　抵当不動産の停止条件付第三取得者は，その停止条件の成否が未定である間は，抵当権消滅請求をすることができない。

H31-14 H25-13 H6-15　停止条件付きで抵当不動産を取得した者は，条件が成就するまでは，その不動産を確定的に取得していない。

したがって，その状態で抵当権消滅請求を認めるべきではない。

➡　結果として条件が成就しなかったら，抵当不動産を取得できない。

・　この反対解釈として，解除条件付きの第三取得者は，抵当権消滅請求をすることができる。

➡　解除条件が成就するまでは，その者は抵当不動産の所有者（第三取得者）である。したがって，抵当権消滅請求を認めても特に問題はない（解除条件が成就したら，その者は所有者ではなくなるが）。

(3)　譲渡担保権者

譲渡担保権者は，譲渡担保権を実行して確定的にその不動産の所有者となった後でなければ，抵当権消滅請求をすることができない（最判平7.11.10）。 H11-11

→　譲渡担保については第7章第1節参照。

(4)　抵当不動産の共有持分を取得した者

1個の不動産全体を目的として抵当権が設定されている場合に，その不動産の共有持分を取得した者は，**自己の持分についての抵当権消滅請求をすることはできない**（最判平9.6.5）。 H15-16 H11-11

【例】　Aの所有する甲土地（時価1,200万円）を目的として，Xの抵当権が設定されている（債権額は1,000万円）。

　そして，この甲土地の所有権の一部（持分2分の1）をBが取得した。

➡　Bは，自分が取得した持分について抵当権消滅請求をすることはできない。

理由　この理由について判例を引用（一部修正）すると，「この場合に共有持分の第三取得者による抵当権消滅請求が許されるとすれば，抵当権者が1個の不動産の全体について一体として把握している交換価値が分断され，分断された交換価値を合算しても一体として把握された交換価値には及ばず，抵当権者を害するのが通常であって，抵当権消滅請求制度の趣旨に反する結果をもたらすからである。」とされている。

ちょっと分かりにくいので，上記の【例】を用いて説明する。

【例】　上記の事例において，Bが自己の持分についての抵当権消滅請求ができるものとして，Bは抵当権者Xに対して，「自分の持分を600万円と評価して抵当権消滅請求をします」と請求したものとする。

➡　このB持分については，Xは適正な額の弁済が受けられた。そして，Xの抵当権は，Bの持分については消滅し，以後はAの持分のみを目的として存続する。

そして，この後に，抵当権者Xが抵当権を実行して甲土地のA持分を競売した場合，どう考えても600万円では売れない。

➡　この競売の買受人は，甲土地の共有持分（持分2分の1）しか取得できない。見ず知らずのBと甲土地を共有することになる。そんな持分を買い受ける第三者はまずいないので，仮に売れたとしても100万円とかの低価格となってしまう。きちんとした額の弁済を受けられないので，Xは明らかに不利益を受ける。

甲土地を全体としてみれば1,200万円の価値があるが，B持分，A持分と分断されてしまうと，たとえば600万円と100万円といったように，合算（700万円）しても甲土地本来の担保価値（1,200万円）には及ばないのが通常であり，抵当権者は不利益を受けてしまう。したがって，共有持分の第三取得者からの抵当権消滅請求は認めるべきではない。

3　抵当権消滅請求の手続

(1)　抵当権消滅請求をすることができる時期

（抵当権消滅請求の時期）

第382条　抵当不動産の第三取得者は，抵当権の実行としての競売による差押えの効力が発生する前に，抵当権消滅請求をしなければならない。

H31-14　H25-13　H6-15

抵当権消滅請求をすることができる時期については，抵当権の実行としての競売による差押えの効力が発生する前にしなければならないとされている。

➡　差押えまでいってしまったら，それを止めて消滅請求を認めるのは適当でない。

(2)　抵当権消滅請求の手続

抵当不動産の第三取得者が抵当権消滅請求をする場合，登記された各債権者（各抵当権者）に対し，一定の内容を記載した書面を送付することを要する（民§383）。

①　通知の相手方

H19-14　H2-20

登記をした各債権者，つまり**登記を有するすべての抵当権者**（質権者等も含む）に対して通知をすることを要する。

② 通知の内容

通知書に記載すべき事項はいろいろあるが，重要なのは，**第三取得者が抵当権者に支払う金額（第三取得者が抵当不動産を評価した額）**である（民§383③）。

➡ 2か月以内に抵当権者が抵当権の実行による競売の申立てをしないときは，この金額を（抵当権の順位に従って）弁済します，といったことを記載する。

・ この額は，第三取得者が自由に定めることができる。

③ 消滅請求がされた後の流れ

消滅請求を受けた各抵当権者が，第三取得者の提示した金額を承諾すれば，第三取得者からその金額の支払いを受けて，抵当権が消滅することになる。

➡ 登記をしたすべての抵当権者が承諾する必要がある。

一方，第三取得者の提示した金額に納得しない抵当権者は，通知を受けた時より2か月以内に，抵当権を実行して競売の申立てをすることができる。 H19-14 H6-15

➡ 第三取得者の提示した金額は不当に安いから，抵当不動産を競売して，適正な価額の弁済を受けるということ。つまり，抵当権者側からの対抗手段。

重要!

抵当権者が承諾の意思表示をしない場合でも，消滅請求の通知を受けた後2か月以内に抵当権を実行して競売の申立てをしないときは，その金額を承諾したものとみなされる（みなし承諾，民§384①）。

・ 抵当権者が抵当権を実行して競売を申し立てるときは，債務者および**抵当不動産の譲渡人**に対してその旨を通知しなければならない（民§385）。 H2-20

➡ 実際のところは，譲渡人に対して通知する意味はあまりないといわれているが，このように規定されている。

4　抵当権消滅請求の効果

> （抵当権消滅請求の効果）
> **第386条**　登記をしたすべての債権者が抵当不動産の第三取得者の提供した代価又は金額を承諾し，かつ，抵当不動産の第三取得者がその承諾を得た代価又は金額を払い渡し又は供託したときは，抵当権は，消滅する。

第三取得者が各抵当権者に対して，承諾を得た金額を払い渡しまたは供託をしたときは，各抵当権は消滅する。

➡　その不動産上の抵当権はすべて消滅する。

4　抵当建物使用者の引渡猶予

ケーススタディ

Aの所有する甲建物を目的としてXの抵当権の設定の登記がされている。そして，Aはこの甲建物をBに賃貸し，現在はBが住んでいる。

その後，Xがこの抵当権を実行し，甲建物の競売がされ，Yが甲建物を買い受けた。そして，YはBに対し，甲建物の明渡しを請求した。

Bは，すぐに甲建物から出ていかなければならないのだろうか。

1　抵当権に後れる賃貸借の効果

抵当権が設定された後でも，設定者は抵当不動産を使用収益することができるので，設定者が第三者に賃貸し，第三者に抵当不動産を使用させることは問題ない。

➡　よほど酷い場合には抵当権侵害の問題が生じてくるが，基本的にはまったく問題ない。

しかし，抵当権に後れる賃貸借は，抵当権者に対抗することができないので，抵当権が実行されて競売され，**買受人が現れたときは，賃借人は買受人に対して抵当不動産を明け渡さなければならない。**

➡　抵当権が実行されるまでは自由に使うことができるが，競売による買受人が現れてしまうと，明け渡す必要がある。

そうすると，抵当不動産の賃借人としては，いつ抵当不動産が競売され，いつ追い出されるか分からないこととなり，その地位は極めて不安定といえる。

したがって，抵当不動産を賃借しようという者もなかなか出てこないことになってしまう。

アルファ

かといって，抵当権に後れる賃借人に対抗力を与えてしまうと，今度は抵当権が実行された場合になかなか買受人が現れなくなるので，抵当権者を害することになり，不当である。

そこで，これらの者の間の利害の調整を図る意味で，２つの制度が設けられた。

➡　**抵当建物使用者の引渡しの猶予の制度**と，**抵当権者の同意による賃貸借の対抗の制度**である。

2　抵当建物使用者の引渡しの猶予の制度の意義

（抵当建物使用者の引渡しの猶予）

第395条　抵当権者に対抗することができない賃貸借により抵当権の目的である建物の使用又は収益をする者であって次に掲げるもの（次項において「抵当建物使用者」という。）は，その建物の競売における買受人の買受けの時から６か月を経過するまでは，その建物を買受人に引き渡すことを要しない。

一　競売手続の開始前から使用又は収益をする者

二　強制管理又は担保不動産収益執行の管理人が競売手続の開始後にした賃貸借により使用又は収益をする者

ケーススタディのように，抵当権に後れる賃貸借により抵当権の目的である建物を使用収益している者（**抵当建物使用者**）は，その建物が競売されて買受人が現れた場合であっても，**買受人の買受けの時から６か月を経過するまでは，その建物の引渡しが猶予される**。 R3-13 H23-13

重要！

賃借権という権利が存続するわけではない。6か月だけ引渡しが猶予される制度。

➡　6か月は引渡しの猶予を認めるから，その間に新しい住居を探してくださいということ。

3　引渡しの猶予が認められるための要件

> ①　抵当権者に対抗することができない賃貸借により抵当権の目的である建物の使用収益をする者であること
> ②　原則として，競売手続が開始される前から当該建物を使用収益していること

①　抵当権者に対抗することができない賃貸借により抵当権の目的である建物の使用収益をする者であること

ポイント1　抵当権者に対抗することができない賃貸借であること。

➡　抵当権者に対抗できる賃貸借であれば，抵当権が実行されて競売されても，その賃借権に基づいて抵当不動産を使用収益できる。そもそも買受人に引き渡す必要がない。

R2-13
H24-13
ポイント2　**建物**の賃貸借であること。

➡　この引渡しの猶予は，建物を借りてそこに住んでいる人を直ちに追い出すのは酷だから認められた制度。抵当権の目的である土地が賃貸借された場合には引渡しの猶予は認められない。

H19-16
②　原則として，**競売手続が開始される前から**当該建物を使用収益していること

実際には当該建物を使用していない名ばかりの賃借人には，引渡しの猶予を認めて保護する必要性がない。

プラス アルファ

簡単にいうと，抵当権の実行を妨害するような意図で建物を使用している人を保護する必要はないということ。

それまでは建物を使用していなかったが，競売手続が始まったことを知って，抵当権者（および買受人）を困らせてやろうということで使用を始めたような者を保護する必要はない。

・　ただし，強制管理または担保不動産収益執行の管理人が，競売手続の開始後に賃貸借をしたような場合は，抵当権の実行の妨害ということはないので，この者は建物の引渡しの猶予が認められる（民§395Ⅰ②）。

4 引渡しの猶予の効果

(1) 引渡しの猶予の効果

抵当建物使用者は，その建物の競売における**買受人の買受けの時から6か月を経過するまで**は，その建物を買受人に引き渡すことを要しない（民§395Ⅰ）。 H30-14 H19-16

① 「買受けの時」とは，競売における買受人が代金を納付した時をいう。

② 猶予の期間は6か月である。

・ 競売による買受人が現れた時点で，当該賃貸借の存続期間がどれだけ残っているかに関係なく，6か月は引渡しが猶予される。 H19-16

また，競売手続の開始後，買受人が現れる前に賃貸借の期間が満了し，賃貸借契約が更新された場合も，6か月の引渡しの猶予が認められる。

(2) 引渡しの猶予の期間中の法律関係

① 建物使用の根拠と対価の必要性

競売により（抵当権に後れる）賃借権は消滅するので，抵当建物使用者は，無権原の占有者ということになる。

➡ 占有権原はないが，6か月間の引渡しの猶予が認められているという関係。

・ 引渡しの猶予の期間中，抵当建物使用者は，賃借権に基づいて当該建物を使用しているわけではないので，買受人（所有者）に対して賃料の支払いの義務はない。 H23-13 H19-16

かといって，タダで使用できるわけではなく，抵当建物使用者は買受人に対し，建物の使用の対価を不当利得の返還として支払う必要がある。

➡ 実際は，賃料と同等の額（賃料相当額）を支払うことになろう。

② 対価を支払わない場合

抵当建物使用者が，買受人に対して建物の使用の対価を支払わない場合はどうなるか。

（抵当建物使用者の引渡しの猶予）

第395条

2 前項の規定（建物の引渡しの猶予の規定）は，買受人の買受けの時より後

> に同項の建物の使用をしたことの対価について，買受人が抵当建物使用者に対し相当の期間を定めてその１か月分以上の支払の催告をし，その相当の期間内に履行がない場合には，適用しない。

H19-16　買受人が抵当建物使用者に対し，相当の期間を定めて，**1か月分以上の**対価の支払いを催告し，その期間内に抵当建物使用者が買受人に対して対価を支払わないときは，引渡しの猶予の規定は適用されない。

➡　つまり，買受人からの建物の引渡しの請求を拒むことができない。

5　抵当権者の同意による賃貸借の対抗

1　意　義

> **（抵当権者の同意の登記がある場合の賃貸借の対抗力）**
> **第387条**　登記をした賃貸借は，その登記前に登記をした抵当権を有するすべての者が同意をし，かつ，その同意の登記があるときは，その同意をした抵当権者に対抗することができる。

H12-15
H8-11
　抵当権に後れる賃貸借は，抵当権者に対抗することができず，抵当権の実行による競売により消滅する。

R2-13
　しかし，抵当権が実行される前に，**その賃貸借に優先する抵当権者全員が，当該賃貸借について抵当権に優先させることに同意し，かつその同意の登記をしたときは，当該賃貸借は同意をした抵当権者に対抗することができる**とされた。

➡　抵当権の実行による競売がされても，その賃貸借は存続する。

プラスアルファ

この賃貸借は，土地の賃貸借，建物の賃貸借の双方を含む。

2　賃貸借に対抗力を付与するための要件

> ①　賃貸借について登記がされていること
> ②　賃貸借の登記をする前に登記をした抵当権者全員の同意があること
> ③　その同意の登記があること

① 賃貸借について**登記がされていること**

不動産の登記記録に「賃借権設定」と登記がされている必要がある。

➡ 登記されていない賃貸借については，この制度の適用はない。

・ 借地借家法の規定による対抗要件(借地借家§10Ⅰ，31)では足りない。

➡ 借家について引渡しを受けただけではダメ。

② 賃貸借の登記をする前に登記をした**抵当権者全員の同意があること** H24-13

【例】 Aの所有する甲建物を目的として，Xの１番抵当権，Yの２番抵当権，Zの３番抵当権の設定の登記がされ，その後にMの賃借権の設定の登記がされた。

➡ Mの賃借権について対抗力を与えるためには，Mに優先する抵当権者全員，つまりＸＹＺの全員が同意をすることを要する。

重要❗

抵当権者がこの同意をするには，その抵当権を目的として権利を有する者など，その同意によって不利益を受ける者の承諾を得なければならない（民§387Ⅱ）。

【例】 上記の例でいうと，Xの１番抵当権を目的としてKの転抵当の登記がされているようなときは，Xが同意をするためには，Kの承諾を得ることを要する。

③ **その同意の登記があること** H17-14

賃貸借に優先する抵当権者全員の同意があったときは，その登記をすることを要する。

そして，この登記をすることによって，当該賃貸借は先順位の抵当権に対抗することができる。

➡ 登記が効力要件。

理由 不動産取引の安全を図るため。

この不動産を競売により買い受けようとする者は，この不動産の登記の記録を見て，「あっ，本来は消滅するはずの賃貸借が存続することになるな」と知ることができる。そして，「それでもいいや」と思ったら入札すればいいし，「それは嫌だ」と思ったら入札しなければいい。

3　効　果

同意の登記がされたときは，当該賃貸借の賃借人は，自己の賃借権より先に登記された抵当権者に対抗することができる。

つまり，**抵当権が実行され，競売された場合，当該賃借権は買受人に引き継がれる。**

➡　買受人が賃貸人となる。

第7節　抵当権の実行

Topics
- **実行の手続について試験で出題されることはまずないが，抵当権者が優先弁済を受ける手続を知っておくのは有益である。**
- **抵当権者が債務者の一般財産から弁済を受ける場合の制限は，試験でも出題される。**

ケーススタディ

Aの所有する甲土地を目的として，Xの抵当権の設定の登記がされている。そして，Aは弁済期までに債務の弁済ができなかったので，Xは抵当権を実行しようと考えている。

Xは，どのような手続きを踏んで抵当権を実行することになるのか。

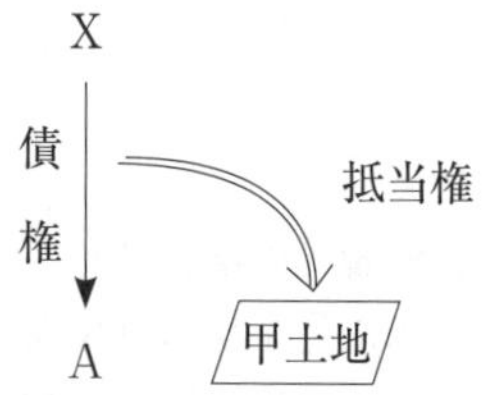

1　抵当権の実行とは

ある特定の債権を担保するために抵当権が設定された後，債務者が債務不履行の状態となったときは，抵当権者は抵当権を実行し，自己の債権について他の債権者に優先して弁済を受けることができる。

抵当権の実行の方法は，２つある。

(1)　担保不動産競売の方法 (2)　担保不動産収益執行の方法

抵当権者は，この２つの中から選択して抵当権を実行することができる（民執§180）。

通常は，(1)の**担保不動産競売の方法**による。

これは，抵当権の目的とされた不動産（抵当不動産）を差し押さえ，競売し，その売却の代金から抵当権者が優先弁済を受ける方法である。

一方，担保不動産収益執行とは，抵当不動産を競売するのではなく，その不動産の収益（賃料等）から抵当権者が優先弁済を受ける方法である。

以下，これらの手続について解説する。

2　担保不動産競売

(1)　競売の申立て

抵当権を実行し，担保不動産競売の方法で優先弁済権を実現するためには，まず，抵当権者が，裁判所に**担保不動産競売の申立て**をする。

➡　抵当不動産の所在地を管轄する地方裁判所に申立てをする。

H19-14

・　抵当権を実行するに当たり，抵当不動産の所有者に対して抵当権実行の通知等をする必要はない。

(2)　その後の流れ

①　競売開始の決定と差押え

抵当権者から担保不動産競売の申立てがされ，それが適法であるときは，裁判所は**競売手続の開始の決定**をする（民執§188，45Ⅰ）。

そして，債権者のために不動産を**差し押さえる旨**を宣言する（同）。

・　この決定は，債務者および抵当不動産の所有者に送達（通知）される（民執§45Ⅱ，181Ⅳ）。

そして，裁判所書記官の嘱託により，抵当不動産に**差押えの登記**がされる（民執§48）。

重要！

差押えの効力は，競売開始の決定が債務者に送達された時または抵当不動産に差押えの登記がされた時のいずれか早い時に生ずる（民執§188，46Ⅰ）。

＋（プラス）アルファ

不動産が差し押さえられたら，所有者はその不動産を処分することができない。仮に処分をしたとしても，それは競売手続上，無視される。

➡　差し押さえられても，所有者がその不動産を使用することは構わない（民執§46Ⅱ）。

②　売却の手続

競売開始の決定がされたら，裁判所は売却の手続を進める。

その手続きは多岐にわたるが，売却の基準となる価格を定めたり（民執§188，60Ⅰ），売却の方法，日時や場所等も定める（民執§64）。

売却の方法としては，**入札**または競り売りが原則である（民執§64Ⅱ）。

➡　その不動産の買受希望者は，「○○万円で買います」と入札する。

・　そして，複数人からの入札があったときは，その中で最も高値をつけた人（最高価買受申出人）がその不動産の買受人となる。

➡　もう少し細かな手続きがあるが，それは民事執行法で学習する。

③　代金の支払いとその効果

買受人は，裁判所が定めた期日までに，代金を納付することを要する（民執§188，78Ⅰ）。

そして，**代金を納付した時**に，買受人は当該不動産の所有権を取得する。

・　競売による売却がされたときは，その不動産の上に存在する**抵当権，質権（一定の場合を除く），先取特権は，消滅する**（民執§188，59Ⅰ）。

また，利用権についても，すべての担保権に優先する（つまり最優先順位の）利用権は存続するが，それ以外のものは売却によって消滅する。

重要！

基本的に，買受人は，その不動産について何の負担もない所有権を取得する。

④　売却代金の配当

担保不動産競売がされ，買受人が現れて，買受人が代金を納付したときは，**その代金が債権者に配当される。**

➡　抵当権者は，他の債権者に優先して配当を受ける（弁済を受ける）ことができる。

＋アルファ

その不動産に複数の抵当権者がいる場合は，その順位（民§373）に従って配当がされる。

⑤　買受人についての制限

・　**債務者は，抵当不動産の競売において買受人となることはできない**（民執§68）。

➡　競売で買い受ける金があるならば，抵当権者に債務の弁済をすべきである。

H25-13
H13-11
・　抵当不動産の第三取得者は，抵当不動産の競売において買受人となることができる（民§390）。

➡　自分の不動産を自分が買うというのはちょっと変かもしれないが，その不動産を何としても手放したくなければ，それを否定する理由はない。

3　担保不動産収益執行

(1)　意　義

抵当権を実行する場合，抵当不動産を競売するのではなく，抵当不動産の収益（賃料等）から優先弁済を受けることもできる。これが担保不動産収益執行である。

➡　債務者が債務不履行となった後は，抵当権の効力は果実（賃料等）にも及ぶので（民§371），賃料等の果実から債権の回収をすることも問題ない。

理由　抵当権者としては，抵当不動産を競売して一括して（一気に）債務の弁済を受けるのがベストであろう。しかし，バブルが崩壊して不動産価格が下落し，競売しても満足な額の弁済が受けられないといった事情がある場合は，なかなか競売に踏み出せない。

➡　残債権は無担保となるので，辛い。

そして，抵当不動産が大規模な賃貸マンションのような場合には，毎月の収益（賃料）もかなりの額となるので，リスクの高い競売をするよりは，コツコツと毎月の収益から債権を回収した方が確実ということもできる。

このような事情から，比較的最近に（平成15年の改正），担保不動産収益執行という方法が制度化された。

(2)　手　続

担保不動産収益執行も，抵当権の実行方法の1つであるから，その手続は担保不動産競売の場合とあまり変わりはない。

① 適法な申立てがあったときは，裁判所は，**担保不動産収益執行の開始決定**をし，不動産を**差し押さえる**旨を宣言する（民執§188，93 I）。

また，不動産の所有者に対し，収益（賃料等）の処分を禁止するとともに，賃借人に対し，以後は賃料を**管理人に支払うべきことを命ずる**（同）。

② 管理人が，賃借人から賃料を受け取ったときは，これを抵当権者に配当する（民執§107）。

4 抵当権者が債務者の一般財産から弁済を受けることの可否

抵当権者は，その抵当権を実行しないで，債務者の他の財産から弁済を受けることができるか。

問題点　抵当権者も普通に債権者であることに変わりはないので，債務者に対して債務名義（○万円を支払えという判決等）を得て，債務者の他の財産に対して強制執行することは問題なさそうである。

しかし，そうすると，抵当権者は，抵当権という優先弁済権を確保した上で，その他の財産からも債権の弁済を受けられるということになり，他の債権者の利益が害されることになる。

➡ 一般財産から弁済を受けるのは悪いとはいえないが，公平性を欠くといわざるを得ない。

そこで，抵当権者と他の一般債権者との利害の調整を図るため，次の規定が置かれた。

（抵当不動産以外の財産からの弁済）

第394条　抵当権者は，抵当不動産の代価から弁済を受けない債権の部分についてのみ，他の財産から弁済を受けることができる。

2　前項の規定は，抵当不動産の代価に先立って他の財産の代価を配当すべき場合には，適用しない。この場合において，他の各債権者は，抵当権者に同項の規定による弁済を受けさせるため，抵当権者に配当すべき金額の供託を請求することができる。

抵当権者は，抵当権を実行しても債権の弁済を受けられない部分についてのみ，債務者の他の財産から弁済を受けることができるとされた。

➡ 抵当権を実行して債権の全額の弁済を受けられるのであればそれで十分であり，債務者の他の財産から弁済を受けるべきではない。

ただし，この場合でも，抵当権を実行する前に債務者の一般財産から弁済を受けることを絶対的に禁止しているわけではなく，**他の一般債権者が異議を述べることができるということにとどまる**（大判大15.10.26）。

プラス アルファ

抵当権者が債務者の他の財産に強制執行しようとする場合に，**債務者は異議を述べることができない。**

➡ 民法394条の規定は，抵当権者と他の一般債権者の利害の調整を図るためのものである。債務者を保護する規定ではない。

5　第三取得者の費用償還請求権

> **（抵当不動産の第三取得者による費用の償還請求）**
> **第391条**　抵当不動産の第三取得者は，抵当不動産について必要費又は有益費を支出したときは，第196条の区別に従い，抵当不動産の代価から，他の債権者より先にその償還を受けることができる。

抵当不動産の第三取得者が，抵当不動産に費用を支出することがあり得る。

【例】　Aの所有する甲建物にXの抵当権が設定された。その後，Aは甲建物をBに売り渡し，Bはこの甲建物を修繕した（必要費を支出した）。

そして，抵当権の実行に基づいて抵当不動産が競売され，第三取得者がその所有権を失った場合，第三取得者は，民法196条の規定に従って，他の債権者に優先して費用の償還を受けることができる。

【例】　上記の事例において，Xが抵当権を実行し，競売によりCが甲建物を買い受けた。

➡ 甲建物の所有権を失った第三取得者Bは，抵当権者等の債権者に配当されるべき競売の代金から，優先して費用の償還を受けることができる。

理由　第三取得者が支出した費用は，一種の共益費用と考えることができるから。

①　民法196条の規定に従うので，必要費，有益費のいずれについても償還を受けることができる。

②　競売の代金の配当の時に第三取得者は償還を受けることができるので，有益費についての期限の許与（民§196Ⅱただし書）は問題とならない。

③　第三取得者が費用の償還請求権を有しているにもかかわらず，競売の代金がすべて抵当権者に配当され，第三取得者が償還を受けることができなかったときは，第三取得者は抵当権者に対し，**不当利得の返還請求権**を取得する（最判昭48.7.12）。 H25-13

第8節　法定地上権，一括競売

Topics
・法定地上権は，試験で頻出。重要。判例も多くてややこしいが，考え方をしっかり押さえていれば，うまく整理できるはず。
・抵当権の大きな山場。

1　法定地上権

ケーススタディ

Aは，甲土地およびその土地上に乙建物を所有しているが，乙建物を目的としてXのために抵当権を設定した。そして，Xは抵当権を実行し，Bが乙建物を競売により買い受けた。

よく考えてみたら，Bは乙建物を所有するための甲土地の利用権を有していない。Bは乙建物を取り壊して立ち退かなければならないのか。

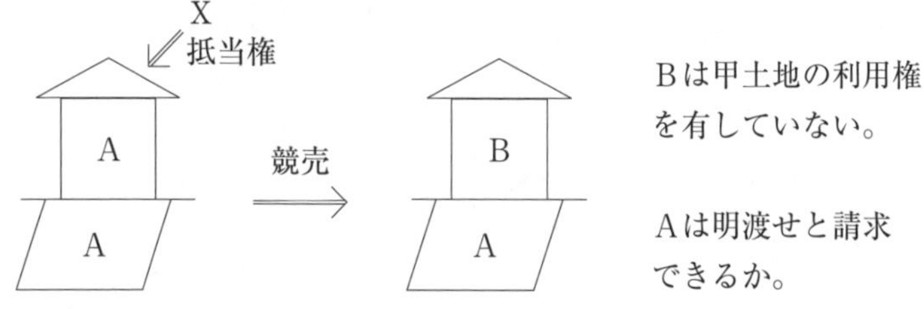

1　法定地上権とは

(1)　意　義

我が国の民法では，土地と建物は別個独立の不動産とされている。そのため，土地だけ，あるいは建物だけを売ることもできるし，また片方だけに抵当権を設定することもできる。

しかし，そうすると，ケーススタディの事例のように，抵当権の実行による競売の結果，**土地と建物が別々の所有者に帰属することになってしまうこともある**。

その場合には，建物の所有者は土地（敷地）の利用権がないので，建物を収去して土地を明け渡さざるを得なくなる。

➡　もちろん，土地の賃貸借契約や地上権設定契約をすれば，賃借人（地上権者）が建物を所有することは可能であるが，競売の瞬間にこのような契約をすることはできないし，また土地の所有者が契約を拒むこともあり得る。

プラスアルファ

競売がされる前に，競売がされることを見越して，予め土地の賃貸借や地上権の設定をすることも考えられるが，現行法上，自分の所有する土地に自分のために賃借権や地上権を設定することはできない（単独の自己借地権の否定）。

さすがにこれはまずい。

➡　これでは建物を目的として抵当権を設定する人はいなくなるし，また建物の保護の観点からも認めがたい。

そこで，民法では，ケーススタディの事例のような場合には，建物を所有するために土地に**地上権が設定されたものとみなす**とした（民§388）。

➡　競売によりBが乙建物の所有権を取得したときは，乙建物を所有するために甲土地に地上権が設定されたものとみなされる。

これにより，Bは，乙建物を所有するために甲土地を利用することができる。

重要！

法の規定によって地上権が成立するので，これを法定地上権という。

⑵　確　認

法定地上権が成立すれば，**建物の所有者は有難い**。

➡　競売により建物の所有権だけでなく，土地の利用権も取得できる。

一方，**土地の所有者にとっては辛い**。

➡　その土地に地上権という強力な利用権が付着することになる。所有者はその土地を利用できないわけで，土地の価値（価格）は大幅に下落する。

➡　その土地に何の負担もなければたとえば3,000万円で売れるのに，地上権という負担がついていると1,000万円でしか売れない。

したがって，法定地上権が成立するか否かを考えるに当たっては，「建物の権利者にとっては有難い」，「土地の権利者にとっては辛い」ということをまず念頭に置いて，建物についての権利者（あるいは建物そのもの）の保護の必要性と，土地の権利者を不当に害してはいけないということを総合的に考える必要がある。

2　法定地上権が成立するための要件

（法定地上権）
第388条　土地及びその上に存する建物が同一の所有者に属する場合において，その土地又は建物につき抵当権が設定され，その実行により所有者を異にするに至ったときは，その建物について，地上権が設定されたものとみなす。（後略）

要件は４つある。

① 抵当権を設定した時に，**土地の上の建物があること**
② 土地およびその上に存する建物が**同一の所有者に属すること**
③ その土地または建物につき抵当権が設定されたこと
④ その実行により**所有者を異にするに至ったこと**

この４つの要件をすべて満たしたときに，法定地上権が成立する。

【例】　Aは，甲土地とその土地上の乙建物を所有しているが（①と②の要件），甲土地を目的としてXのために抵当権を設定した（③の要件）。そして，Xは抵当権を実行し，Bが甲土地を競売により買い受けた（④の要件）。
➡　上記の４つの要件をすべて満たしているので，乙建物のために甲土地に法定地上権が成立する。

・　Bは競売により甲土地を買い受けたが，法定地上権が成立してしまうので，辛いといえば辛い。しかし，Bは，甲土地に法定地上権が成立することを分かった上で甲土地を競売により買い受けているので，不当な不利益を受けることはない（安い価格で買っている）。

・　また，Bが安い価格で買っているということは，抵当権者Xに配当される額が少ないということなので，Xも辛いといえば辛い。しかし，Xも，「甲土地に抵当権を設定したら将来法定地上権が成立するな」と分かった上でAにお金を貸しているので（少なめに融資している），不当な不利益を受けることはない。

重要❗

建物を目的として抵当権を設定した場合だけでなく，土地を目的として抵当権

を設定した場合にも，法定地上権は成立し得る。

重要！

当事者間の特約により，法定地上権の成立を排除することはできない（大判明41.5.11）。 R4-12 H21-14 H17-15

理由 法定地上権は，公益的な意味もあるので，当事者間の意思で排除することを認めるべきではない。また，この特約を公示する手段もないので，買受人等に不当な不利益が及ぶおそれもある。

上記の①から④の要件については，それぞれ論点が多い。以下，詳しく解説する。

➡ 試験でも頻出。

3　抵当権を設定した時に，土地の上の建物があること

条文では，「土地及びその上に存する建物が同一の所有者に･･･」と規定されているので，**抵当権を設定する時に土地上に建物が存在していることが前提となる**。

(1)　更地に抵当権を設定した場合

① 更地（建物が建っていない土地）に抵当権が設定された後，土地の所有者がその土地上に建物を建築した。 H28-13 H23-14 H21-14 H17-15

➡ 土地の抵当権が実行され，土地と建物の所有者が異なることとなっても，建物のために**法定地上権は成立しない**（大判大4.7.1）。

理由 抵当権者は，土地を更地と評価して抵当権を設定している（価値の高い土地と評価している）。なのに，後になって建物が建ったからといって法定地上権が成立してしまったら，土地の価格は大幅に下がり，抵当権者は（予期していなかった）不当な不利益を受けることになってしまう。だから法定地上権は成立しない。

➡ 大前提の話だが，更地は価値が高い（自分が自由にその土地を使えるから）。

重要！

抵当権者が，将来この土地の上に建物を建てることを承諾していたとしても，

法定地上権は成立しない（最判昭36.2.10）。

➡ 「土地に建物を建てていいよ」と，「法定地上権を成立させていいよ」はまったく違う。

H26-13　② 更地である甲土地を目的としてXの1番抵当権が設定された後，甲土地の所有者Aは甲土地上に建物を建てた。そして，この後に甲土地を目的としてYの2番抵当権が設定された。

➡ 2番抵当権の実行による競売がされ，土地と建物の所有者が異なることとなっても，法定地上権は成立しない（最判昭47.11.2）。

理由　確かに，2番抵当権が設定された時点では，土地の上に建物が存在していた。しかし，1番抵当権が設定された時点では更地であり，法定地上権の成否は1番抵当権を基準として考えるべきである。

(2) 建物が再築された場合

H元-11　建物が建っている土地に抵当権が設定された後，その建物を取り壊し，再築した。

➡ 土地の抵当権が実行され，土地と建物の所有者が異なることとなったときは，法定地上権が成立する（大判昭10.8.10）。

理由　確かに，土地上の建物は変わっているが，抵当権者は法定地上権が成立することを分かった上で土地に抵当権を設定しているのだから，新建物のために法定地上権が成立しても不当な不利益を受けることはない。

➡ ただし，成立する地上権の内容は，旧建物を基準に考えるべきである

重要！

ポイントは，“土地に”抵当権が設定された後に建物が再築されたということ。土地とその土地上の建物に抵当権（共同抵当）が設定された後に建物が再築された場合は，話が異なる。

➡ 共同抵当が設定された後に建物が再築された場合は，一定の要件を満たした例外的な場合を除き，法定地上権は成立しないとされている（最判平9.2.14）。その要件や考え方は試験においても重要。かなり長い話になるので，後にまわす。

(3)　建物の登記がされていなかった場合

抵当権を設定した当時，土地上に建物が存在していたが，建物について登記がされていなかった場合でも，法定地上権は成立する（大判昭7.10.21）。 H29-13 H25-14

理由　登記の存在は特に要求されていない。抵当権者も，抵当権を設定する際には現地に行って建物の存在を確認しているはずである。つまり，法定地上権が成立することを分かっているはずである。

4　土地およびその上に存する建物が同一の所有者に属すること

(1)　土地と建物の所有者が異なる場合

抵当権を設定した当時，土地の上に建物が存在することが必要であるが，さらに，**土地と建物が同一の所有者に属すること**が必要である。

重要❗

抵当権を設定した当時，土地とその土地上の建物の所有者が異なっていた場合には，抵当権が実行されて競売されても，法定地上権は成立しない（大判明38.6.26）。

理由　土地とその土地上の建物の所有者が異なっているということは，建物を所有するための土地の利用権が設定されているはずである。

その後に抵当権が実行されて競売されても，その利用権を存続させればいいので，法定地上権の成立を認める必要はない。

➡　この場合に法定地上権が成立しないのは，**「建物を収去して出ていけ」という意味ではなく，「それまでの土地の利用権に基づいて建物を所有してください」という意味。**

【例】　Aの所有する甲土地について，Bが賃借権の設定を受け，Bが甲土地上に乙建物を建築した。そして，乙建物を目的として，Xのために抵当権が設定された。

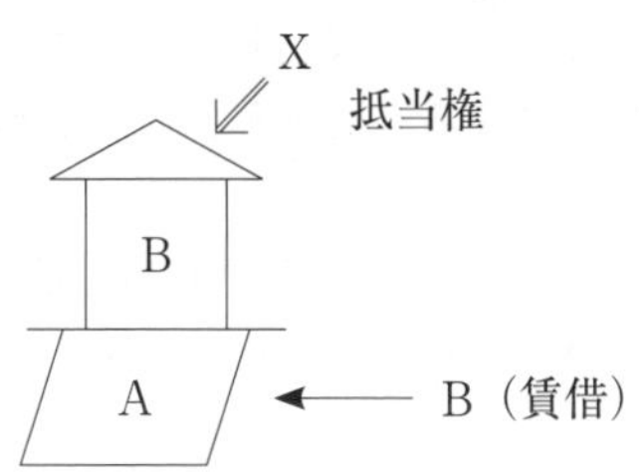

➡　Xの抵当権の効力は，従たる権利である土地賃借権にも及んでいる。

そして，Xが抵当権を実行し，Cが乙建物を競売により取得した。

➡　甲土地については賃借権が存続する。Cは賃借権に基づいて乙建物を所有することができる。法定地上権は成立しない。

(2)　抵当権を実行するまでに同一の所有者となった場合

H26-13　H25-14　H6-13　H4-19

①　抵当権を設定した当時，土地と建物の所有者が異なっていたときは，その後に所有者が同一となった場合であっても，抵当権の実行により**法定地上権は成立しない**（最判昭44.2.14）。

➡　この場合も，抵当権が設定された当時，建物を所有するための土地の利用権が設定されていたはずである。その後に土地と建物の所有者は同一人となったが，土地の利用権は混同の例外（民§179Ⅰただし書）に該当するものとして消滅せず，法定地上権は成立しない。

【例】　Aの所有する甲土地について，Bが賃借権の設定を受け，Bが甲土地上に乙建物を建築した。そして，乙建物を目的としてXのために抵当権を設定した。

その後，Bは，Aから甲土地の所有権を取得した。

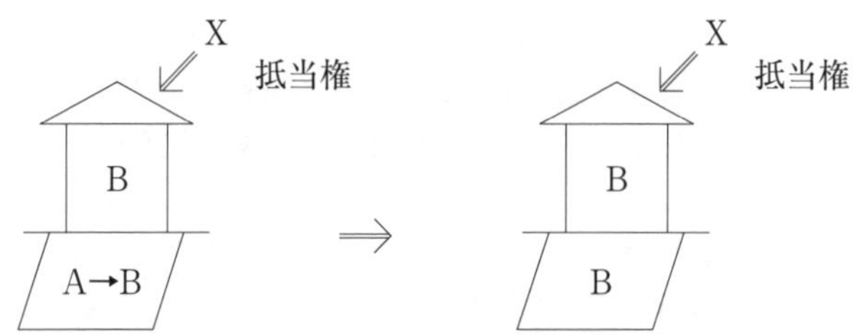

この後にXの抵当権が実行され，Cが乙建物を競売により取得した場合，法定地上権は成立しない。

➡　甲土地の賃借権は混同の例外に該当して消滅しない。

②　1番抵当権を設定した当時は，土地と建物の所有者が異なっていた。その後，土地と建物の所有者が同一人となり，その後に2番抵当権が設定された。

➡　1番抵当権については法定地上権の成立要件を満たさないが，2番抵当権については成立要件を満たしている。

この後に抵当権が実行された場合，法定地上権が成立するか否かは，**土地を目的とした抵当権か建物を目的とした抵当権かで異なる。**

・　土地を目的とした抵当権の場合
　➡　**法定地上権は成立しない**（最判平2.1.22）。 H17-15

理由　この場合に法定地上権が成立するものとすると，1番抵当権者は予期しない不利益を受けることになる（自分が抵当権を設定した時は法定地上権が成立しないと思っていた）。

【例】　Aの所有する甲土地について，Bが賃借権の設定を受け，Bが甲土地上に乙建物を建築した。そして，甲土地を目的としてXのために1番抵当権が設定された。
　➡　土地と建物の所有者が異なっているので，法定地上権が成立しないものとしてXは土地に抵当権を設定している。

その後，Aは，Bから乙建物の所有権を取得した（土地と建物の所有者が同一人となった）。
そしてこの後に，甲土地を目的としてYのために2番抵当権を設定した。

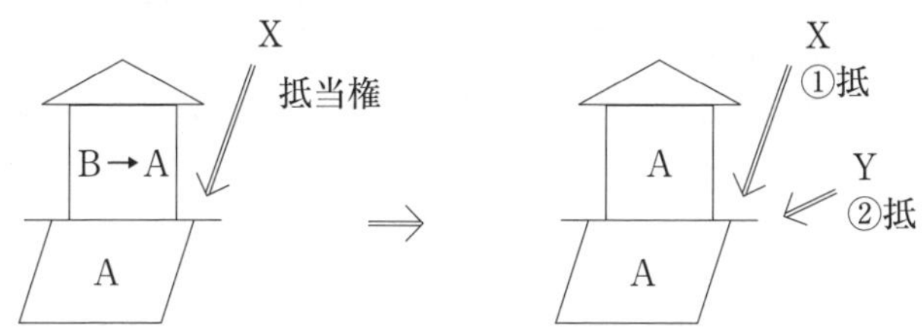

➡　抵当権が実行されて甲土地が競売されても，法定地上権は成立しない。仮に法定地上権が成立したら，Xは予期しない不利益を受けることになってしまう。

プラスアルファ

この事例で，Xの1番抵当権が弁済等により消滅した後に，Yが2番抵当権を実行して甲土地が競売されたときは，法定地上権が成立する（最判平19.7.6）。 R4-12
➡　この場合は，Xの1番抵当権は消滅しているので，Xの不利益は考慮する必要がなくなる。一方，Yは，土地と建物が同一の所有者となった後に抵当権を設定しているので，法定地上権が成立しても予期しない不利益を受けることはない。

・　**建物**を目的とした抵当権の場合

H26-13　➡　**法定地上権が成立する**（大判昭14.7.26）。

理由　法定地上権が成立するとすれば，建物の価値が上がるので，建物を目的とした抵当権者としては有難い。だから，1番抵当権者が予期しない不利益を受けることはない。

➡　ただ，当初設定されていた利用権を存続させれば足り，法定地上権を成立させる必要はないとする説も有力に主張されている。

【例】　Aの所有する甲土地について，Bが賃借権の設定を受け，Bが甲土地上に乙建物を建築した。そして，乙建物を目的としてXのために1番抵当権が設定された。

➡　土地と建物の所有者が異なっているので，法定地上権が成立しないものとしてXは建物に抵当権を設定している。

その後，Bは，Aから甲土地の所有権を取得した（土地と建物の所有者が同一人となった）。

そしてこの後に，乙建物を目的としてYのために2番抵当権を設定した。

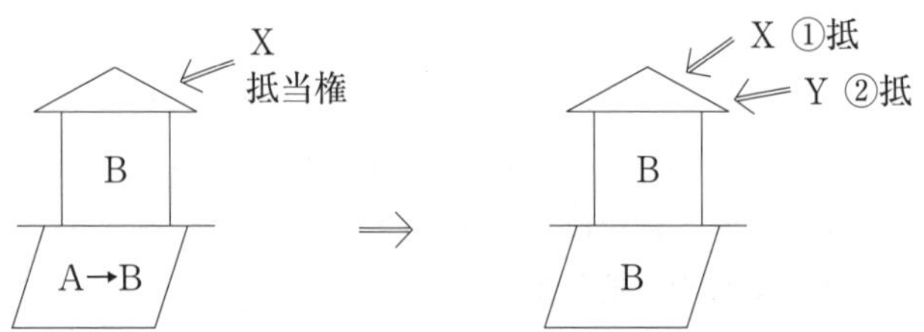

➡　抵当権が実行されて乙建物が競売されたら，法定地上権が成立する。1番抵当権者Xは，当初は法定地上権が成立しないと思っていたが，成立したとしても不利益を受けるわけではない。

(3) 当初は土地と建物の所有者が同一であったが，抵当権を実行するまでに所有者が別となった場合

抵当権を設定した当時，土地と建物の所有者が同一人であったときは，その後に別人の所有となっても，抵当権が実行されたときは**法定地上権が成立する**（大判大12.12.14）。 H12-16

➡ 抵当権を設定した時に所有者が同一人だったので，法定地上権の成立要件を満たしている。

【例】 Aは，甲土地とその土地上の乙建物を所有しているが，甲土地を目的としてXのために抵当権を設定した。その後，Aは甲土地をBに売り渡した。

➡ Xの抵当権が実行され，Cが甲土地を競売により取得したときは，法定地上権が成立する。

(4) 土地と建物を同一人が所有しているが，登記の名義は別々である場合

抵当権を設定した当時，土地と建物の所有者が同一人であったときは，登記の名義が異なっていても，抵当権の実行により法定地上権が成立する（最判昭48.9.18）。 H28-13 H26-13 H23-14 H21-14 H17-15

理由　法定地上権の成立要件として，土地と建物の所有者が同一であることが要求されているが，登記の名義も同一であることは要求されていない。また，抵当権を設定する際には，土地と建物の所有者をきちんと調べているはずなので，実質的に不利益を受けることはないといえる。

(5) 土地または建物が共有である場合

これも論点が多いので，最後に解説する。

5 その土地又は建物につき抵当権が設定されたこと

条文の上では，「土地又は建物につき抵当権が設定され･･･」と規定されているが，土地と建物の双方に抵当権が設定されている場合でも，競売の結果，土地と建物の所有者が異なることとなったときは，法定地上権が成立する（最判昭37.9.4）。 H21-14 H12-16 H6-13

この場合に法定地上権の成立を否定する理由はない。

6　その実行により所有者を異にするに至ったこと

抵当権の実行による競売の結果，土地と建物の所有者が異なることとなったときに，法定地上権が成立する。

➡　当たり前である。競売の結果，土地と建物の所有者が同一人となった場合は，自分の土地所有権に基づいて建物を所有すればいい。

H29-13　・　抵当権が設定された不動産について，抵当権の実行としてではなく，一般債権者の申立てにより強制競売がされ，土地と建物の所有者が異なることとなったときは，法定地上権が成立する（大判大3.4.14）。

7　土地と建物に共同抵当が設定され，建物が再築された場合

上記3の(2)に関する話である。

ケーススタディ

Aは，甲土地（価値は3,000万円）とその土地上の乙建物（価値は1,000万円）を所有している。そして，この甲土地と乙建物を目的として，Xのために抵当権を設定した（同じ債権を担保する抵当権。つまり共同抵当）。

その後，乙建物が滅失し，新たに甲土地上に丙建物が建てられた。

この後に甲土地のXの抵当権が実行され，Bが競売により甲土地を取得した場合，法定地上権は成立するか。

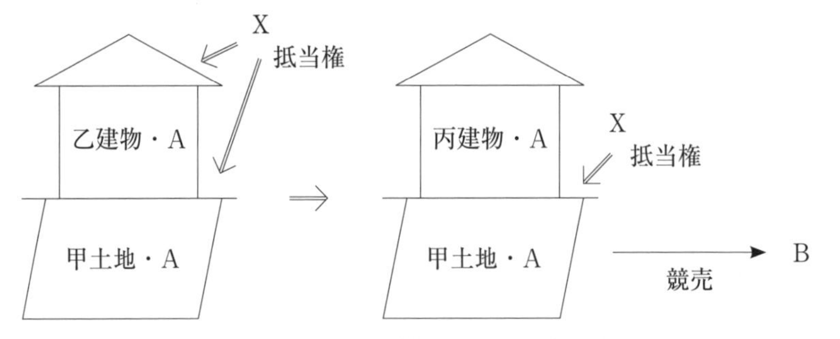

(1)　論点を整理

ケーススタディの事例では，当初，甲土地と乙建物に抵当権が設定されたが，後に乙建物が滅失してしまった。

➡　物が滅失したので，乙建物を目的とした抵当権も消滅した（物権の一般原則。物上代位の話はここでは置いておく）。

つまり，Xの抵当権は甲土地のみを目的とするものとなった。

そして，甲土地に抵当権が設定された当時，甲土地と乙建物は同一の所有者（A）に属していたので，この後に甲土地の抵当権が実行されたときは，(丙建物のために）法定地上権が成立するように見える。

しかし，話はそう単純ではない。
➡　この場合に法定地上権が成立したら，抵当権者Xがかなり辛いことになる。

①　Xが辛い理由
まず，抵当権を設定した際に，Xはどのようなことを考えていただろうか。
甲土地の（更地としての）価値は3,000万円，乙建物の価値は1,000万円なので，あわせると4,000万円である。
そして，抵当権が実行されて法定地上権が成立した場合，甲土地の価値は大幅に下がるが，反対に乙建物の価値は大幅に上がるので，トータルで考えれば±０で，4,000万円くらいの配当が受けられるはずである。
➡　甲土地は法定地上権という負担がつくので，2,000万円くらい価値が下がり，1,000万円くらいの価値となる。一方，乙建物は法定地上権という価値（2,000万円くらい）がプラスされるので，3,000万円くらいとなる。あわせると4,000万円で，±０である。

だから，Xとしては，**甲土地と乙建物がきちんと存続する限りは**，法定地上権が成立することは問題ない。
しかし，乙建物が滅失し（乙建物の抵当権が消滅し），丙建物のために法定地上権が成立するとなったら，話はガラッと変わる。

Xは甲土地のみを目的とした抵当権者であり，しかも甲土地には法定地上権という負担がつくので，抵当権を実行して競売しても1,000万円くらいでしか売れない。
➡　当初は土地と建物をあわせて4,000万円くらいの弁済を受けられると思っていたのに，1,000万円くらいしか弁済を受けられなくなる。

乙建物は物理的に滅失したから，建物の価値の1,000万円が減るのは仕方がないが，土地の価値が3,000万円から1,000万円に減るのはかなり辛い。

②　法定地上権が成立しないとしたら
では，この事例で法定地上権が成立しないとしたら，どうなるか。

法定地上権が成立しなければ，甲土地の買受人は丙建物の所有者（A）に対し，建物の収去と土地の明渡しを請求できる。つまり，甲土地は更地として競売ができる。

そうすれば，抵当権を実行してだいたい3,000万円で売れるので，Xは3,000万円くらいの弁済を受けることができる。

➡　当初の予定と近い形になる。

(2) どのように考えるべきか（2つの学説）

H10-16 このような事例において，法定地上権の成否についてどのように考えるべきであるか。学説は2つに分かれる。個別価値考慮説と全体価値考慮説である。

① 個別価値考慮説

土地と建物は別個の不動産であるので，抵当権も，土地を目的とした抵当権と建物を目的とした抵当権はまったく別個のものと考える。

➡　土地と建物を個別に捉える。

つまり，土地の抵当権は，土地の（更地としての）価値から法定地上権の価値を控除した価値（大幅に安い）を把握している。

➡　建物の抵当権とトータルで考えるのではない。建物の抵当権は関係ない。

そうすると，建物が滅失して建物の抵当権が消滅したとしても，土地の抵当権は特に影響を受けない。前と変わらず法定地上権の価値だけ控除された価値を把握しているので，新しい建物のために法定地上権が成立しても特段の不利益を受けるわけではないと考える。

➡　ケーススタディの事例でみると，甲土地を目的とした抵当権はもともと（3,000万円－2,000万円の）1,000万円だけの価値を把握していたので，丙建物のために法定地上権が成立しても，Xは予期しない不利益を受けるわけではない。

この説は，ケーススタディのような事例で法定地上権が成立すると考える。

② 全体価値考慮説

土地と建物に共同抵当が設定された場合，抵当権者は，土地の担保価値の全体（更地としての担保価値）を，土地の抵当権と建物の抵当権で把握している，と考える。

どういうことかというと，甲土地と乙建物を目的として共同抵当が設定された場合，甲土地を目的とした抵当権については，法定地上権という負担がつくので，2,000万円減価され，1,000万円の価値しか把握していない。

一方で，乙建物を目的とした抵当権については，法定地上権がつくので，建物の本来の価値に（法定地上権分の）2,000万円がプラスされる。

➡　つまり，土地の抵当権と建物の抵当権によって，土地の担保価値の全体（3,000万円）が把握されている。

だから，抵当権が設定された建物（乙建物）が存続する限りにおいては，法定地上権が成立することを許容する。

一方で，抵当権が設定された乙建物が滅失し（乙建物の抵当権が消滅し），別の丙建物が建てられた場合には，話はまったく異なる。

仮にこの場合に法定地上権が成立してしまうと，甲土地の本来の担保価値3,000万円のうち，法定地上権の分2,000万円については，（乙建物の抵当権が消滅してしまったために）Xは抵当権を実行して回収することができないことになる。これは不合理である。

➡　このような場合は，甲土地について，法定地上権の制約のない更地としての担保価値（3,000万円）を把握しようとするのが抵当権設定当事者の合意的意思といえる。

したがって，この説は，ケーススタディのような事例で法定地上権は成立しないと考える。

(3)　判例の結論

①　判例の結論とその理由

判例は，全体価値考慮説に立ち，このような事例では**（原則として）法定地上権は成立しない**とした（最判平9.2.14）。 H28-13 H25-14 H23-14 H21-14

・　ちょっと長くなるが，その理由を引用する。

「土地及び地上建物に共同抵当権が設定された場合，抵当権者は土地及び建物全体の担保価値を把握しているから，抵当権の設定された建物が存続する限りは当該建物のために法定地上権が成立することを許容するが，建物が取り壊されたときは土地について法定地上権の制約のない更地としての担保価値を把握しようとするのが，抵当権設定当事者の合理的意思であり，抵当権が設定されない新建物のために法定地上権の成立を認めるとすれば，抵当権者は，当初は土地全体の価値を把握していたのに，その担保価値が法定地上権の価額相当の価値だけ減少した土地の価値に限定されることになって，不測の損害を被る結果になり，抵当権設定当事者の合理的な意思に反するからである。」

② 例外的に法定地上権が成立する場合

上記の判例は，乙建物が滅失して丙建物が新築されたような場合でも，以下の要件を満たしたときには法定地上権が成立するとしている。

・ **新建物の所有者が土地の所有者と同一であり，かつ，新建物が建築された時点での土地の抵当権者が新建物について土地の抵当権と同順位の共同抵当権の設定を受けたとき。**

➡ つまり，乙建物が滅失する前と同じような状況が設定された場合には，法定地上権の成立を認めても差し支えないということ。

8 土地または建物が共有の場合

上記4の(5)に関する話である。

(1) 土地が共有である場合

ケーススタディ

甲土地をＡＢが共有しており，その土地上にＡが単独で乙建物を所有している。そして，甲土地のＡ持分を目的として，Ｘのために抵当権が設定された。

その後，Ｘの抵当権が実行され，甲土地のＡ持分についてＣが競売により買い受けた。

甲土地について法定地上権は成立するか。

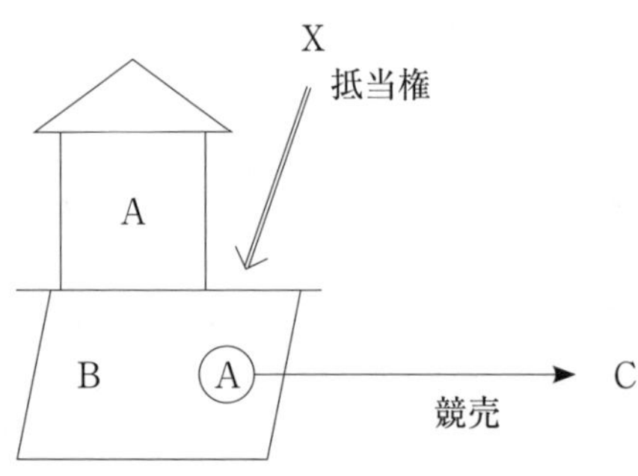

土地が共有である場合に，共有者の１人について法定地上権が成立する要件を満たした場合でも，その共有の土地について（原則として）**法定地上権は成立しない**（最判昭29.12.23）。 H16-16 H6-13

理由　共有者の１人Ａの持分（Ｃが買い受けた）については，法定地上権の成立の要件を満たしているが，そもそも，共有の土地に地上権を設定するためには，共有者全員の同意が必要である。

➡　共有地の全体に対する地上権は共有者全員の負担となるから。

この事例では，他の共有者Ｂはまったく関与していないので，法定地上権の成立を認めるべきではない。

➡　仮に甲土地に法定地上権が成立したら，他の共有者Ｂの利益が著しく害される。

・　ケーススタディの事例において，甲土地のＡ持分ではなく，乙建物を目的としてＸの抵当権が設定されたものとする。そして，抵当権が実行され，Ｃが乙建物を競売により取得した場合も，甲土地に法定地上権は成立しないと解されている。

(2)　建物が共有である場合

ケーススタディ

Ａが単独で所有する甲土地の上に，ＡＢが共有する乙建物が存在する。そして，甲土地を目的として，Ｘのために抵当権が設定された。

その後，Ｘの抵当権が実行され，Ｃが甲土地を競売により取得した。

甲土地について法定地上権は成立するか。

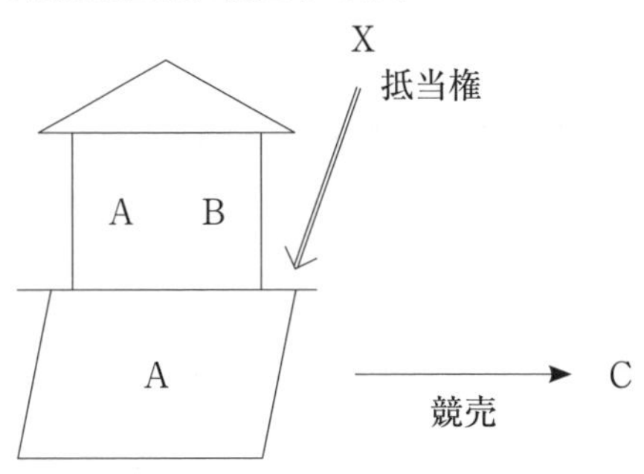

H28-13 H25-14 H23-14 H17-15

建物が共有である場合に，法定地上権が成立する要件を満たした場合には，その建物のために法定地上権が成立する（最判昭46.12.21）。

理由　土地の所有者Aは，自己のみならずBについても土地の利用を認めているから，法定地上権が成立しても特に不利益を受けるようなことはないし，また法定地上権の制度趣旨にも合致する。
➡　建物の他の共有者Bにとっても有難い。

・　ケーススタディの事例において，甲土地ではなく，乙建物のA持分を目的としてXの抵当権が設定されたものとする。そして，抵当権が実行され，Cが乙建物のA持分を競売により取得した場合も，法定地上権が成立する。

(3)　土地と建物の双方が共有である場合

土地の共有持分に抵当権が設定され，それが実行された場合でも，法定地上権は成立しない（最判平6.12.20）。

理由　上記(1)と考え方は同じである。法定地上権が成立したら，土地の他の共有者の利益が著しく害されるから。

9　法定地上権の内容，効果

(1)　法定地上権が成立する時期

法定地上権が成立するのは，目的物（土地や建物）の所有権が買受人に移転した時，すなわち買受人が代金を納付した時（民執§188，79）である。

(2)　地　代

H29-13　当事者間の協議で定まれば，それに従う（大判明43.3.23）。協議で定まらない場合には，当事者の請求により裁判所が定める（民§388後段）。

(3)　存続期間

建物の所有を目的とした地上権なので，借地借家法3条の適用を受ける。

2　一括競売

1　一括競売の意義

法定地上権で解説したとおり，**更地に抵当権が設定された後，その土地上に建物が建築された場合**，法定地上権は成立しないので，土地の競売がされたときは建物の所有者は建物を収去して土地を明け渡さなければならない。

しかし，これでは社会経済上の損失があまりに大きいし（建物を壊すのはもったいない），また，土地の買受人としても，建物の所有者に対して建物の収去等を求めるのは大変であるので，このような場合には，抵当権者は抵当権の目的である土地とともに**土地上の建物も一括して競売することができる**とされた（**一括競売**，民§389）。 H4-19

➡　土地と建物を一括して買ってもらえば，その買受人が建物を壊さずに使用することができる。

2　一括競売の要件

> **（抵当地の上の建物の競売）**
> **第389条**　抵当権の設定後に抵当地に建物が築造されたときは，抵当権者は，土地とともにその建物を競売することができる。ただし，その優先権は，土地の代価についてのみ行使することができる。
> 2　前項の規定は，その建物の所有者が抵当地を占有するについて抵当権者に対抗することができる権利を有する場合には，適用しない。

要件は以下の２つである。

> (1)　抵当権の設定後に抵当地に建物が築造されたこと
> (2)　その建物の所有者が抵当地を占有するについて抵当権者に対抗することができないこと

(1)　抵当権の設定後に抵当地に建物が築造されたこと

更地に抵当権が設定され，その後に建物が築造されたことが要件である。

プラス アルファ

既に建物が存在する土地に抵当権を設定した場合は，約定の利用権が存続するか，または法定地上権が成立するか，という話になる。

重要！

誰が建物を建てたかは問わない。

➡　土地の所有者が建物を建てた場合はもちろん，賃借人等の第三者が建物を建てた場合も，土地の抵当権者は一括競売をすることができる。

(2)　その建物の所有者が抵当地を占有するについて抵当権者に対抗することができないこと

抵当権の目的たる土地を占有することについて抵当権者に対抗することができる者が建物を建てた場合は，土地の抵当権者は一括競売をすることができない。

➡　抵当権者に対抗できるのだから，ある意味当然といえる。

3　一括競売をすることの要否

H24-13　更地に抵当権が設定された後，その土地上に建物が築造された場合，抵当権者は，土地と建物を一括して競売する**義務はない**（大判大15.2.5）。抵当権の目的たる土地のみを競売することもできるし，土地と建物を一括して競売することもできる。

➡　抵当権者が選択できる。

4　一括競売がされた場合の効果

R2-13　土地と建物が一括して競売された場合でも，抵当権者は，**土地の競売の代金についてのみ**優先弁済を受けることができる（民§389 I ただし書）。

➡　建物の競売の代金から優先弁済を受けることはできない。

理由　あくまで土地のみを目的とした抵当権者だから。

第9節　共同抵当

Topics
- 同一の債権を担保するため，数個の不動産に抵当権を設定することができる。
- 同時配当，異時配当，後順位抵当権者の代位，弁済による代位等，論点が多い。試験でも頻出。抵当権の最後の山である。
- 具体的な配当額を計算させる出題もされる。

ケーススタディ

AはXから3,000万円を借りることとなったが，Xから担保を要求された。Aは，3,000万円の価値のある不動産は持っていないが，安い不動産を複数所有している。

これらをまとめて抵当権の目的とすることはできるか。

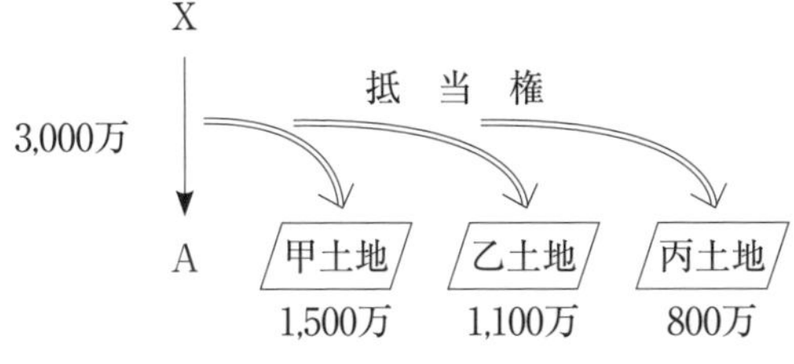

1　共同抵当とは

同一の債権を担保するため，数個の不動産に抵当権が設定された場合，それを共同抵当という。

・　**なぜ数個の不動産に抵当権を設定するのか**

①　ケーススタディのように，1つの不動産では被担保債権の全額の満足が得られないような場合には，複数の不動産に抵当権を設定して，合計して被担保債権の全額の満足を得ることができる。

②　1つの不動産が滅失等して，抵当権が消滅した場合でも，他の不動産から優先弁済を受けることができる（危険の分散）。

③　土地とその土地上の建物に共同抵当を設定しておけば，いろいろな意味で便利である。

➡　土地だけ，あるいは建物だけに抵当権を設定して実行すると，約定の利用権や法定地上権などといった面倒な問題が出てくる。

2　共同抵当の設定

(1)　設定の時期

共同抵当の設定は，必ずしも数個の不動産について同時に設定をしなければならないわけではない。

ある不動産に抵当権が設定された後，それと同一の債権を担保するために他の不動産に追加的に抵当権を設定し，共同抵当の関係とすることもできる。

(2)　設定者について

数個の不動産について，設定者が同一である必要はない。

Ａの所有する甲土地とＢの所有する乙土地を目的として，Ｘのために共同抵当を設定することができる。

(3)　共同抵当の登記

抵当権が設定された場合，抵当権の設定の登記をすることによって第三者に対抗することができる（民§177）。

そして，数個の不動産を目的として共同抵当が設定された場合は，その登記記録の末尾に，**共同担保目録**の記号と番号が記録される（不登規§166Ⅰ）。

➡　「この甲土地と乙土地が共同抵当の目的となっていますよ」ということを登記によって公示する。

なお，この共同担保の登記は，特に効力要件や対抗要件というわけではなく，共同担保の登記がされなくても，共同抵当の関係は成立する。

3　共同抵当の実行と配当の問題点

共同抵当の実行と配当に関しては，問題となる点が多い。

論点を整理する意味で，問題点とその簡単な解答を掲げる。

(1)　共同抵当は，数個の不動産を目的とした抵当権であるが，抵当権者はどのような方法で抵当権を実行すべきか。

➡　すべての不動産を一括して競売すべきか，それとも１つの不動産のみ競売することができるか。

解答　すべての不動産を同時に競売してもいいし，１つの不動産のみ競売してもよい（これは抵当権者の自由）。

⑵　各不動産の価額（売却の代金）からどのように抵当権者に配当すべきか。

➡　１つの不動産の売却の代金から抵当権者に配当すべきか，それともすべての不動産の売却の代金から抵当権者に配当すべきか。

解答　すべての不動産が競売されて同時に配当される場合（同時配当）は，各不動産の価額の割合に応じて，各不動産の売却代金から抵当権者に配当される。

一方，１つの不動産のみが競売された場合（異時配当）は，抵当権者はその売却の代金から債権全額の弁済を受けることができる。

⑶　抵当権の設定者が異なる場合，各不動産の負担はどうなるか。

➡　債務者の所有する不動産と物上保証人の所有する不動産で，負担はどのように分けるべきか。

解答　抵当権者は物上保証人の所有する不動産を競売することができるが，最終的には債務者がすべて負担すべきことになる。

⑷　抵当不動産に後順位の担保権者がいる場合，どう扱うべきか。

➡　公平な形で保護するべきか，気にしないか。

解答　もちろん，公平な形で保護すべきである。民法392条２項後段で，保護の内容が規定されている。

4　同時配当

⑴　意　義

ケーススタディ

XのAに対する1,000万円の貸金債権を担保するため，Aの所有する甲土地と乙土地を目的として，Xのために順位１番の抵当権（共同抵当）が設定された。

また，甲土地にはYの２番抵当権（債権額800万円），乙土地にはZの２番抵当権（債権額2,000万円）が設定された。

その後，Xが抵当権を実行し，甲土地と乙土地が同時に競売された。甲土地の売却の代金は1,500万円，乙土地の売却の代金は2,500万円であった。

Xは，どの不動産からどれだけの額の弁済を受けることになるか。

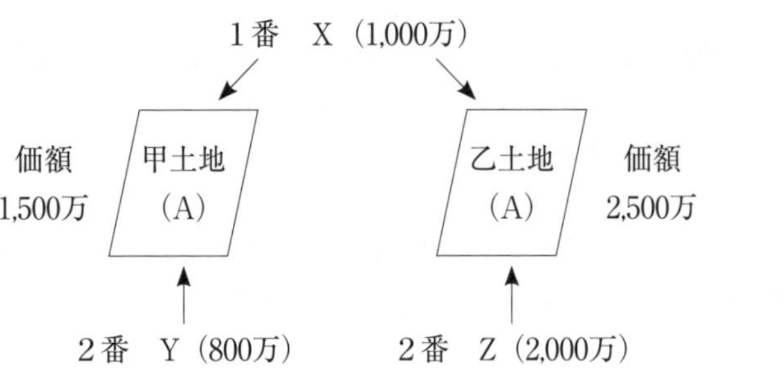

抵当権者がすべての不動産の抵当権を実行し，同時にその代価（売却の代金）の配当をすることを，**同時配当**という。

➡　上記3⑴のとおり，抵当権者は，すべての不動産の抵当権を同時に実行してもいいし，別々に実行してもいい。

（共同抵当における代価の配当）
第392条　債権者が同一の債権の担保として数個の不動産につき抵当権を有する場合において，同時にその代価を配当すべきときは，その各不動産の価額に応じて，その債権の負担を按分する。

H7-12　同時配当がされる場合は，その**各不動産の価額の割合**に応じて，各不動産が被担保債権を負担する。

【例】　ケーススタディの事例は，Xの抵当権の目的たるすべての不動産が競売され，同時にXに配当される場合である（同時配当）。

この場合は，甲土地と乙土地の価額の割合に応じて，それぞれの売却の代金からXに配当される。

甲土地の売却の代金は1,500万円，乙土地の売却の代金は2,500万円なので，つまり3：5の割合である。

Xが有する債権の額は1,000万円なので，1,000万円を3：5の割合で分けると，375万円と625万円である。

➡　Xは，甲土地の代金から375万円の弁済を受け，乙土地の代金から625万円の弁済を受ける。

・　甲土地の２番抵当権者Ｙは，Ｘに配当された後の残額（甲土地の代金1,500万円－375万円＝1,125万円）の中からその債権額（800万円）の弁済を受けることができる。

・　乙土地の２番抵当権者Ｚは，Ｘに配当された後の残額（乙土地の代金2,500万円－625万円＝1,875万円）について，弁済を受けることができる。

➡　Ｚは全額の弁済を受けられなかったが，これは仕方ない。

重要❗

Xの意思に基づいて任意の割合で弁済を受けることはできない。 H13-13

⑵　**同時配当の場合に，不動産の価額の割合に応じて按分される理由**

後順位の抵当権者を公平に扱うためである。

➡　任意の割合で配当することを認めると，後順位の抵当権者が不当な不利益を受けるおそれがある。

【例】　ケーススタディの事例で，仮にＸが甲土地の売却の代金から債権の全額の弁済を受けるものとすると，甲土地の売却の代金1,500万円のうちＸに1,000万円が配当され，甲土地の後順位の抵当権者のＹは500万円しか配当を受けられなくなってしまう。

一方で，乙土地の代金はＸに配当されないので，乙土地の後順位の抵当権者Ｚは，債権全額（2,000万円）の弁済を受けることができる。

というわけで，後順位の抵当権者にとって大変に不公平な結果となる。

したがって，任意の割合での弁済を認めず，各不動産の価額の割合に応じて按分すると定められた。

5　異時配当

⑴　意　義

ケーススタディ

ＸのＡに対する1,000万円の貸金債権を担保するため，Ａの所有する甲土地と乙土地を目的として，Ｘのために順位１番の抵当権（共同抵当）が設定された。

また，甲土地にはＹの２番抵当権（債権額800万円），乙土地にはＺの２番抵当権(債権額2,000万円)が設定された。

その後，Xは甲土地の抵当権を実行し，甲土地が競売された。甲土地の売却の代金は1,500万円であった。

Xは，甲土地の売却の代金からどれだけの額の弁済を受けることになるか。

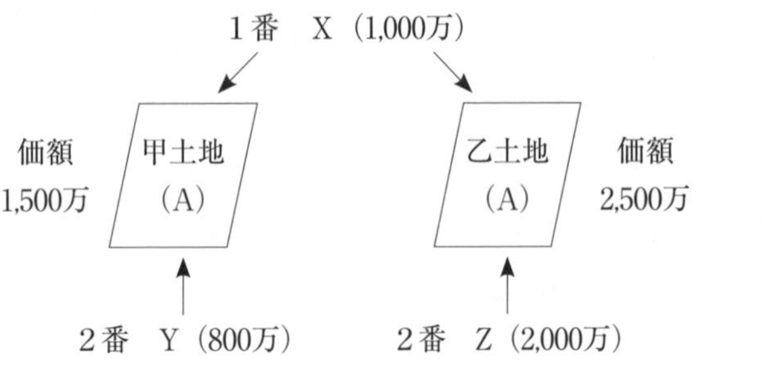

抵当権者は，共同抵当の目的である数個の不動産のうち，**1つの不動産を選択して抵当権を実行することができる。**

➡　これは抵当権者の自由。実行しやすい不動産から実行すれば良い。

抵当権者が一部の不動産の抵当権を実行し，その代価（売却の代金）の配当をすることを，**異時配当**という。

（共同抵当における代価の配当）
第392条
2　債権者が同一の債権の担保として数個の不動産につき抵当権を有する場合において，ある不動産の代価のみを配当すべきときは，抵当権者は，その代価から債権の全部の弁済を受けることができる。(後段は省略)

H24-14
H7-12
異時配当がされる場合は，抵当権者は，その不動産の代価から**債権の全額の弁済を受けることができる。**

➡　他の不動産の代価との按分ということは考えない。

【例】　ケーススタディの事例は，Xの共同抵当の目的たる甲・乙土地のうち，甲土地のみが競売されている。そして，甲土地の代価のみが配当される場合である（異時配当）。

➡　この場合は，甲土地の売却の代金（1,500万円）から，Xは債権全額（1,000万円）の配当を受けることができる。

・　甲土地の２番抵当権者Ｙは，Ｘに配当された後の残額（甲土地の代金1,500万円－1,000万円＝500万円）について弁済を受けることになる。

現時点では甲土地しか競売されていないから，甲土地の代金のみが配当されるのは仕方ないとしても，**Ｘが債権全額の配当を受けてしまうと，後順位の抵当権者Ｙにとって酷である。**

➡　上記４で説明したとおり，甲土地と乙土地が競売されて同時配当がされれば，Ｙは800万円の弁済を受けることができた。しかし，甲土地の代価からＸが債権全額の配当を受けてしまうと，Ｙは500万円しか弁済を受けられない（不公平である）。

では，どういう扱いをすれば公平性が維持されるか。

➡　民法392条２項後段で規定されている。

（共同抵当における代価の配当）

第392条

２（後段も省略しないで再掲）　債権者が同一の債権の担保として数個の不動産につき抵当権を有する場合において，ある不動産の代価のみを配当すべきときは，抵当権者は，その代価から債権の全部の弁済を受けることができる。この場合において，次順位の抵当権者は，その弁済を受ける抵当権者が前項の規定（同時配当の場合の規定）に従い他の不動産の代価から弁済を受けるべき金額を限度として，その抵当権者に代位して抵当権を行使することができる。

→　以下の(2)で詳しく説明する。

(2)　後順位抵当権者の代位

共同抵当について異時配当がされた場合，**後順位の抵当権者は，**（一定の額を限度として）**共同抵当権者に代位して，他の不動産の共同抵当権を行使することができる**とされている（民§392Ⅱ後段）。 H28-14 H13-13

理由　同時配当がされた場合と異時配当がされた場合とで，後順位抵当権者の地位に（ほぼ）変化が生じないようにするため。

【例】　上記(1)のケーススタディの事例において，仮に，甲土地と乙土地の同時配当がされていたら，各土地の価額の割合に応じて，Xは甲土地から375万円の弁済を受け，乙土地から625万円の弁済を受けることなる。

そして，甲土地の２番抵当権者Yは，甲土地の代金の残額から800万円の弁済を受けることができた。

しかし，ケーススタディの事例では，甲土地のみが競売されたので(異時配当)，Yは500万円しか弁済を受けられなかった。

この場合，**甲土地の後順位抵当権者であるYは，同時配当がされたならXが乙土地の代価から配当を受けるべきであった額（625万円）を限度として，Xに代位して，乙土地のXの抵当権を行使することができる。**

➡　Yは，800万円の債権のうち500万円の配当を既に受けているので，乙土地のXの抵当権を実行して残りの300万円の配当を受けることができる。

これにより，後順位の抵当権者は，異時配当がされた場合でも，同時配当の場合と同じ額の弁済を受けることができる。

➡　公平性が維持される。

①　代位の性質

後順位の抵当権者が共同抵当権者に代位して抵当権を行使するという表現がされているが，実際のところは，**他の不動産の共同抵当権が後順位抵当権者に移転する**という意味である（大決大8.8.28）。

【例】　ケーススタディの事例では，甲土地について競売がされて異時配当がされたときは，乙土地のXの抵当権がYに移転する，と考えることができる。

プラスアルファ

共同抵当権者Xは，債権の全額1,000万円の弁済を受けたので，本来であれば抵当権は消滅するはずであるが，後順位抵当権者の代位の必要性がある場合には，直ちに消滅しない。

②　代位できる者

民法392条２項は，次順位の抵当権者が共同抵当権者に代位できると規定しているが，これは厳密な意味での次の順位の抵当権者に限らず，後順位の抵当権者は代位できるという意味である。

【例】 ケーススタディの事例において，甲土地にWの３番抵当権が設定されていたときは，甲土地について競売がされて異時配当がされると，３番抵当権者のWも乙土地のXの抵当権を代位行使することができる。

③　代位の登記

後順位抵当権者の代位が生じたときは，他の不動産の共同抵当権（乙土地のXの抵当権）の登記について，代位の付記をすることができる（民§393）。

④　共同抵当権者が債権の一部の弁済を受けたにすぎない場合

ケーススタディの事例において，Xの抵当権の被担保債権の額が2,000万円であったとする。

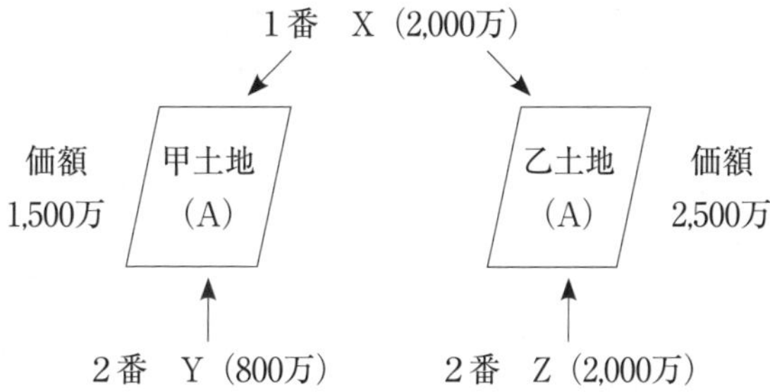

この場合に，Xが甲土地の抵当権のみ実行し，競売がされた場合，Xは甲土地の売却の代金から弁済を受けることができるが，甲土地の売却の代金は1,500万円なので，Xは債権の全額の弁済を受けられない。

➡　このように，共同抵当権者が債権の一部の弁済を受けたに過ぎない場合，後順位の抵当権者は他の不動産の共同抵当権を代位行使することができるか。

学説は分かれ，判例も微妙なところであるが，この場合には共同抵当権者が債権の全額の弁済を受けることを停止条件として後順位抵当権者は代位できると解されている。

⑤　共同抵当権者が，一部の不動産の抵当権を放棄した場合の効果

数個の不動産を目的として共同抵当が設定された後，抵当権者は，一部の不動産の抵当権を放棄して，その不動産の抵当権を消滅させることがで

きる。

➡　権利の放棄は自由。後順位抵当権者等の第三者の承諾は不要。

【例】　XのAに対する同一の債権（債権額1,000万円）を担保するため，Aの所有する甲土地（価額は1,500万円）と乙土地（価額は2,500万円）に抵当権（共同抵当）が設定された。

そして，甲土地に，Yの2番抵当権(債権額800万円)が設定された。

➡　仮に，甲土地と乙土地の同時配当がされる場合は，Xは甲土地から375万円，乙土地から625万円の配当を受ける。そして，Yは，甲土地の残代金（1,500万円－375万円＝1,125万円）の中から800万円の配当を受けることができる。

H7-12　そして，これらの抵当権が設定された後に，Xは，乙土地の抵当権を放棄して，その抵当権を消滅させることができる。

➡　放棄して消滅させること自体は問題ない。

しかし，そうすると，他の不動産の後順位抵当権者（甲土地の後順位抵当権者Y）は困る。

➡　Xの抵当権は，甲土地と乙土地を目的とした共同抵当だから，各土地の価額の割合に応じてXに配当され，Yはその残りの額について配当を受けることができるはずだった（800万円の配当が受けられるはずだった）。

仮に甲土地のみが競売されて配当(異時配当)がされたとしても，Yは民法392条2項の規定により乙土地のXの抵当権に代位できるはずだった。

なのに，Xが乙土地の抵当権を放棄してしまったため，価額に応じて按分されることもないし,乙土地の抵当権に代位することもできなくなった。

つまり，Xが甲土地の売却の代金（1,500万円）から1,000万円の配当を受けて，Yは残りの500万円しか配当を受けることができない。

これはおかしい。Yにとって甘受できない不利益である。

H28-14
H20-16
H13-13
ということで，このような場合には，Xは，甲土地の価額から債権全額の配当を受けることができず，抵当権の放棄がなかったとしたらYが乙土地の抵当権に代位できた額を限度として，優先弁済を受けることができない（大判昭11.7.14)。

➡　Yは，抵当権の放棄がない場合と同じだけの弁済を受けることができる。

6　物上保証人が設定した抵当権がある場合

債務者以外の第三者（物上保証人）の所有する不動産を目的として，抵当権を設定することもできる。

そして，物上保証人の所有する不動産を含めて共同抵当が設定された場合に，その共同抵当が実行されたときは，いくつか問題となる点が存在する。

・　債務者の所有する不動産が競売されて抵当権者に配当された場合，後順位の抵当権者は，他の不動産の共同抵当権に代位することができるか。

・　物上保証人の所有する不動産が競売されて抵当権者に配当された場合，物上保証人の地位はどうなるのか。また，後順位抵当権者の地位はどうなるのか。

(1)　債務者の所有する不動産が競売された場合

ケーススタディ

ＸのＡに対する1,000万円の債権を担保するため，債務者Ａの所有する甲土地および物上保証人Ｂの所有する乙土地を目的として，Ｘの１番抵当権が設定された。また，ＹのＡに対する800万円の債権を担保するため，甲土地に２番抵当権が設定された。

そして，Ｘが甲土地の抵当権を実行し，Ｍが甲土地を競売により買い受けた（代金は1,500万円）。

➡　Ｘは債権の全額1,000万円の配当を受け，Ｙは500万円しか配当を受けられなかった。

甲土地の２番抵当権者のＹは，乙土地のＸの抵当権を代位行使することができるか。

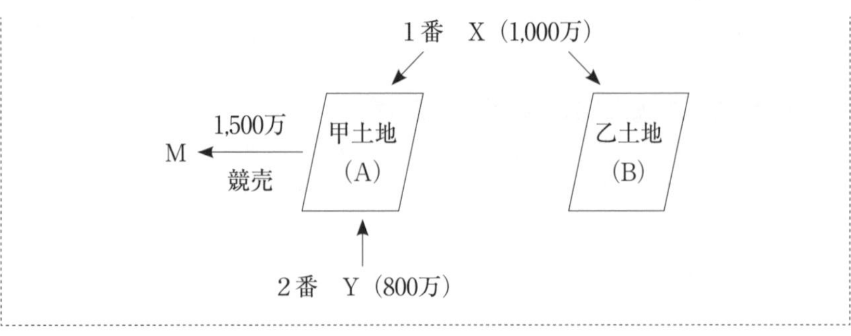

H13-13　**結論**　Yは，乙土地のXの抵当権を**代位行使することができない**（最判昭44.7.3）。

理由　債務者の所有する不動産と物上保証人の所有する不動産に共同抵当が設定された場合，抵当権者は物上保証人の不動産を競売してその代金から弁済を受けることができるが，**最終的には，債務者がすべての責任を負うべき**である。

➡ 物上保証人は，自分の不動産が競売されても，弁済による代位（民§499，後述）の規定に基づいて，自分の求償権について満足を得ることを期待している。

ケーススタディの事例では，債務者の不動産が競売されて，つまり債務者自身の財産から抵当権者Xが債権の全額の弁済を受けたので，もうそれで終了とすべきである。

➡ 債務者の財産で弁済ができたのだから，これ以上，物上保証人に迷惑（負担）をかけるべきではない。

確かに，この場合に甲土地の後順位の抵当権者Yが乙土地の共同抵当権に代位できないとなると，Yは思っていたほどの弁済を受けられないことになるが，後順位抵当権者と物上保証人の利益が衝突する場合には，物上保証人の利益を保護すべきといえる。

(2)　物上保証人の不動産が競売された場合

ケーススタディ

XのAに対する1,000万円の債権を担保するため，債務者Aの所有する甲土地および物上保証人Ｂの所有する乙土地を目的として，Ｘの１番抵当権が設定された。また，ＹのＡに対する800万円の債権を担保するために甲土地に２番抵当権が設定され，ＺのＢに対する1,200万円の債権を担保するために乙土地に２番抵当権が設定された。

そして，Ｘが乙土地の抵当権を実行し，Ｍが乙土地を競売により買い受けた（代金は1,500万円）。

➡　Ｘは債権の全額1,000万円の配当を受け，Ｚは500万円しか配当を受けられなかった。

この場合，物上保証人Ｂならびに乙土地の２番抵当権者Ｚの地位はどうなるか。

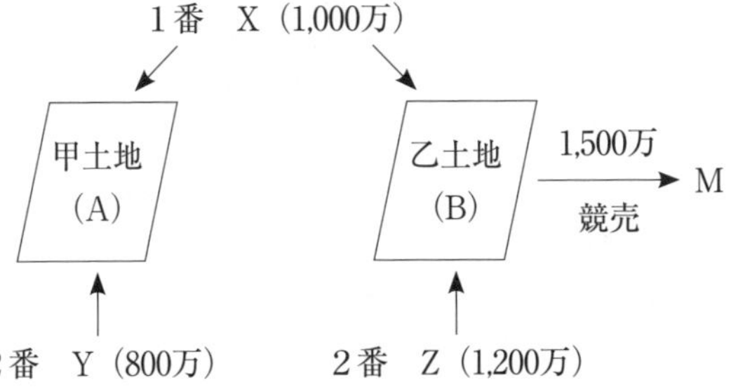

結論　（Ｂについて）→　物上保証人Ｂは，甲土地のＸの１番抵当権を**弁済による代位**に基づき取得する。 H28-14 H24-14 H7-12

➡　甲土地のＸの１番抵当権がＢに移転する。

➡　これは“弁済による代位”の効果であり（民§501），民法392条２項の後順位抵当権者の代位とは関係ない。

結論　（Ｚについて）→　乙土地の後順位の抵当権者であるＺは，Ｂが取得した甲土地の１番抵当権から，**Ｂに優先して弁済を受けることができる**（最判昭53.7.4）。 H28-14 H24-14

➡　Ｂが取得した甲土地の１番抵当権を，乙土地の価値変形物（乙土地の価値が現実化したもの）と捉え，これにあたかも物上代位するかのように，Ｚは優先して弁済を受けることができる。

以下，もう少し詳しく解説する。

①　Bの地位について

物上保証人の不動産が競売され，そこから抵当権者が弁済を受けた場合は，**物上保証人は債務者に対し，求償権を取得する。**

➡　代わって払ってやったから，ちゃんと返してくれ。

【例】　物上保証人Bの所有する乙土地が競売され，その代金から抵当権者Xが債権（1,000万円）の弁済を受けたので，Bは債務者Aに対し，求償権を取得する（1,000万円払ってくれ）。

また，物上保証人は，弁済をするについて正当な利益を有する者であり，この弁済により**当然に債権者に代位する**（民§499）。

そして，物上保証人は，その求償権の範囲内で，債権者が有していた一切の権利を行使することができる（民§501）。

【例】　乙土地が競売され，その代金から債権者Xが弁済を受けたことにより，物上保証人Bは，当然に債権者Xに代位する。

債権者Xは，甲土地に１番抵当権を有していたので，この１番抵当権は当然にBに移転し，Bはこの抵当権を行使することができる。

・　登記手続上は，「代位弁済」を原因として，１番抵当権がBに移転した旨の登記をする。

プラスアルファ

Bは，甲土地のXの１番抵当権を取得するので，甲土地の２番抵当権者Yに優先する（大判昭4.1.30）。

➡　上記(1)のとおり，（債務者の所有する不動産の）後順位抵当権者より物上保証人が保護される。

②　Zの地位について

乙土地が競売されたことによって，甲土地のXの１番抵当権がBに移転することは良しとして，BとZの関係が問題となる。

➡　確認するが，ケーススタディの事例では，Xが乙土地の代金から債権の全額の弁済を受けたことによって，Zは500万円しか弁済を受けられなかった（残りの700万円については弁済を受けられていない）。

Bは，自分の所有する乙土地に，Zのために抵当権を設定している。

➡　Ｚが抵当権者，Ｂが設定者の関係なので，本来であればＺはＢに優先するべきである。

なのに，Ｂは甲土地の１番抵当権を取得して，甲土地の代金から優先して自己の求償権の満足を得られて，一方でＺは債権の一部の弁済しか受けられないというのは，やはり不当である。

そこで，判例（最判昭53.7.4）は，**物上代位（民§372,304Ⅰ）の法理を持ち出して，ＺをＢに優先させることとした。**

➡　乙土地が競売されたことによってＢは甲土地の１番抵当権を取得したので，この「甲土地の１番抵当権」を乙土地の価値変形物（乙土地の価値が現実化したもの）と捉える。

そして，乙土地の後順位の抵当権者Ｚは，乙土地の価値変形物，つまり甲土地乙区１番の抵当権にあたかも物上代位するかのようにして，Ｂに優先して弁済を受けることができる。

【例】 ケーススタディの事例で，この後に甲土地が競売され，1,500万円で売却されたものとする。

➡　Ｂは甲土地の１番抵当権を（求償権1,000万円の範囲内で）取得しているが，乙土地の２番抵当権者Ｚがこれに物上代位する形になるので，この売却の代金からまずＺが（残債権の）700万円の配当を受ける。

続いて，Ｂが残りの（1,000万円－700万円の）300万円の配当を受ける。

そして，その後に甲土地の２番抵当権者Ｙが500万円の配当を受ける（残りの300万円は配当を受けられないが，仕方がない）。

＋プラス アルファ

Ｚが甲土地の１番抵当権から優先して配当を受けることについて，登記や差押えは必要ではない（同判例）。

☆　共同抵当権に関しては，後順位抵当権者の代位（民§392Ⅱ），物上保証人の弁済による代位（民§499），物上保証人の不動産の後順位抵当権者による物上代位（民§372，304）といったように，いくつかの場面で「代位」という言葉がでてくる。

当然，それぞれの意味するところは違うわけで，本当に厄介である。

それ故，共同抵当を苦手とする方も多いが，ここは試験でも重要な論点なので，何とか頑張っていただきたい。

(3) 同一の物上保証人が共同抵当を設定した場合

上記の(1)と(2)は，債務者の所有する不動産と物上保証人の所有する不動産に共同抵当が設定された場合の話であった。

では，**同一の物上保証人**が共同抵当を設定した場合は，どうなるか。

これについては，債務者の所有する数個の不動産に共同抵当が設定された場合と同様に扱われる。

H13-13 ➡ 1つの不動産が競売され，債権者がその代金から弁済を受けたときは（異時配当），その不動産の後順位の抵当権者は，**他の不動産の共同抵当権に代位（民§392Ⅱ）することができる**（最判平4.11.6）。

【例】 XのAに対する債権を担保するため，Bの所有する甲土地と乙土地を目的として1番抵当権（共同抵当）が設定された。また，甲土地には，Yの2番抵当権が設定された。

そして，Xは甲土地の抵当権を実行し，競売がされた。

➡ Yは，乙土地のXの抵当権に代位（民§392Ⅱ）することができる。

理由 この場合も，物上保証人の不動産が競売され，債権者が弁済を受けたので，物上保証人Bは債務者Aに対して求償権を取得する。そして，物上保証人Bは債権者Xに当然に代位し（民§499），債権者Xが有していた権利を行使できるはずである。

しかし，Bが他の不動産（乙土地）の共同抵当を代位により取得しようと思っても，乙土地はB自身が所有するものなので，その乙土地の抵当権をBが代位取得する余地はない（同判例）。

また，甲土地の後順位抵当権者Yは，甲土地の抵当権が実行されたら，民法392条2項の規定により乙土地の抵当権に代位できると期待しているはずである。

第10節　抵当権の消滅

Topics
- **抵当権の消滅については，そんなに試験で出題されるわけではない。**
- **長かった抵当権も，これで終わりである。しかし，この後に根抵当権が控えている。こちらも重要なので，まだ気を抜いてはいけない。**

1　物権一般の消滅事由

抵当権は物権の1つであるので，物権一般の消滅原因によって，抵当権は消滅する。

(1)　目的物の滅失

目的たる物が滅失したときは，物権は消滅する。

建物を目的として抵当権が設定された後，その建物が火災等により滅失したときは，その建物を目的とした抵当権は消滅する。

➡　この場合には物上代位（民§372，304Ⅰ）という論点が出てくるが，それはまた別の話である。

(2)　抵当権の（絶対的な）放棄

抵当権者が，抵当権を絶対的に放棄すると，抵当権は消滅する。

➡　これは，抵当権の処分（民§376）の1つである「抵当権の（優先弁済権の）放棄」とは異なる。「もう抵当権はいらない」ということである。

また，抵当権の設定契約が解除された場合も，抵当権は消滅する。

(3)　混　同

所有権と所有権以外の物権（抵当権等）が同一人に帰属したときは，その所有権以外の物権は混同により消滅する（民§179Ⅰ本文）。

理由　2つの権利を併存させておく意味がないから。

2　担保物権一般の消滅事由

抵当権は担保物権の一種であるので，担保物権一般の消滅原因によって，抵当権は消滅する。

(1)　被担保債権の消滅

抵当権等の担保物権は，特定の債権を担保するものであるから，**その債権**

（被担保債権）が消滅したら当然に抵当権等の担保物権も消滅する（消滅における付従性）。

【例】　XのAに対する1,000万円の貸金債権を担保するため，Aの所有する甲土地に抵当権が設定された。その後，AがXに対して元本1,000万円および利息や損害金の全額を弁済したときは，Xの抵当権は当然に消滅する。

➡　抵当権を消滅させる意思表示は不要である。

重要❗

被担保債権の消滅による抵当権の消滅は，絶対的なものである。

➡　債権がないのだから，優先弁済権も当然に絶対的に消滅する。

したがって，抵当権の登記が抹消されずに残っている場合でも，抵当権の消滅を第三者に対抗することができる。

・　抵当権の被担保債権が消滅する事由としては，弁済のほか，債権の放棄，債務の免除，債権債務の混同等がある。

⑵　抵当権の実行

抵当権が実行され，抵当権の目的たる不動産が競売されたときは，抵当権は消滅する。

➡　抵当権者は，その売却の代金から優先弁済を受けることになる。

⑶　債務の引受け

抵当権の被担保債権について免責的債務引受がされた場合，抵当権が引受債務に移されなかったときは，抵当権は消滅する。

3　抵当権特有の消滅事由

⑴　代価弁済（民§378），抵当権消滅請求（民§379）。

→　第6節23参照。

(2) 抵当権の消滅時効

> （抵当権の消滅時効）
> **第396条**　抵当権は，債務者及び抵当権設定者に対しては，その担保する債権と同時でなければ，時効によって消滅しない。

抵当権も財産権の一種であるから，消滅時効にかかる。

➡ 民法166条2項は，「債権又は所有権以外の財産権は，20年間行使しないときは，消滅する。」と規定しているので，抵当権の消滅時効の期間は20年となる。

しかし，**債務者や設定者が**，被担保債権が存在しているのに抵当権の消滅時効を主張するのは，認められるべきではない。 H26-12 H4-9

したがって，債務者や設定者との関係では，被担保債権と同時でなければ抵当権は時効によって消滅しないとされた。

・ **抵当不動産の第三取得者や後順位抵当権者との関係では，抵当権は（被担保債権とは別に）消滅時効にかかる**（民§396の反対解釈，大判昭15.11.26）。

(3) 抵当不動産の時効取得による抵当権の消滅

> （抵当不動産の時効取得による抵当権の消滅）
> **第397条**　債務者又は抵当権設定者でない者が抵当不動産について取得時効に必要な要件を具備する占有をしたときは，抵当権は，これによって消滅する。

① 時効取得の効果の確認

基本的に，取得時効が完成したときは，時効取得者は，何の負担も付いていない所有権を取得する（原始取得）。

【例】 Aの所有する甲土地について，Xの抵当権が設定された。

その後，Bが，所有の意思をもって甲土地の占有を開始し，甲土地を時効取得した。

➡ Bは甲土地の所有権を取得するが，甲土地に付着していたXの抵当権は（**時効取得の反射的効果**として）消滅する。

H27-6 ②　債務者または設定者が取得時効の要件を満たした場合

①のとおり，時効取得者は，何の負担もない所有権を取得するはずであるが，**債務者または設定者が**抵当不動産について取得時効の要件を満たした場合は，話が異なる。

➡　債務者は債務を負担している者であり，また設定者は抵当不動産について責任を負う者である。

そのため，債務者または設定者が取得時効に必要な要件を具備する占有をした場合でも，抵当権は消滅しないとされた。

【例】　XのAに対する債権を担保するため，Bの所有する甲土地に抵当権が設定された。

その後，Aが，所有の意思をもって甲土地の占有を開始し，甲土地を時効取得した。

➡　Aは甲土地の所有権を取得するが，甲土地に設定されたXの抵当権は消滅しない。

⑷　抵当権の目的である利用権の放棄がされた場合

①　抵当権の目的である利用権の放棄がされた場合の効果

抵当権は，土地や建物のほか，地上権や永小作権を目的として設定することができる（民§369Ⅱ）。

そして，地上権等を目的として抵当権が設定された後，その地上権等が消滅することもあり得る。

この場合，地上権等を目的とした抵当権はどうなるのか。

➡　原則としては，抵当権の目的である権利が消滅したので，抵当権も存続することができず，抵当権は消滅する。

では，地上権者（つまり抵当権を設定した者）が地上権を放棄したことによって地上権が消滅した場合は，どうか。

➡　この場合にも抵当権が消滅してしまうとするのは，不当である。

そこで，以下の規定が置かれた。

> **（抵当権の目的である地上権等の放棄）**
> **第398条**　地上権又は永小作権を抵当権の目的とした地上権者又は永小作人は，その権利を放棄しても，これをもって抵当権者に対抗することができない。

“抵当権者に対抗することができない”とは，放棄によって地上権等の権利は消滅するが，抵当権者は，地上権等が消滅していないものとして抵当権を実行することができるということ。

②　借地上の建物を目的として抵当権が設定された後，借地権が放棄された場合 H31-13

Ａの所有する甲土地をＢが賃借し，Ｂが甲土地上に乙建物を建てたものとする。そして，Ｂは，乙建物を目的としてＸのために抵当権を設定した。

その後，Ｂが甲土地の賃借権を放棄した場合（ＡとＢが賃借権を合意解除した場合），賃借権の消滅をもって抵当権者Ｘに対抗することができない。

➡　民法398条が類推される。

第３章 根抵当権

第1節　性質，設定

Topics
・ここからは，根抵当権について学習する。
・根抵当権も抵当権の一種であるが，普通抵当権とは性質がかなり異なる。まずはその性質をしっかり理解する必要がある。
・根抵当権も，抵当権と同様，択一試験だけでなく記述式試験でも頻出。重要である。

1　意義，性質

ケーススタディ

X銀行は，A商事のメインバンクである。A商事の活動の資金とするため，たびたびお金を貸し付けている。ここ１年に限っても，１月10日に1,000万円，２月20日に1,500万円，４月５日に800万円を貸し付けている。これからも貸し付けるだろう。

この場合，お金を貸し付けるたびに抵当権を設定しなければならないのか。

X銀行のA商事に対する貸金債権を（過去の分も将来の分も）まとめて担保するために抵当権を設定することはできないか。

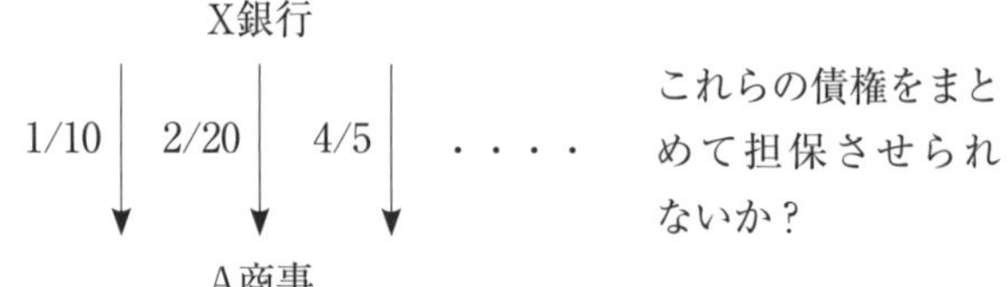

1　根抵当権とは

(1)　根抵当権とは

（根抵当権）
第398条の２　抵当権は，設定行為で定めるところにより，一定の範囲に属する不特定の債権を極度額の限度において担保するためにも設定することができる。

根抵当権とは，**一定の範囲に属する不特定の債権**を，**極度額**の限度において担保する抵当権である。

「一定の範囲に属する」，「不特定の債権」，「極度額の限度」というのは少し分かりにくいので，普通の抵当権と比較して解説する。

抵当権は，既に存在する特定の債権を担保するものである。

➡ “XがAに対して1月25日に貸し付けた1,000万円の債権”というように，既に存在する特定の債権を担保するもの。

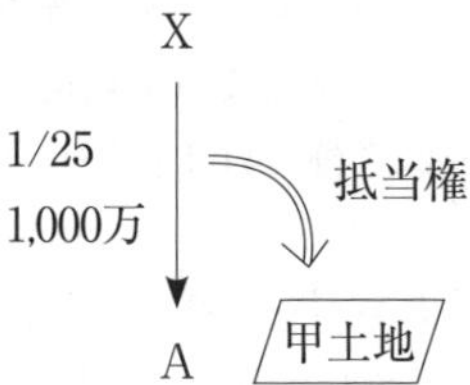

当事者間で1回だけ金銭を貸し付けるような場合は，その債権を担保するために抵当権を設定すればよい。しかし，ケーススタディの事例のように，同一の当事者間で頻繁に金銭の貸付けがされ，大量の債権が発生するような場合は，債権が発生するたびにいちいち抵当権を設定するのはかなり面倒くさい。

➡ 債務が弁済されたらいちいち抵当権の登記を抹消するのも面倒くさい。

そこで考え出されたのが，根抵当権である。

根抵当権は，同一の当事者間で，同種の債権が多量に発生することが見込まれるような場合に，それらをまとめて担保するものである。

【例】 ケーススタディの事例では，同一の当事者間（X銀行とA商事の間）で，同種の債権（貸金債権）が多量に発生することが見込まれる（X銀行はA商事のメインバンク）。

➡ この場合には，X銀行のA商事に対する貸金債権を（過去に発生した分も将来発生する分も含めて）まとめて担保するため，X銀行のために根抵当権を設定することができる。

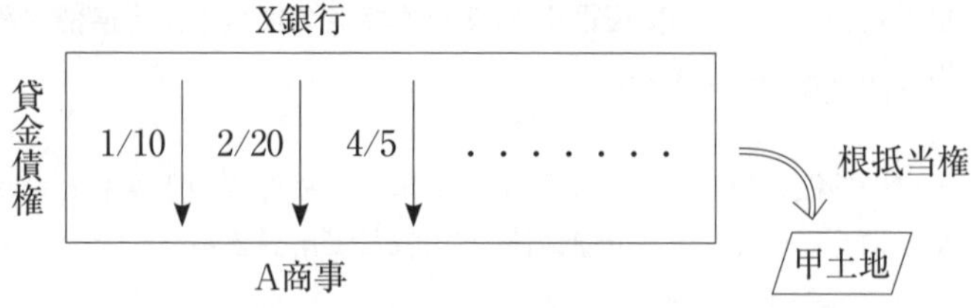

・　根抵当権を設定するに当たっては，**担保の限度額（極度額）**を定める必要がある。

【例】　根抵当権の設定契約をする際に,「極度額　金1億円」のように定める。
➡　X銀行はA商事に対して（最終的に）いくら貸し付けるかは分からないが，この根抵当権では1億円を限度に担保します，という意味。

X銀行のA商事に対する最終的な貸付けの総額が5,800万円であった場合は，X銀行は5,800万円の全額について優先弁済を受けることができる。

一方，X銀行のA商事に対する最終的な貸付けの総額が1億2,100万円であった場合は, X銀行は1億円まで優先弁済を受けることができる。

⑵　「一定の範囲に属する不特定の債権」とは

①「一定の範囲に属する」とは

根抵当権は，**一定の範囲に属する**債権を担保すると規定されている。

これは，根抵当権者の債務者に対するすべての債権をまとめて担保させることはできない，ということ（**包括根抵当の禁止**）。

➡　根抵当権は，もともと債権者と債務者の間の取引関係から生ずる債権をまとめて担保させるために考え出されたものなので，あまりそれを逸脱してはいけない。

【例】　金銭消費貸借取引により生ずる債権，売買取引により生ずる債権など。

この「一定の範囲」(＝債権の範囲）については後で詳しく解説する。

②　「不特定の債権」とは

“不特定の債権”という表現は分かりにくいが，これは，根抵当権によって担保される債権が曖昧だ，という意味ではない。

根抵当権を設定する段階では，具体的にどの債権が担保されるかが決まっていない，ということである。

【例】 XとAの間の金銭消費貸借取引によって生ずる債権（XのAに対する貸金債権）をまとめて担保させるために根抵当権が設定された場合，現在発生している貸金債権だけでなく，**これから発生する貸金債権も根抵当権によって担保される。**

➡ 将来，どれだけの債権が発生するか（いつ，いくら発生するか）は今の時点では分からない。

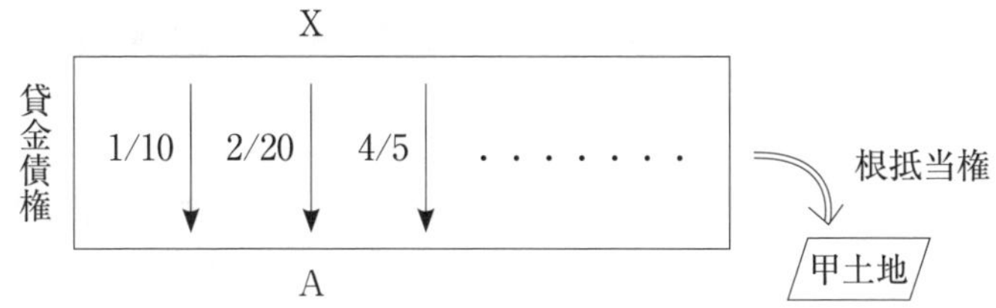

➡ 現時点で３つの貸金債権が存在することは明らかであるが，「・・・・・・」の部分は今の時点では分からない。

また，現時点で存在する貸金債権についても，後にAがXに対して弁済すれば，その債権は消滅し，それは根抵当権によって担保されない。

このように，**根抵当権は，設定の段階ではどの債権が根抵当権によって担保されるかが確定していない。**

これを，「不特定の債権を担保する」という言葉で表現している。

2　根抵当権の法的性質

(1)　付従性の否定

担保物権は，特定の債権を担保するために設定されるものであるから，原則として被担保債権に付従する（被担保債権とくっついている）。

➡ 被担保債権が存在しなければ担保物権は成立せず，また，被担保債権が消滅すれば担保物権も当然に消滅する。

しかし，元本確定前の根抵当権においては，「一定の範囲に属する不特定の債権を極度額の限度において担保する」という性質を有していることから，**付従性が否定されている。** R4-11

➡ 特定の債権を担保するものではないから，債権と根抵当権はくっついていない。

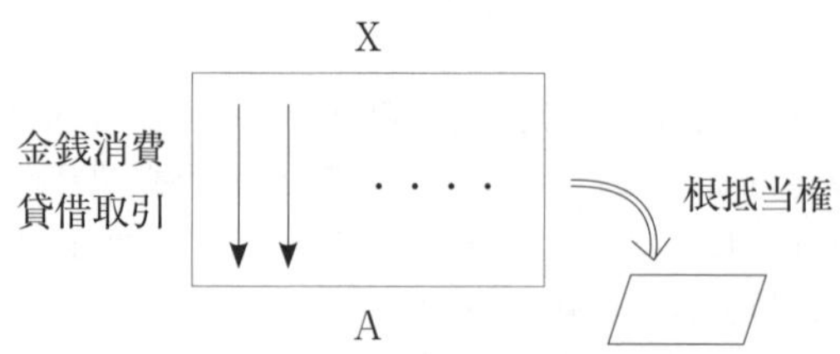

ちょっと乱暴にいえば，根抵当権は「金銭消費貸借の取引により発生した債権」という“枠”を担保している。

➡　**その“枠”の中にある具体的な債権（実際の貸金債権）と根抵当権はくっついていない。**

つまり，根抵当権を設定するに当たっては，「金銭消費貸借という取引により発生する債権」という“担保されるべき債権の枠”（債権の範囲）を定めれば足りるのであり，現実に債権が発生している必要はない。

➡　債権がまったくない状態で根抵当権を設定することができる。そして，根抵当権を設定した後に債権の範囲に属する債権が新たに発生した場合は，その債権が根抵当権によって担保される。

H17-16　また，元本の確定前に，債権の範囲に属する**債権が弁済等によってすべて消滅しても，根抵当権が消滅することはない。**

➡　元本が確定する前の根抵当権は，債権とはくっついていないので，債権がなくなっても根抵当権は影響を受けない。

プラスアルファ

この後に，新たに債権の範囲に属する債権が発生した場合には，その債権が根抵当権によって担保される。

重要!

根抵当権が設定された後，一定の事由（元本の確定事由）が発生したときは根抵当権の元本が確定する。元本が確定すると，その時点で存在する債権が根抵当権によって担保されることが確定する。

➡　元本が確定したら，その確定の瞬間に存在する債権のみが根抵当権によって担保されるということが確定するので，元本が確定した後に新たに債権が発生しても，その債権は根抵当権によって担保されない。

・　元本が確定したら，その時点で存在する特定の債権を担保するものとなるので，根抵当権と債権がくっつくこととなる。したがって，**根抵当権の元本が確定したときは，根抵当権は付従性が発生する。**

(2)　随伴性の否定

担保物権は，特定の債権を担保するものであり，被担保債権にくっついている。そのため，債権譲渡等により抵当権の被担保債権が第三者に移転したときは，その債権に伴って抵当権も第三者に移転する（随伴性）。

しかし，元本確定前の根抵当権においては，債権との結びつきが否定されているので，**債権の範囲に属する債権が第三者に移転した場合でも，根抵当権は債権に伴って移転しない。** H26-14 H17-16

➡　債権の譲渡を受けた者は，根抵当権を取得できない（民§398の7Ⅰ）。譲渡された債権は根抵当権の被担保債権の枠から離脱し，無担保の債権となる。

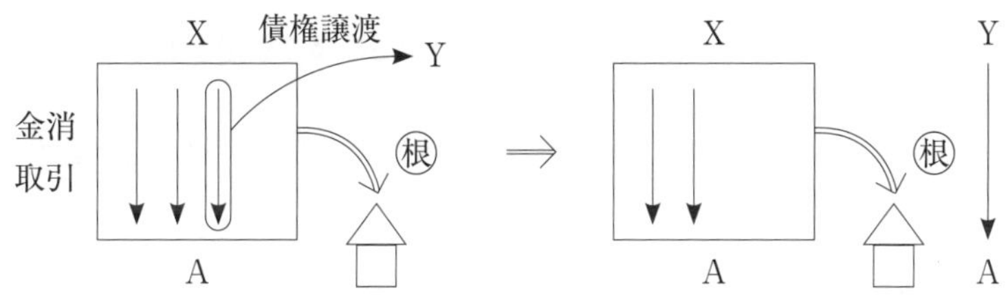

➡　根抵当権は，あくまでXのAに対する金銭消費貸借取引により発生した債権を担保している。

重要❗

元本が確定した後は，根抵当権は特定の債権を担保するものとなるので（債権と根抵当権がくっつくので），被担保債権に随伴し，被担保債権が第三者に移転したときはその債権とともに根抵当権も移転する。

2　根抵当権の設定

1　根抵当権の設定契約

根抵当権は，根抵当権者と設定者との根抵当権設定契約により成立する。

➡　根抵当権設定者は，債務者でもいいし，債務者以外の第三者(物上保証人)でもよい。

根抵当権は，一定の範囲に属する不特定の債権を極度額の限度において担保するものであるので，根抵当権の設定契約においては以下の事項を定めることを要する。

①　誰に対する　(債務者)
②　どういった債権を（債権の範囲）
③　いくらを限度に担保するか（極度額）

H17-16　➡　**極度額，債権の範囲，債務者は必ず定めることを要する。**

・　また，元本の確定期日や民法370条ただし書の別段の定めをすることもできる。

2　極度額

根抵当権は，一定の範囲に属する不特定の債権を担保するものであるから，元本が確定し，債権が特定されるまでは，具体的にどの債権が担保されるかが明らかではない。

➡　元本が確定するまでは,根抵当権によって担保される債権の額も分からない。そのため，根抵当権の設定の段階では，抵当権のように「債権額」は定まらず，**「極度額」という担保の限度額**を定める必要がある（民§398の３Ⅰ)。

➡　現実にいくらの債権が発生するかは分からないけれど，根抵当権者は最大限これだけの優先弁済を受けることができる，という額である。

3　債権の範囲

根抵当権は，一定の範囲に属する不特定の債権を担保するもの。そのため，根抵当権を設定するにあたっては，その債権の範囲を定める必要がある。

➡　**どういった債権を担保させるのかを予め定めておく必要がある。**

（根抵当権）
第398条の２（省略）
２　前項の規定による抵当権（以下「根抵当権」という。）の担保すべき不特定の債権の範囲は，債務者との特定の継続的取引契約によって生ずるものその他債務者との一定の種類の取引によって生ずるものに限定して，定めなければならない。
３　特定の原因に基づいて債務者との間に継続して生ずる債権，手形上若しくは小切手上の請求権又は電子記録債権（中略）は，前項の規定にかかわらず，根抵当権の担保すべき債権とすることができる。

債権の範囲として認められているものは，以下のとおりである。

(1)　債務者との特定の継続的取引契約によって生ずる債権（民§398の２Ⅱ）
(2)　債務者との一定の種類の取引によって生ずる債権（同Ⅱ）
(3)　（取引以外で）特定の原因に基づいて債務者との間で継続的に生ずる債権（同Ⅲ）
(4)　手形上もしくは小切手上の請求権（同Ⅲ）
(5)　電子記録債権（同Ⅲ）
(6)　上記の債権とともに担保する場合の特定債権（先例昭46.10.4－3230）

(1)　債務者との特定の継続的取引契約によって生ずる債権（民§398の２Ⅱ）

債権者と債務者との間で締結された，特定の継続的取引契約によって生ずる債権を担保させることができる。

➡　特定の基本契約に基づく継続的な取引関係から発生する債権を根抵当権によって担保させるもの。

【例】　家電製品を製造しているＸ産業と，小売店であるＡ商店は，**継続的家電製品供給契約**を締結した。その内容は，「Ｘ産業はＡ商店に対し，冷蔵庫とテレビをそれぞれ毎月50個を限度として，Ａ商店からの注文により供給する。１か月分の代金の支払いは翌月の20日とする。」というものである。

そして，Ｘ産業とＡ商店は，この「継続的家電製品供給契約」により発生する債権を担保するため，A商店の所有する甲土地に極度額を3,000万円とする根抵当権を設定した。

➡　X産業のA商店に対する家電製品の売買代金債権が，まとめて根抵当権によって担保される。X産業は，その債権のうち3,000万円を限度に優先弁済を受けることができる。

・　その他，「年月日当座貸越契約」，「年月日手形割引契約」，「年月日リース取引等契約」等がある。

(2)　債務者との一定の種類の取引によって生ずる債権（民§398の2Ⅱ）

根抵当権によって担保させたい取引の種類を定め，その取引によって発生した債権を根抵当権によって担保させるものである。

【例】　X金融とA商事の間で，特に基本契約は締結されていないが，X金融はA商事に対して頻繁に金銭を貸し付けており，これからもたびたび貸し付ける予定なので，その貸金債権をまとめて担保するため，根抵当権を設定することができる。

➡　この場合は，債権の範囲として**「金銭消費貸借取引」**と定める。

そうすれば，X金融のA商事に対するいくつもの貸金債権が，極度額の限度ですべて担保される。

・　その他，「銀行取引」，「保証委託取引」，「売買取引」，「賃貸借取引」等がある。

(3)　取引以外で，特定の原因に基づき債務者との間で継続的に生ずる債権（民§398の2Ⅲ）

根抵当権は，基本的に債権者と債務者の間の取引関係により発生する債権をまとめて担保させるものであるが，取引以外で発生した債権でも，「特定の原因で，継続的に発生する債権」を担保させることもできる。

【例】　債権の範囲を「A工場の排液による損害賠償債権」と定めることができる先例昭46.10.4－3230）。

➡　工場からの排液は，1回だけでなく，頻繁に流れ出るものである。つまり，排液が出ることによる損害賠償債権は，頻繁に発生する。その継続的に発生する損害賠償債権をまとめて根抵当権によって担保させることができる。

⑷　手形上もしくは小切手上の請求権（民§398の２Ⅲ）

債務者との直接の取引によらずに根抵当権者が取得した，債務者に対する手形上もしくは小切手上の請求権を根抵当権によって担保させることができる。 H29-14

➡　いわゆる「回り手形」。

⑸　電子記録債権

電子記録債権とは，その発生または譲渡について電子記録債権法の規定による電子記録を要件とする金銭債権をいう（電子記録§２Ⅰ）。電子記録債権については，善意取得（同§19）や人的抗弁の切断（同§20）といった効果が認められており，約束手形と類似するものである。

⑹　他の一定の範囲に属する不特定の債権とともに担保する場合の特定債権（先例昭46.10.4－3230）

特定債権のみを担保するために根抵当権を設定することはできない。

➡　普通の抵当権を設定すべきである。

しかし，他の一定の範囲に属する不特定の債権とともに担保する場合には，その根抵当権は全体としては不特定の債権を担保するものといえるため，このような場合には特定債権を被担保債権の範囲に含めることができる。 H22-15

【例】「債権の範囲　売買取引，令和４年６月１日貸付金」

4　債務者

根抵当権の設定契約においては，債務者を必ず定めなければならない。

➡　だれに対する債権を担保させるのかを，明確にしておく。

・　債務者は１人である必要はなく，複数定めることもできる。

【例】　債権の範囲を「金銭消費貸借取引」，債務者を「A，B」と定めた場合には，Aに対する貸金債権とBに対する貸金債権がまとめて担保される。

5　元本の確定期日

根抵当権が設定された後，一定の事由（元本の確定事由）が生じたときは，根抵当権の元本が確定する（担保される債権が確定する）。

どのような事由が生じたら元本が確定するのかは民法398条の20等で定められているが，予め元本が確定する日（確定期日）を定めることもできる（民§398の6 Ⅰ）。

・　元本の確定期日は，それを定めた日から５年以内の日でなければならない（同Ⅲ）。

6　対抗要件

根抵当権が設定されたときは，根抵当権の設定の登記をすることによって第三者に対抗することができる（民§177）。

3　根抵当権の優先弁済権

1　根抵当権によって優先弁済を受けられる範囲

> （根抵当権の被担保債権の範囲）
> **第398条の３**　根抵当権者は，確定した元本並びに利息その他の定期金及び債務の不履行によって生じた損害の賠償の全部について，極度額を限度として，その根抵当権を行使することができる。

H26-14
H22-15
H17-16

ポイント１　元本債権だけでなく，利息や損害金についても，（極度額の範囲内なら）全部が担保される。
➡　最後の２年分に限定されない。

理由　根抵当権においては，極度額という担保の限度額が定められ，登記により公示される。その範囲内であれば，利息や損害金のすべてが担保されたとしても，後順位抵当権者等の第三者が不測の損害を受けることはない。

プラスアルファ

普通抵当権は，利息や損害金は最後の２年分に限定される（民§375 Ⅰ）。
→　第２章第３節参照。

ポイント２　実際の被担保債権の総額が極度額を超える場合でも，根抵当権者は極度額までしか優先弁済を受けられない。

➡　極度額は担保の限度額であり，極度額を超える分は一切担保されない。

【例】　Aの所有する甲土地を目的として，Xのために根抵当権が設定された。極度額は1,000万円，債権の範囲は金銭消費貸借取引，債務者はAである。

その数年後，当該根抵当権の元本が確定した（担保されるべき債権が確定した）。その時点で，XはAに対して計1,500万円の貸金債権を有していた。

➡　根抵当権が実行されて甲土地が競売された場合，Xは1,000万円までしか優先弁済を受けられない。

➡　極度額を1,500万円にしておけば良かったと悔やむところではあるが，もう遅い。

プラスアルファ

根抵当権を設定した後に，極度額を増額することは可能である（民§398の5，後述）。

2　手形上，小切手上の請求権または電子記録債権について

債務者との直接の取引によらずに根抵当権者が取得した，債務者に対する手形上もしくは小切手上の請求権または電子記録債権を根抵当権によって担保させることができるが（民§398の2Ⅲ），これらの債権については，**一定の事由が生じた場合には，その前に取得したものについてのみ，根抵当権によって担保される**（民§398の3Ⅱ）。

（根抵当権の被担保債権の範囲）

第398条の3

2　債務者との取引によらないで取得する手形上若しくは小切手上の請求権又は電子記録債権を根抵当権の担保すべき債権とした場合において，次に掲げる事由があったときは，その前に取得したものについてのみ，その根抵当権を行使することができる。ただし，その後に取得したものであっても，その事由を知らないで取得したものについては，これを行使することを妨げない。

一　債務者の支払の停止

二　債務者についての破産手続開始，再生手続開始，更生手続開始又は特別清算開始の申立て

三　抵当不動産に対する競売の申立て又は滞納処分による差押え

【例】　Aの所有する甲土地を目的として，Xのために根抵当権が設定された。極度額は「1,000万円」，債権の範囲は「手形債権，小切手債権，○▽取引」，債務者は「A」である。

その後，Aについて破産手続開始の申立てがされた。

➡　Xが取得した手形債権や小切手債権は，この破産手続開始の申立てがされる前に取得したものに限り，根抵当権によって担保される（それ以降に手形債権や小切手債権を取得しても，それは担保されない）。

・　このような制限をする理由

破産の申立てがされたということは，Aはほとんど財産がない状態である。だから，（特別の担保を持っていない）普通の債権者がAに対して手形債権を持っていても，ほぼ弁済を受けられない。

➡　Aの財産の状況によるが，手形の額面が300万円でも30万円くらいしか弁済を受けられなかったりする（極端にいえば紙くず同然）。

このような事態は，Xにとっては逆にラッキーである。

Aに対する手形は紙くず同然なので，Xは格安で手形を買い集めることができる。

➡　額面が300万円の手形をたとえば40万円くらいで取得できる。

そして，Xは根抵当権を実行すればよい。「手形債権」が債権の範囲に含まれているので，Aに対する手形債権について甲土地の競売代金から優先弁済を受けることができる。

➡　40万円で取得した手形債権について，額面どおり300万円の優先弁済を受けることができる。

しかし，これはやはり不当である。このような権利の濫用ともいうべきことを認めるべきではない。

➡　後順位の担保権者や一般債権者の利益を不当に害する結果となる。

したがって，債務者についての破産の申立て等の，**信用状態が悪化するような事態**が生じた場合には，その後に取得した手形債権や小切手債権あるいは電子記録債権は根抵当権によって担保されないとした。

重要！

ただし，債務者についての破産の申立て等がされた場合でも，根抵当権者がその事実を知らないで手形債権や小切手債権等を取得した場合は，その債権は根抵当権によって担保される（民§398の3Ⅱ柱書ただし書）。

➡　根抵当権者は，債務者の信用状態が悪化する事態が生じたことを知らないのだから，権利の濫用的な行為ということはできない。

第2節　根抵当権の変更

Topics
・根抵当権が設定された後，その根抵当権の内容を変更することができる。変更ができる時期，要件，効果をしっかり理解すること。
・試験でもよく出題される。

1　根抵当権の変更の意義

根抵当権が設定された後，**根抵当権者と設定者は，当該根抵当権の内容を変更することができる。**

プラス アルファ

（普通）抵当権の変更との比較

抵当権は，特定の債権を担保するものであるから，その**債権について変更が生じた場合には，基本的に抵当権もそれに応じて変更される。**

➡　1,000万円の債権を担保するために抵当権が設定された後，債務者が債務の一部200万円を弁済し，債権額が800万円に変わったときは，抵当権に基づく優先弁済額も800万円に変わる。

被担保債権と離れて抵当権のみの変更というのは，基本的には問題とならない。

一方，根抵当権は，元本が確定する前は，債権との結びつきがない（付従性の否定）。そのため，**債権とは関係なく，根抵当権という物権の内容を変更することができる。**

根抵当権の内容の変更としては，だいたい以下のようなものがある。

①　債権の範囲の変更
②　債務者の変更
③　極度額の変更
④　元本の確定期日の変更

2　債権の範囲の変更

ケーススタディ

Ｘ とＡは頻繁に製品の売買をする関係なので，この売買取引による債権を担保するため，Ａの所有する甲建物にＸのために根抵当権が設定された（債権の範囲は「売買取引」と定められた）。

しかし，この後，Ｘ・Ａ間で売買の取引がほとんどなくなり，賃貸借の取引がメインとなった。

この場合，既に設定された根抵当権について，売買取引ではなく賃貸借取引による債権を担保させるものとすることはできるか。

（根抵当権の被担保債権の範囲及び債務者の変更）

第398条の４　元本の確定前においては，根抵当権の担保すべき債権の範囲の変更をすることができる。（後略）

⑴　意義，効果

根抵当権者と設定者は，**根抵当権の元本が確定する前に，根抵当権の債権の範囲を変更することができる。**

【例】　ケーススタディの事例では，根抵当権の債権の範囲を「売買取引」から「賃貸借取引」に変更することができる。

債権の範囲の変更がされると，変更前の債権の範囲に属する債権（売買取引による債権）については，（変更前に生じていた債権も含めて）一切担保されなくなる。

一方，変更後の債権の範囲に属する債権（賃貸借取引による債権）については，（変更前に生じていた債権も含めて）すべて担保される。

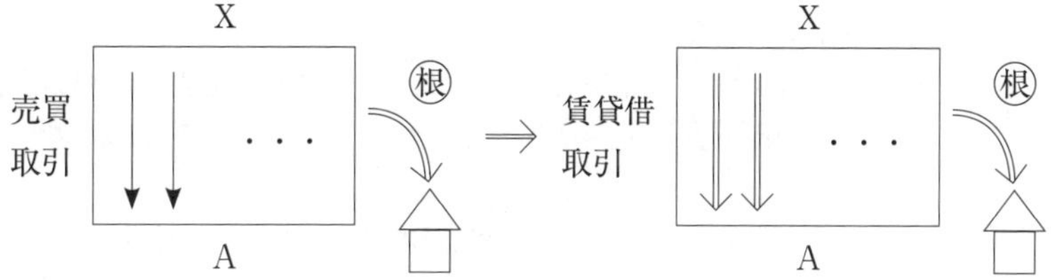

➡ 担保される債権の枠がまるっきり入れ替わる。

・ 債権の範囲の変更は，根抵当権者と設定者の間の変更契約による。

➡ 物権の内容の変更なので，物権の権利者と設定者が変更契約をする。

H2-13 ・ 数人の共有する根抵当権について債権の範囲の変更をするときは，共有者の全員が設定者と変更契約をすることを要する。

➡ 仮に，共有者の１人についてのみの債権の範囲の変更であっても，共有者全員が変更契約の当事者となる。

(2) 要　件

① 債権の範囲の変更は，**根抵当権の元本が確定する前にのみすることができ**る（民§398の４Ⅰ）。

理由 元本が確定すると，その確定の時点で存在していた債権のみが根抵当権によって担保されることになる。

根抵当権によって担保される債権が確定するので，その後に担保されるべき債権を入れ替えることはできない。

R2-14 H26-14 H16-15 H2-13

② 債権の範囲の変更をするに当たり，**後順位抵当権者等の第三者の承諾を得ることを要しない**（民§398の４Ⅱ）。

（根抵当権の被担保債権の範囲及び債務者の変更）

第398条の４

２ 前項の変更（債権の範囲の変更）をするには，後順位の抵当権者その他の第三者の承諾を得ることを要しない。

理由 根抵当権は，極度額を限度として，その不動産の担保価値を支配している。

➡ 後順位の担保権者としては，先順位の根抵当権者が極度額分の優先弁済を受けることについては覚悟している。

そのため，その極度額の範囲内であれば，その根抵当権の内容を自由に変更することができる。

➡ 極度額さえ増えなければ，担保される債権（債権の範囲）

がどう変わろうとも，後順位の担保権者が不測の損害を受けることはない。

③　元本が確定する前に適法に債権の範囲の変更契約がされた場合でも，変更の登記をする前に元本が確定してしまったら，その**変更をしなかったものとみなされる**（民§398の4 Ⅲ）。

> **（根抵当権の被担保債権の範囲及び債務者の変更）**
> **第398条の4**
> **3**　第1項の変更（債権の範囲の変更）について元本の確定前に登記をしなかったときは，その変更をしなかったものとみなす。

H29-14

理由　法律関係を簡明にするといった趣旨。

➡　仮に，登記を単なる対抗要件とすると，債権の範囲の変更の登記がされていない場合は，当事者間では変更の効力が生ずるが，第三者との関係では変更がない･･･といったように，面倒なことになる。

プラスアルファ

実は，根抵当権というのは比較的新しい制度である（民法に規定されたのは昭和46年）。

➡　民法は明治時代からあるものであり，昭和46年というのはつい最近といえる（ちょっと極端か）。

このような比較的新しい制度については，法律関係を簡明にするための工夫が凝らされている。

【例】　Xの根抵当権（債権の範囲は「売買取引」）について，5月10日，債権の範囲を「賃貸借取引」に変更する契約がされた。

しかし，その変更の登記をする前の6月1日，当該根抵当権について元本の確定事由が生じ，元本が確定してしまった。

➡　債権の範囲の変更の登記をする前に元本が確定したので，債権の範囲の変更はしなかったものとみなされる。

つまり，債権の範囲は「売買取引」のまま。

3　債務者の変更

> （根抵当権の被担保債権の範囲及び債務者の変更）
> **第398条の4**　元本の確定前においては，根抵当権の担保すべき債権の範囲の変更をすることができる。債務者の変更についても，同様とする。

(1)　意義，効果

H6-12　根抵当権者と設定者は，元本の確定前に，根抵当権の債務者を変更することができる。

重要！

債務者の変更は，債権の範囲の変更と考え方はまったく同じ。

➡　条文も，債権の範囲の変更と同じ（民§398の4）。

H元-12　【例】　Aの所有する甲土地を目的として，Xのために根抵当権が設定された（債務者は「B」）。そして，XとAは，根抵当権の元本が確定する前に，債務者をCに変更することができる。

➡　XのCに対する債権が担保されることになる。XのBに対する債権は一切担保されない。

重要！

債務者の変更は，根抵当権者と設定者の契約による。債務者と設定者が異なるときは，債務者は変更契約の当事者ではない。

➡　上記の事例では，根抵当権者Xと設定者Aが債務者の変更契約をする。Bは契約の当事者ではない。

H3-16　➡　Bの承諾を得ることも要しない。

理由　債務者の変更は，根抵当権という物権の内容の変更である。そのため，物権の権利者と設定者の間の契約による。

プラスアルファ

H3-16　Aが，Bから委託を受けて根抵当権を設定したような場合は，Aが勝手に債務者をCに変更してしまうと，契約違反として責任（損害賠償責任）を問われる可能性はある。

➡　あくまでA・B間の話。根抵当権の債務者の変更という物権契約が無効となるわけではない。

(2) 要　件

債権の範囲の変更と同じである。

① 元本の確定前にのみ変更することができる（民§398の4Ⅰ）。

② 後順位抵当権者等の第三者の承諾を得ることを要しない（民§398の4Ⅱ）。

③ 変更の登記をする前に元本が確定してしまったら，変更をしなかったものとみなされる（民§398の4Ⅲ）。 H3-16

4　極度額の変更

ケーススタディ

Aの所有する甲土地を目的として，Xの根抵当権が設定された。極度額は「1,000万円」，債権の範囲は「金銭消費貸借取引」，債務者は「A」である。

当初，Xは，Aに対して1,000万円も貸さないだろうと思っていたが，いろいろな事情により，もっと貸し出す必要が生じた。Xは，当然，その全額について優先弁済を受けたいと思っている。

既に設定された根抵当権の極度額を増額することはできるか。

(1) 意　義

根抵当権者と設定者は，**元本の確定の前後を問わず**，極度額の変更をすることができる（民§398の5）。 H26-14

重要!

極度額の変更は，元本の確定前だけでなく，元本が確定した後でもすることができる。

➡ 債権の範囲の変更，債務者の変更とは区別すること。

理由 極度額というのは，根抵当権に基づく優先弁済の限度額である。根抵当権によって担保される債権の内容を決定するものではないので，特に元本の確定前に限定する必要はない。

⑵ 要　件

> （根抵当権の極度額の変更）
> **第398条の5**　根抵当権の極度額の変更は，利害関係を有する者の承諾を得なければ，することができない。

R2-14 H16-15 H2-13

極度額の変更をするためには，**利害関係を有する者（利害関係人）の承諾を得ることを要する。**

たとえば，1番根抵当権の極度額が増額されると，1番根抵当権者が優先弁済を受けられる額が増えることになる。それはつまり，後順位の抵当権者が優先弁済を受けられる額が減ることを意味する。

➡ 明らかに，後順位の抵当権者は不利益を受ける。

【例】 甲土地を目的としてXの1番根抵当権（極度額1,000万円。実際の債権の額も1,000万円とする），Yの2番抵当権（債権額2,000万円）が設定されている。

そして，甲土地が競売され，3,500万円で売却された。

➡ Xがまず1,000万円の優先弁済を受け，その後にYが2,000万円の優先弁済を受けることができる。

一方，競売がされる前に，Xの1番根抵当権の極度額が3,000万円に増額されたものとする（実際の債権の額も3,000万円とする）。そして甲土地が競売され，3,500万円で売却された。

➡ Xがまず3,000万円の優先弁済を受け，Yは残りの500万円しか弁済を受けられない。

これはYは困る。

もちろん，その者の意思を問わないで，勝手に不利益を与えるわけにはいかない。したがって，極度額の変更をするためには，その変更によって不利益を受ける人（利害関係人）の承諾が必要とされた。

➡ 上記の事例では，Yの承諾を得なければ，極度額の変更の効力は生じない。

どのような者が利害関係人に該当するかは，極度額の増額変更か，減額変更かで異なる。

①　極度額の増額変更の場合

- 後順位の担保権者（同順位者も含む）
- 後順位の所有権に関する仮登記権利者
- 後順位の不動産の差押債権者等

②　極度額の減額変更の場合

- 当該根抵当権者から民法376条1項の処分を受けている者　H27-14
- 当該根抵当権の移転に関する仮登記を受けている者等

重要❗

利害関係人の承諾は，極度額の変更の効力要件である。

➡ 承諾がないと，変更の効力が生じない。

5　元本の確定期日の変更

⑴　意　義

根抵当権は，一定の事由が生じたら，元本が確定する。

➡ 元本が確定したら，その確定の時に存在する債権のみが根抵当権によって担保されることになる。

元本が確定する事由は，民法398条の20等で定められているが，予め，元本が確定すべき期日を定めることができる。

【例】 根抵当権を設定する際に，「○年▽月□日に元本が確定する」と定めることができる。

また，根抵当権が設定された後でも，元本が確定する前であれば，元本の確定期日を新たに定め，または既に定められた確定期日を変更することができる。　H26-14

- 元本の確定期日の変更は，根抵当権という物権の内容の変更であるので，根抵当権者と設定者の変更契約による。

⑵ 要　件

> （根抵当権の元本確定期日の定め）
> **第398条の6**　根抵当権の担保すべき元本については，その確定すべき期日を定め又は変更することができる。
> **2**　第398条の4第2項の規定（第三者の承諾は不要）は，前項の場合について準用する。
> **3**　第1項の期日は，これを定め又は変更した日から5年以内でなければならない。
> **4**　第1項の期日の変更についてその変更前の期日より前に登記をしなかったときは，担保すべき元本は，その変更前の期日に確定する。

R2-14　①　元本の確定期日を変更するに当たり，後順位抵当権者等の第三者の承諾を得ることを要しない。

➡　優先弁済権に直接の影響はないので，第三者が直接に不利益を受けることはない。

②　変更後の元本の確定期日は，変更の日から5年以内であることを要する。

➡　あまりに先のことまで決めるのは適当ではないので，5年以内とされている。

③　元本の確定期日の変更契約をした場合，**変更前の期日が到来する前に変更の登記をしなければ，変更前の期日が到来した時に元本が確定する。**

➡　登記が事実上の効力要件である。

理由　法律関係を簡明にするため。

【例】　Aの所有する甲土地を目的として，Xのために根抵当権が設定された。元本の確定期日は令和3年8月1日と定められている。

そして，令和3年7月25日，XとAは，当該根抵当権の元本の確定期日を令和7年6月30日に変更する契約を締結した。

しかし，うっかりして確定期日の変更の登記をすることを忘れ，令和3年8月1日が過ぎてしまった。

➡　変更前の期日，つまり令和3年8月1日（午前0時）にこの根抵当権の元本は確定する。

第3節　元本確定前の根抵当権に関する法律関係

Topics
- **元本確定前の根抵当権は，付従性，随伴性がないので，他の担保物権とはまったく異なる。この性質の違いをしっかり理解すること。**
- **債権と根抵当権の関係，根抵当権の譲渡に関してはよく出題される。**
- **不動産登記法でも頻出。**

1　総　説

元本が確定する前の根抵当権は，担保物権であるのに債権との結びつきが否定されているという点で（付従性，随伴性の否定），普通抵当権とはその性質がだいぶ異なる。

プラスアルファ

抵当権は，特定の債権を担保するものであるので，被担保債権と抵当権は結びついており，その命運を共にする。

被担保債権が誰かに移転すれば，抵当権も債権に伴ってその者に移転するし，債権が消滅すれば当然に抵当権も消滅する。

➡ 民法376条１項の処分という若干の例外はありながらも，大原則として債権と抵当権はセットになっていると考えることができる。

しかし，元本確定前の根抵当権は，まったく異なる。

根抵当権を設定するに当たり，具体的な債権が存在することはまったく要件とされていない（債権の存在はそもそも問題とされていない）。

根抵当権を設定するに当たっては，①誰に対する（債務者），②どのような債権を（債権の範囲），③いくらを限度に担保するか（極度額），という“枠”だけを定めておく。

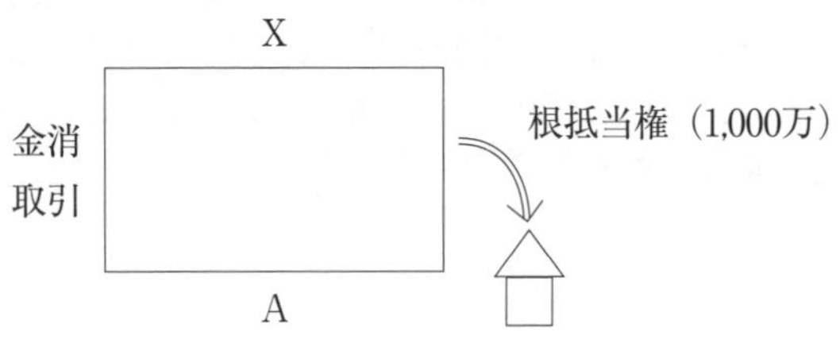

そして，根抵当権を設定した後にその枠に収まる債権が発生した場合には

その債権は根抵当権によって担保されるし，逆に枠から外に出た債権については根抵当権によって担保されない。

➡　元本が確定するまでは，この枠支配権という性質が続く。

その後，一定の事由が生じて元本が確定したときは，その時点で枠に収まっている債権がその根抵当権によって担保されるということが確定する。

➡　ここでようやく根抵当権と債権が結びつく。

このように，普通抵当権とはまったく性質が異なることから，民法では，元本確定前の根抵当権に関して，いくつかの規定を置いている。

具体的には，以下のとおりである。

- 債権の範囲に属する債権が移転した，または債務が移った場合の根抵当権との関係（民§398の７）
- 根抵当権者または債務者に相続が開始した場合の効果（民§398の８）
- 根抵当権者または債務者に合併，会社分割があった場合の効果（民§398の９，398の10）
- 抵当権と同様の処分の可否（民§398の11）
- 根抵当権という枠支配権の譲渡（民§398の12，398の13）

以下，それぞれについて解説する。

2　債権が移転した場合，また債務が引き受けられた場合の根抵当権との関係

1　債権の範囲に属する債権が移転した場合

H26-14　元本確定前の根抵当権は随伴性がないので，**その債権の範囲に属する債権が第三者に移転した場合でも，根抵当権はそれに伴って移転しない。**

移転した債権は，根抵当権の被担保債権の枠から離脱し，根抵当権によっては担保されない債権となる。

（根抵当権の被担保債権の譲渡等）
第398条の7　元本の確定前に根抵当権者から債権を取得した者は，その債権について根抵当権を行使することができない。元本の確定前に債務者のために又は債務者に代わって弁済をした者も，同様とする。

【例】　Aの所有する甲土地を目的として，Xのために根抵当権が設定された。極度額は1,000万円，債権の範囲は金銭消費貸借取引，債務者はAである。
　その後，根抵当権の元本が確定する前に，Xは，Aに対する貸金債権の1つをYに譲渡した。
➡　この譲渡された債権は，根抵当権の被担保債権の枠から離脱する。Yは根抵当権（の一部）を取得することはできない。

・　元本が確定する前に，債権の範囲に属する債権について，保証人等の第三者が債務者に代わって債務を弁済した場合，弁済者は根抵当権（の一部）を取得することはできない。 H25-15 H17-16 H5-15

理由　弁済者は債務者に対して求償権を取得し，その求償権の範囲内で債権者が有していた一切の権利を行使することができる（民§501）。そのため，根抵当権者の債務者に対する債権（原債権）を弁済者が取得するが，元本確定前の根抵当権には随伴性がないので，債権とともに根抵当権は移転しない。

【例】　Aの所有する甲土地を目的として，Xのために根抵当権が設定された。 R3-14
極度額は1,000万円，債権の範囲は金銭消費貸借取引，債務者はAである。
　その後，Aの債務の保証人であるBは，Aに代わって，AのXに対する借入金債務の1つを弁済した。
➡　BはAに対して求償権を取得し，XのAに対する貸金債権（原債権）を取得するが，根抵当権を取得することはできない。

重要！

元本が確定したときは，根抵当権はその確定時に存在する特定の債権を担保するものとなるので，付従性，随伴性が発生する。
そのため，根抵当権の元本が確定した後に，その被担保債権が第三者に移転したときは，債権に伴って根抵当権も当該第三者に移転する。
➡　根抵当権は，元本が確定する前と確定した後で，まったく性質が異なる。

2　債権の範囲に属する債務が第三者に引き受けられた場合

元本確定前の根抵当権は随伴性がないので，**根抵当権の債権の範囲に属する債権について，第三者が免責的に債務を引き受けた場合，その引受債務は根抵当権によって担保されない**（民§398の7Ⅱ）。

引き受けられた債務は，根抵当権の被担保債権の枠から離脱し，根抵当権によっては担保されない債権となる。

・　債権者（根抵当権者）は，根抵当権を引受債務に移すこともできない（民§398の7Ⅲ）。

> **（根抵当権の被担保債権の譲渡等）**
> **第398条の7**
> **2**　元本の確定前に債務の引受けがあったときは，根抵当権者は，引受人の債務について，その根抵当権を行使することができない。
> **3**　元本の確定前に免責的債務引受があった場合における債権者は，第472条の4第1項の規定にかかわらず，根抵当権を引受人が負担する債務に移すことができない。

【例】　Aの所有する甲建物を目的として，Xのために根抵当権が設定された。極度額は1,000万円，債権の範囲は金銭消費貸借取引，債務者はAである。

その後，根抵当権の元本が確定する前に，Bは，AのXに対する借入金債務の1つを免責的に引き受けた。

➡　この引き受けられた債務は，根抵当権の被担保債権の枠から離脱する。Xは当該債権について根抵当権を行使することができない。

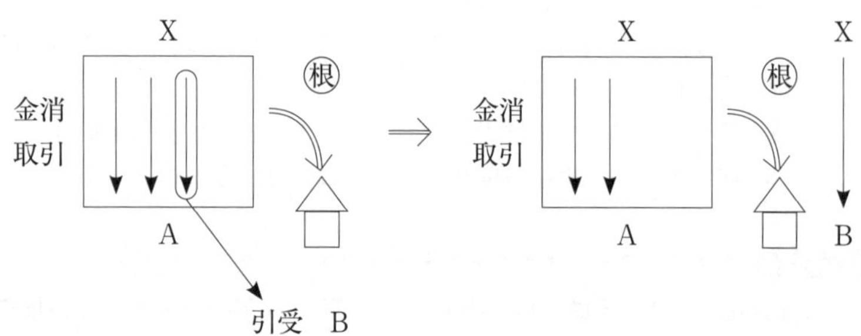

3　債権の範囲に属する債権について更改がされた場合

（根抵当権の被担保債権の譲渡等）
第398条の7
4　元本の確定前に債権者の交替による更改があった場合における更改前の債権者は，第518条第1項の規定にかかわらず，根抵当権を更改後の債務に移すことができない。元本の確定前に債務者の交替による更改があった場合における債権者も，同様とする。

確認　債務について更改がされたときは，旧債務は消滅し，新しい債務が発生することになる。つまり，旧債務は消滅するので，その旧債務を担保していた抵当権は原則として消滅する（付従性）。
ただし，債権者は，旧債務の目的の限度において，抵当権を新債務に移すことができるとされている（民§518Ⅰ）。
➡　旧債務を担保していた抵当権を消滅させないで，新債務を担保するものとして存続させることができる。

一方，根抵当権の元本が確定する前に，その債権の範囲に属する債務について更改がされ，新債務が発生した場合，その新債務は根抵当権の債権の範囲に収まらない債務といえる。
➡　根抵当権者と債務者の間の債権の範囲に属する取引によって発生した債権ではない。

したがって，この新債務は根抵当権によって担保されないものとなり，債権者は，根抵当権を新債務のために移すこともできない。 H25–15 H元–12

3　根抵当権者または債務者に相続が開始した場合の効果

1　根抵当権者に相続が開始した場合

ケーススタディ
Aの所有する甲土地を目的として，Xの根抵当権が設定された。極度額は1,000万円，債権の範囲は金銭消費貸借取引，債務者はAである。
その後，元本が確定する前に，根抵当権者のXが死亡した。相続人は子のY・Zである。
この根抵当権は，どのような債権を担保するものとなるか。

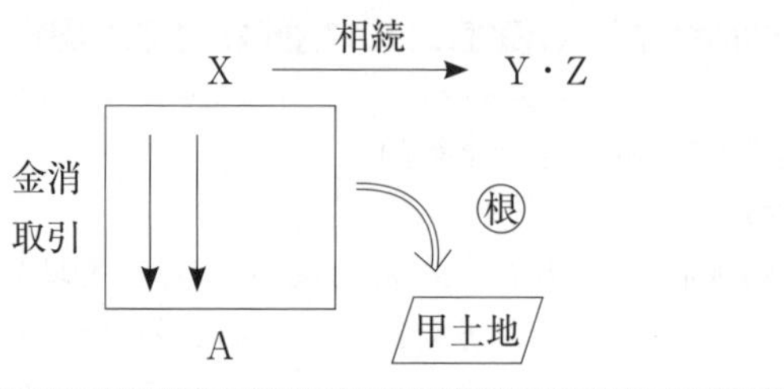

(1)　根抵当権によって担保される債権

> （根抵当権者又は債務者の相続）
> **第398条の8**　元本の確定前に根抵当権者について相続が開始したときは，根抵当権は，相続開始の時に存する債権のほか，相続人と根抵当権設定者との合意により定めた相続人が相続の開始後に取得する債権を担保する。

H25-15　元本が確定する前に根抵当権者について相続が開始したときは，根抵当権は以下の債権を担保する。

> ①　相続開始の時に存在する債権
> ②　相続人と根抵当権設定者との合意により定めた相続人（指定根抵当権者）が相続の開始後に取得する債権

①　相続開始の時に存在する債権

ケーススタディの事例では，Xが生前にAに対して取得した債権が根抵当権によって担保される。

➡　この債権は，相続によりYとZが承継する。

②　相続人と根抵当権設定者との合意により定めた相続人（指定根抵当権者）が相続の開始後に取得する債権

根抵当権者に相続が開始した場合，根抵当権者の相続人と設定者は，指定根抵当権者（根抵当取引を継続する者）を定めることができる。

【例】　ケーススタディの事例では，XはAとの間で金銭消費貸借取引を行っていた。そして，Xが死亡し，長男のYがXの行っていた取引を引き継ぐ場合には，Y・ZとAの間で，“Yを指定根抵当権者とする”という合意をする。

指定根抵当権者の合意がされ，一定の期間内にその合意の登記がされたときは，指定根抵当権者が相続の開始後（被相続人の死亡後）に取得する債権が根抵当権によって担保される。

【例】　ケーススタディの事例で，Ｙを指定根抵当権者と合意したときは，この根抵当権は，①Ｘの相続開始の時に存在した債権（Ｙ・Ｚに承継された）と，②指定根抵当権者Ｙが相続の開始後に新たにＡに対して取得する債権が担保される。

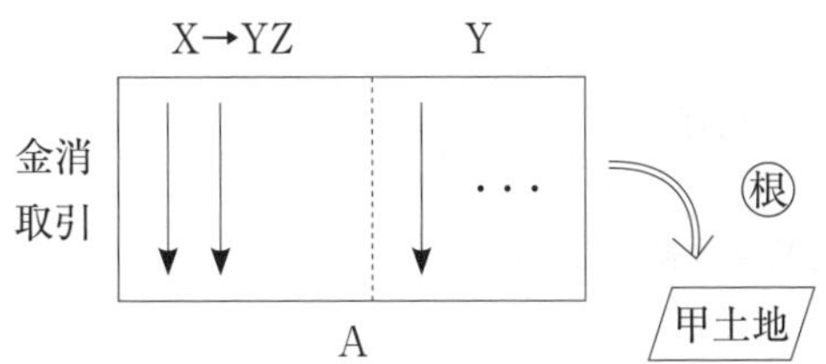

アルファ

Ｘの行っていた取引を誰も引き継がない場合は，指定根抵当権者の合意をしなければよい。

後述するとおり，相続開始後６か月以内に指定根抵当権者の合意の登記がされなかったときは，根抵当権は元本が確定し，①の債権（相続開始の時に存在した債権）のみを担保するものとなる。

➡　ＹやＺは一般の企業に就職し，父親Ｘがやっていた事業を引き継がないということもあり得る。

⑵　指定根抵当権者の合意

⑴のとおり，根抵当権者（被相続人）が行っていた取引を相続人が引き継ぐ場合には，根抵当権者の相続人と設定者の間で，その者を指定根抵当権者とする合意をする。

①　指定根抵当権者の合意をすることについては，後順位抵当権者等の第三者の承諾を得ることを要しない（民§398の８Ⅲ，398の４Ⅱ）。

②　**相続の開始後６か月以内に指定根抵当権者の合意の登記がされなかったときは，相続の開始の時において根抵当権の元本が確定したものとみなされる**（民§398の８Ⅳ）。

➡　権利関係を明確にするために，指定根抵当権者の合意は登記が事実上の効力要件とされた。

重要❗

元本の確定前に根抵当権者に相続が開始した場合，何もしなければ（6か月以内に指定根抵当権者の合意の登記をしなければ），根抵当権の元本は確定する。

2　債務者に相続が開始した場合

元本が確定する前に根抵当権の債務者に相続が開始した場合，考え方は，根抵当権者に相続が開始した場合と同じである。

(1)　担保される債権

（根抵当権者又は債務者の相続）
第398条の8
2　元本の確定前にその債務者について相続が開始したときは，根抵当権は，相続開始の時に存する債務のほか，根抵当権者と根抵当権設定者との合意により定めた相続人が相続の開始後に負担する債務を担保する。

元本が確定する前に債務者について相続が開始したときは，根抵当権は以下の債権を担保する。

①　相続開始の時に存在する債務
②　根抵当権者と設定者との合意により定めた相続人（指定債務者）が相続の開始後に負担する債務

(2)　指定債務者の合意

①　指定債務者の合意は，根抵当権者と設定者の間でされる。
➡　債務者と設定者が異なるときは，債務者の相続人は合意の当事者ではない。
➡　根抵当権の債務者の変更（民§398の4Ⅰ）と同じように考えることができる。

②　指定債務者の合意をすることについては，後順位抵当権者等の第三者の承諾を得ることを要しない（民§398の8Ⅲ，398の4Ⅱ）。

③　相続の開始後6か月以内に指定債務者の合意の登記がされなかったときは，相続の開始の時において根抵当権の元本が確定したものとみなされる（民§398の8Ⅳ）。 R3-14 H29-14

4　根抵当権者または債務者に合併があった場合の効果

1　根抵当権者に合併があった場合

ケーススタディ

Aの所有する甲土地を目的として，X金融の根抵当権が設定された。極度額は1,000万円，債権の範囲は金銭消費貸借取引，債務者はAである。

その後，元本が確定する前に，根抵当権者のX金融がYファイナンスに合併された（吸収されてしまった）。

この根抵当権は，どのような債権を担保するものとなるか。

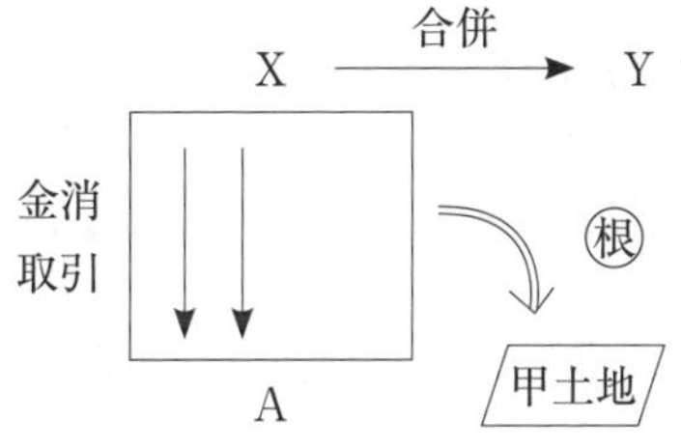

(1)　根抵当権によって担保される債権

（根抵当権者又は債務者の合併）

第398条の9　元本の確定前に根抵当権者について合併があったときは，根抵当権は，合併の時に存する債権のほか，合併後存続する法人又は合併によって設立された法人が合併後に取得する債権を担保する。

元本が確定する前に根抵当権者について合併があったときは，根抵当権は以下の債権を担保する。

①　合併の時に存在する債権
②　合併により根抵当権者を承継した法人（承継会社）が合併後に取得する債権

① 合併の時に存在する債権

ケーススタディの事例では，X金融が合併される前にAに対して取得した債権が根抵当権によって担保される。

➡ この債権は，合併によりYファイナンスが承継する。

② 合併により根抵当権者を承継した法人（承継会社）が合併後に取得する債権

➡ ケーススタディの事例では，根抵当権者のX金融を合併により承継したYファイナンスが合併後に新たに取得する債権を担保する。

重要!

根抵当権者に合併があった場合は，根抵当権者（承継会社）と設定者の間で合意がなくても，承継会社が合併後に取得する債権を当然に担保する。

> ㋐ 自然人の相続の場合
> ・ 被相続人が生前に取得した債権→ 当然に担保される
> ・ 相続人が相続開始後に新たに取得する債権→ 当然には担保されない
> ＊ ただし，指定根抵当権者の合意の登記をすれば担保される。
>
> ㋑ 法人の合併の場合
> ・ 消滅会社が合併前に取得した債権→ 当然に担保される
> ・ 承継会社が合併後に新たに取得する債権→ 当然に担保される
> ＊ ただし，設定者からの確定請求がされたら，担保されない(後述)。

なぜ，自然人の相続の場合と法人の合併の場合で扱いが異なるのか？

㋐ 根抵当権者が自然人である場合

根抵当権者である被相続人が行っていた根抵当取引を，相続人がそのまま引き継ぐことは少ないと考えることができる。

➡ 父親は個人で事業をしていて根抵当取引をしていたが，子は普通の会社に就職しているので，父の行っていた取引を引き継ぐことはない。

つまり，相続開始後に，債権の範囲に属する債権が新たに発生する可能性は少ないといえるので，原則として，相続の開始によって元本を確定させるものとした。

➡　ただし，相続人が根抵当取引を引き継ぐ場合には，特別の合意と登記（指定根抵当権者の合意の登記）をすることによって，例外的に元本は確定しないことになる。

㋑　根抵当権者が法人の場合

法人が合併した場合は，**消滅会社の行っていた取引を承継会社が引き継ぐのが通常**といえる。つまり，根抵当権者が合併によって消滅しても根抵当取引は継続し，債権の範囲に属する債権が新たに発生するのが通常であるから，根抵当権者が合併によって消滅しても原則として元本は確定させないものとした。

➡　ただし，設定者からの元本の確定請求（後述）があれば例外的に元本が確定することになる。

プラスアルファ

承継会社については，合併後に新たに取得する債権が根抵当権によって担保される。承継会社が合併前に取得した債権は，担保されない。 H5-15

(2)　設定者からの元本の確定の請求

根抵当権者が合併により消滅し，他の会社に承継されたときは，**設定者は，当該根抵当権について元本の確定を請求することができる。** H2-13

（根抵当権者又は債務者の合併）
第398条の9（省略）
2　（省略）
3　前二項の場合（根抵当権者等に合併があった場合）には，根抵当権設定者は，担保すべき元本の確定を請求することができる。（後略）
4　前項の規定による請求があったときは，担保すべき元本は，合併の時に確定したものとみなす。
5　第3項の規定による請求は，根抵当権設定者が合併のあったことを知った日から2週間を経過したときは，することができない。合併の日から1か月を経過したときも，同様とする。

【例】　Aの所有する甲土地を目的として，X金融の根抵当権が設定された。極度額は1,000万円，債権の範囲は金銭消費貸借取引，債務者はBである。

その後，元本が確定する前に，根抵当権者のX金融がYファイナンスに合併された（吸収されてしまった）。

➡　設定者のAは，一定の期間内にYファイナンスに対し，根抵当権者の合併を理由として元本の確定を請求することができる。

理由　合併は一般承継ではあるが，根抵当権者が変わることによって不動産の現実の負担額（現実に発生する債権の額）に影響が出てくるので，設定者の利益も考慮して元本の確定請求が認められた。

H27-14　①　根抵当権者の合併を理由とする元本の確定の請求は，設定者が，根抵当権者について合併があったことを**知った日から2週間**を経過したらすることができない。

また，設定者が合併の事実を知らなくても，**合併の日から1か月**を経過したらすることができない。

➡　早期に法律関係を確定させるため，期間の制限が設けられた。

②　根抵当権者の合併を理由として，設定者から元本の確定の請求がされたときは，**根抵当権者が合併した時**において元本が確定したものとみなされる。

重要!

確定の請求がされた時に確定するのではない。合併の時にさかのぼって確定する。

➡　つまり，合併の時に存在する債権のみが根抵当権によって担保されることになる。承継会社が合併後に取得した債権は一切担保されない。

2　債務者に合併があった場合

元本が確定する前に根抵当権の債務者に合併があった場合，考え方は，根抵当権者に合併があった場合と同じである。

(1)　根抵当権によって担保される債権

（根抵当権者又は債務者の合併）

第398条の9

2　元本の確定前にその債務者について合併があったときは，根抵当権は，合併の時に存する債務のほか，合併後存続する法人又は合併によって設立された法人が合併後に負担する債務を担保する。

元本が確定する前に債務者について合併があったときは，根抵当権は以下の債権を担保する。

① 合併の時に存在する債務
② 合併により債務者を承継した法人（承継会社）が合併後に負担する債務

重要！

債務者に合併があった場合は，根抵当権者と設定者の間で合意がなくても，承継会社が合併後に負担する債務を当然に担保する。

➡ 債務者である自然人に相続が開始した場合とは区別すること。

(2) 設定者からの元本の確定の請求

債務者が合併により消滅し，他の会社に承継されたときは，設定者は，一定の期間内に当該根抵当権について元本の確定を請求することができる（民§398の9Ⅲ本文）。

➡ 根抵当権者に合併があった場合と同じである。

・ 債務者の合併を理由とした元本の確定請求がされたときは，債務者が合併した時において元本が確定したものとみなされる（同Ⅳ）。

重要！

ただし，債務者に合併があった場合，その債務者が設定者であるときは，設定者は債務者の合併を理由として元本の確定を請求することはできない（民§398の9Ⅲただし書）。 R3-14

➡ このような場合に元本の確定請求を認めるのは，ちょっと都合がよすぎるといえる。

【例】 A商事の所有する甲土地を目的として，Xの根抵当権が設定された。極度額は1,000万円，債権の範囲は金銭消費貸借取引，債務者はA商事である。

その後，元本が確定する前に，債務者のA商事がK商事に吸収合併され，消滅した。

➡ A商事は甲土地の所有者なので，甲土地も合併によりK商事に承継された。

この場合，設定者の（甲土地を承継した）K商事は，Xに対し，債務者の合併を理由として元本の確定請求をすることができない。

5　根抵当権者または債務者を分割会社とする会社分割があった場合の効果

1　根抵当権者を分割会社とする会社分割があった場合

ケーススタディ

Aの所有する甲土地を目的として，X金融の根抵当権が設定された。極度額は1,000万円，債権の範囲は金銭消費貸借取引，債務者はAである。

その後，元本が確定する前に，根抵当権者のX金融を分割会社，Yファイナンスを承継会社とする会社分割（吸収分割）がされた。

この根抵当権は，どのような債権を担保するものとなるか。

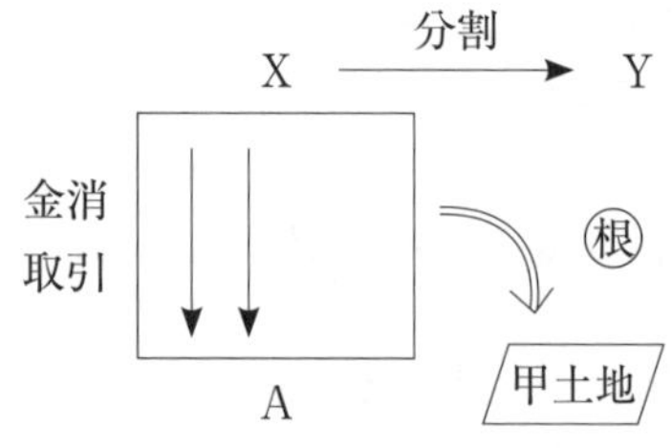

＊　会社分割（吸収分割）については会社法で詳しく学習するが，簡単に説明すると，印刷業と書籍販売業を営むK会社が，書籍販売業を分離させて，これをM会社に承継させることをいう。

➡　1つの会社を2つに分割し，片方を他の会社に承継させること。

ケーススタディの事例では，X金融の中のある部門を分離して，Yファイナンスに承継させている。

➡　**会社分割がされても，X金融は存続している。**

(1)　根抵当権によって担保される債権

（根抵当権者又は債務者の会社分割）

第398条の10　元本の確定前に根抵当権者を分割をする会社とする分割があったときは，根抵当権は，分割の時に存する債権のほか，分割をした会社及び分割により設立された会社又は当該分割をした会社がその事業に関して有する権利義務の全部又は一部を当該会社から承継した会社が分割後に取得する債権を担保する。

元本が確定する前に根抵当権者を分割会社とする会社分割があったときは，根抵当権は以下の債権を担保する。

① 分割の時に存在する債権
② 分割をした会社が分割後に取得する債権
③ 分割会社を承継した会社が分割後に取得する債権

➡ 合併の場合と基本的な考え方は同じだが，若干異なる。

① 分割の時に存在する債権

ケーススタディの事例では，会社分割の効力が生ずる前にX金融がAに対して取得した債権が根抵当権によって担保される。

② 分割をした会社が分割後に取得する債権

➡ 会社分割がされた場合でも，分割会社は消滅せず，前と同じように存続する（ある部門が分割されて承継会社に承継されたので，事業の規模としては少し小さくなっているが）。

分割会社もそのまま存続するので，会社分割後に分割会社が新たに取得する債権が根抵当権によって担保される。

➡ ケーススタディの事例では，会社分割の効力が生じた後にX金融がAに対して取得した債権が根抵当権によって担保される。

③ 分割会社を承継した会社が分割後に取得する債権

➡ ケーススタディの事例では，Yファイナンスが会社分割の効力が生じた後にAに対して取得した債権が根抵当権によって担保される。

重要❗

いろいろな債権が担保されて厄介であるが，条文なので，正確に押さえておく必要がある。

(2) 設定者からの元本の確定の請求

根抵当権者を分割会社とする会社分割があったときは，**設定者は，当該根抵当権について元本の確定を請求することができる**（民§398の10Ⅲ，398の9Ⅲ）。

➡ 合併の場合と考え方は同じ。設定者の利益を考慮して，元本の確定請求が認められた。

・ 根抵当権者を分割会社とする会社分割があったことを理由として，設定者から元本の確定の請求がされたときは，会社分割の効力が生じた時において元本が確定したものとみなされる（民§398の10Ⅲ，398の9Ⅳ）。

➡ 確定の請求がされた時に元本が確定するのではない。

2 債務者を分割会社とする会社分割があった場合

(1) 根抵当権によって担保される債権

> （根抵当権者又は債務者の会社分割）
> **第398条の10**
> 2　元本の確定前にその債務者を分割をする会社とする分割があったときは，根抵当権は，分割の時に存する債務のほか，分割をした会社及び分割により設立された会社又は当該分割をした会社がその事業に関して有する権利義務の全部又は一部を当該会社から承継した会社が分割後に負担する債務を担保する。

元本が確定する前に債務者を分割会社とする会社分割があったときは，根抵当権は以下の債権を担保する。

> ① 分割の時に存在する債務
> ② 分割をした会社が分割後に負担する債務
> ③ 分割会社を承継した会社が分割後に負担する債務

(2) 設定者からの元本の確定の請求

債務者を分割会社とする会社分割があったときは，設定者は，一定の期間内に当該根抵当権について元本の確定を請求することができる（民§398の10Ⅲ，398の9Ⅲ）。

・　この元本の確定の請求がされたときは，会社分割の効力が生じた時において元本が確定したものとみなされる（民§398の10Ⅲ，398の9Ⅳ）。

重要❗

ただし，債務者を分割会社とする会社分割があった場合，その債務者が設定者であるときは，設定者は債務者の会社分割を理由として元本の確定を請求することはできない（民§398の10Ⅲ，398の9Ⅲただし書）。

6　民法376条1項の処分をすることの可否

1　民法376条1項の処分をすることの可否

（根抵当権の処分）
第398条の11　元本の確定前においては，根抵当権者は，第376条第1項の規定による根抵当権の処分をすることができない。ただし，その根抵当権を他の債権の担保とすることを妨げない。

普通抵当権においては，転抵当，抵当権の譲渡・放棄，抵当権の順位の譲渡・放棄という処分が認められている（民§376Ⅰ）。

しかし，元本が確定する前の根抵当権においては，**転抵当を除き，民法376条1項の処分をすることができない**とされている。 H29-14

理由　抵当権の処分については，処分をした抵当権者が（抵当権を実行するまでは）債権の弁済を受けずに債権を有したままであることが前提であるが，元本確定前の根抵当権は，債権の範囲に属する債権の発生や消滅が繰り返されるという性質を持っているので，元本確定前の根抵当権について民法376条1項の処分を認めるのは不合理である，と説明される。

➡　正直，ちょっと分かりにくい。とにかく，元本の確定前においては，転抵当を除く民法376条1項の処分をすることができないということはしっかり押さえていただきたい。

・　元本の確定前であっても，先順位の抵当権者から順位の譲渡を受けることはできる。 H29-14

重要!

元本確定前の根抵当権については，（転抵当を除き）民法376条1項の処分をすることはできないが，これとは違った処分形態が定められている（根抵当権の全部譲渡等。後述）。

・　根抵当権の元本が確定した後は，普通抵当権と同様に，民法376条1項の処分をすることができる。

2　転抵当

(1)　転抵当の設定

H6-12　元本確定前の根抵当権であっても，他の債権の担保とすることはできる（転抵当，民§398の11 Ⅰただし書）。

【例】　Aの所有する甲土地を目的として，Xの根抵当権が設定された。極度額は1,000万円，債権の範囲は金銭消費貸借取引，債務者はAである。

そして，この根抵当権の元本が確定する前に，XがYに対して負担する借入金債務を担保するために，このXの根抵当権を目的としてYのために転抵当をすることができる。

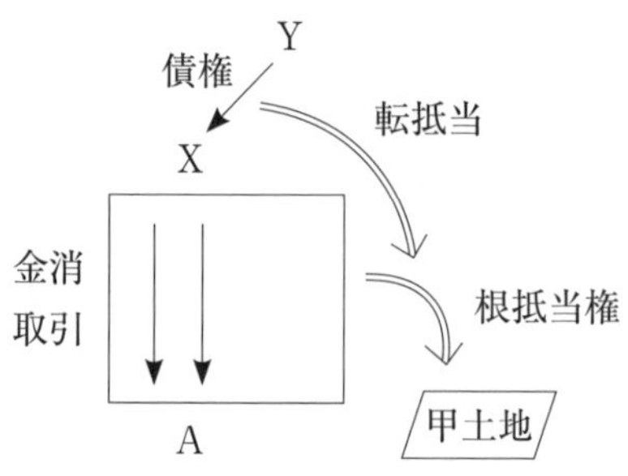

(2)　転抵当の効果

転抵当権者は，その目的たる根抵当権の優先弁済権の範囲内で，根抵当権者に優先して弁済を受けることができる。

・　転抵当が設定され，債務者等に対する対抗要件が備えられた後であっても，**元本の確定前においては，転抵当権者の承諾を得ることなく，債務者は根抵当権者に対して債務の弁済をすることができる**（民§398の11 Ⅱ）。

➡　この弁済をもって転抵当権者に対抗することができる。

【例】 上記(1)の事例において，Xは，Aに対し，Yのために転抵当を設定した旨の通知をした。
この場合でも，Aは，元本の確定前であれば，転抵当権者Yの承諾を得ずに，自由にXに対して債務の弁済をすることができる。

理由　元本確定前の根抵当権においては，債権の範囲に属する債権の発生や消滅が繰り返されるという性質を持っており，それは転抵当が設定されても変わらない。
そして，債権の範囲に属する債権がすべて消滅しても，根抵当権は消滅しないので，転抵当権者が特段の不利益を受けることもない。

7　元本確定前の根抵当権の処分（枠支配権の譲渡）

1　意　義

上記のとおり，元本確定前の根抵当権は，転抵当を除き，民法376条1項の処分をすることができない。そこで，これに代わるものとして，根抵当権特有の処分方法が定められた。

これには，3つの種類がある。

① 根抵当権の全部譲渡
② 根抵当権の分割譲渡
③ 根抵当権の一部譲渡

＊ 根抵当権の共有者の権利の全部譲渡を含めて，4種類と考えることもできる。

これらは，根抵当権を譲渡し，**根抵当権そのものを第三者に移転させる処分**である。

プラスアルファ

全部譲渡や一部譲渡といったように，根抵当権の“譲渡”という言葉が使われているが，これは民法376条1項の抵当権の譲渡とはまったく異なる。

民法376条1項の抵当権の譲渡とは，抵当権の優先弁済権を他の債権者のために譲渡するものであり，抵当権が実行された場合には，譲渡を受けた者が譲渡をした者（抵当権者）に優先して弁済を受けることができるというものである。

➡ 抵当権の譲渡がされても，抵当権そのものが移転するわけではない。

2　根抵当権の全部譲渡

⑴　意義，効果

> （根抵当権の譲渡）
> **第398条の12**　元本の確定前においては，根抵当権者は，根抵当権設定者の承諾を得て，その根抵当権を譲り渡すことができる。

H6-12　根抵当権者は，**元本の確定前において，根抵当権設定者の承諾を得て，その根抵当権を第三者に譲渡することができる（全部譲渡）。**

【例】　Aの所有する甲土地を目的として，Xの根抵当権が設定された。極度額は1,000万円，債権の範囲は金銭消費貸借取引，債務者はAである。
根抵当権者Xは，元本の確定前において，設定者Aの承諾を得て，この根抵当権をYに譲渡することができる。

根抵当権の全部譲渡がされることにより，**その根抵当権が譲受人に移転する。**

【例】　上記の事例においては，Xの根抵当権がYに移転する。つまり，**Yが根抵当権者となる。**

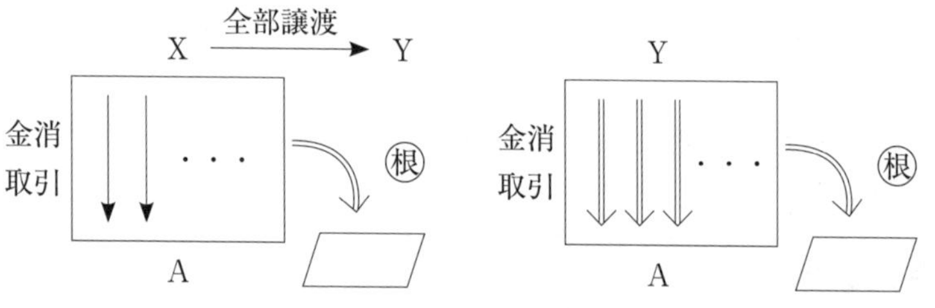

この根抵当権は，今後，YとAの間の金銭消費貸借取引による債権を担保するものとなる。

➡ YのAに対する貸金債権が担保される。

Xは根抵当権者ではなくなったので，XがAに対して有する貸金債権は一切担保されない。

プラスアルファ

上記の事例において，Xが，根抵当権をYに全部譲渡するとともに，XがAに対して有する貸金債権もYに譲渡したものとする。 H元-12
➡ 債権と根抵当権がYに移転するが，Yが取得した根抵当権によって，このXから譲渡を受けた債権は担保されない。

理由 この根抵当権は，YとAの間の金銭消費貸借取引によって発生した債権を担保するものとなる。
➡ YがXから譲渡を受けた債権は，あくまで債権譲渡によって取得した債権であって，YとAの間の直接の金銭消費貸借取引によって発生した債権ではないので，根抵当権の債権の範囲に含まれない。

・ 根抵当権の全部譲渡は，譲渡人（根抵当権者）と譲受人の間の契約でされる。

⑵ 要　件

① 根抵当権の全部譲渡は，**元本の確定前にのみ**することができる（民§398の12Ⅰ）。

重要!

全部譲渡に限らず，分割譲渡，一部譲渡も，元本の確定前にのみすることができる。

理由 元本が確定したら，根抵当権は，その確定の時に存在した債権のみを担保するものとなる。
➡ 根抵当権によって担保される債権がここで最終的に確定する。つまり，根抵当権と債権が結びつく(付従性，随伴性が発生する)。
根抵当権と債権が結びついたのだから，その後に根抵当権だけを第三者に移転させることは無理。

プラスアルファ

元本が確定した後は，根抵当権はその確定の時に存在した特定の債権を担保するものとなるので，元本確定後に被担保債権が移転したときは当然にその債権に伴って根抵当権も移転する（随伴性）。

R2-14　② 全部譲渡をするためには，**設定者の承諾を得ることを要する**（民§398の12Ⅰ）。

理由　全部譲渡がされると，根抵当権が第三者に移転する，つまり根抵当権者が変わることになるが，根抵当権者が変わると根抵当権によって担保される債権がまるっきり入れ替わる。

➡ 根抵当権を設定した時はXのAに対する債権を担保するはずだったが，全部譲渡により，YのAに対する債権を担保するものとなった。

これは，設定者にとって当然に認められるものではない。

極度額という優先弁済の限度額（不動産の負担の限度額）は変わらないが，根抵当権者が変わることによって現実に発生する債権の額（現実の不動産の負担額）に変化が生ずるので，設定者の承諾を得ることが要件とされた。

3　根抵当権の分割譲渡

(1) 意義，効果

（根抵当権の譲渡）
第398条の12（省略）
2 根抵当権者は，その根抵当権を2個の根抵当権に分割して，その一方を前項の規定により譲り渡すことができる。この場合において，その根抵当権を目的とする権利は，譲り渡した根抵当権について消滅する。
3 前項の規定による譲渡をするには，その根抵当権を目的とする権利を有する者の承諾を得なければならない。

根抵当権者は，元本の確定前において，**根抵当権設定者および当該根抵当権を目的として権利を有する者の承諾を得て，その根抵当権を2個に分割し，その一方を第三者に譲渡することができる（分割譲渡）**。

【例】 Aの所有する甲土地を目的として，Xの1番根抵当権が設定された。極度額は1,000万円，債権の範囲は金銭消費貸借取引，債務者はAである。

根抵当権者Xは，元本の確定前において，設定者A（当該根抵当権を目的として権利を有する者がいる場合にはその者も含む）の承諾を得て，この根抵当権を２個に分割し，その一方をYに譲渡することができる。

➡　たとえば，極度額600万円と極度額400万円の根抵当権に分割し，極度額600万円の根抵当権をYに譲渡することができる。

分割譲渡がされた場合は，１個の根抵当権が**２個の根抵当権となり**，片方が第三者に移転する。

【例】上記の事例では，Xは極度額400万円の根抵当権を有することになり，Yは極度額600万円の根抵当権を有することになる。

➡　別個独立の２個の根抵当権となった。XとYが１個の根抵当権を準共有するという関係ではない。

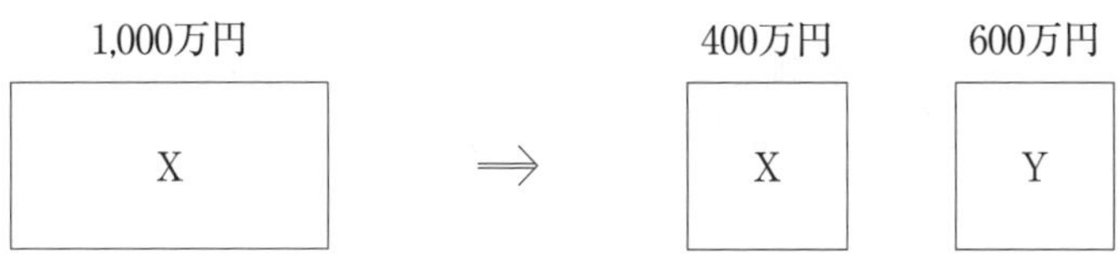

・　分割譲渡がされた場合，分割されて移転した根抵当権と，元の根抵当権は，**同順位の根抵当権**となる。 H6-12

➡　上記の事例では，Xの根抵当権とYの根抵当権はともに順位１番となる。

・　根抵当権の分割譲渡は，譲渡人（根抵当権者）と譲受人の間の契約でされる。

⑵　要　件

①　根抵当権の分割譲渡は，**元本の確定前にのみ**することができる（民§398の12Ⅰ）。

➡　全部譲渡と考え方は同じ。

②　分割譲渡をするためには，**設定者の承諾を得ることを要する**（民§398の12Ⅰ）。

➡　全部譲渡と考え方は同じ。

③　さらに，分割譲渡をするためには，**当該根抵当権を目的として権利を有する者がいる場合には，その者の承諾も得ることを要する**（民§398の12Ⅲ）。

理由　分割譲渡がされると，当該根抵当権を目的とした第三者の権利は，分割されて移転した部分について消滅してしまうからである。

・　当該根抵当権を目的として権利を有する第三者とは，当該根抵当権を目的とした**転抵当権者等**が該当する。

【例】　Aの所有する甲土地を目的として，Xの根抵当権が設定された。そして，このXの根抵当権を目的として，Kのために転抵当がされた。

その後，当該根抵当権についてYに分割譲渡をするためには，設定者Aのほか，転抵当権者であるKの承諾も得ることを要する。

➡　この分割譲渡がされたときは，Kの転抵当権は，Yの根抵当権を目的とした部分については消滅する。

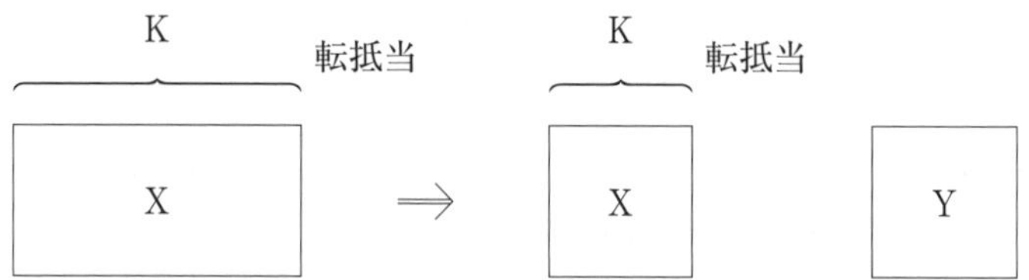

4　根抵当権の一部譲渡

(1)　意義，効果

（根抵当権の一部譲渡）

第398条の13　元本の確定前においては，根抵当権者は，根抵当権設定者の承諾を得て，その根抵当権の一部譲渡（譲渡人が譲受人と根抵当権を共有するため，これを分割しないで譲り渡すことをいう。以下この節において同じ。）をすることができる。

根抵当権者は，**元本の確定前において，根抵当権設定者の承諾を得て，その根抵当権の一部譲渡をすることができる。**

【例】　Aの所有する甲土地を目的として，Xの１番根抵当権が設定された。極度額は1,000万円，債権の範囲は金銭消費貸借取引，債務者はAである。
　根抵当権者Xは，元本の確定前において，設定者Aの承諾を得て，この根抵当権をYに一部譲渡することができる。

根抵当権の一部譲渡がされることにより，その**根抵当権の一部が譲受人に移転する**。

【例】　上記の事例においては，Xの根抵当権の一部がYに移転し，XとYが**１個の根抵当権を準共有する**ことになる。
➡　分割譲渡のように，２個の根抵当権に分割されることはない。あくまで１個の根抵当権を準共有する関係となる。

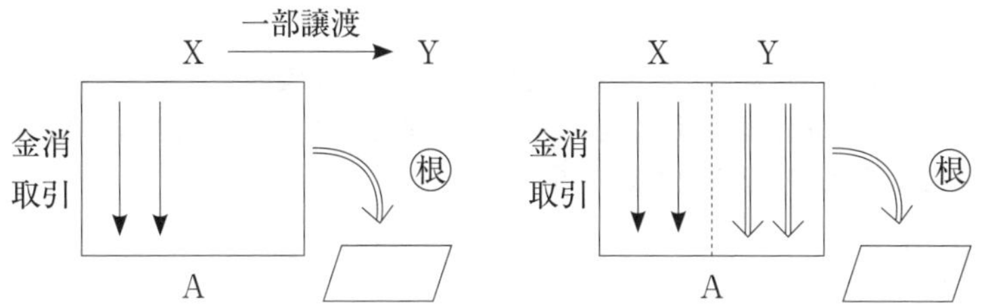

この根抵当権は，今後，XとAの間の金銭消費貸借取引により発生した債権と，YとAの間の金銭消費貸借取引により発生した債権を担保するものとなる。

・　根抵当権の一部譲渡は，譲渡人（根抵当権者）と譲受人の間の契約でされる。

⑵　**要　件**

①　根抵当権の一部譲渡は，**元本の確定前にのみ**することができる（民§398の13）。
➡　全部譲渡と考え方は同じ。

②　一部譲渡をするためには，**設定者の承諾を得ることを要する**（民§398の13）。 H25-15
➡　全部譲渡と考え方は同じ。

プラス アルファ

一部譲渡をするに当たり，当該根抵当権を目的として権利を有する者の承諾を得ることを要しない。

➡　根抵当権が2個に分割されるわけではないので，当該根抵当権を目的とした権利が消滅することもない。

5　根抵当権の共有者の権利の（全部）譲渡

(1)　意義，効果

（根抵当権の共有）
第398条の14
2　根抵当権の共有者は，他の共有者の同意を得て，第398条の12第1項の規定によりその権利を譲り渡すことができる。

根抵当権を数人が準共有している場合，**共有者の1人は，元本の確定前において，設定者の承諾および他の共有者の同意を得て，自己の権利を第三者に全部譲渡することができる。**

プラス アルファ

これも根抵当権の全部譲渡の一種であるが，共有者の権利の全部譲渡の場合は，他の共有者の同意が必要という点で特徴的なので，全部譲渡とは別に解説する。

【例】　Aの所有する甲土地を目的として，X・Yの準共有の根抵当権が設定された。極度額は1,000万円，債権の範囲は金銭消費貸借取引，債務者はAである。

　そして，根抵当権の共有者Xは，元本の確定前において，設定者Aの承諾および他の共有者Yの同意を得て，自己の有する権利をZに全部譲渡することができる。

根抵当権の共有者の権利の全部譲渡がされることにより，**その共有者の権利が譲受人に移転する。**

【例】　上記の事例においては，Xが有していた根抵当権の共有者としての権利がZに移転し，当該根抵当権はYとZが準共有することになる。

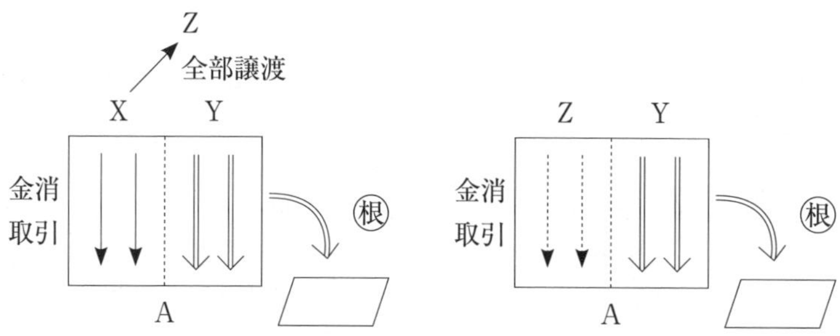

この根抵当権は，今後，ＹとＡの間の金銭消費貸借取引により発生した債権と，ＺとＡの間の金銭消費貸借取引により発生した債権を担保するものとなる。

・　根抵当権の共有者の権利の全部譲渡は，譲渡人（根抵当権の共有者）と譲受人の間の契約でされる。

重要!

根抵当権の共有者の権利の譲渡は，全部譲渡のみが認められる。一部譲渡や分割譲渡をすることはできない（先例昭46.10.4－3230）。

➡　共有者の１人の権利について一部譲渡や分割譲渡を認めると，権利関係が複雑になるおそれがある。

・　根抵当権の共有者の１人が，自己の有する権利を放棄したときは，その権利は他の共有者に帰属する。

➡　他の共有者が単独で有する根抵当権となる。

プラスアルファ

これは権利の譲渡ではないので，設定者の承諾や他の共有者の同意は不要。

(2)　要　件

①　根抵当権の共有者の権利の全部譲渡は，**元本の確定前にのみすることが**できる（民§398の14Ⅱ，398の12Ⅰ）。

➡　普通の全部譲渡と考え方は同じ。

②　共有者の権利の全部譲渡をするためには，**設定者の承諾を得ることを要する**（民§398の12Ⅰ，398の14Ⅱ）。

➡　普通の全部譲渡と考え方は同じ。

③　さらに，共有者の権利の全部譲渡をするためには，**他の共有者の同意も得ることを要する**（民§398の14Ⅱ）。

理由　根抵当権を数人が準共有する場合は，各共有者は，その有する債権額の割合に応じて優先弁済を受けることになる（民§398の14Ⅰ，後述）。つまり，根抵当権の共有者にとって，他の共有者が誰かというのは重要な関心事である。

➡　他の共有者の有する債権額が大きかったら，自分が優先弁済を受けられる額（優先弁済の割合）が減ってしまうから。

そのため，共有者を変更させる処分（共有者の権利の全部譲渡）をするためには，他の共有者の同意が要件とされた。

第4節　共有根抵当権

Topics ・根抵当権を数人が準共有する場合，優先弁済の割合が重要である。原則，そして別段の定めをしっかり理解すること。

ケーススタディ

Ａの所有する甲土地を目的として，ＸとＹの準共有とする根抵当権が設定された。極度額は1,000万円である。

根抵当権が実行されて甲土地が競売された場合，ＸとＹは，どのような割合で優先弁済を受けることになるか。

1　根抵当権の準共有

数人の準共有する根抵当権を設定することができる。

【例】 ケーススタディのように，ＸとＹが１個の根抵当権を準共有する形で根抵当権を設定することができる。

プラス アルファ

普通抵当権においては，数人の債権者がそれぞれ有する数個の債権を併せて担保するために，１個の抵当権を設定することはできないとされている（先例昭35.12.27－3280）。

2　各共有者の優先弁済の割合

(1)　原　則

（根抵当権の共有）
第398条の14　根抵当権の共有者は，それぞれその債権額の割合に応じて弁済を受ける。ただし，元本の確定前に，これと異なる割合を定め，又はある者が他の者に先立って弁済を受けるべきことを定めたときは，その定めに従う。

根抵当権が数人の準共有である場合，各共有者は，（原則として）**それぞれの債権額の割合に応じて優先弁済を受ける**。

【例】 甲土地を目的としてＸ・Ｙが準共有する根抵当権（極度額は2,000万円）

が設定され，その後に当該根抵当権の元本が確定した。元本が確定した時にXとYがそれぞれ有していた債権の額は，Xが1,000万円，Yが1,500万円であった。

その後，根抵当権が実行されて甲土地が競売された。

➡　XとYが優先弁済を受けられる限度額（極度額）は2,000万円である。一方，XとYが有する債権の総額は2,500万円であり，全額の優先弁済は受けられない。

➡　Xの有する債権の額が1,000万円，Yの有する債権の額が1,500万円なので，債権額の割合は2：3である。

したがって，極度額2,000万円を2：3の割合で分けて，Xが800万円，Yが1,200万円の優先弁済を受けることができる。

重要！

根抵当権の元本が確定する前は，根抵当権と債権が結びついていないので，債権額は確定しない。

民法398条の14第1項のいう「債権額の割合」とは，元本が確定した後（根抵当権によって担保される債権が確定した後）の債権額の割合をいう。

⑵　例外（優先の定め）

上記のとおり，元本が確定する前は各共有者の債権額も確定しておらず，その時点では各共有者の優先弁済の割合も定まらない。

しかし，根抵当権の元本が確定する前に，各共有者の合意により，**優先弁済の割合について別段の定め**をすることができる（**優先の定め**，民§398の14Ⅰただし書）。

【例】　根抵当権の共有者XとYが，元本が確定する前に，「XとYは6：4の割合で優先弁済を受ける」と合意することができる。

➡　この合意がされた場合は，元本が確定した時の債権額の割合にかかわらず，XとYは6：4の割合で優先弁済を受けることになる。

・　優先の定めの態様

①　優先弁済の割合についての別段の定め

➡「XとYは6：4の割合で弁済を受ける」という定め。

②　優先劣後の定め

➡「共有者Ｘが共有者Ｙに優先して弁済を受ける」という定め。

第5節　共同根抵当権

Topics
- **同一の債権を担保するため，数個の不動産に根抵当権を設定しても，当然には共同担保の関係とはならない。普通抵当権とは大いに異なる。この違いを正確に理解すること。**
- **共同担保の関係となる要件を正確に押さえる。**

ケーススタディ

Ａの所有する甲土地と乙土地を目的として，Ｘの根抵当権が設定された。ともに極度額は1,000万円，債権の範囲は金銭消費貸借取引，債務者はＡである。

元本が確定した時にＸが有していた債権の額が2,200万円であったとして，甲土地と乙土地の根抵当権が実行された場合，Ｘはいくらの優先弁済を受けることができるか。

1　数個の不動産を目的とした根抵当権

(1)　原則としての累積根抵当

①　累積根抵当とは

（累積根抵当）
第398条の18　数個の不動産につき根抵当権を有する者は，第398条の16の場合を除き，各不動産の代価について，各極度額に至るまで優先権を行使することができる。

同一の債権を担保するため，数個の不動産を目的として根抵当権が設定された場合，それらは当然には共同担保の関係とはならない。

つまり，それぞれの根抵当権は，相互にまったく関係のない独立の根抵当権ということになる。

したがって，**各不動産について極度額までの優先弁済を受けることができる。**

ケーススタディの事例では，甲土地と乙土地で，根抵当権者，極度額，債権の範囲，債務者が同一であるので，同一の債権を担保する根抵当権といえる。

しかし，甲土地と乙土地の根抵当権は相互にまったく関係がなく，それぞれの土地について極度額分の優先弁済を受けることができる。

➡　甲土地と乙土地の根抵当権がそれぞれ実行されたら，Xは甲土地の売却の代金から1,000万円の優先弁済を受け，また乙土地の売却の代金からも1,000万円の優先弁済を受けることができる。

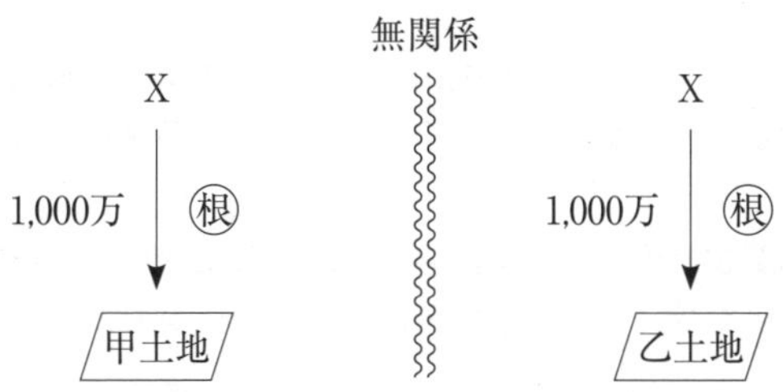

重要❗

普通抵当権においては，同一の債権を担保するため，数個の不動産を目的として抵当権が設定されたら，当然に共同担保の関係となった。

➡　すべての不動産を合計して債権額分の優先弁済を受けることができる。

②　当然に共同担保の関係とならない理由（普通抵当権との比較）

普通抵当権は，既に存在する特定の債権を担保するものである。

【例】「XのAに対する令和３年１月10日付け金銭消費貸借による1,000万円の貸金債権」というように，特定の債権を担保する。

Xが A に対して有する債権の額が1,000万円なのだから，**抵当権の目的たる不動産がいくつあろうと，Xは1,000万円（プラス２年分の利息等）までしか優先弁済を受けることができない。**

➡　当たり前といえる。

だから，同一の債権を担保するため，数個の不動産に抵当権が設定された場合は，共同抵当ということにして，（少し乱暴にいえば）“ひとまとめ”として扱われる。

➡　同時配当がされる場合は各不動産の価額の割合に応じて弁済がされ，異時配当がされる場合は後順位の抵当権者が他の不動産の共同抵当権を代位行使できるとされている。

一方，根抵当権は，既に存在する特定の債権を担保するものではない。根抵当権を設定するに当たっては極度額という担保の限度額を定め，その額の範囲内でいくつもの債権を担保するという関係である。

➡　ケーススタディのように，極度額は1,000万円だが，根抵当権者が有する債権（債権の範囲に属する債権）の総額は2,200万円ある，ということもまったく不思議ではない。

だから，同一の債権を担保するために数個の不動産を目的として根抵当権が設定された場合でも，それら数個の不動産をひとまとめにする必要はない。

➡　極度額と実際の債権額は関係ないのだから，各不動産で極度額分の優先弁済を受けることができるという扱いもおかしくはない。

(2)　例外としての純粋共同根抵当

同一の債権を担保するため，数個の不動産を目的として根抵当権が設定された場合，相互にまったく関係がなく，各不動産から極度額分の優先弁済を受けることができるのが原則である（累積根抵当）。

しかし，一定の要件を満たす場合には，それら数個の不動産が共同担保の関係となる。

これを純粋共同根抵当という（以下，「共同根抵当権」と呼ぶ。）。

➡　普通抵当権の場合と同じようになる。

つまり，すべての不動産を合わせて極度額分の優先弁済を受けることになる。

2　共同根抵当権が成立するための要件

共同根抵当権（共同担保の関係）が成立するためには，以下の2つの要件を満たす必要がある。

(1)　数個の根抵当権について同一の債権を担保するものであること

H8-14　すべての根抵当権について極度額，債権の範囲，債務者が完璧に一致している必要がある。

➡　これらのうち1つでも異なる場合は，同一の債権を担保する根抵当権とはいえないので，共同根抵当権は成立しない。

⑵　共同担保の旨の登記がされること

> （共同根抵当）
> **第398条の16**　第392条及び第393条の規定は，根抵当権については，その設定と同時に同一の債権の担保として数個の不動産につき根抵当権が設定された旨の登記をした場合に限り，適用する。

ちょっと分かりづらいが，**根抵当権の設定と同時に共同担保の旨の登記がされること**によって，共同根抵当権が成立する。　H8-14　H5-15

【例】　XとAは，甲土地と乙土地を目的として，Xのために共同担保の関係とする根抵当権（共同根抵当権）を設定する契約をした。甲土地と乙土地の根抵当権の内容は，極度額が1,000万円，債権の範囲が金銭消費貸借取引，債務者がAである。

➡　甲土地と乙土地で根抵当権の内容は同じなので，上記⑴の要件は満たしている。

➡　しかし，まだ“共同担保の旨の登記”はされていないので，まだ共同根抵当権は成立していない。

そして，XとAは，甲土地と乙土地を目的として根抵当権の設定の登記をすることとした。この場合，登記の申請書には，「これらは共同根抵当権です」ということを記載する。

そうすると，登記官（登記の事務をする役人さん）は，根抵当権の設定の登記に“共同担保の旨の登記”をしてくれる。

➡　これにより，上記⑵の要件も満たされたので，共同根抵当権が成立する。

重要！

甲土地と乙土地について，内容が同一の根抵当権の設定の登記がされても，共同担保の旨の登記がされていなかったら，甲土地と乙土地は共同担保の関係とはならない。

➡　上記１⑴の累積の根抵当権となる。

3　共同根抵当権の設定

共同根抵当権の設定契約は，必ずしもすべての不動産について同時にしなければならないというわけではない。

ある不動産を目的として根抵当権が設定された後，それと同一の債権を担保するために他の不動産にも根抵当権を追加的に設定し，それらの不動産を共同担保の関係とすることもできる（**共同根抵当権の追加設定**）。

➡　追加設定の登記をする際に，共同担保の旨の登記をする。

(1)　累積根抵当を共同根抵当権に変更することの可否

同一の債権を担保するため，数個の不動産を目的として根抵当権が設定されたが，設定と同時に共同担保の旨の登記がされていない場合（累積根抵当），これを後になって共同根抵当権とすることはできない。

理由　共同担保の旨の登記は，設定と同時にする必要があるから。

【例】　甲土地と乙土地を目的として，Xの根抵当権が設定された。どちらも極度額は1,000万円，債権の範囲は金銭消費貸借取引，債務者はAである。

そして，甲土地と乙土地に根抵当権の設定の登記がされたが，共同担保の旨の登記はされていない。

➡　Xは，累積の根抵当としたいと思ったので，敢えて共同担保の旨の登記をしなかった。

その後，Xは，「やっぱり共同根抵当権としたい」と思ったが，それは無理である。

4　共同根抵当権が成立した場合の効果

数個の不動産を目的として共同根抵当権が成立したら，普通抵当権の場合と同様に，すべての不動産を合わせて極度額分の優先弁済を受けることができる。

【例】　甲土地と乙土地を目的として，Xの共同根抵当権が設定された。極度額は1,000万円であり，元本が確定した際にXが有していた債権の総額は2,200万円であった。

その後，甲土地と乙土地の根抵当権が実行されて競売がされた場合，Xは，両方の不動産の売却の代金から，**合計して1,000万円**の優先弁済を受けることができる。

➡　甲土地から1,000万円，乙土地から1,000万円というわけではない。

H8-14　・　同時配当がされる場合は，各不動産の価額の割合に応じて根抵当権者は配当を受けることになり（民§392Ⅰ），異時配当がされる場合は，後順位の抵当権者は他の不動産の共同根抵当権を代位行使することができる（同Ⅱ）。

5　共同根抵当権の変更，譲渡，元本の確定

(1)　共同根抵当権の変更，譲渡

（共同根抵当の変更等）
第398条の17　前条の登記がされている根抵当権（共同根抵当権）の担保すべき債権の範囲，債務者若しくは極度額の変更又はその譲渡若しくは一部譲渡は，その根抵当権が設定されているすべての不動産について登記をしなければ，その効力を生じない。

共同根抵当権について変更をしたり，譲渡をしたときは，共同担保の目的たる**すべての不動産について変更や移転の登記をしなければ，変更や譲渡の効力が生じない**とされている。

理由　共同根抵当権は，同一の債権を担保する根抵当権であるから，すべての不動産で極度額，債権の範囲，債務者が同一でなければならない（もちろん根抵当権者も同一である必要がある）。

これを徹底するために，共同根抵当権についての変更や譲渡は，登記が効力要件とされた。

【例】　Aの所有する甲土地と乙土地を目的として，Xの共同根抵当権の設定の登記がされた。極度額は1,000万円，債権の範囲は金銭消費貸借取引，債務者はAである。

そして，XとAは，甲土地と乙土地の根抵当権について，債権の範囲を売買取引に変更する契約をした。

➡　甲土地と乙土地の両方の根抵当権について債権の範囲の変更の登記がされて，はじめて債権の範囲の変更の効力が生じる。

仮に，甲土地についてのみ債権の範囲の変更の登記がされた場合は（乙土地については変更の登記がされていない），債権の範囲の変更の効力は一切生じていない。

➡　甲土地についても債権の範囲の変更の効力は生じていない。

プラス アルファ

累積根抵当は，相互にまったく関係のない根抵当権であるので，１つの不動産についてのみ債権の範囲を変更することも問題ない。

(2) 共同根抵当権の元本の確定

> （共同根抵当の変更等）
> **第398条の17**
> **2**　前条の登記がされている根抵当権（共同根抵当権）の担保すべき元本は，１個の不動産についてのみ確定すべき事由が生じた場合においても，確定する。

H8-14　共同根抵当権が設定された後，１つの不動産についてのみ元本の確定事由が生じた場合，（共同担保の目的である）**他のすべての不動産についても元本が確定する。**

理由　ある不動産については元本が確定し，特定の債権を担保するものとなったが，別の不動産については元本が確定しないで不特定の債権を担保しているということになると，同一の債権を担保する根抵当権とはいえなくなるから。

プラス アルファ

元本の確定については次節で詳しく解説する。

【例】 甲土地と乙土地を目的として，Xの共同根抵当権の設定の登記がされた。

そして，Xは，甲土地の根抵当権のみ実行することとし，甲土地の競売の申立てをした。

➡ 競売の申立ては元本の確定事由に該当するので(民§398の20 I ①)，甲土地のXの根抵当権は元本が確定する。そして，共同担保の目的たる不動産の１つについて元本の確定事由が生じたので，他の不動産(乙土地）についても当然に元本が確定する。

第6節　元本の確定

Topics
・元本が確定すると，根抵当権によって担保される債権が最終的に決まる。これにより，付従性，随伴性が発生する（元本の確定前と性格が変わる）。
・元本の確定事由を正確に押さえること（不動産登記法でも重要）。

1　元本の確定の意義，確定事由

1　根抵当権の元本の確定とは

根抵当権の元本の確定とは，**根抵当権によって担保されるべき債権が最終的に確定すること**をいう。

元本が確定した後は，その根抵当権の債権の範囲に属する債権が新たに発生した場合でも，その債権は根抵当権によって担保されない。

➡　元本が確定した瞬間に債権の範囲に属していた債権だけが担保される。

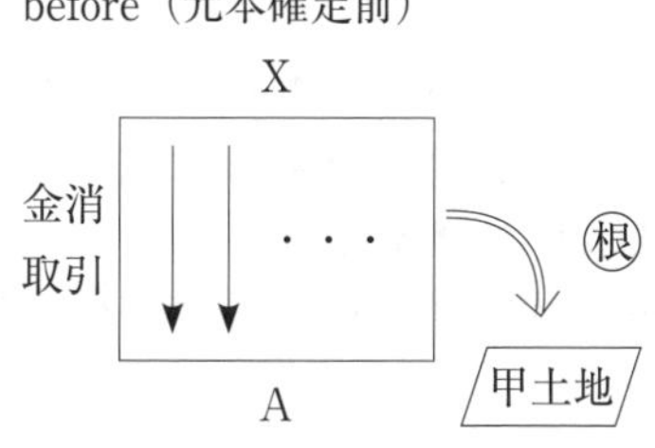

元本が確定する前は，債権の範囲に属する債権が新たに発生した場合には，その債権は根抵当権によって担保される。

➡　上記の図では，現時点で２つのＸのＡに対する貸金債権が存在しているが，これから新たにＸがＡに対して金銭を貸し付けたら，その債権も根抵当権によって担保される。

一方，債権の範囲に属する債権が発生したが，それが債権譲渡等により第三者に移転した場合には，根抵当権の被担保債権の枠から離脱し，根抵当権によっては担保されなくなる。

➡　元本が確定する前は，根抵当権と債権は結びついていない。

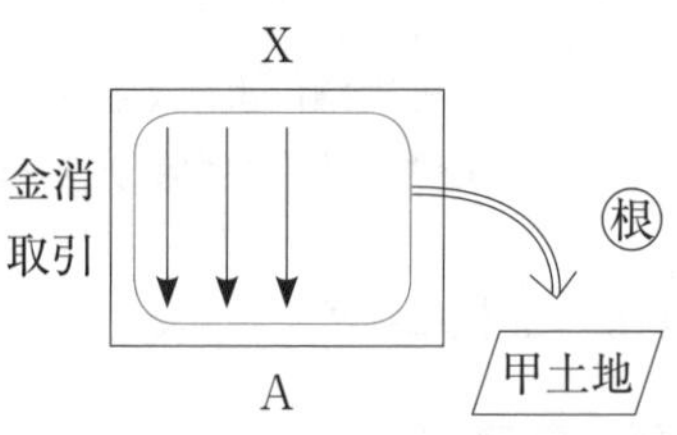

元本が確定した後は，元本が確定した瞬間に債権の範囲に属していた債権のみが根抵当権によって担保される。

➡　上記の図では，元本の確定の瞬間に存在していた3個の貸金債権のみが当該根抵当権によって担保される。
この後にXがAに対して金銭を貸し付けても，その債権は根抵当権によって担保されない。

当該根抵当権はこの3つの債権を担保するということが決まったので，**根抵当権と債権が結びつく。**

重要❗

“その時点で存在する特定の債権を担保する”という意味で，元本確定後の根抵当権は，普通抵当権と同じような性格になる。
つまり，元本確定後の根抵当権は，付従性，随伴性が発生する。

プラスアルファ

元本が確定しても，普通抵当権とまったく同じになるのではない。

➡　利息や損害金については，最後の2年分に限定されず，極度額の限度内ですべてが担保される。

・　根抵当権の元本が確定した後に，その被担保債権の全部が消滅したときは，根抵当権は当然に消滅する（消滅における付従性）。
➡　上記の図において，AがXに対して3つの借入金債務の全額を弁済したときは，Xの根抵当権は消滅する。

プラスアルファ

元本確定前は，債権の範囲に属する債権の全部が消滅しても，根抵当権は消滅しない。

2　元本の確定事由一覧

根抵当権は，法で定める**元本の確定事由**が発生した時に元本が確定する。

重要！

元本の確定事由はたくさんある。元本の確定事由は，すべて，正確に覚える必要がある。

➡ 司法書士の試験において，民法の択一式試験ではそんなに出題されないが，不動産登記法の試験では頻出。特に“記述式試験”という配点の高い試験において本当によく出題される。超重要。

元本の確定に関しては不動産登記法の試験の方でよく出題されるので，本シリーズの不動産登記法のⅡにおいて詳しく解説する。本書では，簡単に解説する。

まず，元本の確定事由と確定する時期を列挙して，その後に１つずつ解説する。

元本の確定事由と確定する時期

	確定事由	確定時期
(1)	元本の確定期日の到来	確定期日
(2)	根抵当権者または債務者に相続があった場合に，相続開始後６か月以内に合意の登記をしなかったとき（民§398の８Ⅳ）	相続開始の時（民§398の８Ⅳ）
(3)	根抵当権者または債務者に合併があった場合に，設定者が確定請求をしたとき（民§398の９Ⅲ本文）※１	合併の時（民§398の９Ⅳ）
(4)	根抵当権者または債務者を分割をする会社とする会社分割があった場合に，設定者が確定請求をしたとき（民§398の10Ⅲ，398の９Ⅲ本文）※１	分割の時（民§398の10Ⅲ，398の９Ⅳ）
(5)	設定の時から３年を経過した後に，設定者が確定請求をしたとき（民§398の19Ⅰ前段）※２	請求から２週間を経過した時（民§398の19Ⅰ後段）
(6)	根抵当権者が確定請求をしたとき（民§398の19Ⅱ前段）※２	請求の時（民§398の19Ⅱ後段）

(7)	根抵当権者自身が抵当不動産について競売もしくは担保不動産収益執行または物上代位のための差押えの申立てをしたとき（民§398の20Ⅰ①本文）※3	申立てをした時（民§398の20Ⅰ①本文）
(8)	根抵当権者自身が抵当不動産に対して滞納処分による差押えをしたとき（民§398の20Ⅰ②）	差押えがされた時(民§398の20Ⅰ②)
(9)	第三者の申立てにより，抵当不動産の競売手続の開始または滞納処分による差押えがあったとき（民§398の20Ⅰ③）※4	根抵当権者が左記の事実を知った時から2週間を経過した時(民§398の20Ⅰ③)
(10)	債務者または根抵当設定者が破産手続開始の決定を受けたとき（民§398の20Ⅰ④）※4	破産手続開始の決定がされた時（民§398の20Ⅰ④)

※1・　設定者たる債務者に合併・会社分割があった場合は確定請求をすることができない（民§398の9Ⅲただし書，398の10Ⅲ）。
・　設定者が合併・会社分割のあったことを知った日から2週間を経過し，または合併・会社分割の日から1か月を経過したときは確定請求をすることができない（民§398の9Ⅴ，398の10Ⅲ）。

※2・　確定期日の定めがあるときは確定請求をすることができない（民§398の19Ⅲ）。

※3・　競売手続もしくは担保不動産収益執行手続の開始または差押えがあった場合に限る（民§398の20Ⅰ①ただし書）。

※4・　(9)(10)の確定事由が生じた場合であっても，その後，競売手続の開始・滞納処分による差押え・破産手続開始の決定の効力が消滅したときは，元本は確定しなかったものとみなされる(民§398の20Ⅱ本文)。ただし，元本が確定したものとして，その根抵当権またはこれを目的とする権利を取得した者があるときはこの限りでない（同Ⅱただし書)。

数も多いし細かいし例外もあるので頭が痛くなりそうだが，慣れれば大したことはない（はず)。

➡　本当に重要なので，決してスルーしてはいけない。

以下，それぞれの元本の確定事由について解説する。

→　ただし，根抵当権者や債務者の相続，合併，会社分割については既に解説したので，ここでは省略する。

3　元本の確定期日の到来

これは特に問題ない。根抵当権者と設定者の間で元本の確定期日を定めた場合には，その期日が到来した時（期日として定められた日の午前0時）に元本が確定する。

・　当事者間で元本の確定期日が定められたが，根抵当権の設定の登記においてその確定期日の定めが登記されなかった場合でも，当事者間においてはその定めは有効であり，その期日の到来により元本が確定する。 H2-13

4　根抵当権設定者からの元本の確定請求

（根抵当権の元本の確定請求）
第398条の19　根抵当権設定者は，根抵当権の設定の時から3年を経過したときは，担保すべき元本の確定を請求することができる。この場合において，担保すべき元本は，その請求の時から2週間を経過することによって確定する。
2　（省略）
3　前二項の規定は，担保すべき元本の確定すべき期日の定めがあるときは，適用しない。

(1)　意　義

根抵当権設定者は，根抵当権を設定した時から3年を経過したときは，**元本の確定期日の定めがある場合を除き，根抵当権の元本の確定を請求することができる。** H27-14 H22-15

この場合は，**その請求の時から2週間を経過することによって**元本が確定する。

理由　根抵当権の元本が確定しないまま存続するということは，設定者にとっては辛いことである。元本が確定しないと，根抵当権によって担保される債権の額（現実の不動産の負担額）が決まらないわけだから，とりあえず極度額分の不動産の負担を覚悟し続けなくてはならない。

これでは設定者が抵当不動産を処分したり，後順位で担保を設定するのが難しくなるので，設定者の地位を守り，不動産の有効な活用のために，設定者からの元本の確定請求が認められた。

(2) 要　件

> ①　根抵当権の設定の時から３年を経過したこと
> ②　元本の確定期日の定めがないこと

R3-14 ①　**根抵当権の設定の時から３年を経過したこと**

理由　根抵当権を設定して直ちに元本の確定請求をすることを認めると，根抵当権者としては何のために根抵当権を設定したのか分からなくなってしまうので，設定の時から３年を経過したことが要件とされている。

②　**元本の確定期日の定めがないこと**

理由　設定者自らが合意した元本の確定期日を無視して確定請求をすることは，身勝手といえる。

(3) 効　果

設定者からの元本の確定請求が根抵当権者に到達してから**２週間を経過した時**に，元本が確定する（民§398の19Ⅰ）。

理由　元本が確定すると，債権の範囲に属する債権が新たに発生しても，その債権は根抵当権によって担保されない。つまり，元本が確定すると，根抵当権者にとって不利益であるということができる。

そのため，設定者からの元本の確定請求がされて元本が確定することは，根抵当権者にとってちょっと困ったことであるので，今後の対応を考えるために２週間という猶予が与えられた。

5　根抵当権者からの元本の確定請求

> （根抵当権の元本の確定請求）
> **第398条の19**
> 2　根抵当権者は，いつでも，担保すべき元本の確定を請求することができる。この場合において，担保すべき元本は，その請求の時に確定する。
> 3　前二項の規定は，担保すべき元本の確定すべき期日の定めがあるときは，適用しない。

(1) 意　義

根抵当権者は，元本の確定期日の定めがある場合を除き，**いつでも**，根抵当権の元本の確定を請求することができる。 H22-15

この場合は，その**請求の時**に元本が確定する。

理由 元本が確定することによって根抵当権者が不利益を受けるのだから，その根抵当権者の側から元本の確定請求をするというのも若干違和感があるかもしれないが，早く元本を確定させて債権と根抵当権を速やかに処分したいと根抵当権者が考える場面もあり得るので，根抵当権者が元本の確定請求をすることも十分にあり得る。

➡ 元本が確定していないと，根抵当権の債権の範囲に属する債権が譲渡されても，譲受人は根抵当権を取得しない（民§398の7Ⅰ）。だから，なかなか債権の買い手がつきにくい。

その意味で，根抵当権者が，早く根抵当権の元本を確定させたいと思うこともある。

(2) 設定者からの元本の確定請求との違い

	設定者からの請求	根抵当権者からの請求
請求できる時期 ＊1	設定の時から３年を経過した後	根抵当権設定後いつでも
確定する時期 ＊2	請求の時から２週間を経過した時	請求の時
確定期日の定めがある場合	請求できない	請求できない

＊1　設定者から根抵当権者への元本の確定請求の場合は，元本の確定請求をするのは元本の確定によって利益を受ける設定者。だから，一定の期間を経過しないと元本の確定請求はできないという制限を設ける必要が出てくる。

一方，根抵当権者から設定者への元本の確定請求の場合は，元本の確定請求をするのは元本の確定によって不利益を受ける根抵当権者。だから，“いつでも”元本の確定請求ができるとしても，相手方たる設定者に不利益は及ばない。

＊2　設定者から根抵当権者への元本の確定請求の場合は，元本の確定請求

を受けるのは元本の確定によって不利益を受ける根抵当権者。だから，今後の対応策を考える時間的余裕を与える必要がある。

一方，根抵当権者から設定者への元本の確定請求の場合は，元本の確定請求を受けるのは元本の確定によって利益を受ける設定者。だから，請求によって“直ちに”元本が確定するとしても，請求の相手方たる設定者に不利益は及ばない。

6　根抵当権者自身がした競売等の申立て

> （根抵当権の元本の確定事由）
> **第398条の20**　次に掲げる場合には，根抵当権の担保すべき元本は，確定する。
> 一　根抵当権者が抵当不動産について競売若しくは担保不動産収益執行又は第372条において準用する第304条の規定による差押えを申し立てたとき。ただし，競売手続若しくは担保不動産収益執行手続の開始又は差押えがあったときに限る。
> （以下，省略）

根抵当権者が，抵当不動産（根抵当権の目的たる不動産）について競売もしくは担保不動産収益執行または物上代位による差押えの申立てをしたときは，その申立ての時に元本が確定する。

ただし，競売手続もしくは担保不動産収益執行手続の開始又は差押えがあった場合に限る（同ただし書）。

理由　不動産を差し押さえて競売等をするということは，根抵当権者に配当がされるわけだから，債権額を確定させる必要があるから。

【例】　Aの所有する甲土地を目的として，Xの根抵当権が設定された（債務者はA）。その後，債務者Aが債務の履行を怠ったので，Xは根抵当権を実行することとし，甲土地について担保不動産競売の申立てをした。この申立ては受理され，甲土地について担保不動産競売開始の決定がされた。

➡　Xが競売の申立てをした時に元本が確定する。

ポイント1　これは，**根抵当権者自身が**抵当不動産について競売の申立て等をした場合の話である。

➡　根抵当権者以外の第三者の申立てにより競売手続が開始した場合は，また話は異なる。

ポイント2　元本が確定するのは，競売等の**申立てをした時**である。
➡　競売手続開始の決定がされた時ではない。

・　根抵当権者が競売を申し立てて差押えがされた後，根抵当権者がその競売の申立てを取り下げた場合でも，根抵当権の元本は確定したままである。
➡　競売を申し立てた時点で，根抵当権の元本を確定させる意思を明らかにしたと考えられる。

7　第三者の申立てによりされた抵当不動産の差押え

（根抵当権の元本の確定事由）
第398条の20　次に掲げる場合には，根抵当権の担保すべき元本は，確定する。
（中略）
三　根抵当権者が抵当不動産に対する競売手続の開始又は滞納処分による差押えがあったことを知った時から2週間を経過したとき。
（中略）
2　前項第3号の競売手続の開始若しくは差押え又は同項第4号の破産手続開始の決定の効力が消滅したときは，担保すべき元本は，確定しなかったものとみなす。ただし，元本が確定したものとしてその根抵当権又はこれを目的とする権利を取得した者があるときは，この限りでない。

(1)　意義，効果

（根抵当権者以外の）第三者の申立てによって抵当不動産に対する競売手続の開始または滞納処分による差押えがされた場合，根抵当権者がこれを**知った時から2週間を経過したとき**に元本が確定する。

理由　不動産が競売されて，根抵当権者にも配当がされるので，債権額を確定させる必要がある。

【例】　Aの所有する甲土地を目的として，Xの1番根抵当権とYの2番抵当権が設定された。その後，Yが甲土地について担保不動産競売を申し立て，競売手続が開始した。
➡　Xがこの事実を知った時から2週間を経過したときに，Xの1番根抵当権の元本が確定する。

・　根抵当権者自身が抵当不動産について競売等の申立てをしたときは，その申立ての時に元本が確定するが（民§398の20Ⅰ①），第三者の申立てによって競売等の手続が開始したときは，根抵当権者がそれを知った時から２週間を経過した時に元本が確定する。

理由　根抵当権者以外の第三者の行為によって元本が確定する場合であるので，知って直ちに元本が確定するとなると，根抵当権者が困ってしまうから。今後の対応策を考える時間的余裕を与えるために，２週間を経過した時に元本が確定するとされた。

(2)　競売手続の開始や差押えの効力が消滅した場合

根抵当権者が，抵当不動産について競売手続の開始や滞納処分による差押えがあったことを知った時から２週間を経過したが，その後に競売手続の開始や差押えの効力が消滅したときは，**元本は確定しなかったものとみなされる**（民§398の20Ⅱ本文）。

➡　ずーっと元本が確定しない状態で存続しているということになる。

➡　ただし，一定の例外はある（同Ⅱただし書）。

理由　本条１項３号は，根抵当権者の意思とは関係なく元本が確定してしまう場合であるので，その事実（競売手続の開始や差押えの効力）が消滅したときは，元本を確定させないとした方が当事者の意思に合致すると考えられるから。

(3)　民法398条の20第１項１号か３号か微妙な場合

①　Ｘの根抵当権について，Ｙに対して一部譲渡による一部の移転の登記がされている場合に，Ｙが抵当不動産に対して競売を申し立て，差押えがされたときは，民法398条の20第１項１号の規定により元本が確定する（先例平9.7.31－1301）。

➡　競売の申立ての時に元本が確定する。

➡　この根抵当権はＸとＹの準共有であるが，Ｙが根抵当権者であることに変わりはないから。

②　Ｘの根抵当権を目的としてＹが転抵当の登記（または債権質入れの登記）を受けている場合に，Ｙが抵当不動産に対して競売を申し立て，差押えがされたときは，民法398条の20第１項３号の規定により元本が確定する（同先例）。

➡　Xが競売手続の開始を知って2週間を経過した時に元本が確定する。
➡　Yは根抵当権者ではないから。

8　債務者または根抵当権設定者の破産手続の開始

（根抵当権の元本の確定事由）
第398条の20　次に掲げる場合には，根抵当権の担保すべき元本は，確定する。
（中略）
四　債務者又は根抵当権設定者が破産手続開始の決定を受けたとき。
（中略）
2　前項第3号の競売手続の開始若しくは差押え又は同項第4号の破産手続開始の決定の効力が消滅したときは，担保すべき元本は，確定しなかったものとみなす。ただし，元本が確定したものとしてその根抵当権又はこれを目的とする権利を取得した者があるときは，この限りでない。

債務者または設定者が破産手続開始の決定を受けたときは，根抵当権の元本は確定する。

理由　債務者が破産した場合には債務者は取引能力を失い，設定者が破産した場合には新たに発生した債権はその不動産では担保されないから（破産§48）。

・　債務者が，根抵当権者である銀行から取引停止の処分を受けたに過ぎない場合は，元本は確定しない。
➡　取引停止と破産はまったく異なる。

・　破産手続開始の決定の効力が消滅したときは，（原則として）元本は確定しなかったものとみなされる（民§398の20Ⅱ本文）。

9　共有根抵当権，共用根抵当権の元本の確定

(1)　共有根抵当権について

根抵当権を数人が準共有している場合，共有者の1人について元本の確定事由が生じても，根抵当権の元本は確定しない（登研312P47）。

理由　他の共有者については根抵当取引が継続しているので，この場合に元本を確定させてしまうと，他の共有者に不当な不利益とな

ってしまうから。

【例】 甲土地を目的として，XとYが準共有する根抵当権が設定された。その後，Xが死亡し，その相続開始後6か月以内に指定根抵当権者の合意の登記がされなかった。

➡ 根抵当権者Xについては元本の確定事由が生じたが（民§398の8Ⅳ），他の共有者であるYについては元本の確定事由が生じていないので，この根抵当権の元本は確定しない。

重要!

共有根抵当権においては，共有者全員につき元本の確定事由が生じてはじめて根抵当権の元本が確定する。

(2) 共用根抵当権について

根抵当権の債務者が数人いる場合（共用根抵当権），債務者の1人について元本の確定事由が生じても，根抵当権の元本は確定しない（質疑登研515 P254）。

債務者全員について元本の確定事由が生じてはじめて，根抵当権の元本が確定する。

10 共同根抵当権の元本の確定

H8-14 数個の不動産を目的とした共同根抵当権（民§398の16）においては，共同担保の目的たる不動産の1つについて元本の確定事由が生じたときは，すべての不動産の元本が確定する（民§398の17Ⅱ）。

➡ 共同根抵当権に関しては，すべての不動産について同時に元本が確定するということ。

2 元本確定後の変更や処分

1 元本確定後の変更や処分

元本が確定した後は，根抵当権は付従性，随伴性が発生するので，通常の抵当権と同じような扱いとなる。

(1) 被担保債権が移転した場合

根抵当権の元本が確定した後，根抵当権の被担保債権が第三者に移転したときは，債権に伴って根抵当権も第三者に移転する。

(2) 債務引受け等がされた場合

根抵当権の元本が確定した後，根抵当権の被担保債権について第三者が免責的に引き受けた場合，根抵当権者は，根抵当権を引受債務に移すことができる（民§472の4Ⅰ本文）。

➡ 引受人が設定者でない場合には，設定者の承諾が必要（同Ⅰただし書）。

(3) 被担保債権について更改がされた場合

根抵当権の元本が確定した後，根抵当権の被担保債権について更改がされた場合，債権者は，根抵当権を更改後の債務に移すことができる（民§518Ⅰ）。

(4) 民法376条1項の処分

根抵当権の元本が確定した後は，根抵当権について民法376条1項の処分をすることができる。 H17-16

元本が確定する前は，転抵当しかできなかったが（民§398の11Ⅰ），元本が確定した後は転抵当はもちろん，根抵当権の順位の譲渡等の処分をすることができる。

プラスアルファ

反対に，元本が確定した後に全部譲渡や分割譲渡等をすることはできない。

2 極度額の減額請求

> （根抵当権の極度額の減額請求）
>
> **第398条の21** 元本の確定後においては，根抵当権設定者は，その根抵当権の極度額を，現に存する債務の額と以後2年間に生ずべき利息その他の定期金及び債務の不履行による損害賠償の額とを加えた額に減額することを請求することができる。
>
> 2 第398条の16の登記がされている根抵当権の極度額の減額については，前項の規定による請求は，そのうちの1個の不動産についてすれば足りる。

根抵当権の元本が確定した後は，根抵当権設定者は，その根抵当権の極度額を，現に存する債務の額と，以後2年間に生ずるべき利息や損害金とを加えた額に減額することを根抵当権者に請求することができる（極度額の減額請求）。 R3-14 H29-14

理由 根抵当権においては，元本が確定しても利息や損害金は極度額まで優先弁済を受けることができるため，元本確定時の被担保債権の合計額が極度額を下回っていても，当該不動産につき取引関係に入る第三者はその登記されている極度額までの負担を前提とせざるを得ない。しかし，それでは根抵当権設定者が後順位で担保権を設定したり，不動産の処分をする場合の障害となるので，設定者の一方的な意思表示により極度額を減額することを認めた。

【例】　Aの所有する甲土地を目的として，Xの根抵当権が設定された（極度額は1,000万円）。その後，当該根抵当権の元本が確定したが，元本が確定した時に存在した被担保債権の総額は280万円であった。

➡　Aは，Xに対し，この根抵当権の極度額を，現に存する債務の額(280万円）と，以後2年間に生ずる利息や損害金の額を合算した額にまで減額することを請求することができる。

重要❗

極度額の減額請求は，元本確定時の被担保債権の総額が極度額を下回る場合にするもの。

➡　後述する根抵当権の消滅請求（民§398の22）は，元本確定時の被担保債権の総額が極度額を上回る場合にするもの。

・　極度額の減額請求権は形成権であり，根抵当権設定者の一方的な意思表示によって当然に効力を生ずる。

・　共同根抵当権（民§398の16）については，1つの不動産について極度額の減額請求がされたときは，他の不動産についても極度額の減額の効力が生ずる（民§398の21Ⅱ）。

3　根抵当権の変更や処分をすることができる時期

参考のため，元本確定前にのみすることができる変更や処分，元本確定後にのみすることができる変更や処分，元本確定の前後を問わずすることができる変更や処分を掲げる。

⑴ 元本確定前にのみすることができる変更，処分

① 債権の範囲の変更
② 変更契約による債務者の変更
③ 確定期日の定め，その変更
④ 優先の定めやその変更
⑤ 全部譲渡
⑥ 分割譲渡
⑦ 一部譲渡

⑵ 元本確定後にのみすることができる変更，処分

① 転抵当以外の民法376条１項の処分（転抵当は以下の⑶）
② 極度額の減額請求
③ 根抵当権の消滅請求
＊ 処分ではないが，被担保債権の移転により根抵当権も移転する。

⑶ 元本確定の前後を問わずすることができる変更や処分

① 極度額の変更（減額請求を除く）
② 転抵当
③ 被担保債権の質入れ，差押え
④ 順位変更

第7節　根抵当権の消滅

Topics ・元本が確定する前は付従性がないので，債権が消滅しても根抵当権は消滅しない。しかし，元本が確定したら債権の消滅によって根抵当権も消滅する。

1　根抵当権の消滅

(1)　物権一般の消滅事由

根抵当権は物権であるので，物権一般の消滅事由によって消滅する。

➡　目的物の滅失，根抵当権の放棄，混同等。

また，根抵当権の設定契約が解除された場合も，根抵当権は消滅する。

(2)　根抵当権特有の論点

今まで何度も繰り返しているとおり，根抵当権は，元本が確定するまでは付従性がない。つまり，根抵当権と債権は結びついていないので，元本が確定する前にその債権の範囲に属する債権のすべてが消滅した場合でも，根抵当権は消滅しない。

一方，元本が確定した後は，その確定の時に存在した特定の債権を担保するものとなり，付従性が発生するので，**元本が確定した後に被担保債権のすべてが消滅したときは，根抵当権も当然に消滅する。**

＋（プラス）アルファ

元本が確定した後に，被担保債権の一部が消滅したに過ぎないときは，根抵当権はまったく影響を受けない。

➡　もちろん消滅しないし，極度額が当然に減るようなこともない。

理由　極度額は，優先弁済の限度額であって，債権の額とは関係ない。

2　根抵当権の消滅請求

（根抵当権の消滅請求）

第398条の22　元本の確定後において現に存する債務の額が根抵当権の極度額を超えるときは，他人の債務を担保するためその根抵当権を設定した者又は抵当不動産について所有権，地上権，永小作権若しくは第三者に対抗することができる賃借権を取得した第三者は，その極度額に相当する金額を払い渡し又は供託して，その根抵当権の消滅請求をすることができる。この場合において，その払渡し又は供託は，弁済の効力を有する。
2　第398条の16の登記がされている根抵当権は，１個の不動産について前項の消滅請求があったときは，消滅する。
3　第380条及び第381条の規定は，第１項の消滅請求について準用する。

(1)　意　義

根抵当権の元本が確定した後において，**被担保債権の総額が極度額を超えているときは**，物上保証人や抵当不動産の第三取得者等は，その極度額に相当する金額を根抵当権者に支払って，根抵当権の消滅を請求することができる（**根抵当権の消滅請求**）。 H27-14 H16-15

理由　根抵当権者としては，債権全額の弁済を受けることはできないが，仮に根抵当権を実行したとしても極度額分の優先弁済しか受けられないのだから，極度額分の支払いによって根抵当権が消滅しても，根抵当権者が特に不利益を受けるようなことはない。

(2)　消滅請求をすることができる者

・　物上保証人
・　抵当不動産について所有権，地上権，永小作権または第三者に対抗できる賃借権を取得した者

ただし，その根抵当権の債務者や保証人は，根抵当権の消滅請求をすることはできない（民§398の22Ⅲ）。

➡　これらの者は，極度額とは関係なく債務の全額を弁済すべき。

(3)　共同根抵当権についての消滅請求

数個の不動産を目的とした共同根抵当権（民§398の16）については，１つの不動産について根抵当権の消滅請求がされたときは，すべての不動産の根抵当権が消滅する（民§398の22Ⅱ）。

第4章
質　権

第1節　総　説

Topics
- ・ここからは質権について学習する。
- ・物を質に入れてお金を借りることである。
- ・債権等も質権の目的とすることができる。
- ・試験でもちょこちょこ出題される。

ケーススタディ

Ａは100万円ほどのお金を借りたいと思っているが，不動産を持っていないので，抵当権を設定することはできない。でも，Ａは，自慢の高級腕時計を持っており，その価値は200万円を下らない。

Ａは，この腕時計を担保にお金を借りることができるか。

1　質権の意義

（質権の内容）

第342条　質権者は，その債権の担保として債務者又は第三者から受け取った物を占有し，かつ，その物について他の債権者に先立って自己の債権の弁済を受ける権利を有する。

質権とは，債権者が，債権の担保として債務者または第三者の所有する**物を受け取り，これを占有し**，債権が弁済されないときはこれを換価して，そこから優先弁済を受けることができる約定の担保物権である。

【例】　ケーススタディの事例で，ＸがＡに対して100万円を貸すこととし，Ａの所有する高級腕時計を目的として質権を設定することとした。

この場合，ＸとＡの間で質権設定契約がされたときは，Ａは腕時計をＸに引き渡すことを要する。そして，Ａが債務を弁済するまで，ＸはＡの腕時計を留置することができる。

➡　Ａに，お金を返さないと腕時計を返してもらえないという心理的なプレッシャーを与える。

そして，Aが無事にXに対して100万円を弁済したときは，質権は消滅し，Xは Aに腕時計を返還する必要がある。

一方，AがXに対して100万円の弁済をできなかったときは，Xは質権を実行し，その腕時計を競売にかけ，その売却の代金から100万円の優先弁済を受けることができる。

重要!

質権を設定したときは，その目的物を債権者(質権者)に引き渡すことを要する。
➡ いわゆる要物契約である。

> **（質権の設定）**
> **第344条**　質権の設定は，債権者にその目的物を引き渡すことによって，その効力を生ずる。

プラスアルファ

抵当権（根抵当権）は，非占有担保であった。抵当権を設定しても，設定者が引き続きその不動産を利用することができた。

一方，質権を設定するときはその目的たる物を質権者に引き渡す必要があり，質権者がその物を占有することができる（**留置的効力**）。 R4-11 H30-12

ここが抵当権と決定的に違うところである。

・　質権の設定を要物契約とした目的

①　質権の目的たる物を債権者（質権者）に引き渡し，質権者が占有することによって，債務者としては“きちんと弁済しないと”という心理的なプレッシャーがかかる。つまり，**債務の履行を間接的に促す効果**を期待できる。

②　引渡しによって，質権の存在を第三者に公示することができる。

プラスアルファ

引渡しによって質権の存在が公示されるので，質権の目的物についてはそんなに狭く解する必要はない。つまり，不動産物権だけでなく，動産や債権その他の財産権も質権の目的とすることができる（民§362Ⅰ）。

2　質権の性質

質権も債権の担保を目的とする物権であるので，以下の性質を有する。

➡　基本的に抵当権と同じ。

⑴　付従性

質権は，債権の担保を目的とするので，債権が存在しなければ質権も成立せず，また債権が消滅すれば当然に質権も消滅する。

➡　抵当権と同様に，債権と質権はくっついている。

・　成立における付従性については，緩和されている。そのため，現に債権が発生していなくても，将来において特定の債権が発生する可能性が存する場合には，その将来債権を担保するために質権を設定することができる。

H元-10　➡　期限付きまたは条件付きの債権を担保するため，質権を設定することができる。

H15-14　・　不特定の債権を担保するため，質権を設定することもできる（根質）。

➡　根抵当権と同じようなものである。

⑵　随伴性

H14-10　### ⑶　不可分性

H14-10　### ⑷　物上代位性

➡　これらも，抵当権と同様である。

重要!

質権も，抵当権と同様に，約定の担保物権である。つまり，質権者と設定者の間の質権設定契約によって質権が成立する（引渡しも必要であるが）。

3　質権の目的

⑴　債権等の財産権について

> （権利質の目的等）
> **第362条**　質権は，財産権をその目的とすることができる。

質権は，動産や不動産のほか，債権等の財産権を目的として設定することができる。

(2) 譲渡できない物について

> （質権の目的）
> **第343条**　質権は，譲り渡すことができない物をその目的とすることができない。

質権は，譲渡することができない物を目的として設定することができない。 H31-12

理由　債務者が債務を履行しないときは，質権者は質権を実行し，目的物を換価してその代金から優先弁済を受けることができる。

しかし，譲渡することができないものについては，競売等によって換価できないので，すなわち質権を設定する意味がない。

【例】扶養を受ける権利，恩給を受ける権利など。また，麻薬も譲渡することができないので（麻薬§12Ⅰ），質権の目的とはならない。

・ 差押えが禁止された財産を目的として，質権を設定することができる。 H17-13

➡ “差押えが禁止されている”ということと，“譲渡できない”ということは別である。

理由　債務者等の生活に欠くことができない衣服，寝具，家具，台所用具，畳及び建具や，債務者等の1か月間の生活に必要な食料及び燃料などは，差押えが禁止されているが（民執§131），これは債務者の最低限の生活の保護等を目的としている。

だから，差押えをして，強制的に債務者の手から奪うことはできない。

しかし，債務者自身が「いいよ」という場合は，債務者を不当に害することもないので，質権の目的とすることができる。

4 質権の設定

質権は約定の担保物権なので，質権者と設定者の質権設定契約によって設定される。

・ 質権設定者は，債務者に限られない。債務者以外の第三者が質権を設定することもできる（物上保証）。 H20-13

H11-14
そして，質権の設定は要物契約なので，**質権の目的たる物を質権者に引き渡** H元-10

すことによって質権が成立する。

(1) 目的物の「引渡し」とは

R2-12 質権の成立に必要な「引渡し」に，現実の引渡しが含まれることはいうまでもないが，その他，簡易の引渡し（民§182Ⅱ）や指図による占有移転（民§184）も含まれる。

【例】 Aの所有する腕時計を目的として，Xのために質権の設定契約がされた。この場合，たまたまXがAの腕時計を占有していた場合には，質権の設定契約（意思表示）のみによって質権が成立する（簡易の引渡し）。

【例】 Aの所有する腕時計を目的として，Xのために質権の設定契約がされた。なお，この腕時計については，AがBに貸しており，この時点ではBが占有していた。

この場合，AがBに対し，「以後Xのために占有してくれ」と命じ，これについてXが承諾したときは，指図による占有移転があったものとして，Xの質権が成立する。

➡ AがBからいったん腕時計を取り戻して，それをXに引き渡す必要はない。

H19-12 ・ 指図による占有移転によって質権を設定することができるので，同一の物について複数の質権を設定することができる。

重要！

H31-12
H24-12
H11-14
占有改定による引渡しではダメ。

（質権設定者による代理占有の禁止）
第345条 質権者は，質権設定者に，自己に代わって質物の占有をさせることができない。

(2) 質権者が引渡しを受けた後，質物を設定者に返還した場合の効果

質権設定契約がされ，目的物が質権者に引き渡されたが，その後に質権者が目的物を設定者に返還した場合，その質権の効力はどうなるかが問題となる。

判例は，動産質権においては，設定者に目的物を返還した場合，質権の対抗力が失われるにすぎないとしている（大判大5.12.25，民§352）。 H11-14

➡　質権が消滅するわけではない。

・　不動産質権においては，登記が対抗要件なので，不動産質権が設定されてその登記がされた後，質権者が設定者に目的たる不動産を返還した場合でも，まったく影響がないとされている。

(3)　流質契約の禁止

> （契約による質物の処分の禁止）
> **第349条**　質権設定者は，設定行為又は債務の弁済期前の契約において，質権者に弁済として質物の所有権を取得させ，その他法律に定める方法によらないで質物を処分させることを約することができない。

質権の設定契約や，債務の弁済期の前の契約において，「債務を弁済できないときは質権者が質物の所有権を取得する」といった定めをすることはできない（流質契約の禁止）。

理由　債務者を保護するため。債権者の暴利行為を禁止するため。

【例】　Aは，どうにもならない事情により，直ちに現金50万円が必要となった。そして，Xに相談したところ，「分かりました。Aさんの所有する高級腕時計（時価200万円相当）に質権を設定して，50万円お貸ししましょう。あと，弁済期までに返済できなかったら，この腕時計は私のものとするということに承諾してください」と言ってきた。

Aは，こんな特約は本当は嫌だが，とにかくすぐに現金が必要なので，その条件を飲んだ。

そして，無事に50万円を借りることができたが，弁済期までに50万円を返済できなかった。

➡　この場合，特約の効力を認めて，Xが直ちに高級腕時計の所有権を取得することができるとすると，Aにとってあまりに酷であり，またXはものすごい（常識外の）利益を得ることができる。

さすがにこれは認められない。

・　禁止されるのは，弁済期の前にこういう契約をすることである。

➡　弁済期の前は，債務者の立場は弱い。債権者の言うことを聞かざるを得ないといった状況になりやすい。

H31-12　一方，弁済期が到来した後は，このように債務者の窮状を利用して，ということもないので，弁済期の後はこのような契約も許される。

・　また，弁済期前の契約であっても，債務者が欲するときは，質物をもって代物弁済をすることができるという約款は，債務者を不当に拘束することがないので，認められる（大判明37.4.5）。

➡　（債務不履行により）当然に代物弁済の効力が生じてしまう，ということではなく，債務者の自由意思で代物弁済をするということなので，債務者の窮状を不当に利用するということにはならない。

プラス アルファ

営業質屋（街で看板を掲げている質屋さん）については，特別法によって流質契約が認められている（質屋§19Ⅰ）。

5　質権の効力

(1)　優先弁済的効力

質権は担保物権であるので，他の債権者に優先して弁済を受ける効力を有する（民§342）。

【例】　XのAに対する債権を担保するため，Aの所有する甲土地に質権が設定された（甲土地がXに引き渡された）。

その後，Aが債務を弁済できなかったときは，Xは質権を実行し，甲土地を競売することができる。そして，この売却の代金から，Xは他の債権者に優先して弁済を受けることができる。

➡　動産に質権が設定された場合も，基本的な考え方は同じ。

・　同一の不動産を目的として質権と抵当権が設定された場合，その優劣（順位）は，登記の前後による（民§373）。

・　同一の動産を目的として，質権と先取特権が成立した場合，質権者は，第1順位の動産の先取特権者と同一の権利を有する（民§334）。

→　第6章の「先取特権」において解説する。

(2) 質権の優先弁済（被担保債権）の範囲

> （質権の被担保債権の範囲）
> **第346条**　質権は，元本，利息，違約金，質権の実行の費用，質物の保存の費用及び債務の不履行又は質物の隠れた瑕疵によって生じた損害の賠償を担保する。ただし，設定行為に別段の定めがあるときは，この限りでない。

H27-13

質権によって担保される債権の範囲は，かなり広い。　H24-12

➡　元本，利息，違約金，質権の実行の費用，質物の保存の費用及び債務の不履行又は質物の隠れた瑕疵によって生じた損害の賠償が担保される（その額について優先弁済を受けることができる）。

プラスアルファ

抵当権においては，元本の他，最後の２年分の利息と損害金のみが担保される（民§375）。

➡　質権は，抵当権にくらべてかなり範囲が広い。

理由　質権（特に動産質）は，質物を質権者に引き渡し，質権者が留置する。そのため，その物について後順位で第三者の担保権が設定されることはまず考えられない。つまり，後順位の担保権者等との利害の調整を考える必要性が少ない。

　したがって，その物については質権者が（後順位者とか気にせず）すべての債権について優先弁済を受けられるとしても，誰かが不利益を受けるようなことはない。

(3) 留置的効力

> （質物の留置）
> **第347条**　質権者は，前条に規定する債権の弁済を受けるまでは，質物を留置することができる。ただし，この権利は，自己に対して優先権を有する債権者に対抗することができない。

質権者は，債権の弁済を受けるまで，**質物を留置することができる。**

理由　本章の冒頭でも説明したように，債務を弁済しなければ物を返してもらえないということで，債務者に“きちんと弁済しないと”

という心理的なプレッシャーがかかる。つまり，債務の履行を間接的に促す効果を期待できる。

重要！

H17-13
H8-12
質権者が質物を留置していても，被担保債権の消滅時効の進行は妨げられない（民§350，300）。

理由 質権者が質物を留置している場合，それはただ単に物を留置しているというだけの話であって，被担保債権を行使しているわけではないからである。

・ 被担保債権が時効消滅したら，当然に質権も消滅する（付従性）。

第2節　動産質

Topics・設定のための要件，そして動産質の効果をよく理解しておくこと。
・試験でもちょこちょこ出題される。

1　動産質の意義

動産質とは，動産を目的として設定される質権をいう。

【例】 時計，宝石，ブランドもののバッグ等々。

2　動産質の設定

(1) 設　定

動産質の設定は，質権者（債権者）と設定者の間の質権設定契約によってされる。

要物契約なので，**目的たる動産を質権者に引き渡さないと，質権は成立しない**（民§344)。

・ 物の所有者ではない者が，自分が所有者だと偽って質権を設定した場合，処分権限がないので原則として質権は成立しないが，質権者が善意・無過失であるときは，**即時取得の規定（民§192）により質権を取得することもあり得る**（大判昭7.2.23)。 H5-14

【例】 本当はMが所有している宝石を，何故かAが占有していた。そして，AがXからお金を借りるに当たって，Aはこの宝石を質入れし，Xに引き渡した。Xは，この宝石がAのものであると信じており，また過失もなかった。

➡ Xは，即時取得の規定によりこの宝石を目的として質権を取得する。

(2) 動産質の順位

> **（動産質権の順位）**
> **第355条**　同一の動産について数個の質権が設定されたときは，その質権の順位は，設定の前後による。

指図による占有移転の方法を使えば，同一の動産を目的として複数の質権を設定することができる。

そして，この場合の順位は，設定の前後によるとされている。

3　動産質の対抗要件

⑴　対抗要件

（動産質の対抗要件）
第352条　動産質権者は，継続して質物を占有しなければ，その質権をもって第三者に対抗することができない。

動産質の対抗要件は，継続した占有である。

➡　動産質は，目的物の引渡しを受けなければ成立しないが（民§344），引渡しを受けた後も，それを継続して占有しなければ第三者に対抗することができない。

H21-12　・　質権者が適法に質物を第三者に賃貸して引き渡したような場合は，質権者が代理占有をしていることになるので，質権者が占有を失ったことにはならない。

➡　ただし，質権者が質物を賃貸することの可否については問題がある（後述）。

H15-14　・　質権者は，設定者に質物の占有をさせることができないので（民§345），質権者が設定者に質物を返還した場合は，代理占有の効果が発生せず，対抗力を失う。

⑵　質物の占有を失った場合

①　原　則

H29-11
H5-14
質権者が，質物の占有を失ったときは，質権の対抗力を失う。

【例】　Aの所有する宝石を目的としてXのために質権が設定され，宝石がXに引き渡された。質権者Xは大事に宝石を保管していたが，Mに騙されて宝石をMに引き渡してしまった。

➡　Xは質物の占有を失ったので，質権を第三者に対抗できず，Mに対して質権に基づいて返還の請求をすることはできない。

プラス アルファ

質権者が，設定者に対していったん質物を返還した場合は，設定者は当事者であって“第三者”ではないので，質権に基づいて「返してくれ（もう一度引き渡してくれ)」と請求することができる。 H5-14

② 質物の占有を奪われた場合

（質物の占有の回復）
第353条 動産質権者は，質物の占有を奪われたときは，占有回収の訴えによってのみ，その質物を回復することができる。

質権者が，質物の占有を**奪われた場合**は，**占有回収の訴え**によってのみ質物を回復することができる（民§353)。 H21-12

【例】 Aの所有する宝石を目的としてXのために質権が設定され，宝石がXに引き渡された。質権者Xは大事に宝石を保管していたが，Mに宝石の占有を奪われた。
➡ Xは，占有回収の訴えによって，質物（宝石）を回復することができる。

占有回収の訴えによって質物が回復されたときは，質権者による占有は妨げられなかったことになる（民§203ただし書)。
➡ ずーっと占有していたことになる。

プラス アルファ

「占有回収の訴えによってのみ，その質物を回復することができる」ということは，つまり**質権に基づいて返還の請求をすることはできない**，ということである。 H31-12 H14-8 H11-14

4 動産質の実行

(1) 原　則

動産質が設定された後，債務者が債務を弁済しないときは，質権者は質権を実行することができる。

その方法は，民事執行法に基づき競売をして，その売却の代金から優先弁済を受けるのが原則である。

➡　基本的には抵当権と同じ。

(2)　簡易な弁済充当

上記(1)のとおり，動産質を実行する場合，本来的には質物である動産を競売して，その代金から優先弁済を受けるべきである。しかし，動産は不動産に比べて圧倒的に価格が安いので，いちいち競売していたら時間と費用ばかりかかって，質権者はまともに弁済を受けられない。

これでは酷であるし，また無駄ともいえるので，もっと簡単に債権を回収する方法が認められた。

> （動産質権の実行）
> **第354条**　動産質権者は，その債権の弁済を受けないときは，正当な理由がある場合に限り，鑑定人の評価に従い質物をもって直ちに弁済に充てることを裁判所に請求することができる。この場合において，動産質権者は，あらかじめ，その請求をする旨を債務者に通知しなければならない。

H31-12　質権者が弁済を受けられない場合に，正当な理由があるときは，裁判所に請求し，鑑定人に評価してもらって，**その質物をもって直ちに弁済に充てることができる。**

【例】　ＸのＡに対する50万円の債権を担保するため，Ａの所有する宝石を目的として質権が設定された。その後，弁済期が到来してもＡは債務を返済できなかった。

この場合，正当な理由があるときは，Ｘは，（債務者に通知をした上で）簡易な弁済充当を裁判所に請求することができる。

そして，裁判所に選ばれた鑑定人が質物である宝石を評価し，80万円の価値があると判断した。

➡　Ｘは，質物の価値（80万円）と債権額（50万円）の差額の30万円をＡに返還して，質物である宝石を自分のものとすることができる。

重要！

簡易な弁済充当を請求するためには，あらかじめ債務者に通知をすることを要する。

➡　債務者に，弁済をして質物を取り戻す機会を与えるため。

(3) 果実について

質物から果実が生じた場合には，質権者は，その果実を被担保債権の弁済に充てることができる（民§350，297Ⅰ）。 H14-10

5 動産質の消滅

物権，担保物権の一般原則どおり，物が滅失した場合や，被担保債権の弁済がされたときは，質権は消滅する。

その他，動産質に特有の消滅の原因がある。

(1) 義務違反による質権の消滅の請求

動産質権者は，善良な管理者の注意をもって，質物を占有しなければならない（民§350，298Ⅰ）。

➡ 他人の物（設定者の所有する物）なので，大事に占有しなければならない。

そして，動産質権者は，質物の保存のために必要な使用をする場合を除き，**設定者の承諾を得なければ，質物を使用し，賃貸し，または担保に供することができない**（民§350，298Ⅱ）。 H15-14 H11-14

➡ 他人の物（設定者の所有する物）なので，勝手に使ったり，貸したりしてはいけない。質権は，あくまで債権の担保を目的とする権利であり，そのために物を留置することができるに過ぎない。

質権者がこれに違反して，設定者の承諾を得ることなく質物を使用したり，第三者に賃貸等をした場合には，**債務者は，質権の消滅を請求することができる**（民§350，298Ⅲ）。 H21-12

【例】 Aの所有する宝石を目的として，Xのために質権が設定された（Xに引き渡された）。

その後，質権者Xは，友人のMに頼まれて，質物である宝石をMに貸した。Mは「すぐに返すから」と言ったので，特に質権設定者Aの承諾は得なかった。

➡ Aがこの事実を知ったときは，Xに対し，質権の消滅を請求することができる。

第3節　不動産質

Topics・不動産質は，動産質とはまた少し性質が異なる。その違いを押さえる必要がある。
・また，抵当権の規定も準用されたりするので，そちらとの比較も必要である。

1　不動産質の意義

不動産質とは，不動産を目的として設定される質権をいう。
➡　目的物は，土地または建物である。

2　不動産質の設定

(1)　設　定

不動産質の設定は，質権者（債権者）と設定者の間の質権設定契約によってされる。
➡　設定者は，債務者以外の第三者でも構わない（物上保証，民§342）。

H17-13
H2-8
要物契約なので，目的たる不動産を質権者に引き渡さないと，質権は成立しない（民§344）。
➡　抵当権と決定的に違うところである。

重要!

質権の設定の登記がされたとしても，引渡しがされていなければ，質権は成立しない。

H21-12
H8-12
・　指図による占有移転でも構わないので，設定者が第三者に賃貸している不動産を目的として，質権を設定することもできる。

プラスアルファ

この場合，特約がない限り，賃貸人たる地位が質権者に移転し，賃料債権について債権譲渡の対抗要件（民§467）を備えなくても，質権者は，賃借人に対し，以後の賃料を請求することができる（大判昭9.6.2）。

・　一定の範囲に属する不特定の債権を担保するため，不動産質を設定することができる（根質）。

⑵　対抗要件

不動産質の対抗要件は，登記である（民§177）。 R2-12 H27-13 H20-13

➡　不動産の物権変動の一般原則どおり。

・　不動産質が設定され，その登記がされた後は，不動産質権者が目的たる不動産の占有を失ったとしても，対抗力を失わない（大判大5.12.25）。 H21-12 H15-14

➡　不動産質権者が，目的たる不動産を設定者に返還した場合でも，何の影響もない（質権は消滅しないし，対抗力も失われない）。

3　不動産質の効力

⑴　使用収益権

（不動産質権者による使用及び収益）
第356条　不動産質権者は，質権の目的である不動産の用法に従い，その使用及び収益をすることができる。

不動産質権者は，質権の目的である不動産について，その用法に従って，使用および収益をすることができる。 H3-10

➡　質物である不動産を，単に留置することができるというだけでなく，使用および収益をすることができる。

理由　質物である不動産について，誰も使用しないという状況が続くのは，社会経済上の不利益といえるから。

プラス アルファ

動産質においては，原則として，設定者の承諾を得なければ，質物を使用したり賃貸をすることはできない（民§350，298Ⅱ）。

・　不動産質権者は，自ら質物たる不動産を使用することができるだけでなく，第三者に賃貸して賃料を受け取ることもできる。 R2-12 H15-14 H2-8

⑵　管理の費用の負担

（不動産質権者による管理の費用等の負担）
第357条　不動産質権者は，管理の費用を支払い，その他不動産に関する負担を負う。

R2-12　上記のとおり，不動産質権者は，質権の目的たる不動産を使用収益することができるので，その不動産の管理の費用等は質権者が負担する。

(3)　被担保債権の利息について

（不動産質権者による利息の請求の禁止）
第358条　不動産質権者は，その債権の利息を請求することができない。

H20-13
H15-14　不動産質権者は，**その被担保債権について利息を請求することができない**とされている。

➡　不動産質権者は，その不動産を使用収益できるという利益を有するので，代わりに利息は請求できないとされた。

プラスアルファ

「不動産質権者は不動産を使用収益することができる代わりに，その不動産の管理の費用を払って，また利息の請求もできません」として，当事者間の均衡を図ることとした。

(4)　別段の定め

（設定行為に別段の定めがある場合等）
第359条　前三条の規定は，設定行為に別段の定めがあるとき（中略）は，適用しない。

以下の３つの規定については，当事者は，**別段の定めをすることができる**。

①　不動産質権者は，目的たる不動産を使用収益できる。
②　不動産質権者は，目的たる不動産の管理の費用等を負担する。
③　不動産質権者は，利息を請求することができない。

つまり，「不動産質権者は，目的たる不動産を使用収益することができない」，といった定めをすることができる。

プラスアルファ

「質権者は不動産を使用収益できない」という定めがある場合は，形の上では質権であるが，だいぶ抵当権に近くなる。

(5) 不動産質が侵害された場合

不動産質の目的である不動産の占有をだれかに奪われた，あるいは妨害された場合には，質権者は，**質権に基づいて**物権的請求権を行使することができる（民§353の反対解釈）。 H17-13

プラスアルファ

動産質においては，（占有を奪われた場合に）占有回収の訴えによってのみ質物を回復することができる（民§353）。

その他，不動産質の侵害については，抵当権の侵害の場合とほぼ同様に扱われる。

4 不動産質の存続期間

(1) 意　義

> **（不動産質権の存続期間）**
> **第360条**　不動産質権の存続期間は，10年を超えることができない。設定行為でこれより長い期間を定めたときであっても，その期間は，10年とする。
> 2　不動産質権の設定は，更新することができる。ただし，その存続期間は，更新の時から10年を超えることができない。

不動産質には，存続期間に関する規定がある。

➡　動産質にはなかった。

不動産質の存続期間は，**10年を超えることができない。** R2-12 H20-13 H8-12

➡　仮に10年を超える期間を定めた場合には，その期間は10年となる。

理由　不動産質権者は，基本的に債権担保の目的で不動産を留置（使用収益）しているにすぎない。そのため，不動産の改良等も怠りがちになり，あまり長期間にわたって所有者のもとから離しておくのは，社会経済上の不利益と考えられる。

・　不動産質を設定する場合，必ず存続期間を定めなければならないというわけではない。

➡　存続期間の定めがない場合は，設定の時から10年間存続すると解されている。

・　存続期間が満了する場合，更新することもできる。

➡　更新後の存続期間は，更新の時から10年を超えることができない。

(2)　存続期間が満了した場合

R4-11 H8-12 不動産質の存続期間が満了し，更新もされなかったときは，**不動産質は消滅する。**

➡　使用収益権だけでなく，優先弁済権も消滅する。

5　不動産質の消滅

物権，担保物権の一般原則どおり，物が滅失した場合や，被担保債権の弁済がされたときは，質権は消滅する。

H8-12 また，不動産質については，抵当権に関する規定が準用されるので（民§361），代価弁済や質権消滅請求によっても消滅する。

第4節　権利質

Topics
・債権等は有体物ではないので，基本的に「引渡し」にはなじまない。
　その意味で，動産質，不動産質とは異なる。
・権利質とは関係ないが，「転質」についても最後に解説する。

1　権利質

ケーススタディ

　XはAに対して100万円を貸し付けるに当たり，Aに担保を要求したが，Aは不動産や（価値のある）動産を持っていなかった。

　一方，AはBに対し，商品の売買代金150万円の債権を有している。

　このAのBに対する債権を目的として，Xのために質権を設定することができるか。

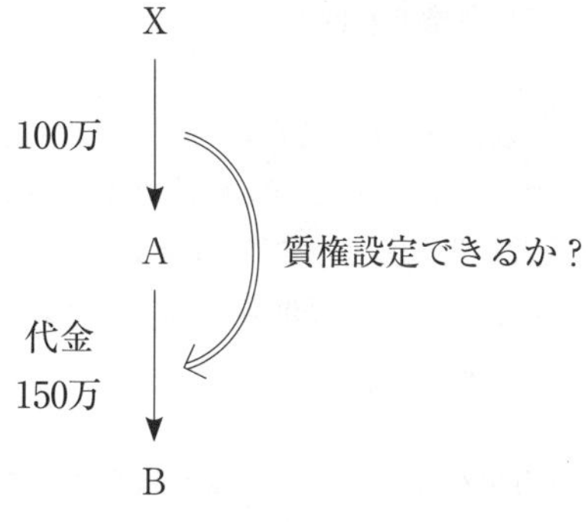

1　権利質の意義

（権利質の目的等）
第362条　質権は，財産権をその目的とすることができる。

　質権は，動産や不動産のほか，**債権その他の財産権**を目的として設定することもできる（**権利質**）。

【例】　金銭債権，株式，無体財産権，賃借権等々。

【例】　ケーススタディの事例では，XのAに対する債権を担保するため，Aの

Bに対する売買代金債権に質権を設定することができる。

➡　AがXに対して債務を弁済できなかったときは，AのBに対する売買代金債権からXは自己の債権を回収することができる。

権利質の中で，最も重要なのが，**債権質**である。

➡　本節では，(断りがない限り) 債権を質入れしたものとして解説する。

2　債権質の設定

(1)　債権質の目的となる債権

譲渡することができない債権を目的として，質権を設定することはできない (民§343)。

理由　債務者が債務を弁済できなかったため，債権質を実行する場合，質権の目的たる債権が第三者に移転することになるので，譲渡性がない債権を質権の目的とすることはできない。

R3-12　H24-12　H14-7
・　譲渡禁止の特約のある債権 (民§466Ⅱ) を目的として質権を設定した場合，質権の設定が当然に無効となるわけではないが，質権者が当該特約について悪意 (重大な過失によって知らなかった場合を含む。) であったときは，当該債権の債務者は，質権者に対する債務の履行を拒むことができる (民§466Ⅲ参照)。

R3-12
・　質権者に対する債権を目的として，債権質を設定することができる。

(2)　債権質の設定 (要物性)

債権質を設定する場合，**原則として，引渡しは問題とならない。**

理由　債権は物ではなく，他人に対して“請求することができる権利”であるので，原則としてその引渡しということは観念できない。

しかし，**指図証券等の有価証券**を目的として質権を設定するときは，**その証券を質権者に交付しなければ，**その効力を生じない (民§520の7，520の2等)。

➡　証券的な権利。数は少ない。

重要❗

証書の交付を要するのは，あくまで証券的な債権のみである。 H24-12

➡ 通常の貸金債権等については，たまたま「金銭消費貸借契約書」という書面が作成されていたとしても，それを質権者に交付する必要はない。 H19-13

(3) 債権質の対抗要件

（債権を目的とする質権の対抗要件）
第364条　債権を目的とする質権の設定（現に発生していない債権を目的とするものを含む。）は，第467条の規定に従い，第三債務者にその質権の設定を通知し，又は第三債務者がこれを承諾しなければ，これをもって第三債務者その他の第三者に対抗することができない。

債権を目的として質権を設定したときは，**質権設定者が第三債務者に対し，質権を設定した旨を通知するか，または第三債務者がその旨を承諾しなければ，第三債務者に対抗することができない**（民§364，467Ⅰ）。 R4-14 H19-13

また，この通知または承諾が確定日付のある証書によってされなければ，第三債務者以外の第三者に対抗することができない（民§364，467Ⅱ）。 R3-12

理由　債権の質入れは，債権譲渡とは違うが，これと似たようなものであるので，債権譲渡の対抗要件がそのまま採用されている。

【例】 XのAに対する貸金債権を担保するため，AのBに対する売買代金債権に質権を設定した。

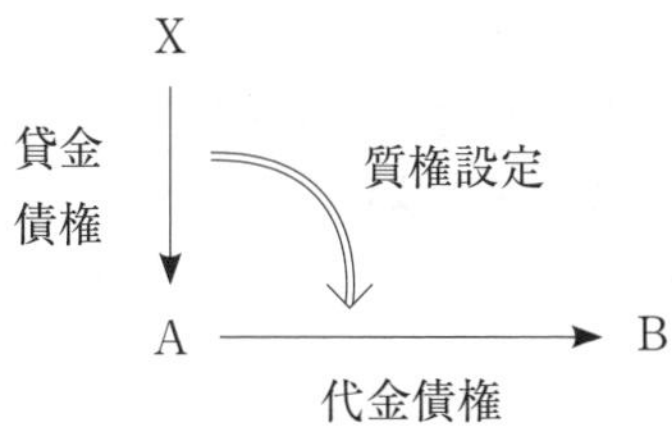

この場合，設定者Aが第三債務者Bに対し，代金債権に質権を設定した旨を通知するか，またはBが質権の設定を承諾しなければ，Bに対して債権質を対抗することができない。

・（第三債務者以外の）第三者に対抗するための第三債務者に対する通知 H14-7

または承諾は，**具体的に特定された者に対する質権の設定について**されることを要する（最判昭58.6.30）。

➡　上記の事例では，Aは「Xのために代金債権に質権を設定しました」といったように，人物を特定して通知をすることを要する。

➡　「質権者が誰かは分からないけど，とにかく債権に質権を設定することを承諾します。」という第三債務者の（確定日付のある）承諾をもって，債権質を第三者に対抗することはできない。

3　債権質の効力

(1)　設定者に対する効力

債権質が設定された後は，質権設定者は，その目的たる債権（質入債権）を消滅させてはならない。

R4-14　つまり，質入債権の債務者（質権者から見ると第三債務者）に対して債権の取立てをすることはできない。

理由　質入債権の弁済を受けて，質入債権が消滅してしまったら，質権者にとっての担保がなくなってしまう。これは認められない。

(2)　第三債務者に対する効力

第三債務者（質入債権の債務者）は，質権設定の通知を受け，または質権設定の承諾をした後は，自己の債権者（質権設定者）に債務を弁済しても，これをもって質権者に対抗できない。

【例】　XのAに対する貸金債権を担保するため，AのBに対する売買代金債権に質権が設定された。そして，Aは，この売買代金債権に質権を設定したことをBに通知した。

➡　Bは，売買代金債務について，Aに弁済することはできない（弁済してもいいが，Xには対抗できない）。

4　債権質の実行

(1)　債権質の実行

（質権者による債権の取立て等）

第366条　質権者は，質権の目的である債権を直接に取り立てることができる。

2　債権の目的物が金銭であるときは，質権者は，自己の債権額に対応する部分に限り，これを取り立てることができる。

> 3　前項の債権の弁済期が質権者の債権の弁済期前に到来したときは，質権者は，第三債務者にその弁済をすべき金額を供託させることができる。この場合において，質権は，その供託金について存在する。

債権質が設定された後，債務者が債務の履行を怠ったときは，質権者は質権を実行することができる。

債権質の実行としては，民事執行法の規定に基づき，担保権の実行としての手続をすることができ，また，（民事執行法の手続によらず）**質権の目的たる債権を直接に取り立てる**こともできる（**直接取立権**）。 H29-11 H19-13 H14-7 H元-10

【例】 XのAに対する貸金債権を担保するため，AのBに対する売買代金債権に質権が設定された。

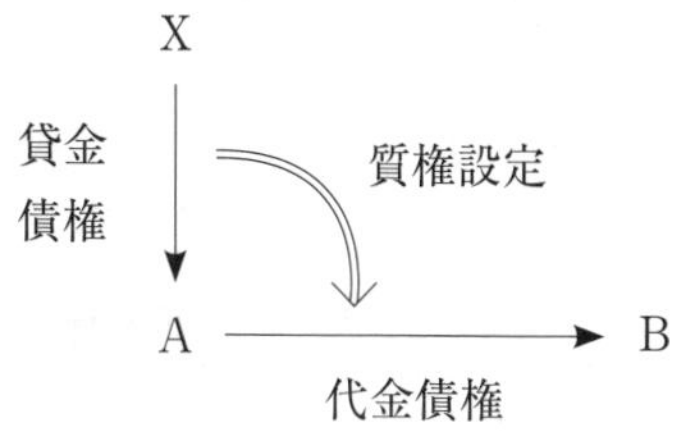

その後，Aは，弁済期までに債務の弁済ができなかった。

➡ 質権者Xは，質入債権の債務者（第三債務者）Bから，直接，債権の取立てをすることができる。

そして，Bから受け取ったお金を，自分の債権の弁済に充てることができる。

理由　第三債務者から直接に取り立てることができるのであれば，（民事執行法の規定に従って実行するより）手間と費用がだいぶ節約できる。

また，第三債務者にとっても特段の不利益を受けることはない（弁済の相手方が変わるだけであって，弁済すべき額に変更はない）。

① 質権者は，**自己の債権額に対応する部分に限り**，第三債務者から直接に債権を取り立てることができる。 R4-14 H27-13

【例】　上記の事例において，ＸのＡに対する債権（被担保債権）が100万円，ＡのＢに対する債権（質入債権）が150万円であった場合，Ｘは，100万円の限度でＢから弁済を受けることができる。

R3-12　②　質権者が第三債務者から直接に取り立てるためには，被担保債権と質入債権の双方の弁済期が到来していることを要する。

➡　これは当然である。

・　質入債権の弁済期は到来しているが，被担保債権の弁済期は到来していない場合，質権者は，第三債務者に対し，その弁済すべき額を供託させることができる。

➡　そして，この供託金の上に質権が存続する。

(2)　被担保債権が金銭債権以外である場合

（質権者による債権の取立て等）
第366条
4　債権の目的物が金銭でないときは，質権者は，弁済として受けた物について質権を有する。

R3-12　債権質の目的が，物の引渡しの請求権であるような場合は，質権者は，**第三債務者からその物の引渡しを受け，その物の上に質権を有する**形になる。

【例】　ＸのＡに対する貸金債権を担保するため，ＡのＢに対する宝石の引渡しの請求権を目的として質権を設定した。

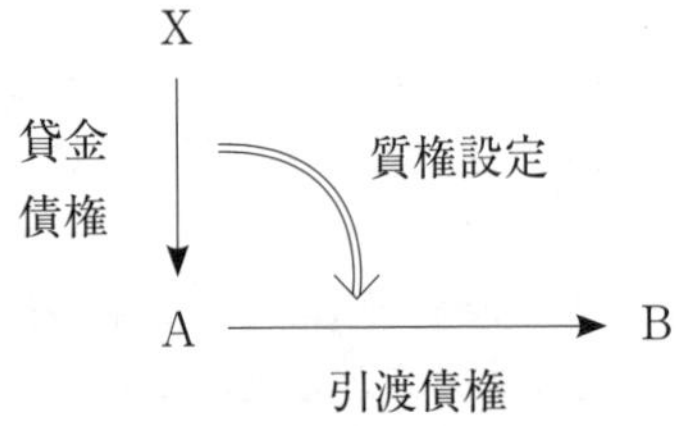

そして，被担保債権と質入債権の双方の弁済期が到来したときは，ＸはＢから宝石の引渡しを受け，この宝石の上に質権を有する。

➡　債権質が動産質に変わったようなニュアンスである。

・　質権の目的たる債権が，不動産の給付を目的とする債権であるときは，質権者は第三債務者に対し，その所有権の登記を**質権設定者**に移転するよう請求することができる（大判昭6.7.8）。

2 転　質

質権の最後は，転質である。

転質は，権利質とは関係ないが，便宜上，ここで解説する。

1　転質の意義

転質とは，**質権者が，質物として受け取った物について，自分の債務を担保するために質入れすることである**。

【例】　ＸのＡに対する債権を担保するため，Ａの所有する腕時計を目的として質権を設定した。そして，Ｘは腕時計の引渡しを受けた。

その後，ＸはＹから金銭を借りることとなり，その債務を担保するため，Ａから質物として受け取った腕時計を目的として，Ｙのために質権(転質)を設定した。

➡　転質が実行され，腕時計が競売されたときは，まず転質権者であるＹが優先弁済を受け，残額についてＸが優先弁済を受けることができる。

プラスアルファ

転質は，抵当権における転抵当（民§376Ⅰ）のようなものである。

2　転質の可否

動産質については，質権者は，設定者の承諾を得ることなく，質物を担保に供することができないとされている（民§350，298Ⅱ）。

裏を返せば，設定者の承諾を得て，質物たる動産について転質をすることができる。これを**承諾転質**という。

【例】　上記１の事例において，質権者であるＸは，設定者であるＡの承諾を得て，質物たる腕時計についてＹのために転質をすることができる。

また，質権者は，設定者の承諾を得ないで，自己の責任で転質をすることができるとされている。これを**責任転質**という（民§348）。 H14-7 H元-10

（転質）
第348条　質権者は，その権利の存続期間内において，自己の責任で，質物について，転質をすることができる。この場合において，転質をしたことによって生じた損失については，不可抗力によるものであっても，その責任を負う。

➡　動産質権者は，設定者の承諾を得ることなく，質物を担保に供することができないはずであるが，転質はできると特別に規定されている。

【例】　上記1の事例において，質権者であるXは，設定者であるAの承諾を得ることなく，自己の責任で，質物たる腕時計についてYのために転質をすることができる。

重要！

H24-12　**責任転質をした場合は，転質をしたことによって生じた損失については，不可抗力によるものであっても，責任を負う。**

理由　設定者（目的物の所有者）の承諾を得ることなく質物の占有を移転させたわけだから，基本的にすべての責任を負うべきといえる。

3　転質の要件

転質も質権であるので，動産や不動産について転質をするときは，質物を転質権者に引き渡すことを要する（民§344）。

(1)　存続期間について

責任転質の条文（民§348）では，「その権利の存続期間内において」と規定されているが，これは厳密な意味での要件ではないと解されている。

➡　原質権の存続期間を超えて転質をした場合でも，転質自体が無効になるのではなく，原質権の存続期間内においては有効と解される。

(2)　債権額について

原質権の被担保債権の額より転質の被担保債権の額の方が大きい場合，原質権の被担保債権の額を超えない範囲において転質が成立する。

4　転質の法的性質

転質の性質をどのように捉えるかについては，大きく分けて２つの説がある。「**質物再度質入説**」と「**共同質入説**」である。

➡　これらの考え方については，司法書士試験で２回ほど真正面から問われているので，それぞれについて簡単に解説する。

事例を設定して，これに沿って解説する。

【事例】　ＸのＡに対する債権を担保するため，Ａの所有する腕時計を目的として質権が設定された。そして，Ｘに腕時計が引き渡された。
　その後，ＸがＹに対して負担する債務を担保するため，Ｘが質物として占有している腕時計を目的として，Ｙのために転質を設定した。

(1)　質物再度質入説

名前を見て分かるように，**（原質権の被担保債権と切り離して）質物そのものを再度質入れするという考え方**である。

【例】　本事例でいうと，原質権の被担保債権（ＸのＡに対する債権）と切り離して，質物（Ａ所有の腕時計）そのものを再度質入れすると考える。

・　被担保債権と切り離して質物を独自に処分すると考えている点で，担保物権の付従性という原則をあまり重要視していないといえる。

・　原質権の被担保債権と関係なく質物を質入れしているので，転質がされても，原質権の債務者（Ａ）を拘束しないという結論が導かれる。
　➡　しかし，この説も，「原質権の債務者（Ａ）を拘束しないと，Ａから原質権者（Ｘ）に債務が弁済され，原質権が消滅し，すなわち転質も消滅してしまう。これはまずいので，転質がされたら（原質権の債務者に転質の通知等がされたら）原質権の債務者を拘束すると解すべき」と考えている。

・　転質は，質物のみを目的としており，原質権の被担保債権は目的となっていないので，原質権の債務者（Ａ）が弁済をしない場合でも，Ａの一般財産に対して強制執行をすることができないという結論が導かれる。

(2) 共同質入説

質権とその被担保債権を，共同して質入れするという考え方である。

【例】 本事例でいうと，原質権の被担保債権（XのAに対する債権）と質権を共同してYのために質入れすると考える。

・ この説は，被担保債権と質権を切り離して処分できないことを前提としているので，**担保物権の付従性という原則を重視している説**といえる。

・ この説は，原質権の被担保債権も質入れすると考えるので，「要は債権質と同じではないか（債権質の効果として原質権にも効力が及ぶと考えれば十分ではないか）。わざわざ転質という規定（民§348）を設ける必要がないのではないか」という批判がされる。

・ 原質権の被担保債権も質入れされる（債権質も成立する）と考えるので，第三債務者（A）に対して転質の通知をするか，またはAの承諾を得なければ，転質をAに対抗することができないという結論が導かれる。
➡ 質物再度質入説においても，理由は異なるが，結局は原質権の債務者に対する通知等が必要と解している。

・ 原質権の被担保債権も質入れされる（債権質も成立する）と考えるので，転質権者（Y）は，第三債務者（A）に対して直接取立権を行使できるという結論が導かれる。

第５章
留置権

Topics ・留置権も本試験ではよく出題される。留置権が成立するか否か，そして消滅に関して出題される。
・特に成否については重要。

1　留置権の意義

ケーススタディ

Ｘは，Ａから壊れた高級自転車の修理の依頼を受けた。Ｘはその修理を完了し，Ａに対し「修理が終わりました。代金は１万円です」と連絡したが，Ａは代金を支払おうとしない。

Ｘは，修理した高級自転車をＡに引き渡さなければならないだろうか？

常識的に考えれば，Ａから修理代金の支払いを受けるまでは，ＸはＡに高級自転車の引渡しを拒むことができるというべきである。

そして，法律上も，Ｘに，高級自転車の引渡しを拒む権利が認められている。これが留置権である。

（留置権の内容）
第295条　他人の物の占有者は，その物に関して生じた債権を有するときは，その債権の弁済を受けるまで，その物を留置することができる。ただし，その債権が弁済期にないときは，この限りでない。

他人の物を占有している者は，その物に関して生じた債権を有するときは，その債権の弁済を受けるまで，**その物を留置することができる。** H30-12

【例】 ケーススタディの事例では，他人の物（Ａの高級自転車）の占有者（Ｘ）は，その物に関して生じた債権（修理代金債権）を有するときは，その債権の弁済を受けるまで，その物（高級自転車）を留置することができる。

理由 物を留置し，返還の拒絶を認めることで，間接的に債務の履行を促すことができる。

➡　Aは，修理代金を支払わなければ自慢の高級自転車を返してもらえないので，早くXに修理代金を払おう，という心理的なプレッシャーがかかる。

当事者間の公平の原則に基づいて認められた担保物権である。

重要！

留置権は，一定の要件が満たされた場合に法律上当然に発生する担保物権（法定担保物権）である。

つまり，①他人の物を占有している。②その物に関して生じた債権を有している。③その債権が弁済期にある。等の要件が満たされたときは，当然に留置権が発生する。

➡　債権者と債務者の間で，留置権を発生させる契約（合意）は必要ない。

プラスアルファ

ケーススタディの自転車の修理契約は双務契約であるので，Xは，同時履行の抗弁権に基づいて高級自転車の引渡しを拒むこともできる（民§533）。

➡　Xは，留置権と同時履行の抗弁権の2つの権利を有する。

→　留置権と同時履行の抗弁権の比較は，6参照。

2　留置権の性質

留置権は担保物権であり，以下のような性質を有する。

(1)　付従性

H19-11　留置権は，債権が存在しなければ成立せず（民§295Ⅰ），債権の消滅によって消滅する。

➡　「XのAに対する自転車の修理代金債権」という特定の債権を担保するもの。

・　Aが修理代金を支払って，債権が消滅したときは，当然に留置権も消滅する（消滅における付従性）。

➡　留置権が消滅したら，Xは直ちにAに高級自転車を引き渡さなければならない。

(2)　随伴性

留置権は特定の債権を担保するためのものであるから，その債権が第三者に移転したときは，留置権もその第三者に移転する。ただし，留置権は，目的物の占有なしには存在できないものであるから，債権とともに物の占有も移転する場合に限って認められる。

(3) 不可分性

留置権者は，債権の全部の弁済を受けるまで，留置物の全部を留置することができる（民§296）。 H19-11 H14-10

【例】 ケーススタディの事例で，AがXに修理代金の一部2,000円を支払った場合でも，「自転車のハンドル部分だけ返してくれ」とは言えない。Xは，1万円全額を支払ってもらうまでは，自転車の全部を留置することができる。

・ 留置権者が留置物の一部を債務者に引き渡した場合，その部分については留置権が消滅するが，債権の全部の弁済を受けるまで，残余の部分を留置することができる。 H10-11

【例】 Aから宅地造成の工事を請け負ったXは，工事が終わった部分からAに引き渡した。そして，工事が完全に終わった時点では，土地の半分がAに引き渡されていた。

この場合，Aが請負代金の全額を支払うまで，Xは土地を留置することができる（最判平3.7.16）。

➡ 請負代金の半分が担保されているというわけではない。土地の半分は引き渡してしまったが，代金の全額が担保される。

重要❗

留置権には，物上代位性はない。 H19-11

留置権は，その物に関して生じた債権の弁済を受けるまで，その物を“留置することができる”という権利である。 H14-10 H6-11

➡ 物の引渡しを拒めるだけ。その物から優先弁済を受けられるという権利ではない（原則として優先弁済的効力はない）。 H30-12 H29-11

そのため，留置物が滅失し，債務者が第三者に対して（保険金等の）請求権を取得した場合でも，留置権者はここから優先弁済を受ける（物上代位する）ことはできない。

3　留置権の成立要件

⑴　他人の物を占有していること（民§295Ⅰ本文） ⑵　物に関して生じた債権であること（物と債権の牽連性；同Ⅰ本文） ⑶　債権が弁済期にあること（同Ⅰただし書） ⑷　占有が不法行為によって始まったものでないこと（民§295Ⅱ）

⑴　他人の物を占有していること

H27-12
H22-12
「他人の物」とは，占有者以外の物をいい，**必ずしも債務者の所有する物であることを要しない**（大判昭9.10.23等）。

【例】　AはBから腕時計を借りていた。Aはその腕時計を壊してしまったので，焦ってXにその修理を依頼した。この場合，債務者（A）と腕時計の所有者（B）は異なるが，この修理代金債権を被担保債権として腕時計について留置権が成立する。

➡　Xは，Bからの腕時計の返還請求に対して留置権を主張することができる。

⑵　物に関して生じた債権であること

留置権は，物の引渡しを拒絶することによって債務の履行を間接的に強制しようとするものであるので，**物と債権との牽連関係が必要と**なる。

「物に関して生じた債権」とは，以下の２つに分類される。

①　物自体から生じた債権 ②　物の返還請求権と同一の法律関係または同一の生活関係(事実関係)から生じた債権

プラス アルファ

実際に，どのような場合に「物と債権の牽連性」が認められるかは明確ではないが，“物の引渡しを拒絶することによって債務の履行を間接的に強制する”という留置権の制度趣旨に基づいて，留置権を認めることによって債務の履行を間接的に強制することが公平といえる場合に牽連性が認められると解される。

① 物自体から生じた債権

・ 他人の物の占有者が，その物に加えた必要費や有益費の費用償還請求権

・ 物の瑕疵による損害賠償請求権

②－ⅰ 物の返還請求権と同一の法律関係から生じた債権

・ 腕時計の修理代金債権と腕時計の返還請求権

・ 売買契約の取消しにおける買主の代金返還請求権と売主の目的物返還請求権

②－ⅱ 物の返還請求権と同一の生活関係（事実関係）から生じた債権

・ ＡとＢが傘を取り違えて持ち帰ってしまった場合のそれぞれの返還請求権

重要!

牽連性の有無，つまり留置権が成立するか否かの判断は，本試験で頻出。

☆ **留置権が認められる（牽連性がある）場合**

① 建物の賃借人が当該建物につき必要費や有益費を支出した場合，その費用償還請求権に基づいて建物につき留置権を行使することができる。

➡ まさに“物自体から生じた債権”といえる。

② 土地の賃借人が，借地権の期間満了に基づく賃貸人からの土地明渡請求に対し，借地上の**建物の買取請求権**（借地借家§13Ⅰ）を行使した場合，その買取代金債権に基づいてその建物につき留置権を行使することができる（大判昭18.2.18）。

➡ 建物買取代金債権は，その建物に関して生じた債権といえる。

➡ この場合，留置権者は，結果として敷地についても留置することができる（大判昭14.8.24）。 H25-11

③ Ａの所有する土地をＢが買い受けたが，売買代金を支払わないままＢは土地をＣに転売した。そして，ＣがＡに対して土地の引渡しを請求した場合，Ａは，未払代金債権を被担保債権として，土地について留置権を行使することができる（最判昭47.11.16）。 H13-9 H10-11

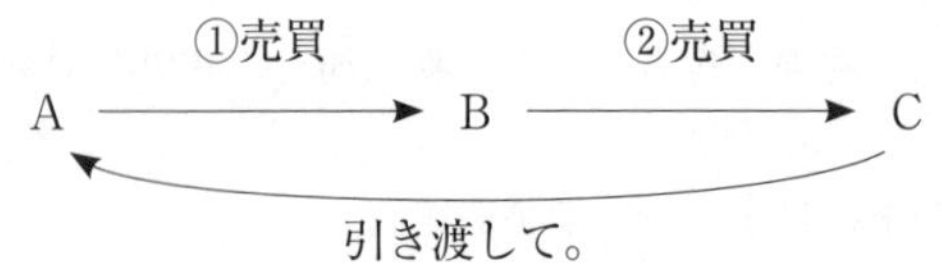

➡　売買代金債権は，当該土地に関して生じた債権なので，売主Ａは買主Ｂに対して土地の留置権を主張することができる。そして，留置権は物権であるので，第三者（Ｃ）に対してもその効力を主張することができる。

☆　**留置権が認められない（牽連性がない）場合**

R4-13　H27-12　H22-12　H17-12　H10-11

①　建物の賃借人が，賃貸借の終了による賃貸人からの建物の明渡請求に対し，その建物に付加した**造作の買取請求権**を行使した場合，その造作買取代金債権に基づいて建物につき留置権を主張することはできない（最判昭29.1.14）。

理由　造作買取代金債権は，造作について生じた債権であり，建物について生じた債権ではないからである。

➡　造作の価格は建物の価格と比べて僅少であるのが通常だから，建物について留置権を認めたらかえって公平を失することになる。

【例】　建物の賃借人Ｘは，猛暑に耐え切れず，賃貸人Ａの承諾を得て建物にクーラーを取り付けた。その後，賃貸借が終了し，ＸはＡに対して造作（クーラー）の買取請求権を行使した。この場合，Ｘは，造作買取代金債権に基づいて建物を留置することはできない。

H23-11　H22-12　H10-1

②　Ａが不動産をＢに売却して引き渡した後に，Ｃに当該不動産を売却し（**二重譲渡**），Ｃが登記を備えた場合，Ｂは，Ｃからの不動産明渡請求に対し，Ａに対する損害賠償請求権に基づいて，不動産につき留置権を主張することはできない（最判昭43.11.21）。

➡　Ｂは，Ｃに対して損害の賠償を請求することができるわけではない。つまり，Ｂが留置権を行使しても間接的にＡの損害賠償債務の履行を強制する関係には立たない。

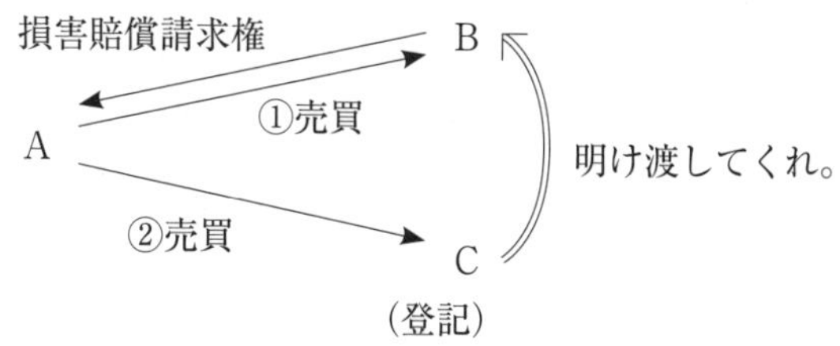

③　Aが，Bの所有する不動産を無断でCに売却して引き渡した場合（他人物売買），Cは，Bからの不動産明渡請求に対し，Aに対する損害賠償請求権に基づいて，不動産につき留置権を主張することはできない（最判昭51.6.17）。 R4-13 H27-12 H22-12

➡　Cは，Bに対して損害の賠償を請求できるわけではないので，債務の履行を間接的に強制するという関係は成り立たない。

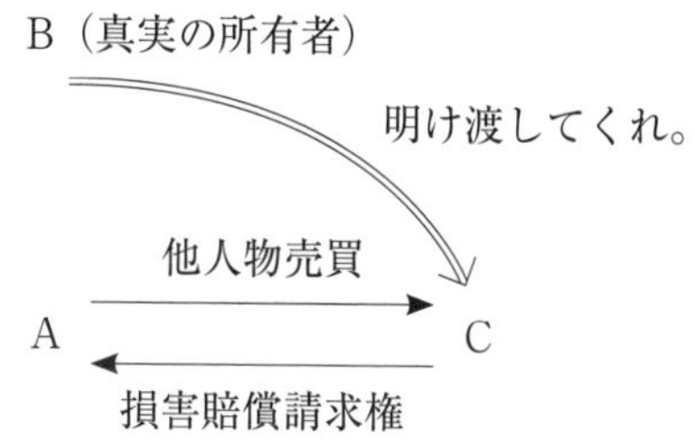

(3)　債権が弁済期にあること

弁済期が到来した債権についてのみ，留置権が成立する（民§295Ⅰただし書）。 H14-10 H3-3

理由　弁済期前に，相手方に履行を強制することはできない。

【例】　Aが自転車の修理をXに依頼するに当たり,「代金は1か月後に支払う」旨が合意された。そして，3日後，Xは自転車の修理を終えた。
Xは，自転車について留置権を主張することはできない。
➡　Aはまだ修理代金を支払う必要がないので，現在の時点で弁済を間接的に強制することはできない。

・　賃貸借の終了に基づいて賃貸人が賃借人に対して建物の明渡しを請求している場合，賃借人は，**敷金の返還請求権に基づいて当該建物につき留置** H17-12

権を主張することはできない（最判昭49.9.2参照）。

理由　賃借人の建物明渡債務は，特別の事情のない限り，賃貸人の敷金返還債務に対して先履行の関係にあるため，債権が弁済期にないことになる。

(4)　占有が不法行為によって始まったものでないこと

他人の物の占有が不法行為によって始まった場合には，留置権は成立しない（民§295Ⅱ）。

理由　留置権は，当事者間の公平を図るために認められるものである。占有が不法行為によって始まったような場合は，留置権を認めるのは妥当でない。

【例】　泥棒が，盗品に必要費を支出した場合，所有者からの返還請求に対し，必要費償還請求権に基づいて留置権を主張することはできない。

重要！

適法な占有が途中で不法なものとなった後に，必要費や有益費を支出したときも，民法295条２項が類推適用され，留置権は成立しない。

H27-12
H17-12
H13-9

① 賃貸借契約が債務不履行により解除された後に，借家人がその借家に必要費や有益費を支出した場合，留置権は成立しない（大判大10.12.23，最判昭46.7.16）。

理由　借家人は，賃貸借契約が解除されたら直ちに退去すべきである。ずるずると占有を継続している間に費用を支出したからといって，建物の明渡しを拒絶し得るとすることは妥当ではない。

② 建物の売買契約が合意解除された後に，買主が建物について必要費や有益費を支出した場合，留置権は成立しない（最判昭41.3.3）。

4　留置権の効力

(1)　留置的効力

留置権者は，債権の弁済を受けるまで，物を留置することができる（民§295Ⅰ本文）。

➡ これによって，間接的に債務者に債務の履行を促すことができる。

・ 留置権は物権であるので，この留置的効力は，債務者のみならず，第三者に対しても主張することができる（対世的効力）。 H9-13

重要❗

留置権は，この留置的効力をその本質とするものであり，他の担保物権とは異なり，目的物からの優先弁済的効力を有しない。 H13-9

⑵ 競売権

留置権者は，目的物を競売に付すことができる（民執§195）。 H25-11 H13-9

理由 上記のとおり，留置権には優先弁済的効力がないので，目的物の競売代金から他の債権者に優先して弁済を受けることはできない。そのため，留置権者に競売権を認める必要はなさそうにも思える。しかし，留置権者が債務者から弁済を受けられないままずーーっと目的物を留置せざるを得ないというのは留置権者にとって負担であるため，その負担から解放するために換価のための競売をすることを認めた（形式的競売）。

⑶ 留置権行使の効果

民法295条１項本文は，"その債権の弁済を受けるまで"物を留置することができるとしている。

これを素直に読むと，債務者は債務を弁済した後でないと目的物の引渡しを請求できないように読める。つまり，債務者（物の所有者）が目的物の返還を請求する訴訟を起こした場合，原告敗訴の判決が下されることになる。

しかし，それではかえって公平ではない結果を招くことになるので，判例は，目的物の引渡しの訴えに対し，被告が留置権を主張して引渡しを拒否したときは，請求棄却判決（原告敗訴）ではなく，**引換給付判決**（債務者から弁済を受けるのと引き換えに目的物の引渡しを命ずる判決）をすべきであるとしている（最判昭33.3.13）。 H23-11 H13-9

⑷ 留置権者による果実の収取

（留置権者による果実の収取）

第297条 留置権者は，留置物から生ずる果実を収取し，他の債権者に先立って，これを自己の債権の弁済に充当することができる。

H19-11
H3-10
留置物から果実が生じた場合，留置権者は，他の債権者に先立って，その果実を**自己の債権の弁済に充当することができる。**

理由　果実は，通常は少額なものであり，留置権者がこれを収取，弁済充当しても他の債権者を害するおそれは少ない。そのため，このような簡易な処理が認められた。

H30-13
H25-11
・　この「果実」には，天然果実のほか，法定果実も含まれる（大判大7.10.29）。

(5)　留置権者による留置物の保管等

①　留置権者の注意義務

（留置権者による留置物の保管等）
第298条　留置権者は，善良な管理者の注意をもって，留置物を占有しなければならない。

留置権者は，留置物の占有について**善管注意義務**を負う。

理由　留置物は債務者のものであり，債務者に対して（債務の弁済を受けたら）引き渡す必要がある。そのため，目的物をきちんと管理する必要がある。

②　留置物の使用，賃貸等の可否

（留置権者による留置物の保管等）
第298条
2　留置権者は，債務者の承諾を得なければ，留置物を使用し，賃貸し，又は担保に供することができない。（後略）

留置権者は，**債務者の承諾を得なければ，留置物を使用したり，賃貸したり，担保に供することができない。**

理由　留置権とは，債権者に物の留置を認め，間接的に債務の履行を促すものである。なので，それ以上の利益を留置権者に与える必要はない。

・ ただし，その物の保存に必要な使用をすることは否定されない（民§298Ⅱただし書）。

【物の保存に必要な使用といえる例】

家屋の賃借人が賃借中に支出した費用の償還請求権に基づいて留置権を行使している場合，その償還を受けるまで従前どおりその家屋に居住することは，他に特別の事情のない限り，物の保存に必要な使用に当たる（大判昭10.5.13，最判昭47.3.30）。 R4-13

➡ ただし，家屋の使用によって得られた利益（家賃相当額）は，不当利得として償還義務が生ずる（民§703，大判昭10.5.13）。

【物の保存に必要な使用とはいえない例】

売買契約を解除された木造帆船の買主が，解除前に支出した修理費用の償還請求権に基づいて留置権を行使している場合，その船舶を遠距離に航海し貨物の運送業務に当たることは，物の保存に必要な使用に当たらない（最判昭30.3.4）。

➡ 航海による船の破損や沈没などの危険性が認められる。

(6) 留置権者による費用の償還請求

（留置権者による費用の償還請求）

第299条 留置権者は，留置物について必要費を支出したときは，所有者にその償還をさせることができる。

2 留置権者は，留置物について有益費を支出したときは，これによる価格の増加が現存する場合に限り，所有者の選択に従い，その支出した金額又は増価額を償還させることができる。ただし，裁判所は，所有者の請求により，その償還について相当の期限を許与することができる。

① 必要費について

留置権者は，留置物について必要費を支出したときは，所有者にその償還をさせることができる（民§299Ⅰ）。 H30-13

・ 必要費の償還請求権に基づいて建物を留置している留置権者が，その H17-12

H16-12
H10-11
建物のためにさらに必要費を支出した場合，その新たな必要費の償還請求権に基づいて留置権を行使することができる（最判昭33.1.17）。

② 有益費について
留置権者は，留置物について有益費を支出したときは，これによる価格の増加が現存する場合に限り，所有者の選択に従い，その支出した金額または増価額を償還させることができる（民§299Ⅱ本文）。
➡ その有益費の償還請求権を被担保債権としてさらに留置権を行使することができる。

H3-3
ただし，裁判所は，所有者の請求により，有益費の償還について相当の期限を許与することができる（同Ⅱただし書）。
➡ 有益費の償還について期限が許与されたら，債権は弁済期にないことになるので，その有益費の償還請求権に基づいて留置権を行使することはできない（民§295Ⅰただし書）。

(7) 被担保債権の消滅時効

（留置権の行使と債権の消滅時効）
第300条 留置権の行使は，債権の消滅時効の進行を妨げない。

H25-11
留置権が行使されても，その被担保債権の消滅時効の進行は妨げられない。

理由　留置権の行使とは，単に目的物を留置しているということにとどまり，被担保債権を行使しているわけではないからである。

H30-13
ただし，留置権者が，裁判上，留置権の抗弁を主張する際に，被担保債権の存在を主張することが明らかであるときは，民法150条の「催告」と同様の効力を生ずる（最判昭38.10.30）。
➡ 時効の完成猶予の効力を有する。

5 留置権の消滅

(1) 留置権の一般的消滅事由

留置権は，物権および担保物権の一般の消滅事由（物の滅失，被担保債権の消滅等）により消滅する。

【例】 自転車の修理代金債権を被担保債権として，自転車を留置している場合，債務者（修理を依頼した人）が修理代金を支払ったら，当然に留置権も消滅する。

その他，留置権に特有な消滅事由もある。

(2) 占有の喪失による消滅

（占有の喪失による留置権の消滅）
第302条本文 留置権は，留置権者が留置物の占有を失うことによって，消滅する。

留置権は，他人の物を占有していることが成立要件（民§295）および存続要件（民§302）とされているので，**留置物の占有を喪失すれば当然に留置権は消滅する。** H29-11 H19-11

① 留置物を賃貸等した場合
民法298条２項の規定により，留置物を賃貸し，または質権の目的としたときは，留置権は消滅しない（民§302ただし書）。 H16-12

理由 留置権者は，債務者の承諾を得たときは，留置物を第三者に賃貸したり質入れをすることができる（民§298Ⅱ）。この場合は，留置権者は留置物を代理占有している形であるので，留置権は消滅しない。

② 留置物の占有を奪われた場合
留置物の占有を奪われた場合は，留置物の占有を失っているので，留置権は消滅する（のが原則）。

しかし，留置物の占有を奪われた留置権者が，**占有回収の訴え**（民§200）を提起して勝訴し，現実に留置物の占有を回復した場合には，占有を継続していたものとみなされるので（民§203ただし書），留置権は消滅しない（最判昭44.12.2）。 H16-12 H4-9

・ 留置権者が，第三者に騙されて留置物を当該第三者に引き渡した場合，留置権は当然に消滅する。

➡ 留置物の占有を失っているので，留置権は消滅する。この事例では，騙されて留置物を引き渡しているので，占有回収の訴えを提起することはできない。

(3) 代担保の供与による留置権の消滅請求

> （担保の供与による留置権の消滅）
> **第301条**　債務者は，相当の担保を供して，留置権の消滅を請求することができる。

H23-11 H22-11 H4-9 債務者は，**留置物に代わる相当の担保を供して**，留置権の消滅を請求することができる。

理由 留置権においては，少額の債権のために高額な物が担保にとられることもあり得る。そのため，当事者間の公平を考えて，債務者に代担保請求権が認められた。

【例】 AはXに超高級腕時計（時価1,000万円）の修理を依頼した。その代金は3万円であった。この場合，被担保債権は3万円なのに，1,000万円の価値がある腕時計が担保（留置権）にとられている形である。

この場合，Aは，時価5万円程度の腕時計をXに差し出して，「担保をこれに代えてください」と請求することができる。

① 代担保の供与により留置権を消滅させるためには，留置権者の承諾が必要である。

➡ 債務者からの一方的な意思表示で留置権を当然に消滅させるのは妥当ではない（まったく価値のない物を代担保として提供されても債権者は困る）。

H16-12 ➡ 留置権者が任意に承諾しないときは，裁判所にその承諾の意思表示を求めることができる。

② この「代担保」は，物的担保に限らず，人的担保でもよい。

⑷　留置権者の義務違反による消滅請求

（留置権者による留置物の保管等）
第298条　留置権者は，善良な管理者の注意をもって，留置物を占有しなければならない。
2　留置権者は，債務者の承諾を得なければ，留置物を使用し，賃貸し，又は担保に供することができない。ただし，その物の保存に必要な使用をすることは，この限りでない。
3　留置権者が前二項の規定に違反したときは，債務者は，留置権の消滅を請求することができる。

留置権者が，留置物に関する善管注意義務に違反した場合，または**留置物を無断で使用・賃貸・担保に供した場合には，債務者は，留置権の消滅を請求することができる。** H30-13 H25-11 H16-12

【例】　留置権者が，債務者の承諾を得ないで留置物である腕時計を第三者に質入れした。この場合，債務者は，留置権の消滅を請求することができる。

①　この消滅請求権は形成権であり，債務者の一方的な意思表示により留置権は消滅する。
➡　留置権者に義務違反があった場合でも，消滅請求がされない限り留置権は消滅しない（最判昭33.1.17）。

②　この消滅請求権は，違反の事実があれば足り，違反行為が終了しているかどうか，損害が生じたかどうかにかかわりなく行使することができる（最判昭38.5.31）。
➡　違反行為をしたという事実が問題である。

③　消滅請求をすることができる「債務者」には，目的物の所有者（第三取得者）も含まれる（最判昭40.7.15）。 R4-13

【例】　AのパソコンをXが修理したが，Aが代金を支払わないので，Xはパソコンを留置している。その後，AはBにパソコンを売り渡した。
そして，Xがパソコンを無断で第三者に質入れした場合は，BがXに対して留置権の消滅を請求することができる。

H27-12　④　債務者の承諾を得て留置権者が留置物を質入れし，その後に債務者は留置物の所有権を第三者に譲渡した。この場合，留置物の所有権を取得した第三者は，自己の承諾を得ていないことを理由として留置権の消滅を請求することはできない（最判平9.7.3）。

6　留置権と同時履行の抗弁権

(1)　留置権の成立要件と同時履行の抗弁権（民§533）の成立要件の双方が満たされた場合には，両者の関係が問題となるが，通説は，両者の競合を認める。

(2)　留置権と同時履行の抗弁権の異同

	留　置　権	同時履行の抗弁権
目　　的	債権の担保	双務契約上の公平の確保
権利の性質	法定の担保物権	双務契約の効力
行使の相手方	物権であり，誰に対しても主張できる	債権的権利であり，契約当事者に対してのみ主張できる
発生原因	債権と物の牽連性があれば，法律上当然に発生する	双務契約に基づいて発生する
不可分性	あり	なし（相手方の不履行の程度に応じて割合的）
H23-11 代担保による消滅請求	可能→　留置権は消滅する	不可
H23-11 行使の効果	引換給付判決	引換給付判決
占有の喪失	留置権は消滅する	同時履行の抗弁権は消滅しない
履行遅滞	生じない。ただし，債権の消滅時効は進行する	生じない。ただし，債権の消滅時効は進行する

第6章
先取特権

第1節　総　説

Topics ・ここからは先取特権について学習する。
・まず，先取特権の意義，性質を理解すること。

1　先取特権の意義

(1)　大前提の話し（債権者平等の原則）

同一の債務者に対して複数の債権者がいる場合に，その債務者の全財産をもってしても債務の全額を弁済することができないようなときは，各債権者は平等な立場で（債権額の割合に応じて）分配を受けるのが原則である（債権者平等の原則）。

プラスアルファ

債権を担保するために抵当権等の担保権を設定しておけば，その債権については他の債権者に優先して弁済を受けることができるが，ここでは特別な担保は設定していないものとして話を進める。

(2)　ある債権者の保護の必要性

しかし，この債権者平等の原則を貫くと，公平の原則や社会政策的な観点から見て，不都合な場合もある。

たとえば，A株式会社に対して，Xファイナンスは100万円の貸金債権を有しており，またA株式会社の従業員のYは70万円の給料債権を有している（給料が未払いの状態）。

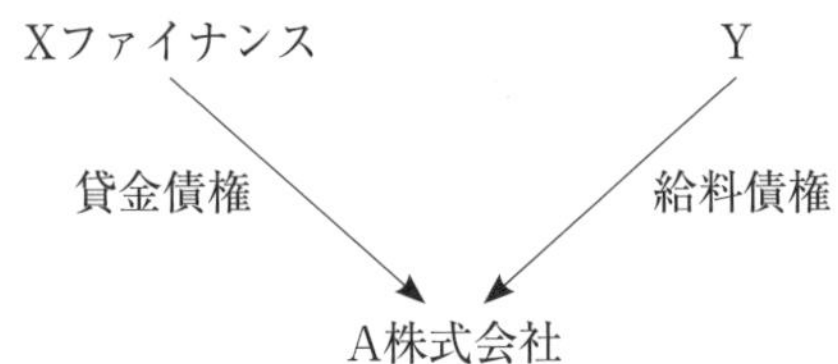

この場合，XファイナンスもYも，A株式会社に対して金銭債権を有しているという点では同じであるが，その中身というか，意味するところはだい

ぶ異なる。

➡　どちらもお金を払ってほしい気持ちは同じであるが，特にYは，給料を払ってもらえなかったら，自身や家族の生活に直結する。たちまち人生が立ち行かなくなるおそれがある。

このような場合にまで債権者平等の原則を貫くのは，あまり適当とはいえない。

そこで，**法で定める特定の債権を有する者**（特に保護すべき債権を有している者）は，債務者の財産について，**他の債権者に優先して弁済を受けることができる**とされた。

これが先取特権である。

➡　先に取ることができる特権。

【例】　上記のXファイナンスとYの関係では，Yは給料債権に関して先取特権を有し，Xファイナンスに優先してA株式会社の財産から弁済を受けることができる。

（先取特権の内容）

第303条　先取特権者は，この法律その他の法律の規定に従い，その債務者の財産について，他の債権者に先立って自己の債権の弁済を受ける権利を有する。

重要！

法で定める一定の債権が発生したら，当然に先取特権も発生する。つまり，法定担保物権である。

➡　当事者間で，「先取特権を発生させる」という合意は不要。

【例】　上記の事例では，YのA株式会社に対する給料債権が発生したら，先取特権も当然に成立する。

2　先取特権の性質

先取特権は担保物権であり，以下のような性質を有する。

(1) 付従性

先取特権は，法で定める一定の債権（被担保債権）の発生とともに成立し，その債権の消滅によって先取特権も消滅する。

(2) 随伴性

先取特権は特定の債権を担保するためのものであるから，その債権が第三者に移転したときは，先取特権もその第三者に移転する。 H15-13

➡ 先取特権は被担保債権にくっついているので，その債権が移転すれば当然に先取特権も移転する。

(3) 不可分性

先取特権を有する者は，被担保債権の全部の弁済を受けるまでは，目的物の全部について先取特権を行使することができる（民§305，296）。 H30-12 H16-14

(4) 物上代位性

先取特権を有する者は，その目的物の売却，賃貸，滅失または損傷によって債務者が受けるべき金銭その他の物に対しても，先取特権を行使することができる（物上代位，民§304）。

理由　先取特権は，債務者の有する物の担保価値を把握し，そこから優先弁済を受けるものである。そのため，先取特権の目的である物が売却等により金銭その他の物に変わった場合には，そこから優先弁済を受けることができる。

【例】 XはAに対して腕時計を30万円で売った。XはAに腕時計を引き渡したが，Aは代金を払ってくれない。

➡ 後で解説するが，この場合，Aが買い受けた腕時計を目的として，Xのために“動産売買の先取特権”が発生する。

この後，Aは，Xから買い受けた腕時計（先取特権の目的である物）を20万円でBに売り渡す契約をした。

➡ 先取特権者Xは，AのBに対する腕時計の売買代金債権に対して先取特権を行使することができる。

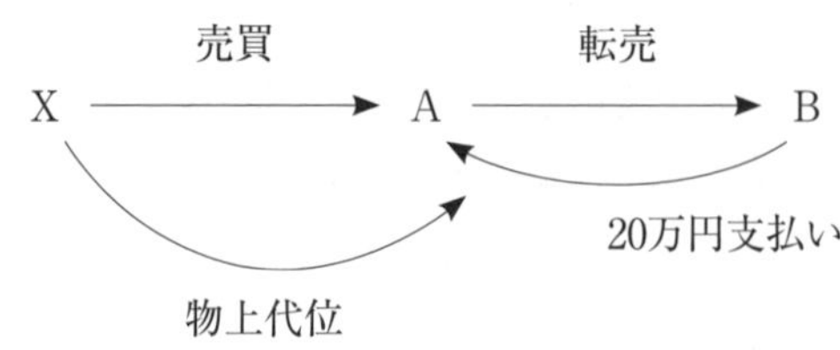

・　物上代位をするためには，その払渡しまたは引渡しの前に差押えをしなければならない（民§304ただし書）。

➡　上記の事例では，BがAに対して売買代金の20万円を支払う前に，先取特権者Xは，AのBに対する売買代金債権を差し押さえなければならない。

プラスアルファ

後で解説するが，債務者の総財産を目的とする一般の先取特権においては，物上代位は問題とはならない。

3　先取特権の種類

先取特権は，目的となる財産の種類に応じて，**一般の先取特権**と**特別の先取特権**に分けられる。

一般の先取特権→　債務者の総財産を目的として成立する先取特権。

特別の先取特権→　債権の種類に応じて，債務者の特定の財産を目的として成立する先取特権。

そして，特別の先取特権も，債務者の特定の動産を目的として成立する**動産の先取特権**と，債務者の特定の不動産を目的として成立する**不動産の先取特権**に分けられる。

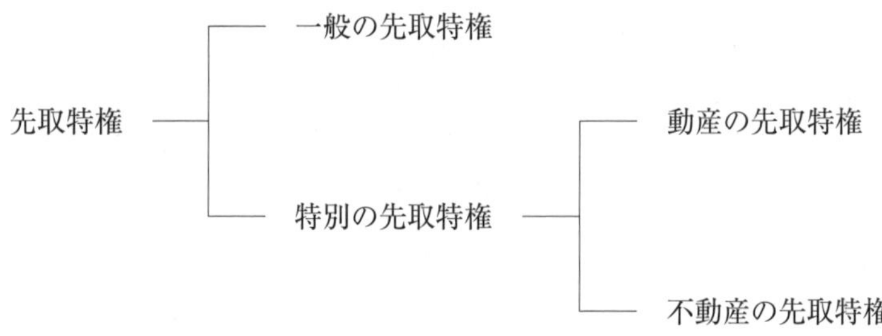

第2節　一般の先取特権

Topics ・一般の先取特権によって担保される債権，その順位，効力について理解しておくこと。

1　意　義

一般の先取特権は，法で定める一定の債権が発生した場合に，**債務者の総財産を目的として成立する先取特権**である。

債務者の総財産を目的として優先弁済権が認められるので，第三者（他の一般債権者）への影響も大きい。そのため，一般の先取特権によって担保される債権は，特に保護されるべき債権に限定される。

2　一般の先取特権によって担保される債権

民法では，一般の先取特権によって担保される債権として，以下の４つを規定している。

> （一般の先取特権）
> **第306条**　次に掲げる原因によって生じた債権を有する者は，債務者の総財産について先取特権を有する。
> 一　共益の費用
> 二　雇用関係
> 三　葬式の費用
> 四　日用品の供給

これらの債権は，公平の理念や社会政策的な考慮から，特に保護すべきものといえる。

➡ また，債権額もそんなに大きくはならないので，他の一般債権者を大きく害することもない。

(1)　共益の費用の先取特権

①　意　義

共益の費用の債権を有する者は，債務者の総財産について先取特権を取得する。

➡ 共益の費用（みんなのためになる費用）を支出した者は，その費用について債務者の総財産から他の債権者に優先して弁済を受けることができる。

理由　みんなのためになる費用を支出したので，その費用については優先して弁済を受けさせるのが公平といえる。

【例】　X，Y，ZはAに対してそれぞれ債権を有している。そして，このうちのXが，XYZ全員のためになる費用を支出した。
　この費用に関しては，XはAの総財産から他の債権者に優先して弁済を受けることができる。

②　共益の費用とは

> （共益費用の先取特権）
> **第307条**　共益の費用の先取特権は，各債権者の共同の利益のためにされた債務者の財産の保存，清算又は配当に関する費用について存在する。

債務者の財産の保存とは，債務者の財産の現状を維持するための行為（債務者の財産が不必要に減少しないようにする行為）をいう。

【例】　債務者が第三者に対して有する債権について，債権者代位（民§423）により消滅時効の完成を猶予させた。

【例】　債務者がした行為について詐害行為取消請求（民§424）をする。

・　これらの行為について，一部の債権者にのみ有益であって，他の債権者にとっては特に有益でなかった場合には，先取特権は，その費用によって利益を受けた債権者に対してのみ存在する（民§307Ⅱ）。

(2)　雇用関係の先取特権

①　意　義

雇用関係の債権を有する者は，債務者の総財産について先取特権を取得する。

理由　雇用関係の債権（給料等）は，その人の生計にとって極めて重要であり，保護すべきものといえる。社会政策的な考慮から認められた先取特権である。

②　雇用関係の債権とは

> **（雇用関係の先取特権）**
> **第308条**　雇用関係の先取特権は，給料その他債務者と使用人との間の雇用関係に基づいて生じた債権について存在する。

1番重要なのは，使用人（従業員）の**給料**である。また，給料の後払いの性質を有する**退職金**も含まれる。 H17-11

【例】　Xは，A株式会社の社員として一所懸命働き，8月分の給料として23万円貰えるはずだったが，「経営が厳しい」，「このままでは会社全体が倒れる」などと言われ，給料を払ってもらえなかった。

➡　Xは，A株式会社の総財産から他の債権者に優先して弁済（給料の支払い）を受けることができる。

・「使用人」には，パートタイマーも含まれる（最判昭47.9.7参照）。 H17-11

(3)　葬式の費用の先取特権

葬式の費用の債権を有する者は，債務者の総財産について先取特権を取得する。

理由　資力の乏しい人であっても，その人の身の丈にあった葬式を出させてあげようという社会政策的な配慮から認められた先取特権である。

➡　葬式の費用について業者さんに先取特権を認めれば，業者さんも安心して葬式を請け負える。つまり，資力の乏しい人でも葬式をあげやすくなる。

(4)　日用品の供給の先取特権

①　意　義

日用品の供給に関する債権を有する者は，債務者の総財産について先取特権を取得する。

理由　資力の乏しい人でも，日用品を入手しやすくしようという社会政策的な配慮から認められた先取特権である。

➡　日用品の供給の債権（売買代金債権）について売主に先取

特権を認めれば，売主も安心して日用品を売ることができる。つまり，資力の乏しい人でも日用品を入手しやすくなる。

② 日用品の供給の債権とは

（日用品供給の先取特権）
第310条 日用品の供給の先取特権は，債務者又はその扶養すべき同居の親族及びその家事使用人の生活に必要な最後の６か月間の飲食料品，燃料及び電気の供給について存在する。

日用品の供給の債権とは，債務者またはその扶養すべき同居の親族およびその家事使用人の生活に必要な最後の６か月分の飲食料，燃料および電気の代金債権をいう。

・「債務者の扶養すべき同居の親族」は，配偶者や子はもちろん，内縁の妻も含まれる（大判大11.6.3)。

H17-11 ・債務者は自然人に限られ，法人（会社など）は含まれない（最判昭46.10.21)。

➡ この先取特権は，人間の（家庭）生活を保障するために債権者に認められたものである。会社に日用品を供給しても，先取特権は発生しない。

(5) 複数の一般の先取特権が成立した場合の順位

同一の債務者に対して,複数の一般の先取特権が成立することもあり得る。

【例】 Aに対して，X社は葬式の費用の先取特権を有し，Y社は日用品の供給の先取特権を有している。

この場合，複数の先取特権者間の優先権の順位はどうなるか。

➡ 上記の事例で，X社が先に優先弁済を受けられるのか，Y社が先か，それとも債権額に応じて平等に弁済を受けるのか。

（一般の先取特権の順位）
第329条　一般の先取特権が互いに競合する場合には，その優先権の順位は，第306条各号に掲げる順序に従う。

民法306条各号に掲げる順なので，以下のとおりの順序となる。 H17-11

① 共益の費用
② 雇用関係
③ 葬式の費用
④ 日用品の供給

理由　客観的に明確な基準があるわけではないが，債権の保護の必要性が高い順番とされている。

【例】 上記の例でいうと，葬式の費用の先取特権を有するＸ社が，日用品の供給の先取特権を有するＹ社より先に優先弁済を受けることができる。

重要！

同一の先取特権を有する者が複数いる場合は，各人の債権額の割合に応じて（平等に）優先弁済を受ける。

3　一般の先取特権の効力

⑴　優先弁済的効力

先取特権者は，その債務者の財産について，他の債権者に先立って自己の債権の弁済を受ける権利を有する（民§303）。 H6-11

⑵　一般の先取特権を行使する際の制限

（一般の先取特権の効力）
第335条　一般の先取特権者は，まず不動産以外の財産から弁済を受け，なお不足があるのでなければ，不動産から弁済を受けることができない。

先取特権を有する者は，債務者の財産を換価（競売によって売却等）し，その代金から他の債権者に優先して弁済を受けることができる。

ところで，一般の先取特権は，債務者の総財産を目的としているので，換価すべき財産もいろいろな種類がある（動産，不動産，債権など）。

　ということは，どの財産を換価するかによって，他の債権者や債務者に大きな影響を及ぼすことになる。

H24-11　そこで，民法は，一般の先取特権者は，まず**不動産以外の財産**から弁済を受け，それでも不足する場合に不動産から弁済を受けることができると規定した。

【例】 債務者Ａは，貴金属等の動産，株式，自動車，土地などを持っている。この場合，一般の先取特権者Ｘは，いきなり土地に対して先取特権を実行してはいけない。

(3) 一般の先取特権者と他の債権者の関係（不動産について）

（一般の先取特権の対抗力）

第336条　一般の先取特権は，不動産について登記をしなくても，特別担保を有しない債権者に対抗することができる。ただし，登記をした第三者に対しては，この限りでない。

　一般の先取特権の債務者が不動産を所有しているときは，その不動産にも先取特権が成立するので，その不動産に先取特権の登記をすることができる。

➡ 物権編で解説したように，不動産を目的とした物権は，その登記をしなければ第三者に対抗できないはずである（民§177）。

　しかし，一般の先取特権は債権額も少なく，また債権者と債務者との関係から，一般の先取特権の登記をすることは実際には難しい。

➡ 従業員が，会社の不動産に先取特権の登記をするということは，事実上不可能。

　そのため，一般の先取特権者は，不動産について先取特権の登記をしなくても，**特別な担保（抵当権等）を有しない債権者には対抗することができる**とされた。

【例】 ＸはＡに対して葬式の費用の先取特権を有している。一方，ＹはＡに対して100万円の貸金債権を有している（抵当権等は設定されていない）。
　そして，Ｙは，Ａの所有する甲土地を差し押さえた。

➡　Yは，（Xより先に差押えをしているが）特別な担保を有しない債権者であるので，Xは先取特権の登記をしていなくても，Yに優先して弁済を受けることができる。

・　ただし，登記をした第三者に対しては対抗することができない（民§336ただし書）。 H26-11

➡　さすがに登記を備えた第三者には勝てない。これに勝ててしまったら，民法177条の信用はガタ落ちとなる。

プラスアルファ

登記をした第三者とは，登記をした抵当権者，質権者，特別の先取特権者などをいう。

また，登記をした第三取得者（債務者から不動産を取得して登記を備えた者）も含まれる。

【例】　Xは，Aに対して一般の先取特権を有している。Aは甲土地を所有しているが，先取特権の登記はされていない。一方，YはAに対して貸金債権を有しており，甲土地にYの抵当権の設定の登記がされている。

➡　登記をしていないXは，登記を備えた抵当権者Yに対抗することはできない。

(4)　物上代位について

先取特権には物上代位性があるが，一般の先取特権については，債務者の総財産を目的としているので，物上代位の手続を踏まなくても，債務者が取得する金銭その他の物に対して先取特権を行使することができる。

【例】　XはAに対して一般の先取特権を有している。Aは，高級な腕時計を所有していたが，Bがこれを壊してしまった。そのため，AはBに対して損害賠償の請求権を取得した。

➡　Xの先取特権は，Aの総財産を目的としているので，当然，AのBに対する損害賠償請求権も先取特権の目的となっている。したがって，特に物上代位の手続を踏まなくても，Xはこの請求権に対して先取特権を行使することができる。

第3節　動産の先取特権

Topics ・動産の先取特権の種類，順位，効力について理解しておくこと。

ケーススタディ

Xは Aに対し，高級な腕時計を30万円で売り渡した。XはAに対して腕時計を引き渡したが，Aは代金を払ってくれない。

Xは，腕時計の代金30万円を優先的に回収することができるか。

1　動産の先取特権（特別の先取特権）の意義

一般の先取特権は，民法306条に定める４つの種類の債権が発生した場合に，債務者の総財産を目的として発生するものである。

一方，債務者の特定の財産に密接に関連する債権(かつ特に保護すべき債権)が発生した場合，その特定の財産を目的として先取特権が発生する。

これが**特別の先取特権**である。

特別の先取特権のうち，特定の動産を目的として発生するものを**動産の先取特権**，特定の不動産を目的として発生するものを**不動産の先取特権**という。

【例】 ケーススタディの事例では，腕時計という動産に関して30万円の売買代金債権が発生している。

この腕時計は，XがAに売り渡したものであり，まだ代金が未回収なわけだから，仮にこの後に腕時計が競売によって売却された場合は，他の債権者よりXが優先して弁済を受けるべきといえる。

そのため，ケーススタディの事例においては，この腕時計を目的としてXのために動産売買の先取特権が発生する。

2　動産の先取特権の種類

動産の先取特権には，８つの種類がある。

（動産の先取特権）

第311条　次に掲げる原因によって生じた債権を有する者は，債務者の特定の動産について先取特権を有する。

一　不動産の賃貸借
二　旅館の宿泊
三　旅客又は荷物の運輸
四　動産の保存
五　動産の売買
六　種苗又は肥料（蚕種又は蚕の飼養に供した桑葉を含む。以下同じ。）の供給
七　農業の労務
八　工業の労務

いずれも，特定の動産と密接に関連した債権であり，かつ，債権者がその動産から優先弁済を受けるべき特別な理由があるといえる。

(1)　不動産の賃貸の先取特権

①　意　義

不動産を賃貸した場合，賃貸人は賃借人に対して賃料等の債権を取得するが，**賃貸人は，その債権に関し，賃借人がその不動産に持ち込んだ動産を目的として先取特権を取得する。**

（不動産賃貸の先取特権）
第312条　不動産の賃貸の先取特権は，その不動産の賃料その他の賃貸借関係から生じた賃借人の債務に関し，賃借人の動産について存在する。

理由　たとえばアパートの大家さんは，いざという時は（家賃を払ってくれなくなったら），賃借人が部屋に持ち込んだ物から家賃を回収しようと考えるのが通常である。

そのような賃貸人の期待を保護するため，先取特権が認められた。

②　不動産の賃貸の先取特権によって担保される債権

その不動産の賃料その他の賃貸借関係から生じた債権が担保される。

重要!

賃貸人が敷金を受け取っている場合は，その敷金から回収できない部分についてのみ，先取特権が存在する（民§316）。 R3-11 H17-11

【例】　XはAに対して建物を賃貸する契約をしたが，その契約の時に20万円の敷金を受け取った。その後，Aは家賃を滞納し，延滞賃料の総額が50万円となった。

➡　このうち20万円分は敷金から回収できるので，残りの30万円について先取特権が発生する。

③　不動産の賃貸の先取特権の目的物

・　土地の賃貸の場合

その土地またはその利用のための建物に備え付けられた動産，その土地の利用に供された動産および賃借人が占有するその土地の果実（民§313Ⅰ）

➡　排水用のポンプなど。

・　建物の賃貸の場合

建物の賃貸人の先取特権は，賃借人がその建物に備え付けた動産について存在する（同Ⅱ）。

➡　判例は，この範囲を広く解釈し，建物の常用に供する物に限らず，金銭，有価証券，時計，宝石類も先取特権の目的となるとしている（大判大3.7.4）。

④　賃借権の譲渡または転貸がされた場合

賃借権の譲渡または転貸がされた場合は，**賃貸人の先取特権は，譲受人（転借人）の動産に及ぶ。**

【例】　XはAに建物を賃貸した。その後，Aは，建物についての賃借権をBに譲渡した（Bが賃借人となった）。

この場合，XのAに対する延滞賃料についての先取特権は，Bの動産にも及ぶ。

理由　Aの債務について，Bの動産に先取特権の効力が及ぶ（Bの動産が競売にかけられてしまう）のはおかしいと考えることもできる。しかし，実はそうでもない。

実際のところ，AがBに賃借権を譲渡する場合は，Aが当該建物に持ち込んだ動産（家財道具）も一緒にBに譲渡されることが多い。そのため，このような動産にも先取特権の効力を及ぼすのが自然と考えることができる。

⑤　即時取得の規定の準用

ケーススタディ

Xから建物を賃借したAは，建物内にたくさんの家財道具を持ち込んだが，中にはAの所有ではない動産も混ざっていた。

この場合，Aの所有ではない物についてXの先取特権が成立することはあるか。

債務者（賃借人）の所有でない物については基本的に先取特権も成立しないが，債権者（賃貸人）が，当該動産について債務者の所有であると信じ，かつそう信じることについて過失がないときは，民法192条の**即時取得の規定を準用**し，当該動産に先取特権が成立する（民§319）。 H22-11 H16-14

(2)　旅館宿泊の先取特権

①　意　義

（旅館宿泊の先取特権）
第317条　旅館の宿泊の先取特権は，宿泊客が負担すべき宿泊料及び飲食料に関し，その旅館に在るその宿泊客の手荷物について存在する。

ホテルに泊まった客が，チェックアウトする段階になって「お金を持ってない」と言い出した場合，ホテル側は，**その客の手荷物について先取特権を取得する。**

理由　料金を後払いとして客を泊める場合，ホテル側は，いざという時は客の手荷物から料金分を回収すればいいと考えるのが通常である。

そのようなホテル側の期待を保護するため，先取特権が認められた。

②　即時取得の規定の準用

旅館宿泊の先取特権も，債権者の期待の保護（動産を引き当てにできるという当事者の意思の推測）から認められたものである。

そのため，宿泊客の手荷物について，その宿泊客の所有ではないものがある場合であっても，ホテル側が，その宿泊客の所有であると過失なく信じた場合には，即時取得の規定の準用により，その手荷物に先取特権が成立する（民§319）。

(3)　運輸の先取特権

①　意　義

> （運輸の先取特権）
> **第318条**　運輸の先取特権は，旅客又は荷物の運送賃及び付随の費用に関し，運送人の占有する荷物について存在する。

H5-13　料金を後払いとして荷物を運んだが，客がその料金を払ってくれない場合，運送人は，**その占有している（客の）荷物について先取特権を取得する**。

理由　旅客や荷物を運ぶ場合，運送人は，いざという時は自分が占有している客の荷物から料金分を回収すればいいと考えるのが通常である。

そのような運送人側の期待を保護するため，先取特権が認められた。

②　即時取得の規定の準用

運送人の占有する荷物について，債務者の所有ではないものがある場合であっても，運送人が，その債務者の所有であると過失なく信じた場合には，即時取得の規定の準用により，その荷物に先取特権が成立する（民§319）。

重要！

不動産賃貸，旅館宿泊，運輸の先取特権は，債権者の期待の保護（当事者の意思の推測）から認められた先取特権である。そのため，この３つの動産の先取特権には即時取得の規定が準用されるが，以下に解説する５つの動産の先取特権については，趣旨が異なるので，即時取得の規定の準用はない。

(4)　動産保存の先取特権

> （動産保存の先取特権）
> **第320条**　動産の保存の先取特権は，動産の保存のために要した費用又は動産

に関する権利の保存，承認若しくは実行のために要した費用に関し，その動産について存在する。

動産の修繕をしたような場合，**その修繕費について，当該動産を目的として先取特権が発生する。**

理由　その保存行為（修繕等）により，動産の価値が維持された。そのため，保存行為に要した費用については，保存行為をした人が優先的に弁済を受けられるとするのが公平である。

(5)　動産売買の先取特権

（動産売買の先取特権）
第321条　動産の売買の先取特権は，動産の代価及びその利息に関し，その動産について存在する。

動産の売買をした場合，**その代金や利息について，売買された動産を目的として売主のために先取特権が発生する。**

理由　売り渡された動産については，売主が他の債権者に優先して弁済を受けるのが公平といえる。

(6)　種苗又は肥料の供給の先取特権

（種苗又は肥料の供給の先取特権）
第322条　種苗又は肥料の供給の先取特権は，種苗又は肥料の代価及びその利息に関し，その種苗又は肥料を用いた後1年以内にこれを用いた土地から生じた果実（蚕種又は蚕の飼養に供した桑葉の使用によって生じた物を含む。）について存在する。

(7)　農業労務の先取特権

（農業労務の先取特権）
第323条　農業の労務の先取特権は，その労務に従事する者の最後の1年間の賃金に関し，その労務によって生じた果実について存在する。

⑻　工業労務の先取特権

（工業労務の先取特権）
第324条　工業の労務の先取特権は，その労務に従事する者の最後の３か月間の賃金に関し，その労務によって生じた製作物について存在する。

3　動産の先取特権の順位

同一の動産について，複数の先取特権が成立することもあり得る。

【例】　Xは，自分の所有する腕時計をAに30万円で売った。Aはまだ代金を払っていないが，XはAに腕時計を引き渡した。また，この腕時計はちょっと不具合があったので，AはYに修理を依頼し，その費用は３万円であった。Aはまだ修理費用を払っていないが，YはAに腕時計を返却した。
➡　この腕時計を目的として，Xの動産売買の先取特権と，Yの動産保存の先取特権が成立した。

この場合，複数の先取特権者の優先権の順位はどうなるか。
➡　XとYは，どういった順位で優先弁済を受けることになるのか。

⑴　原　則

（動産の先取特権の順位）
第330条　同一の動産について特別の先取特権が互いに競合する場合には，その優先権の順位は，次に掲げる順序に従う。この場合において，第２号に掲げる動産の保存の先取特権について数人の保存者があるときは，後の保存者が前の保存者に優先する。
一　不動産の賃貸，旅館の宿泊及び運輸の先取特権
二　動産の保存の先取特権
三　動産の売買，種苗又は肥料の供給，農業の労務及び工業の労務の先取特権

客観的に明確な基準があるわけではないが，まず，債権者の期待の保護（当事者の意思の推測）により認められた先取特権（**不動産賃貸，旅館宿泊，運輸**）が第１順位とされた。

そして，動産の保存がされると，当該動産の価値が維持され，他の債権者も利益を受けることから，動産の保存の先取特権が第２順位とされた。

重要❗

この趣旨から，第１順位の先取特権者のために物を保存した者がいるときは，第１順位の先取特権者はその者に優先権を行使することができない(民§330Ⅱ後段)。

・　動産の保存の先取特権者が数人いるときは，**後に保存をした者が前に保存をした者に優先する。** H10-12

➡　後の（直近の）保存の行為によって，今現在のその動産の価値が維持されているから。

⑵　例外（第１順位者が，後順位者がいることを知っていた場合）

> （動産の先取特権の順位）
> **第330条**
> ２　（一部省略）第一順位の先取特権者は，その債権取得の時において第二順位又は第三順位の先取特権者があることを知っていたときは，これらの者に対して優先権を行使することができない。

【例】　建物の賃貸人のＸは，賃借人Ａが建物に持ち込んだ腕時計について，売主Ｙのために動産売買の先取特権が成立していることを知っていた。
　この場合，不動産賃貸の先取特権（本来は第１順位）を有するＸは，動産売買の先取特権（本来は第３順位）を有するＹに優先することができない。

理由　既に当該動産に関して先取特権者がいることを分かった上で債権を取得しているのであるから，それを押しのけてまで第１順位にする必要はないといえる。

➡　上記のＸは，当該腕時計に関して既に先取特権者がいることを分かっているのだから，Ｘが不測の損害を被ることもない。

(3)　同一順位の先取特権者が複数いる場合

> （同一順位の先取特権）
> **第332条**　同一の目的物について同一順位の先取特権者が数人あるときは，各先取特権者は，その債権額の割合に応じて弁済を受ける。

(4)　特別の先取特権と一般の先取特権の優劣

> （一般の先取特権の順位）
> **第329条**
> 2　一般の先取特権と特別の先取特権とが競合する場合には，特別の先取特権は，一般の先取特権に優先する。ただし，共益の費用の先取特権は，その利益を受けたすべての債権者に対して優先する効力を有する。

原則として，特別の先取特権が優先する。

理由　特別の先取特権は，その特定の動産や不動産と特別の関係がある債権を担保するものであるので，そちらを優先すべきである。

ただし，共益の費用の先取特権に関しては，その利益を受けたすべての債権者に優先する。

理由　共益の費用を支出してくれたことにより，他の債権者も利益を受けているのだから，その費用については最先順位で優先弁済を受けられるとするのは，当然といえる。

(5)　先取特権と動産質権が競合した場合

同一の動産について，先取特権と動産質権が競合することがある。

【例】　Xは，Aの所有する腕時計を修理し，動産保存の先取特権を取得した。そして，Aは，この腕時計をYに質入れした。
➡　XとYの優劣はどうなるのか。

> （先取特権と動産質権との競合）
> **第334条**　先取特権と動産質権とが競合する場合には，動産質権者は，第330条の規定による第一順位の先取特権者と同一の権利を有する。

動産質権者は，民法330条の**第１順位の動産の先取特権者**（不動産賃貸，旅館宿泊，運輸の先取特権者）**と同順位**となる。 H28-11

理由　質権は，当事者の意思の合致によって成立する担保物権である。また，第１順位の動産の先取特権も，当事者の意思の推測（債権者の期待の保護）を根拠として認められるものである。

その点で似ているので，両者は同順位とされた。

【例】　上記の事例では，Ｘは第２順位の動産の先取特権者（動産保存の先取特権者）なので，動産質権者Ｙに劣後する。

4　動産の先取特権の効力

⑴　優先弁済的効力

先取特権者は，その目的たる動産について，他の債権者に先立って自己の債権の弁済を受ける権利を有する（民§303）。

➡　一般の先取特権であろうと特別の先取特権であろうと異ならない。

⑵　動産が第三者に譲渡された場合

ケーススタディ

Ｘは，Ａの所有する腕時計を修理した。費用は３万円であった。

しかし，Ａは，その修理の代金を払わずに，この腕時計をＢに売り渡した。そして腕時計をＢに引き渡した。

Ｘは，現在はＢが所有している腕時計に対して先取特権を行使することができるか。

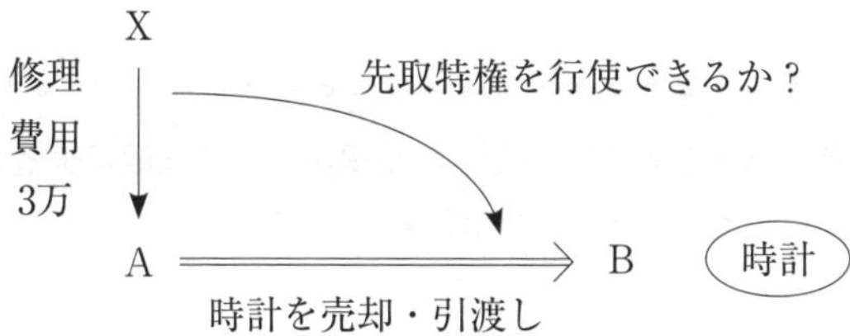

債務者の動産を目的として動産の先取特権が発生した後，債務者がその動産を第三者に譲渡し，引き渡した場合，その先取特権の効力はどうなるのだろうか。

➡ 第三者の手に渡った動産に対して追及することができるのか。それとも先取特権を行使できなくなるのか。

（先取特権と第三取得者）
第333条 先取特権は，債務者がその目的である動産をその第三取得者に引き渡した後は，その動産について行使することができない。

H16-14
H10-12
債務者が，先取特権の目的である動産を第三者に譲渡し，引き渡した後は，その動産について**先取特権を行使することができない。**

【例】 ケーススタディの事例では，債務者Aが，動産保存の先取特権の目的である腕時計をBに譲渡し，引き渡しているので，Xは当該動産について先取特権を行使することができない。

理由　何といってもポイントなのが，**動産を目的とした先取特権には公示方法が存在しない**ということ。

➡ その動産について，先取特権者が占有しているわけではない。先取特権は抵当権と同じように非占有担保であり，留置的効力はない。

つまり，この動産が先取特権の目的となっているということが，第三者から分からない。

だから，先取特権なんかないものとして動産を買ったが，後になって「先取特権がついています」ということでその動産が取り上げられたら，第三者は困る。**動産取引の安全が害される。**

したがって，動産を目的とした先取特権の追及効を制限し，第三者に引き渡されたら先取特権を行使できないとされた。

重要❗

H18-15
動産が債務者から第三者に売り渡された場合には，先取特権者は，その代金債権に物上代位することができる（民§304）。

H19-12
①「第三取得者」とは，先取特権の目的である動産の所有権を取得した者を

いう。その動産を賃借した者，受寄者，質権者などは含まない（大判昭18.3.6）。

②「引き渡し」は，**占有改定も含まれる**（大判大6.7.26）。 H30-15

➡ 占有改定による引渡し（民§183）も，動産の譲渡の対抗要件（民§178）として認められている。 H28-11 H16-14

【例】 Xの先取特権の目的となっている動産を，債務者Aが第三者Bに売り渡し，占有改定の方法により引き渡した場合，Xは当該動産について先取特権を行使することができない。

③ 動産の第三取得者が，当該動産に先取特権がついていることを知っていた場合（悪意）でも，当該動産に先取特権を行使することはできない。

(3) 物上代位

先取特権には，物上代位性がある。 H3-10

【例】 Aの所有する高級タンスを目的として，Xのために不動産賃貸の先取特権が発生したが，第三者Bがこのタンスを破壊してしまった。これにより，AはBに対して30万円の損害賠償債権を取得した。

➡ Xは，この損害賠償請求権に物上代位することができる（この損害賠償請求権を差し押さえて，優先弁済を受けることができる）。

基本的な考え方は，抵当権に基づく物上代位と同じであるが，動産を目的とした先取特権の場合は少し話が異なる。

・ 抵当権の場合，物上代位の目的である債権が第三者に譲渡され，対抗要件を備えた場合であっても，抵当権者はその債権に物上代位することができた（最判平10.1.30）。

➡ 抵当権の効力が物上代位の目的債権についても及んでいることは，抵当権の設定の**登記によって公示されている**とみることができるから。

【例】 XのAに対する債権を担保するため，Aの所有する甲建物に抵当権が設定され，その登記がされた。その後，Bの破壊行為により甲建物が損壊し，AはBに対して損害賠償請求権を取得した。

そして，Aは，Bに対する損害賠償請求権をYに譲渡し，債権譲渡の対抗要件を備えた。この場合でも，Xは，Bに対する損害賠償請求権について物上代位をすることができる。

➡　甲建物についてXの抵当権の設定の登記がされているので，この抵当権の効力は甲建物に代わるべき債権（物上代位の目的となる債権）にも及んでいることが公示されているといえる（Xが物上代位をしたとしても，Yが不当な損害を受けるとはいえない。不意打ちではない）。

一方，動産を目的とした先取特権については，**公示方法が存在しない。**

➡　先取特権者が当該動産を占有しているわけではないし，また動産について登記することもできない。つまり，当該動産が先取特権の目的となっていることは，第三者から見て分からない。

H30-12
H24-11

そのため，動産の先取特権の物上代位の目的となる債権が第三者に譲渡され，債権譲渡の対抗要件を備えた後においては，先取特権者は，当該債権について物上代位をすることができないとされている（最判平17.2.22）。

【例】　XはAに対して腕時計を30万円で売り渡し，腕時計を引き渡した。しかし，まだAは代金を払っていない（Xは，当該腕時計に動産売買の先取特権を取得した）。

その後，Aは，当該腕時計を20万円でBに売り渡した。

➡　Xは，AのBに対する売買代金債権（20万円）に物上代位できるはずである。

しかし，Xが物上代位に基づく差押えをする前に，Aは，当該売買代金債権をYに譲渡し，債権譲渡の対抗要件を備えた。

➡　Xは，もはや，Bに対する売買代金債権に物上代位することはできない。

R3-11

・　動産の売主は，その動産が転売され，その転売に係る代金債権が他の債権者によって差し押さえられた場合でも，動産売買の先取特権に基づく物上代位権を行使することができる（最判昭59.2.2）。

➡　物上代位の目的となる債権が譲渡された場合とは異なる。

H28-11

・　動産売買の先取特権の目的である動産を用いて当該動産の買主が請負工事を行った場合，請負代金債権の全部又は一部を当該動産の転売による代金債権と同視するに足りる**特段の事情があるときは，**先取特権者は，その部分の請負代金債権について物上代位権を行使することができる（最決平10.12.18）。

第4節　不動産の先取特権

Topics・不動産の先取特権の効力要件，順位について理解しておくこと。

ケーススタディ

Xは，Aの所有する建物を修繕し，50万円の費用がかかったが，Aはその費用を払ってくれない。

Xは，この修繕の費用50万円を優先的に回収することができるか。

1　不動産の先取特権の意義

特定の不動産に密接に関連した債権が発生し，それが特に保護すべきものである場合には，その不動産を目的として先取特権が発生する。

これが**不動産の先取特権**である。

【例】　ケーススタディの事例では，Aの所有する建物に関して，50万円の修繕費用が発生している。

これは，Aの所有する特定の建物に関する債権であり，また，このXの修繕により当該建物の価値が維持されたわけだから，この修繕費用に関しては，この建物からXが優先して弁済を受けるべきといえる。

そのため，ケーススタディの事例においては，Aの建物を目的としてXのために不動産保存の先取特権が発生する。

2　不動産の先取特権の種類

不動産の先取特権には，３つの種類がある。

（不動産の先取特権）

第325条　次に掲げる原因によって生じた債権を有する者は，債務者の特定の不動産について先取特権を有する。

一　不動産の保存

二　不動産の工事

三　不動産の売買

いずれも，特定の不動産と密接に関連した債権であり，かつ，債権者がその不動産から優先弁済を受けるべき特別な理由があるといえる。

⑴　不動産の保存の先取特権

①　意　義

（不動産保存の先取特権）
第326条　不動産の保存の先取特権は，不動産の保存のために要した費用又は不動産に関する権利の保存，承認若しくは実行のために要した費用に関し，その不動産について存在する。

不動産の保存や，不動産に関する権利の保存をした者は，その費用について，当該不動産を目的として先取特権を取得する。

➡　まさにケーススタディの事例である。

理由　その保存行為（修繕等）により，不動産の価値が維持された。そのため，保存行為に要した費用については，保存行為をした人がその不動産から優先的に弁済を受けられるとするのが公平である。

②　登記の必要性

（不動産保存の先取特権の登記）
第337条　不動産の保存の先取特権の効力を保存するためには，保存行為が完了した後直ちに登記をしなければならない。

不動産の保存をしたために費用が発生した場合でも，**その不動産に先取特権の登記をしなければ，先取特権を取得できない。**

理由　通常，登記は，不動産に関する物権変動の対抗要件（民§177）であるが，不動産の先取特権については，**登記は対抗要件を超えて効力要件と規定されている。**

➡　後述するように，不動産の保存の先取特権は，先に登記された抵当権にも優先する（民§339）。つまり，ちょっと特殊な効力を有するので，登記をしないと効力が保存されないと規定された。

・　保存行為が完了した後，**直ちに**登記をすることを要する。　R2-11

(2) 不動産の工事の先取特権

① 意　義

（不動産工事の先取特権）
第327条　不動産の工事の先取特権は，工事の設計，施工又は監理をする者が債務者の不動産に関してした工事の費用に関し，その不動産について存在する。

債務者の不動産について工事をした者は，その費用について，当該不動産を目的として先取特権を取得する。

【例】　Xハウジングは，Aの所有する建物について増築工事をした。費用は300万円であった。
　Xハウジングは，当該建物を目的として不動産工事の先取特権を取得する。

理由　その工事によって，不動産の価値が増加した。そのため，工事に関する費用については，工事をした者がその不動産から優先的に弁済を受けられるとするのが公平である。

② 登記の必要性

（不動産工事の先取特権の登記）
第338条　不動産の工事の先取特権の効力を保存するためには，工事を始める前にその費用の予算額を登記しなければならない。この場合において，工事の費用が予算額を超えるときは，先取特権は，その超過額については存在しない。

H26-11 H16-14 H15-13　不動産の工事の先取特権を取得するためには，**工事を始める前**に先取特権の登記をしなければならない。

➡ 始める前というのはかなり厳しい。うっかり登記をしないで工事を始めてしまったら，不動産の工事の先取特権は発生しない。

・　工事を始める前に登記をしなければならないので，実際の費用はまだ分からない。そのため，不動産の工事の先取特権の登記をするときは，工事費用の“予算額”を登記する。

➡　実際にかかった工事の費用が，登記された予算額を超えるときは，その超過額については先取特権は存在しない（優先弁済を受けられない）。 H24-11

③　優先弁済を受けられる範囲

（不動産工事の先取特権）
第327条
2　前項の先取特権（不動産の工事の先取特権）は，工事によって生じた不動産の価格の増加が現存する場合に限り，その増価額についてのみ存在する。 H28-11

不動産の工事の先取特権は，工事に関する費用の全額について優先弁済を受けられるわけではない。

その工事によって不動産の価値が増加した場合に，その**増価額についてのみ**先取特権が存在する。

【例】　工事にかかった費用は500万円であったが，実際には不動産の価値は100万円分くらいしか増加しなかった場合には，先取特権者は100万円しか優先弁済を受けられないことになる。

(3)　不動産の売買の先取特権

①　意　義

（不動産売買の先取特権）
第328条　不動産の売買の先取特権は，不動産の代価及びその利息に関し，その不動産について存在する。

不動産を売り渡した者は，その代金および利息について，当該不動産を目的として先取特権を取得する。

【例】　Xは，自己の所有する土地を2,000万円でAに売り渡し，引き渡した。しかし，まだAは代金を支払っていない。

Xは，当該土地を目的として，不動産の売買の先取特権を取得する。

理由　その土地はXが売り渡したものであり，まだ代金を回収できていないのだから，その土地についてはまず売主が優先して弁済を受けられる（代金を回収できる）とするのが公平である。

②　登記の必要性

> （不動産売買の先取特権の登記）
> H26-11 **第340条**　不動産の売買の先取特権の効力を保存するためには，売買契約と同時に，不動産の代価又はその利息の弁済がされていない旨を登記しなければならない。

不動産の売買をしたために代金債権（利息債権）が発生した場合でも，その不動産に**先取特権の登記をしなければ，先取特権を取得できない。**

3　不動産の先取特権の順位

(1)　不動産の先取特権の順位

同一の不動産について，複数の先取特権が成立することもあり得る。

【例】　Xは，Aの所有する甲建物を修繕した。そして，Yは，同じく甲建物について工事をした。

➡　この甲建物を目的として，Xの不動産保存の先取特権と，Yの不動産工事の先取特権が成立した。

この場合，複数の先取特権者の優先権の順位はどうなるか。

> （不動産の先取特権の順位）
> **第331条**　同一の不動産について特別の先取特権が互いに競合する場合には，その優先権の順位は，第325条各号に掲げる順序に従う。

「(民法) 第325条各号に掲げる順序」とされているので，具体的には以下のとおりである。

R3-11
H26-11

> 第１　不動産の保存の先取特権
> 第２　不動産の工事の先取特権
> 第３　不動産の売買の先取特権

理由　不動産の保存がされた場合には，他の先取特権者も利益を受けるし（不動産の価値が維持された），また費用もそんなに大きくはないので，第１順位とされた。また，工事によって不動産の価値が増加し，不動産の売買の先取特権者も利益を受けるので，第２順位とされた。

⑵　同一の不動産について売買が順次された場合

同一の不動産についてＡからＢ，ＢからＣへと順次売り渡されたが，ＡはＢから代金を貰っておらず，またＢもＣから代金を貰っていない場合，ＡとＢはそれぞれ当該不動産について不動産の売買の先取特権を取得する。

この場合，ＡとＢの優先弁済の順序はどうなるか。

（不動産の先取特権の順位）
第331条
2　同一の不動産について売買が順次された場合には，売主相互間における不動産売買の先取特権の優先権の順位は，売買の前後による。

「売買の前後による」とされているので，上記の事例ではＡがＢに優先する。 H24-11

理由　後の売買は，先の売買が前提となっているので，先の売主が優先するべきといえる。

⑶　不動産の先取特権と一般の先取特権の順位

一般の先取特権は，債務者の総財産を目的としているので，当然，不動産も一般の先取特権の目的となる。

ということは，同一の不動産について，一般の先取特権と不動産の先取特権が成立することもあり得る。

（一般の先取特権の順位）
第329条
2　一般の先取特権と特別の先取特権とが競合する場合には，特別の先取特権は，一般の先取特権に優先する。ただし，共益の費用の先取特権は，その利益を受けたすべての債権者に対して優先する効力を有する。

同一の不動産について，一般の先取特権と不動産の先取特権が競合する場合には，原則として特別の先取特権である不動産の先取特権が優先する。

(4)　不動産の先取特権と抵当権が競合する場合

同一の不動産について特別の先取特権と抵当権が競合した場合，その優先順位はどうなるか。

（登記をした不動産保存又は不動産工事の先取特権）
第339条　前二条の規定に従って登記をした先取特権（不動産の保存の先取特権と不動産の工事の先取特権）は，抵当権に先立って行使することができる。

R2-11 H26-11 H24-11 H15-13 H10-12
不動産の保存の先取特権と不動産の工事の先取特権は，（登記の先後に関係なく）抵当権に優先する。

理由　不動産の保存によってその不動産の価値が維持された，また不動産の工事によってその不動産の価値が増加したので，その部分については先取特権者が優先して弁済を受けるべきといえる。

R3-11 H29-11
・　不動産の売買の先取特権と抵当権の関係については，特に規定はない。つまり，一般原則どおり，登記の前後による（民§177）。

・　（不動産を目的とした）一般の先取特権と抵当権の関係も，一般原則どおり，登記の前後による（民§177）。

4　抵当権に関する規定の準用

不動産を目的とした先取特権の効力については，特別の定めがある場合を除き，その性質に反しない限りにおいて抵当権に関する規定が準用される（民§341）。

H22-11
➡　代価弁済や消滅請求の規定などが準用される。

第７章
その他の担保

第1節　譲渡担保

Topics
・ここからは民法に規定されていない担保について学習する。
・譲渡担保，所有権留保，代理受領である。
・譲渡担保あたりはよく出題される。

1　譲渡担保とは

譲渡担保とは，債権を担保するため，**目的物の所有権を債務者または第三者から債権者に移転させ**，債務が弁済されればその所有権は元の所有者に復帰するが，債務が弁済されなかったら目的物の所有権が確定的に債権者（譲渡担保権者）に帰属するという形式の担保である。

【例】　XのAに対する1,000万円の貸金債権を担保するため，Aの所有する甲土地を目的として譲渡担保が設定された。
➡　**甲土地の所有権は，法形式上AからXに移転する。**

その後，AがXに対してきちんと債務を弁済すれば，甲土地の所有権はAに復帰する。

一方，Aが債務を弁済できなかったときは，一定の手続を経た上で，甲土地の所有権は確定的にXに帰属する。

重要！

譲渡担保が設定されると，（いくつか説はあるが）その目的物の所有権が債権者に帰属することになるので（権利移転型の担保），かなり強力な担保ということができる。

＋アルファ

民法に規定された担保物権（抵当権等）は，担保が設定されても（直ちに）目的物の所有権が債権者に移転することはない。債務が弁済されなかった場合にその目的物が競売され，第三者に売却されるという流れをたどる。

重要!

譲渡担保は，民法に規定されていない。いわゆる非典型担保である。昔から実務上で採用されており，判例もこれを認めている。

2　譲渡担保の法的構成

H12-17　譲渡担保の法的構成をどのように捉えるかについては，大きく2つの説に分かれている。

➡　所有権の移転という形式を重視する説（所有権的構成）と，担保目的という実質を重視する説（担保権的構成）である。

(1)　所有権的構成

H11-9　**譲渡担保権者は，目的物の所有権を（対内的にも対外的にも）取得する。**ただし，譲渡担保権設定者に対しては，取得した権利を担保の目的を超えて使用・処分しないという（債権的な）義務を負う，という説。

プラスアルファ

譲渡担保がされると，目的物の所有権が譲渡担保権者に移転する，と考えるのがポイント。

➡　対内的，つまり譲渡担保権者と設定者の関係において目的物の所有権は譲渡担保権者に移転し，また対外的，つまり第三者との関係においても目的物の所有権は譲渡担保権者に移転している，と考える。

ただ，あくまで債権を担保するために設定しているのだから，譲渡担保権者は設定者に対し，目的物を担保の目的を超えて使用・処分しないという義務を負う（所有者だからといって勝手に売ったりしてはいけない）。

➡　しかしこれは，譲渡担保権者と設定者の間の債権的な話である。第三者との関係では，譲渡担保権者は完全な所有者である。

・　所有権的構成をとると，譲渡担保権者が目的物の所有権を取得しているのだから，譲渡担保権者は，(設定者に対する義務違反という問題はあるが)目的物を第三者に売却することができる。

➡　買主たる第三者は，目的物の所有権を取得する。

H4-9　一方，譲渡担保権の設定者は目的物の所有権を失っているので，目的物を第三者に売却することはできない。

➡　設定者が，目的物たる動産を第三者に売り渡した場合，（売主は無権利者であるので）買主が善意無過失であるときは，即時取得（民§192）が成立する可能性はある。

⑵　担保権的構成

譲渡担保の目的物の所有権は依然として設定者に帰属し，譲渡担保権者は，目的物について担保権を有するに過ぎない，という説。

・　担保権的構成をとると，目的物の所有権は設定者に帰属していると考えるので，同一の物について，複数の譲渡担保を設定することができる。

⑶　判例の態度

いろいろな判例を総合すると，「目的物の所有権は，一応は譲渡担保権者に移転するが，それは債権の担保に必要な範囲内であり，設定者にも一定の権限が残っている」，といった考え方のようである。

・　譲渡担保権が設定された後，正当な権原なく目的物を占有している者がいる場合，**譲渡担保権設定者は**，特段の事情のない限り，当該不法占有者に対し，目的物の返還を請求することができる（最判昭57.9.28）。 R4-15 H30-7 H24-15 H21-15

3　譲渡担保の目的物

譲渡担保の目的となる物は，不動産だけでなく，**動産や債権も**その目的とすることができる。

➡　譲渡が可能な財貨であれば，およそすべてが譲渡担保の目的となり得る。

⑴　集合動産について

たとえば倉庫に保管されている大量の物（商品等）について，まとめて譲渡担保を設定することができるとされている（最判昭54.2.15）。

プラスアルファ

一物一権主義の原則や，目的物の特定性の点から，問題がないわけではないが，このような設定も認められている。

・　構成部分が変動する集合動産であっても，その種類，所在場所および量的範囲を指定するなどの方法によって目的物の範囲を特定することができる場合には，１個の集合物として譲渡担保の目的とすることができる（最判昭62.11.10）。 R3-15 H29-15 H23-15 H19-12

【例】 X銀行のA製菓に対する300万円の貸金債権を担保するため，A製菓の東京第1工場の3番倉庫に保管されている製品（大量のミルクチョコレート）に譲渡担保を設定することができる。

➡ 製品が作られたらいったん倉庫に保管され，後に出荷される（倉庫から出る)。そして，また新たに製品が作られ，いったん倉庫に保管される（倉庫に入ってくる)。

このように，構成部分（倉庫の中の製品）が変動するような場合でも，ある程度の特定性があれば，まとめて譲渡担保の目的とすることができる。

H31-15 ・ 譲渡担保権設定契約において，その目的物を「甲倉庫内に保管された商品○△50トン中20トン」と定めたのみでは，譲渡担保権の目的物が特定されているとはいえない(最判昭54.2.15)。

H31-15 ・ 構成部分の変動する集合動産を目的として譲渡担保権設定契約がされ，譲渡担保権者が占有改定の方法により対抗要件を取得したときは，譲渡担保権者は，その後新たにその集合動産の構成部分となった動産についても，譲渡担保権をもって第三者に対抗することができる(最判昭62.11.10)。

R4-15 ・ 集合動産譲渡担保権の設定者が，通常の営業の範囲内で譲渡担保の目的を構成する個々の動産を売却した場合には，買主である第三者は，当該動産について確定的に所有権を取得することができる(最判平18.7.20)。

【例】 X銀行のA製菓に対する貸金債権を担保するため，A製菓の東京第1工場の3番倉庫に保管されている製品（大量のミルクチョコレート）を目的として，譲渡担保が設定された。

この場合，A製菓は，通常の営業の範囲内であれば，3番倉庫に保管されているミルクチョコレートを，第三者に売ることができる。

➡ A製菓が，3番倉庫に保管されているミルクチョコレート100個をBストアに販売した場合，Bストアは，譲渡担保権の負担がない形で，ミルクチョコレートを取得する。

H31-15 ・ 構成部分の変動する集合動産を目的とする集合物譲渡担保権の効力は，譲渡担保の目的である集合動産の構成部分である動産が滅失した場合にその損害をてん補するために譲渡担保権設定者に対して支払われる損害保険金に係る請求権に及ぶ(最判平22.12.2)。

⑵ (集合) 債権について

債権を譲渡担保の目的とすることができる。

【例】 XのAに対する貸金債権を担保するため，AのBに対する売買代金債権に譲渡担保を設定することができる。
➡ AのBに対する売買代金債権は，Xに移転する形になる。

そして，判例は，既に発生している債権およびこれから発生する債権（将来債権）について，一定の特定性がある場合には，これらを一括して譲渡担保の目的とすることができるとしている（最判平13.11.22)。

【例】 XのAに対する貸金債権を担保するため，現在AがBに対して有する継続的商品売買取引による代金債権およびこれから１年の間に取得する継続的商品売買取引による代金債権を一括して，譲渡担保を設定することができる。

・ 将来発生すべき債権を譲渡担保の目的とする場合，一定の特定性があれば，その債権の発生が確実であるかを問わず，譲渡担保権を設定することができるとされている（最判平11.1.29)。 H24-15

・ 将来発生すべき債権を目的として譲渡担保権が設定された場合において，譲渡担保権の目的とされた債権が将来発生したときは，譲渡担保権者は，当然に，当該債権を担保の目的で取得することができる（最決平19.2.15)。 R3-15

4 譲渡担保権の設定

⑴ 設定契約

譲渡担保権の設定は，譲渡担保権者（債権者）と設定者の間の契約によってされる。

プラス アルファ

設定者は，債務者に限られない。債務者以外の第三者が譲渡担保権を設定することもできる（物上保証)。

H23-15 ・　継続的取引関係から発生する債権を担保するため，譲渡担保を設定することもできる。

➡　根抵当権のようなもの。

(2)　対抗要件

①　不動産について

不動産を目的として譲渡担保権が設定されたときは，「譲渡担保」を原因として，所有権の移転の登記をすることができる。これによって，所有権の移転について第三者に対抗することができる。

➡　抵当権のように，担保権が設定された旨の登記をすることはできない（ちょっと分かりにくいかもしれないが，不動産登記法を学習するとよく分かる）。

②　動産について

動産を目的とした譲渡担保権の対抗要件は，引渡しである（民§178）。

重要！

現実の引渡し，簡易の引渡し，指図による占有移転のほか，占有改定も含まれる。

➡　実務上も，動産を目的として譲渡担保権が設定されたときは，占有改定による引渡しが多い。

☆　占有改定による引渡しが認められるので，**債務者がその動産を手元に置いたまま，担保に提供することができる**ことになる。

➡　これが譲渡担保の大きなメリット。質権と決定的に違うところである。

【例】　Aは町工場を営んでいる。そして，AはXから融資を受ける際に，担保を要求されたが，価値のある不動産は持っていなかった（工場の建物は，借地上のバラックであり，ほぼ価値がない）。

一方，Aは，工場内に旋盤機械を持っており，これはかなりの価値がある。そのため，この旋盤機械を目的としてXのために譲渡担保権を設定し，占有改定の方法により引き渡した（つまり，この旋盤機械は実際にはAの工場内に置いたまま）。

➡　Aは，譲渡担保を設定した後も，**引き続きこの旋盤機械を使うことができる**（仕事を継続できるのでAは助かる）。

③　債権について

債権を目的とした譲渡担保は，つまり債権譲渡であるので，債権譲渡の対抗要件と同様である。 H29-15 H19-13

➡　債務者に対する通知または債務者の承諾（民§467）。

5　譲渡担保権が設定された場合の効力

(1)　効力の及ぶ目的物の範囲

不動産を目的として譲渡担保が設定された場合，その効力の及ぶ範囲については，抵当権に関する規定（民§370）が類推適用されると解されている。

・　借地上の建物を目的として譲渡担保権が設定された場合，その譲渡担保権の効力は，土地の賃借権（従たる権利）に及ぶ（最判昭51.9.21）。 R3-15 H24-15

(2)　物上代位

譲渡担保の目的物である動産を，（譲渡担保権者から処分権限を得て）設定者が第三者に売却した場合，譲渡担保権者は，その売却代金に対して物上代位権を行使することができる（最判平11.5.17）。 H29-15 H21-15

(3)　設定者に対する債権者が，目的物たる動産を差し押さえた場合

Ａの所有する旋盤機械を目的として債権者Ｘのために譲渡担保権が設定され，占有改定の方法によりＸに旋盤機械が引き渡された。

➡　占有改定により引き渡されたので，この旋盤機械は現実的にはＡの手元（Ａの工場内）に置かれたままである。

その後，Ａに対する他の債権者Ｙが，この旋盤機械を差し押さえた。

この場合，譲渡担保権者Ｘは，「この旋盤機械は譲渡担保により私のものとなっている」と主張して，差押えを排除することができるか。

判例は，Ｘは譲渡担保権者の地位に基づいて，第三者異議の訴えにより旋盤機械に対する強制執行を排除することができるとしている（最判昭56.12.17）。 R2-15

6　譲渡担保権の実行

譲渡担保権が設定された後，**債務者が債務を弁済できなかったときは，譲渡担保権者はその目的物の所有権を確定的に取得することができる。**

プラス アルファ

譲渡担保権が設定された段階で，目的物の所有権は，一応は譲渡担保権者に移転しているが，それはあくまで"債権の担保のため"という留保がついている。

➡　そして，債務が弁済されなかったら，譲渡担保権者は完全な所有権を取得できる。

(1)　清算の必要性

H26-15　上記のとおり，債務者が債務を弁済できなかったときは，譲渡担保権者は目的物の所有権を確定的に取得することができるが，被担保債権の額よりも目的物の価額が大きい場合には，譲渡担保権者は，その差額を設定者に支払う必要がある（**清算義務**，最判昭46.3.25）。

理由　譲渡担保権者としては，被担保債権の額の分だけ回収できれば満足すべきである。

【例】　XのAに対する1,000万円の貸金債権を担保するため，Aの所有する甲土地を目的として譲渡担保権が設定された（甲土地の価額は2,500万円）。

その後，Aは弁済期までに債務を弁済できなかった。

➡　Xは甲土地の所有権を確定的に取得することができるが，甲土地の価額（2,500万円）と被担保債権の額（1,000万円＋利息等）の差額（約1,500万円）をAに支払うことを要する。

プラス アルファ

当事者間で清算を不要とする特約があっても，原則としては清算をする必要がある。

(2)　清算の方法

原則としては，譲渡担保権者が目的物の価額を評価し，その額と被担保債権の額の差額を設定者に支払う。

これを**帰属清算**と呼ぶ。

➡　目的物の所有権を譲渡担保権者に帰属させ，清算する方式。

また，譲渡担保権者が，目的物を第三者に売却し，その売却代金と被担保債権の額との差額を設定者に支払う，という方法もある。

これを**処分清算**と呼ぶ。

➡　目的物を第三者に処分し，清算する方法。

(3)　譲渡担保権者等による目的物の引渡しの請求

債務者が債務を弁済できなかったため，譲渡担保権者が目的物の所有権を確定的に取得した場合，譲渡担保権者は設定者に対し，目的物の引渡しを請求することができる。

➡　譲渡担保権が設定され，占有改定の方法により目的物が譲渡担保権者に引き渡された場合は，現実的には目的物は設定者の手元に置いてあるので，譲渡担保権者は設定者に対し，現実に引き渡してくれと請求することになる。

この場合，**清算金の支払いと目的物の引渡しは，同時履行の関係**となる（最判昭46.3.25）。 R3-15

➡　譲渡担保権者が目的物の引渡しを請求するには，清算金を支払わなければならない。

・（被担保債権の弁済期が到来した後に）譲渡担保権者が第三者に目的物を売却した場合に，その第三者（買主）が設定者に対して目的物の引渡しを請求したときは，設定者は，清算金の支払請求権に基づいて留置権を行使することができる（最判平9.4.11）。 R4-15 H26-15 H22-12 H21-15

【例】　XのAに対する債権を担保するため，Aの所有する甲土地を目的として譲渡担保権が設定された。そして，Aが債務を弁済できなかったので，Xは譲渡担保権を実行し，甲土地をYに売却した。

➡　YがAに対して甲土地の引渡しを請求したときは，Aは，Xに対する清算金の支払請求権に基づいて，甲土地について留置権を行使することができる。

プラスアルファ

Yは，AのXに対する清算金支払請求権について，消滅時効を援用することができる（最判平11.2.26）。

7　設定者による受戻し

H21-15　譲渡担保権が設定された後，債務者が債務を弁済できなかったときは，譲渡担保権者は目的物の所有権を確定的に取得することになるが，**設定者は，一定の時期までに，被担保債権（利息や損害金も含む）の額を弁済し，目的物を取り戻すことができる（受戻権）**。

【例】　XのAに対する1,000万円の貸金債権を担保するため，Aの所有する甲土地を目的として譲渡担保権が設定された。その後，Aは，弁済期までに債務を弁済できなかった。

➡　弁済期が到来した後でも，XがAに対して清算金を支払う前であれば，Aは被担保債権の額（1,000万円＋利息＋損害金）をXに弁済して，甲土地を取り戻すことができる。

・　被担保債権の弁済期が到来し，譲渡担保権者が設定者に対して清算金を支払った後は，設定者は受戻しをすることはできない（最判昭62.2.12）。

H30-15 H26-15　・　被担保債権の弁済期が到来した後，譲渡担保権者が目的物を第三者に譲渡した後は，設定者は受戻しをすることはできない（最判平6.2.22）。

R4-15 R2-15 H28-15 H24-15　・　被担保債権の弁済期が到来した後において，（譲渡担保権者が譲渡担保権の実行をする前に）設定者が受戻権を放棄する意思表示をするとともに，譲渡担保権者に対し清算金の支払いを請求することはできない（最判平8.11.22）。

➡　清算金支払請求権と受戻権は，まったく別のものである。そのため，設定者が受戻権を放棄した場合でも，それによって直ちに清算金の支払請求権を取得するということにはならない（いつ譲渡担保権を実行するかは，譲渡担保権者の自由である。設定者が受戻権を放棄したからといって，直ちに譲渡担保権を実行し，清算金を支払わなければならないというわけではない）。

8　譲渡担保に関する重要判例

R3-15　①　譲渡担保権の被担保債務の弁済は，目的物の返還に対し，先履行の関係にあり，同時履行の関係ではない（最判平6.9.8）。

➡　債務者は，「弁済と引換えに譲渡担保の目的物を返還してください」と請求することはできない。

➡　既述のとおり，清算金の支払いと目的物の引渡しは，同時履行の関係である。

② 不動産を目的として（処分清算型の）譲渡担保権が設定されたが，債務者は，弁済期までに弁済することができなかった。その後，譲渡担保権者は，当該不動産を第三者に譲渡した。この場合，第三者が背信的悪意者であっても，その第三者は不動産の所有権を取得する（最判平6.2.22）。 R2-15

➡ 設定者は，受戻しをすることができない。

③ 根抵当権者が，根抵当権の目的である不動産について譲渡担保権を取得し，所有権の移転の登記を備えた場合でも，（それだけでは）根抵当権は混同によって消滅しない（最決平17.11.11）。

➡ 譲渡担保権の実行が完了していなければ，まだ確定的に当該不動産の所有権を取得したとはいえないから。

第2節　所有権留保

Topics ・これも事実上の債権担保といえる。動産売買においてしばしば利用される。

1　意　義

所有権留保とは，ある物の売買をするにあたり，目的物は買主に引き渡すが，買主が代金を完済するまでは物の所有権を売主に留保しておくことをいう。

➡　動産の割賦販売等においてよく利用される。

【例】　自動車の販売店Xと客のAは，自動車の売買契約をした。代金は120万円で，10万円ずつ計12回の分割払いとした。この場合，「買主Aが代金の全額を支払うまでは，本件自動車の所有権は売主Xに留保する」という特約をすることができる。

➡　Aが代金の全額を支払えば，この自動車はめでたくAのものとなる。

所有権留保は，売買代金の支払いを確保するための担保の手段である。

2　効　力

(1)　当事者間における効力

・　買主は，目的物を占有し，利用することはできる。しかし，処分する権限はない。

・　買主が代金を支払わないときは，売主は売買契約を解除して目的物の返還を請求することができる。

(2)　第三者に対する効力

H19-12
H18-15

・　買主は，代金を完済するまでは目的物の所有権を有しないので，これを第三者に売却等することはできない。

仮に，買主が，自分の所有する物であると偽って第三者に目的物を売却した場合，第三者はその物を取得することはできない。ただし，目的物が動産である場合は，即時取得（民§192）が成立する可能性はある。

・　買主に対する債権者が，その物を差し押さえた場合，売主は，所有権に基づく第三者異議の訴えにより，その差押えを排除することができる（最判昭49.7.18）。

第3節　代理受領

Topics・これも事実上の債権担保といえる。
・これで担保物権は終了！

1　意　義

代理受領とは，読んで字の如く，代理して受領することである。

これも，債権の担保の１つの手段として利用されている。

【例】　XはAに対して500万円を貸し付けることとしたが，Aは500万円の価値のある不動産や動産（担保）を持っていない。

一方，Aは大工をしており，AはBに対して600万円の請負代金債権を有している。この場合，AはXに対し，Bから請負代金を受領する権限（代理権）を与えることができる。

そして，AがXに対して債務を弁済できなかったときは，Xは，Bから請負代金を受領し，自分の債権の弁済に充てることができる。

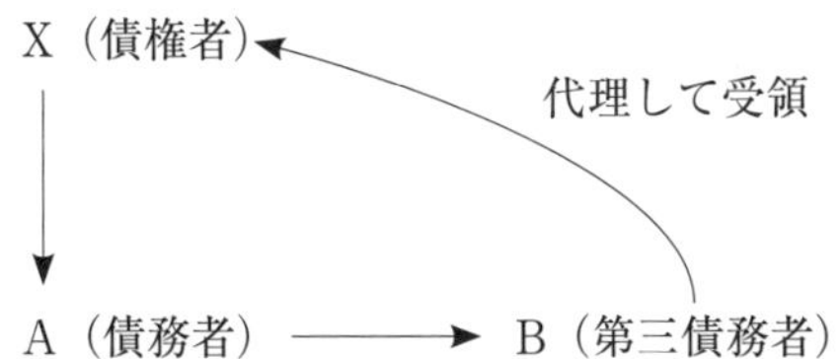

プラスアルファ

債務者が有する債権を担保の目的とするためには，債権の譲渡担保や債権質という方法もある。

しかし，これらは，債権者が変わったり，債権に権利が設定される形であるので，比較的強力であり，こういった担保化を嫌がる人も多い。

そのような不都合を回避するため，代理受領はしばしば利用される。

2　法律関係

(1)　債権者と債務者の関係

代理受領は，債務者が債権者に対し，第三債務者からの弁済の受領を委任することによってされる。

【例】　上記の例では，AがXに対し，Bからの弁済を受領することを委任する。

(2)　債権者と第三債務者の関係

H19-13
H15-12
　第三債務者が，債権の担保として代理受領の委任がされたということを知った上で，これを承認した場合には，第三債務者は，正当な理由なく債権者の利益を侵害するような行為をしてはならない。

H29-15
　これに違反した場合には，**第三債務者は債権者に対し，不法行為責任を負う**（最判昭44.3.4）。

【例】　XとAは，XのAに対する貸金債権を担保するため，AのBに対する請負代金債権について代理受領の委任契約をした。

　そして，第三債務者Bは，Xの債権を担保するためという趣旨を知った上で，この代理受領を承認した。

➡　Bは，正当な理由なく，Xの利益を侵害することができない。つまり，Bが自分の債権者であるAに対して請負代金債務を弁済してしまい，Xが弁済を受けられない事態になってしまったときは，BはXに対して不法行為責任を負う。

プラスアルファ

　通常，Aが弁済の受領に関する代理権をXに与えた場合，Aも本人として弁済を受領できるはず（BはAに弁済できるはず）。

　しかし，Xの債権を担保するという趣旨を知った上で代理受領の委任を承認した場合は，Xの権利を侵害するような行為（Aに債務を弁済する行為）をしてはいけない。

(3)　債権者と第三者の関係

H19-13
　代理受領の権限は，第三者に対する対抗力はない。したがって，債務者の第三債務者に対する債権が第三者によって差し押さえられた場合，自分の権限（代理受領の権限）をもってその差押債権者に対抗することはできない。

用語索引

【あ】

悪意の者 …… 65
新たな権原 …… 101
遺産分割 …… 191
遺産分割と登記 …… 54
意思主義 …… 29
遺失物の拾得 …… 160
石灯籠 …… 276
異時配当 …… 357
囲障の設置 …… 156
一物一権主義 …… 7
一括競売 …… 350
一定の種類の取引 …… 382
一定の範囲 …… 375
一般財産から弁済を受けることの
　可否 …… 331
一般承継 …… 25, 109, 159
一般の先取特権 …… 501
１筆の土地の一部 …… 8
入会権 …… 172
受戻し …… 538
運輸の先取特権 …… 512
営業質屋 …… 458
永小作権 …… 233, 260

【か】

解除と登記 …… 47
買取権 …… 227
価格賠償 …… 189
加工 …… 166
果実 …… 278
果実収取権 …… 115
果実の収取 …… 489
過失のない占有 …… 103
瑕疵のない占有 …… 103
ガスや水道 …… 154
家族法 …… 2
仮登記担保 …… 251
簡易な弁済充当 …… 464
簡易の引渡し …… 81, 107
間接占有 …… 96
元本確定後の変更や処分 …… 446
元本確定前の根抵当権の処分 …… 415
元本債権 …… 288
元本の確定 …… 435
元本の確定期日 …… 383, 439
元本の確定期日の変更 …… 395
元本の確定事由 …… 437
元本の確定請求 …… 407, 439, 440
管理の費用の負担 …… 467
管理不全土地管理人 …… 209
管理不全土地管理命令 …… 208, 212
期限の利益の喪失 …… 300
義務違反による消滅請求 …… 495
求償権 …… 366
給付の命令 …… 190
共益の費用 …… 501
境界に関する相隣関係 …… 155
共同質入説 …… 480
共同担保の旨の登記 …… 431
共同担保目録 …… 354
共同抵当 …… 353
共同根抵当権 …… 428
共同根抵当権の変更，譲渡 …… 433
強迫 …… 45
共有 …… 170
共有根抵当権 …… 425
共有根抵当権，共用根抵当権の
　元本の確定 …… 445
共有物に関する負担 …… 181
共有物の管理 …… 178
共有物の管理者 …… 179
共有物の使用 …… 173
共有物の分割 …… 185
共有物の分割を禁止する特約 …… 187
共有物の変更 …… 175

共用部分 216
極度額 380
極度額の減額請求 447
極度額の変更 393
区分所有権 214
区分地上権 228
形式主義 29
継続的給付 154
競売 248, 327, 442
競売権 489
欠缺 61
権原 163, 296
権原のある占有 102
原始取得 26, 159
現実の引渡し 81, 107
建築の制限 158
現物分割 190
権利質 471
権利適法の推定 114
牽連性 484
更改 401
交換価値 255
公示 260
公示の原則 36
後順位抵当権者の代位 359
公信の原則 36
合有 171
効力発生の時期 30
国庫 160
個別価値考慮説 346
雇用関係の先取特権 502
混同 87, 369
混和 165

【さ】

債権 2
債権質 472
債権者平等の原則 248
債権担保の手段 250
債権の範囲 380
債権の範囲に属する債権が移転 398
債権の範囲の変更 389
財産法 2
再築 338, 344
裁判による分割 189
債務者 383
債務者に合併があった場合 408
債務者に相続が開始した場合 404
債務者の変更 392
債務者を分割会社とする会社分割があった場合 412
詐欺 45
先取特権 497
差押え 248, 284, 328, 443
指図による占有移転 108
更地 337, 351
敷金 282
敷地権の登記 219
敷地利用権 217
時効取得 237, 242
自己占有 95
自己占有の消滅 142
自主占有 99
質権 452
質権の設定 455
質権の優先弁済（被担保債権）の範囲 459
質物再度質入説 479
指定債務者 404
指定根抵当権者 402
自動車 125, 261
借地権 223
収益 11, 146
収去権 227
集合債権 533
集合動産 9, 531
従たる権利 278
従物 276
取得時効と登記 49
順位 267, 504, 514, 526

順位の変更 268
純粋共同根抵当 430
準占有 145
使用 11, 146
承役地 238
償金 169
承継取得 26, 159
使用収益権 467
承諾転質 477
譲渡担保 529
譲渡担保権の実行 536
消滅時効 86
将来債権 265
所在等不明共有者 196, 200
所持 94
処分 11, 146
所有権 11
所有権的構成 530
所有権の取得 159
所有権の性質 147
所有権の内容 146
所有権留保 540
所有者不明建物管理命令 206
所有者不明土地管理人 203, 205
所有者不明土地管理命令 202
人的担保 250
推定 104
随伴性 253
随伴性の否定 379
数個の債権 266
制限物権 11
清算義務 536
生前贈与 58
静的安全 37
責任転質 477
設定者 263
設定者の承諾 418
善意占有 102
善管注意義務 490
前主 64
全体価値考慮説 346
全面的価格賠償 190
占有回収の訴え 134, 137, 463
占有改定 81, 108, 129, 456
占有権 11, 92, 94
占有権の取得 106
占有権の承継 106
占有者の費用償還請求権 120
占有代理人 96
占有の訴え 133
占有の継続 104
占有の承継の効果 109
占有の喪失 493
占有物の滅失 118
専有部分 216
占有保持の訴え 134
占有補助者 98
占有保全の訴え 136
造作の買取請求権 486
葬式の費用の先取特権 503
相続財産に属する共有物の分割 191
相続と登記 52
総有 172
相隣関係 148
即時取得 38, 123, 461, 511
損害賠償の請求 298

【た】
代価弁済 312
代金分割 188
対抗 35, 83
対抗することができない 40
第三債務者保護説 285
「第三者」に該当する者 61
「第三者」の範囲 59, 84
第三取得者 311, 330
第三取得者の費用償還請求権 332
代担保の供与 494
代理受領 541
代理占有 95

代理占有の消滅 143
他主占有 99
建物の買取請求権 485
建物の区分所有 214
他の共有者が不明 176, 179
単一性 6
担保権的構成 531
担保物権 12, 248
担保不動産競売 328
担保不動産収益執行 330
地役権 236
遅延損害金 290
竹木の枝の切除 157
地上権 221, 260
地上権の譲渡 225
地上権の消滅 226
地代 224
中間省略登記 72
直接性 5
直接占有 96
直接取立権 475
賃借権 223
賃貸借契約の解除 177
賃料債権 281
通有性 252
抵当権 258
抵当権者の同意による賃借権の対抗 324
抵当権消滅請求 314
抵当権によって担保される債権の
範囲 287
抵当権の効力の及ぶ目的物の範囲 273
抵当権の実行 327
抵当権の順位の譲渡 308
抵当権の順位の放棄 310
抵当権の譲渡 306
抵当権の消滅 369
抵当権の消滅時効 371
抵当権の処分 301
抵当権の侵害 293
抵当権の対抗要件 267
抵当権の放棄 307
抵当権の目的物 264
抵当建物使用者の引渡猶予 320
手形上もしくは小切手上の請求権 383
典型担保 251
電子記録債権 383, 385
転質 477
転賃貸料 282
転抵当 302, 413
転得者 67
添付 161
登記 32, 203, 208
登記が必要となる物権変動 43
登記請求権 68
動産質 461
動産の先取特権 508
動産の付合 164
動産売買の先取特権 513
動産物権譲渡 80
動産保存の先取特権 512
同時配当 355
同時履行の抗弁権 496
動的安全 37
盗品 131
特定承継 25
特定性 6
特定性維持説 284
特定の継続的取引 381
特別の先取特権 508
独立性 6
取消後の第三者 46
取消しと登記 44
取引の安全 31, 38

【な】

二重譲渡 39, 51, 80
日用品の供給の先取特権 503
庭石 276
根抵当権 374
根抵当権者に合併があった場合 405

根抵当権者に相続が開始した場合 …… 401
根抵当権者を分割会社とする
　会社分割があった場合 …… 410
根抵当権の一部譲渡 …… 420
根抵当権の共有者の権利の（全部）
　譲渡 …… 422
根抵当権の消滅 …… 450
根抵当権の消滅請求 …… 450
根抵当権の設定 …… 380
根抵当権の全部譲渡 …… 416
根抵当権の分割譲渡 …… 418
根抵当権の変更 …… 388
根抵当権の優先弁済権 …… 384

【は】

背信的悪意者 …… 66
排他性 …… 5
配当 …… 329
破産手続の開始 …… 445
引換給付判決 …… 489
引渡し …… 81, 456
非占有担保 …… 259
被担保債権 …… 252, 265
被担保債権の消滅 …… 369
必要費 …… 120, 491
非典型担保 …… 251
付加一体物 …… 273
不可抗力 …… 478
付加物の分離，搬出 …… 294
不可分性 …… 242, 254
不完全物権変動説 …… 41
袋地 …… 150
付合 …… 162
付合物 …… 274
付従性 …… 241, 252
付従性の否定 …… 377
物権 …… 3, 6
物権行為の独自性 …… 29
物権的請求権 …… 16, 239, 293
物権的返還請求権 …… 17
物権的妨害排除請求権 …… 19
物権的妨害予防請求権 …… 22
物権の客体 …… 6
物権の消滅 …… 86
物権の喪失（消滅） …… 27
物権の変更 …… 27
物権の優先的効力 …… 14
物権変動 …… 25
物権変動が生ずる原因 …… 28
物権変動の公示 …… 30
物権変動の効力の発生 …… 29
物権変動の効力発生の時期 …… 30
物権法定主義 …… 9
物上代位 …… 279, 519
物上代位性 …… 254, 483
物上保証人 …… 259, 363
不動産質 …… 466
不動産質の存続期間 …… 469
不動産の工事の先取特権 …… 524
不動産の先取特権 …… 522
不動産の賃貸の先取特権 …… 509
不動産の売買の先取特権 …… 525
不動産の付合 …… 161
不動産の物権変動 …… 39
不動産の保存の先取特権 …… 523
不特定の債権 …… 375
部分的価格賠償 …… 190
不法占拠者 …… 63
分離処分禁止の原則 …… 218
弁済期 …… 487
弁済による代位 …… 365
妨害排除請求 …… 293
包括承継 …… 25, 109
包括根抵当の禁止 …… 376
放棄 …… 86, 369
法定担保物権 …… 252
法定地上権 …… 334
法定地上権の内容 …… 350
保存行為 …… 180
本権 …… 11, 92, 140

【ま】
埋蔵物の発見 …… 160
満期となった最後の２年分 …… 288
マンション …… 214
水に関する相隣関係 …… 154
身分法 …… 2
無効な抵当権の登記の流用 …… 270
無効な登記 …… 298
無主物の先占 …… 159
無制限説 …… 43
明認方法 …… 76
滅失 …… 86, 369
持分権 …… 173, 182
持分権の確認 …… 183
持分の放棄 …… 184

【や】
約定担保物権 …… 252
有益費 …… 120, 492
優先権保全説 …… 285
優先の定め …… 426
優先弁済権 …… 261, 384
優先弁済の割合 …… 425
有体物 …… 6
要役地 …… 236
用益物権 …… 12, 221

【ら】
利害関係人 …… 194, 203, 209
利害関係人の承諾 …… 394
利息，その他の定期金 …… 288
利息の特別登記 …… 291
流質契約 …… 457
留置権 …… 481
留置権の消滅 …… 492
留置的効力 …… 453, 488
立木 …… 75
利用行為，改良行為 …… 177
旅館宿泊の先取特権 …… 511
隣地通行権 …… 150
隣地の使用 …… 149
累積根抵当 …… 428

判例先例索引

大判明34.10.28 …… 224
大判明36.11.16 …… 225
大判明37.4.5 …… 458
大判明38.5.11 …… 115
大判明38.6.26 …… 339
大判明39.12.24 …… 115
大判明40.3.1 …… 70
大判明41.5.11 …… 337
大判明41.12.15 …… 43, 60
大判明42.1.21 …… 10
大判明43.2.25 …… 82
大判明43.3.23 …… 350
大判明43.5.24 …… 70
大判大2.10.25 …… 29, 30
大判大3.4.14 …… 344
大判大3.7.4 …… 510
大判大3.11.2 …… 10
大判大4.4.27 …… 84, 115
大判大4.7.1 …… 337
大判大4.7.12 …… 64
大判大4.9.15 …… 292
大決大4.10.23 …… 263
大判大4.12.8 …… 76
大判大4.12.23 …… 298
大判大5.4.1 …… 71
大判大5.6.23 …… 17
大判大5.9.12 …… 73
大判大5.12.18 …… 277
大判大5.12.25 …… 457, 467
大判大6.7.26 …… 519
大判大6.11.8 …… 111
大判大7.3.2 …… 49
大判大7.10.29 …… 490
大判大8.3.15 …… 277
大決大8.8.28 …… 360
大判大8.10.8 …… 70
大判大8.10.13 …… 116
大判大8.10.16 …… 84
大判大9.7.16 …… 244
大判大10.4.14 …… 76, 78
大判大10.5.17 …… 48, 83
大判大10.6.22 …… 18
大判大10.7.8 …… 131
大判大10.7.11 …… 71
大判大10.11.3 …… 98
大判大10.12.10 …… 63
大判大10.12.23 …… 488
大判大11.6.3 …… 504
大判大11.10.25 …… 98
大判大11.11.27 …… 98, 138
大連判大12.4.7 …… 285
大判大12.12.14 …… 343
大判大13.10.7 …… 8
大判大14.1.20 …… 117
大判大15.2.5 …… 352
大判大15.10.26 …… 332
大判昭3.8.1 …… 76, 299
大判昭4.1.30 …… 366
大判昭4.2.20 …… 45
大判昭5.10.31 …… 23
大判昭6.3.31 …… 97
大判昭6.7.8 …… 477
大判昭6.10.21 …… 294
大判昭7.2.23 …… 461
大判昭7.4.20 …… 294
大判昭7.5.27 …… 299
大決昭7.8.29 …… 305
大判昭7.10.21 …… 339
大判昭8.3.29 …… 267
大判昭8.11.7 …… 271
大判昭9.6.2 …… 466
大判昭9.10.19 …… 135
大判昭9.10.23 …… 484
大判昭9.12.28 …… 78
大判昭10.5.13 …… 491
大判昭10.8.10 …… 338
大判昭11.1.14 …… 271
大判昭11.7.14 …… 362
大判昭12.11.19 …… 23
大判昭13.10.24 …… 83
大判昭13.12.26 …… 140
大判昭14.7.7 …… 49
大判昭14.7.26 …… 342
大判昭14.8.24 …… 485
大判昭15.9.18 …… 10
大判昭15.11.26 …… 371
大判昭17.9.30 …… 46
大判昭18.2.18 …… 485
大判昭18.3.6 …… 519
大判昭19.2.18 …… 139
最判昭25.12.19 …… 63
最判昭29.1.14 …… 486
最判昭29.3.12 …… 177
最判昭29.8.31 …… 85
最判昭29.9.24 …… 18
最判昭29.12.23 …… 349
最判昭30.3.4 …… 491
最判昭30.5.31 …… 197
最判昭30.6.24 …… 8
東京高判昭30.12.24 …… 90
最判昭30.12.26 …… 238
最判昭31.4.24 …… 63
最判昭31.5.10 …… 184
最判昭32.2.15 …… 99
最判昭32.9.19 …… 66
最判昭32.11.14 …… 172
最判昭33.1.17 …… 492, 495
最判昭33.2.14 …… 238
最判昭33.3.13 …… 489
最判昭33.5.9 …… 266
最判昭33.6.14 …… 48
最判昭33.7.22 …… 171
最判昭33.8.28 …… 51
最判昭33.10.14 …… 58

最判昭34.2.12 …… 63
最判昭34.8.7 …… 79
最判昭35.2.11 …… 129
最判昭35.3.1 …… 79
最判昭35.4.21 …… 73
最判昭35.6.17 …… 18, 20
最判昭35.7.27 …… 52
最判昭35.11.29 …… 49
最判昭36.2.10 …… 338
最判昭36.2.28 …… 18
最判昭36.4.28 …… 71
最判昭36.5.4 …… 77
最判昭36.7.20 …… 52
最判昭37.5.18 …… 113
最判昭37.9.4 …… 343
最判昭37.10.30 …… 153
最判昭38.1.25 …… 139
最判昭38.2.21 …… 227
最判昭38.2.22 …… 53, 183
最判昭38.3.28 …… 63
最判昭38.5.31 …… 30, 164, 495
最判昭38.10.30 …… 492
最判昭39.1.24 …… 125
最判昭39.2.13 …… 64
最判昭39.2.25 …… 177, 178
最判昭39.3.6 …… 59
最判昭40.3.4 …… 141
最判昭40.5.4 …… 278
最判昭40.7.15 …… 495
最判昭40.9.21 …… 72
最判昭41.3.3 …… 488
最判昭41.6.9 …… 104, 127
最判昭41.11.22 …… 50
最判昭41.11.25 …… 172
最判昭42.1.20 …… 54
最判昭42.7.21 …… 50
最判昭42.8.25 …… 195
最判昭42.10.31 …… 40
最判昭42.12.26 …… 155
最判昭43.6.13 …… 164
最判昭43.8.2 …… 66
最判昭43.11.21 …… 486
最判昭43.12.19 …… 104
最判昭44.2.14 …… 340
最判昭44.3.4 …… 542
最判昭44.3.27 …… 185
最判昭44.5.2 …… 74
最判昭44.7.3 …… 364
最判昭44.10.16 …… 306
最判昭44.10.30 …… 109
最判昭44.12.2 …… 142, 493
最判昭45.6.18 …… 100
最判昭45.12.4 …… 125
最判昭46.3.25 …… 536, 537
最判昭46.6.18 …… 62
最判昭46.7.16 …… 488
最判昭46.10.7 …… 183
最判昭46.10.21 …… 504
最判昭46.11.30 …… 102
最判昭46.12.21 …… 350
最判昭47.3.30 …… 491
最判昭47.4.14 …… 151
最判昭47.9.7 …… 503
最判昭47.11.2 …… 338
最判昭47.11.16 …… 485
最判昭47.12.7 …… 21
最判昭48.7.12 …… 333
最判昭48.9.18 …… 343
最判昭49.7.18 …… 540
最判昭49.9.2 …… 488
最判昭51.6.17 …… 487
最判昭51.9.7 …… 184
最判昭51.9.21 …… 535
最判昭53.3.6 …… 112
最判昭53.7.4 …… 365, 365
最判昭54.1.25 …… 167
最判昭54.2.15 …… 9, 531, 532
最判昭56.12.17 …… 535
最判昭57.3.12 …… 295
最判昭57.9.7 …… 129
最判昭57.9.28 …… 531
最判昭58.6.30 …… 474
最判昭59.2.2 …… 520
最判昭62.2.12 …… 538
最判昭62.4.24 …… 125
最判昭62.11.10 …… 531, 532
最判平元.9.19 …… 158
最判平元.10.27 …… 281
最判平2.1.22 …… 341
最判平2.4.19 …… 276, 277
最判平2.11.20 …… 153
最判平3.7.16 …… 483
最判平4.11.6 …… 368
最判平6.1.25 …… 169
最判平6.2.8 …… 21
最判平6.2.22 …… 539
最判平6.9.8 …… 538
最判平6.12.20 …… 350
最判平7.11.10 …… 317
最判平8.10.29 …… 67
最判平8.11.22 …… 538
最判平9.2.14 …… 338, 347
最判平9.4.11 …… 537
最判平9.6.5 …… 317
最判平9.7.3 …… 496
最判平10.1.30 …… 285, 519
最判平10.2.13 …… 238
最判平10.3.24 …… 175
最判平10.3.26 …… 287
最決平10.12.18 …… 521
最判平11.1.29 …… 533
最判平11.2.26 …… 537
最判平11.5.17 …… 535
最判平11.11.24 …… 296
最判平11.11.30 …… 284
最決平12.4.14 …… 283
最判平13.3.13 …… 281
最判平13.10.25 …… 285
最判平13.11.22 …… 533
最判平14.3.28 …… 282

最判平17.2.22 …………………… 520
最判平17.3.10 …………………… 296
最判平17.11.11 ………………… 539
最判平18.7.20 …………………… 532
最決平19.2.15 …………………… 533
最判平19.7.6 …………………… 341
最判平22.12.2 …………………… 533

先例昭30.7.11－1427 ……… 309
先例昭35.12.27－3280
……………………………… 266, 425
先例昭46.10.4－3230
……………… 381, 382, 383, 423
先例平9.7.31－1301 ………… 444

登研312 P 47 ……………………… 445

質疑登研515 P 254 ………… 446

司法書士スタンダードシステム

司法書士 スタンダード合格テキスト2 民法〈物権・担保物権〉 第5版

2013年9月20日 初 版 第1刷発行
2022年9月15日 第5版 第1刷発行

編著者 Wセミナー／司法書士講座
発行者 猪野 樹
発行所 株式会社 早稲田経営出版
〒101-0061
東京都千代田区神田三崎町3-1-5
神田三崎町ビル
電話 03(5276)9492(営業)
FAX 03(5276)9027

組版 株式会社 エストール
印刷 今家印刷株式会社
製本 東京美術紙工協業組合

ISBN 978-4-8471-4949-8
N.D.C.327

	9月	10月	11月	12月	1月

総合力養成コース
→ 対象:初学者、または基礎知識に不安のある方
20ヵ月、1.5年、1年、速修 総合本科生・本科生
[山本オートマチック] [入門総合本科生]
9月～開講　20ヵ月総合本科生

総合力アップコース
→ 対象:受験経験者、または一通り学習された方
上級総合本科生
→ 対象:受験経験者、答練を通してアウトプットの訓練をしたい方
答練本科生
→ 対象:受験経験者、または一通り学習された方
山本プレミアム上級本科生[山本オートマチック]

択一式対策コース
→ 対象:択一式でアドバンテージを作りたい方
択一式対策講座[理論編・実践編]
→ 対象:応用力をつけたい方
山本プレミアム中上級講座[山本オートマチック]

記述式対策コース
→ 対象:記述式の考え方を身につけたい方
オートマチックシステム記述式講座[山本オートマチック]
→ 対象:記述式の解法を知り、確立させたい方
記述式対策講座

法改正対策コース
→ 対象:近時の改正点を押さえたい方
法改正対策講座

直前対策コース
→ 対象:本試験の解答テクニックを習得したい方
本試験テクニカル分析講座[山本オートマチック]
→ 対象:直前期に出題予想論点の総整理をしたい方
予想論点セット(択一予想論点マスター講座+予想論点ファイナルチェック)
→ 対象:本試験レベルの実戦力を養成したい方
4月答練パック

模試コース
→ 対象:直前期前に実力を確認したい方
全国実力Check模試
→ 対象:本試験と同形式・同時間の模試で本試験の模擬体験をしたい方
全国公開模試

Wセミナーなら
身につく合格力

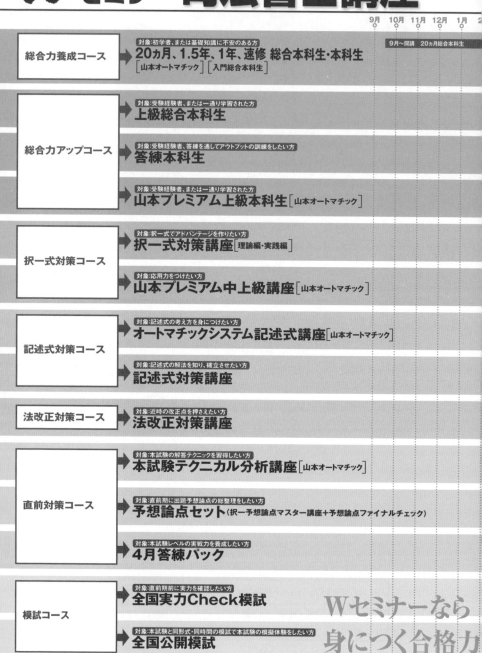

Wセミナーは目的別・レベル別に選べるコースを多数開講!

Wセミナーでは目的別・レベル別に選べるコースを多数開講しています。受験生個々のニーズに合ったコースを選択すれば、合格力をアップすることができます。

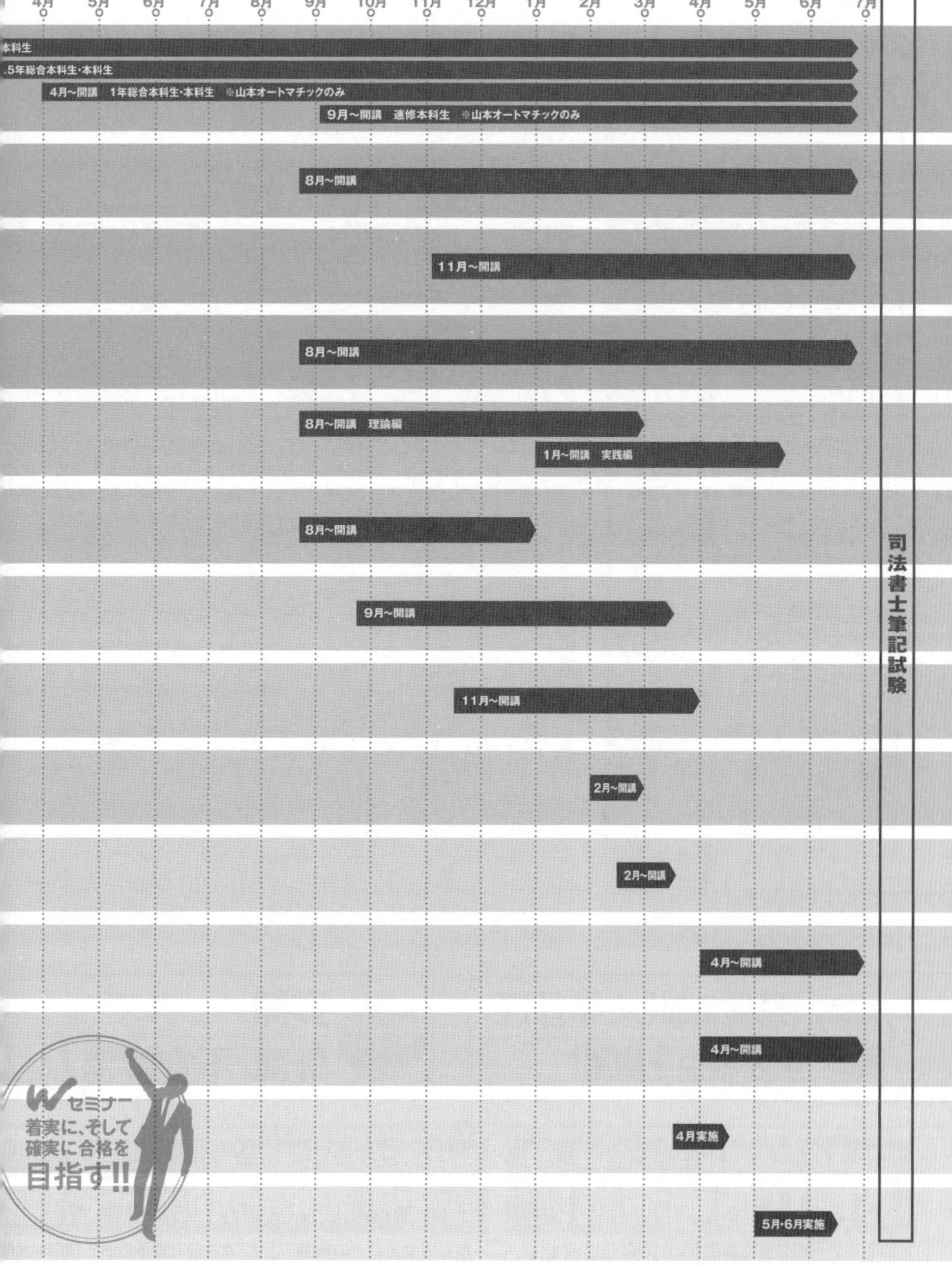

※開講コース・開講時期は年度により変わる場合があります。

全ての答練・模試をパッケージ化した「答練本科生」「答練本科生記述対策プラス」には、「法改正対策講座(全2回)」もカリキュラムに加わります。

【4月】 【5月】 【7月】

出題予想論点で本試験予行練習!

4月

全国実力Check模試

実戦形式で隙間を埋める!

4月 開講(全6回)

合格力完成答練

<出題数>
択一式 全210問(各回35問)
記述式 全12問(各回2問)

4月から5月の直前期においては、本試験と同じ問題数、同じ時間で本試験レベルの問題を解くことにより、繰り返し本試験の予行演習を行うことが合格には不可欠です。その予行演習を通して各自の足りない所を発見し、直前期の学習に役立てていただくことをコンセプトにした"合格する力を完成させる"タイムリーな答練を用意しました。直前期の勉強のペースメーカーとして威力を発揮する実戦的な答練です。

出題予想論点で本試験予行練習!

5~6月

全国公開模試 第1~3回

本試験と同じ問題数、同じ時間で実施されるタイムリーな本試験予行演習です。"今年の本試験での出題が予想される論点"を中心に本試験レベルの問題を出題します。今までの答練シリーズで学習し積み重ねた"成果"を試す絶好の機会であるといえます。「全国実力Check模試」は時期的に直前期に入る前に実施されるため、"今の自分にとって何が足りないか?"を確認できるよう、基本的な論点を中心に問題が構成されています。直前期の学習に役立ててください。「全国公開模試」は今までの答練シリーズの総決算です。本番の試験のつもりで、ご自身の実力を試してみてください。

司法書士筆記試験

※開講コース・開講時期は年度により変わる場合があります。

Point 充実した割引制度で受験生をバックアップ!

Point 通信生も答練教室受講OK!

パンフレットのご請求・お問合せはこちら

通話無料 **0120-509-117**(ゴウカク イイナ)

受付時間
9:30~19:30(月曜~金曜)
9:30~18:00(土曜・日曜・祝日)

※営業時間短縮の場合がございます。詳細はWebでご確認ください。

WセミナーはTACのブランドです。

書籍の正誤に関するご確認とお問合せについて

書籍の記載内容に誤りではないかと思われる箇所がございましたら、以下の手順にてご確認とお問合せをしてくださいますよう、お願い申し上げます。
なお、正誤のお問合せ以外の**書籍内容に関する解説および受験指導などは、一切行っておりません。**
そのようなお問合せにつきましては、お答えいたしかねますので、あらかじめご了承ください。

1 「Cyber Book Store」にて正誤表を確認する

早稲田経営出版刊行書籍の販売代行を行っている
TAC出版書籍販売サイト「Cyber Book Store」の
トップページ内「正誤表」コーナーにて、正誤表をご確認ください。

CYBER BOOK STORE TAC出版書籍販売サイト

URL:https://bookstore.tac-school.co.jp/

2 1の正誤表がない、あるいは正誤表に該当箇所の記載がない ⇒ 下記①、②のどちらかの方法で文書にて問合せをする

★ご注意ください★

お電話でのお問合せは、お受けいたしません。
①、②のどちらの方法でも、お問合せの際には、「お名前」とともに、
「対象の書籍名(○級・第○回対策も含む)およびその版数(第○版・○○年度版など)」
「お問合せ該当箇所の頁数と行数」
「誤りと思われる記載」
「正しいとお考えになる記載とその根拠」
を明記してください。
なお、回答までに1週間前後を要する場合もございます。あらかじめご了承ください。

① ウェブページ「Cyber Book Store」内の「お問合せフォーム」より問合せをする

【お問合せフォームアドレス】

https://bookstore.tac-school.co.jp/inquiry/

② メールにより問合せをする

【メール宛先　早稲田経営出版】

sbook@wasedakeiei.co.jp

※土日祝日はお問合せ対応をおこなっておりません。
※正誤のお問合せ対応は、該当書籍の改訂版刊行月末日までといたします。

乱丁・落丁による交換は、該当書籍の改訂版刊行月末日までといたします。なお、書籍の在庫状況等により、お受けできない場合もございます。
また、各種本試験の実施の延期、中止を理由とした本書の返品はお受けいたしません。返金もいたしかねますので、あらかじめご了承くださいますようお願い申し上げます。

早稲田経営出版における個人情報の取り扱いについて
■お預かりした個人情報は、共同利用させていただいているTAC(株)で管理し、お問合せへの対応、当社の記録保管にのみ利用いたします。お客様の同意なしに業務委託先以外の第三者に開示、提供することはございません(法令等により開示を求められた場合を除く)。その他、共同利用に関する事項等については当社ホームページ(http://www.waseda-mp.com)をご覧ください。

(2022年7月現在)